上海大学马克思主义中国化研究丛书

个体认同论

尹 岩 著

中国社会科学出版社

图书在版编目（CIP）数据

个体认同论／尹岩著．—北京：中国社会科学出版社，2020.12

（上海大学马克思主义中国化研究丛书）

ISBN 978－7－5203－7341－8

Ⅰ.①个…　Ⅱ.①尹…　Ⅲ.①个体—社会心理学　Ⅳ.①C912.62

中国版本图书馆 CIP 数据核字(2020)第 186492 号

出 版 人　赵剑英
责任编辑　喻　苗
责任校对　胡新芳
责任印制　王　超

出　　版　中国社会科学出版社
社　　址　北京鼓楼西大街甲 158 号
邮　　编　100720
网　　址　http://www.csspw.cn
发 行 部　010－84083685
门 市 部　010－84029450
经　　销　新华书店及其他书店

印刷装订　北京明恒达印务有限公司
版　　次　2020 年 12 月第 1 版
印　　次　2020 年 12 月第 1 次印刷

开　　本　710×1000　1/16
印　　张　26.25
字　　数　417 千字
定　　价　148.00 元

《上海大学马克思主义中国化研究丛书》
编 委 会

总　　序

中国共产党即将迎来建党100周年，这也是马克思主义“中国化”、“化中国”的100年。100年来，中国共产党始终坚持马克思主义基本原理与中国革命、建设、改革的具体实践相结合，形成了一系列与时俱进的理论创新成果，深刻回答了什么是社会主义、怎样建设社会主义，建设什么样的党、怎样建设党，实现怎么样的发展、怎样发展，新时代坚持和发展什么样的中国特色社会主义、怎样坚持和发展中国特色社会主义等一系列重大课题；并带领中国人民从“站起来”走向“富起来”“强起来”，为解决人类共同问题提供了“中国智慧”和“中国方案”。迈入全球化、信息化、智能化时代，面对新的时代背景、新的实践基础和新的人民诉求，进一步梳理马克思主义中国化的进程和成果，深化马克思主义中国化研究，仍然是摆在我们面前的时代课题。

上海大学是一所具有“红色基因”的高等学府。1922年10月23日，国共两党合作创办了上海大学，成为中国共产党传播马克思主义、培养革命干部的重要舞台。瞿秋白、邓中夏、蔡和森等一大批早期共产党人曾任职上海大学，积极宣传、传播马克思主义，推动了马克思主义中国化的历史进程。今天的上海大学秉承老上海大学的红色传统，一直将马克思主义中国化、培养新时代的马克思主义者视为自己的神圣使命。上海大学马克思主义学院在此方面，自然更是肩负使命，责无旁贷。2015年，上海大学马克思主义学院获批上海市马克思主义理论学科发展同城平台、上海高校“马克思主义理论高原学科”，2016年获批上海市示范马克思主义学院，2018年获批上海高校“马克思主义理论高峰学科”和马克思主义理论研究智库，2019年获批上海市习近平新时代中国特色社会主义思想研究基地和上海市高水平地方高校重点创新团队。以上述平台为依托，学院组织力量，积极开展20世纪20年代上海大学马克思主义中国化的文献整理和研究，开展马克思主义中国化的历史、理论和实践研究，为推动马克思主义中国化贡献“上大力量”。

在多年的研究过程中，上海大学马克思主义学院在马克思主义中国化方面，逐渐形成了智能时代的马克思主义、马克思主义价值思想中国化、思想政治教育课改革与创新等特色研究方向，逐渐形成了与当年的红色传统遥相呼应的“上大特色”。特别是以上海高校马克思主义理论高峰学科建设为依托，正在努力探索马克思主义中国化的当代学术形态，并以之为特色灌注到学生培养的全过程，培育立场坚定、业务过硬、勇于担当的“时代新人”。

策划、出版这套《上海大学马克思主义中国化研究丛书》，正是上海大学马克思主义学院不忘初心，传承红色基因，推进当代马克思主义中国化的重要举措。我们衷心地希望，能够以更加开阔的胸怀，凝聚更多的力量参与这项工作，推出一系列重要成果，培育一大批时代英才，在今日的上海大学续写马克思主义中国化的新篇章。

孙伟平　邱仁富

2020年10月1日

目　　录

中　编
个体认同的一般机制

下　编
当代中国社会个体认同的反思

引　言

“个体认同”是现代社会一个十分重要的现实问题。现代社会是个体化社会，现代社会的个体化运动把每个人变成“个体”，成为个体、确证自己是个体的个体认同是每个人的权利与责任。个体既是现代社会的结构性要素，也是现代社会个人的存在样态。个体在存在论意义上与现代社会的基本制度、组织方式、运行机制以及个人如何存在、怎样发展等紧密联系在一起，是“个人与社会的关系”问题的核心。个体认同能否实现，关系到一个现代国家的存在和发展，更关涉个人的自由、个性发展和福祉，因而是现代社会个人生活的首要问题和现代性的基本问题。现代化的历史进程、个人与社会的发展连同其遭遇到的各种困境大多都与个体认同相关，现代社会中的各种认同也与个体认同相关，可以说，个体认同是现代社会各种认同的重要“支点”。

个体认同在本质上是现代社会条件下的个人的“自我”认识和自我建构，其根本意义在于确立“我是谁”以及在“我是谁”基础上的“我们是谁”。哲学作为“体现时代精神的精华”，关注社会进步，关注个人在现代社会的命运与未来，必然要把个体认同作为一个重要的哲学问题予以关注。真正的哲学从来没有停止过对于个人命运的关切，各种哲学学说创造、使用了各种范畴、范式和思想方法来解释个人存在和发展的性质、特性和态势，表达对个人生存理想图景的憧憬和向往。现当代哲学面对现代社会个人存在的新样态，需要新的范畴、范式和思想方法对个人存在的最根本问题进行深切的反思。社会学、心理学、人类学等关于个人自我认同的具体层面的研究已经取得了丰硕的成果，因而有必要和有可能把这一研究上升到哲学高度，展现个人自我认同理论新的视野和新境界。对个体认同这一全新的认同形式进行深入、系统的研究，既是中国社会提高个体认同水平的时代需要，也是中国社会主义现代化建设在新时期更高发展的基本要求，尤其对促进中华民族文化个人主体意识的觉醒和自觉以及推动民主法治社会建设具有特别意义。

个体认同是具有哲学意义的社会普遍性问题，其形成和发展受现代社会的本质规定、社会结构、运行机制和组织方式的制约，与个人的存在状况、思想意识水平有着内在的、客观的联系。本书对于个体认同的研究，在方法论上，一是坚持实践唯物主义的方法，从“现实的个人”的“现实活动”出发，联系个体的哲学意义，依据个人与社会的联结方式，对个体认同的本质、内容和作用进行深入研究；二是基于系统科学的理论，把个体认同作为一个特殊系统，对其进行系统性分析，弄清个体认同的基本要素及其相互关系以及个体认同与外部事物之间的普遍联系，从而把个体认同置于真正的联系中，揭示其发生、发展的认识机制和社会机制；三是运用主客体分析方法，把个体以及个体的生活过程理解为个体从自己的需要出发，以自己的能力与对象世界建立主客体关系，最终与自己建立主客体关系的过程，既强调个体的主体尺度和主体性，同时又关注个人自身、对象世界的基础地位，由此发现个体认同的动力和依据；四是贯彻从抽象到具体的辩证思维的方法，对现代社会个人存在特性进行抽象，然后由思维抽象进展到思维具体，由此对个体认同的现代性、个体认同与当代中国社会的启蒙关系进行理论分析。

本书的基本逻辑脉络是：（1）从“现实的个人”出发，以现代社会个人与社会特有的联结方式为根据，以个体化的社会结构为基础，概括个人的“个体”本质，揭示个体的内涵，阐释个体认同的哲学意蕴；（2）把个体认同作为一个系统，对其特质、多重结构和重要中介进行理论分析，透视个体认同系统的内在关系和社会环境，从整体上全面认识作用和影响个体认同的各个因素；（3）深入到个体认同的具体活动中，阐释工作、消费、社会交往以及身体等对个体认同的根本意义，在存在的意义上把握个体认同的现实基础和内容，揭示其一般规律；（4）把个体认同与个体生活、个人自我认同联系起来，在更深层的意义上理解个体认同的生存本质和价值，分析个体认同实现的根本路径；（5）基于个体认同的社会认同本质，揭示个体认同与社会共识、社会信任的紧密关系，把握个体认同的社会基础和一般机制；（6）把个体认同作为现代性的有机内容，分析现代性与个体认同的内在关联，研究现代性及其对个体认同的作用和影响，思考如何通过现代性为个体认同提供社会信任而实现和发展个体认同；（7）回到本书的初衷——如何促进当代中国社会个体认同的普遍和全面发展以推动中国社会主义现代化建设的伟大事业进入更高的发展阶段，研究当代中国社会的个体化进程及其在个体认同方面取得的成就和面对的挑战，思考我们应该怎样展开一场以个体认同为核心的社会启蒙运动。本书尝试着超越社会学、心理学、社会心理学对于认同的研究范式，突破个人与社会关系问题上“非此即彼”的思维模式而进入一种“关系思维”的方式，以哲学的视角、实践唯物主义的方法论原则、系统论的分析方法，向内、向外两个方向上对个体认同的一般机制展开系统研究，为当代中国社会在转型期尽快发展出与社会发展目标相契合的个体精神品质，在理论上寻找切入点和有效路径。

本书由七章组成，在结构上分为上、中、下三编。上编探讨个体认同的根源、意义与系统性，形成本书的基础理论和思维视域，为中、下篇的问题研究提供思想的前提、原则和场域；中编主要承接上篇的理论和视域，深入到现代社会个体存在和发展的现实活动中，研究个体认同的一般机制，揭示个体认同的现实过程、丰富内容和规律性；下编运用上编、中编形成的个体认同的一般理论和基本原理，分析中国社会的个体化过程及其个体的崛起，思考个体认同的当代社会启蒙，这既是运用中篇所形成的基本原理深入反思当代中国社会个体认同现实的一次理论尝试，也是这些基本原理向实践的展开和具体化。每编各章内容独立完整，同时又相互联系，展开承前继后、相辅相成、层层深入的逻辑发展脉络，就个体认同三个层面上的核心问题、七个主题进行深入的反思和探讨，形成一系列系统化、理论化的思想成果。

一　个体认同的根源、意义与系统性

上编关于“个体认同的根源、意义与系统性”的研究是哲学意义的，主要完成两项工作：一是从现代社会的本质规定出发，揭示其个体化的结构性特征，通过分析个体化的内涵、特点和意义，理解个体的确立以及个体的内涵，以此为根据阐释个体认同的意义及其对个人存在的影响；

二是以系统科学的方法对个体认同系统进行分析，研究其构成要素、基本结构、社会环境以及体验、评价和信任作为中介在个体认同系统中的作用，把握个体认同确立和发展的辩证过程及其一般规律性。这一编由第一章和第二章组成，包括两个方面的内容。

（一）个体化时代个体的确立和个体认同

个体认同是现代社会特有的认同现象，与个体这一个人的存在方式紧密联系在一起。个人“是什么样的”，“这同他们的生产是一致的——既和他们生产什么一致，又和他们怎样生产一致”，因此，对个体认同的考察离不开对现代社会的生产方式以及由此决定的社会结构特征、对个体的理解以及对个体认同意蕴的把握。第一章分为三个部分，讨论了个体化、个体和个体认同等三个重要问题，澄明概念，把握其意蕴，为个体认同其他问题的研究确立逻辑起点。

第一部分就“现代社会是个体化社会”展开讨论。首先，从历史唯物主义的原则出发，研究了现代社会的本质规定，将其确定为工业化生产和市场经济，这是把握现代社会个体化特质的逻辑前提，只有把握住这一点，才能理解现代社会为什么是个体化社会，进而分析个体的确立。其次，把工业化生产和市场经济作为现代社会个人社会物质生活的最基本条件，阐释它们生成个体的内在机理，从而论证现代社会个体化的结构性特征的必然性。最后，从个体化的内在本质出发分析了个体生成的根源，指出个体化作为把个人变成个体的社会运动，是个人的社会化过程，其实质在于确立个人的独立主体地位，把生活的权利还给个人自己，使个人发挥个体主体性，创造自我的本质和不同的人生。

第二部分从存在的意义上研究个体的确立，即个体化对于个体的建构。个体化的实质、核心和标志是个体的确立，其意义在于使个体成为个人的社会存在形式，为个人成为个体奠定社会基础和提供条件。因此，本章首先提出“个体是现代社会个人的社会存在形式”的观点，通过辨析与界定个体的独特内容、揭示个体从个体化过程中获得内在规定性、合理性以及个体对于个人存在的肯定意义等方面对这一观点进行系统的论证，进一步揭示个体作为价值主体的实质性内容和意义本质，即个体是自己生命、生活、本质和价值的创造者、实现者和享有者；把个体作为存在论意义上的个人主体，指出其质的规定性是个体主体性，并分析了个体主体性的本质，认为它除了具有主体性的一般本质之外，还具有独特的社会规定性、社会内容和社会本质，这些社会属性决定了个体的地位和作用。其次，本章基于“个体质的规定性与个体是直接同一的”这一观点，从个体的内在规定性即个体是高度分化的社会的结构性要素、社会关系的基本关系者项以及个人的现代存在方式等三个方面分析了个体确立的社会基础和条件，指出“现代社会的组织方式对个体的确立具有决定作用”、“个体社会意义系统对个体的确立具有主导作用”、“发达的社会保障制度是个体确立的基础”，提出了个体的确立要解决的三个关键性问题。

第三部分以“个体认同”为主题，从理解认同的基本含义出发，研究了个体认同的哲学意蕴以及个体认同对于个人存在的意义，这是本书研究的逻辑起点、理论基础和核心。首先，充分吸收和借鉴哲学、社会学、社会心理学等学科关于认同的研究成果，形成了对于认同的哲学意义上的理解：人以自己为对象设问，以主体身份作答并形成满意结果的自我认识过程，是“我”关于“我”的较为稳定而统一的肯定性认知、评价与期盼，以及反思性的自我理解和自我创造活动所形成的“自我”图式、人们相对稳定的思想与行为模式和“在时间跨度中所体现出来的一贯性和连贯性”。其次，基于对认同的上述意义的理解，从个体认同的质的规定性、一个人成为个体意味着什么、个体认同的基本表征等三个方面阐释了个体认同的哲学意蕴，指出：个体认同即现实的个人或个体对个体的认同，是“一个人在心理和行为上使自己成为个体从而发展个性的过程”，表达一个人对个体这一社会规定的赞同、确认和归属，关联着个人自我的形成、走向和整体构架，培育和发展个人的“个体性人格”，确立个人对于民族—国家意义上的社会归属和归属感。个体认同是个人在生活世界寻找生活坐标原点的过程，目的是在现实世界“安身立命”。个体认同也是个体同一性的自我把持，体现为“个体自我”的整合，其形成的表征是一个人知道并认可自己在所处环境中的地位、权利和责任以及现实的、未来的存在状态。最后，基于个体认同的哲学意蕴，论述了个体认同的对于个人存在的四个基本意义：满足个人的本体安全需要；有益于维持和提升个人的自尊；对个人自我的形成、走向和整体构架产生根本影响；对于建构个人的存在意义具有重要作用。

（二）个体认同的系统分析

个体认同是一个由诸多子系统构成的独立系统，与其环境构成了各种社会存在系统和社会意识系统，共同存在于社会的大系统中。这些系统纵横交错、有机地结合在一起，形成了个体认同的一般机制。因此对个体认同的系统进行分析是把握个体认同一般机制的重要方法。第二章分为三个部分，分别对个体认同系统的特殊性、基本结构以及三个重要中介进行深入的分析，揭示它的本质特征、内部联系及其历史性、社会性、复杂性，把握个体认同系统辩证发展所需要的社会基础、动力以及一般条件。

第一部分运用系统论的方法，分析了个体认同系统的特殊性。首先基于个体认同是个人认同个体这一存在方式、使自己成为个体的自我认识和自我改造的这一本质，阐释了个体认同系统的三个特质：个体认同系统的构成要素体现了个体认同与个人生存特性的密切关系；个体认同系统的结构决定了个体认同是个体在主客体关系中自我认识与实践的特点；个体认同系统各个要素的相互作用塑造了个人的个体人格，由此认为个体认同是反映个人生存特性的自我认识－实践系统。其次，基于系统科学关于系统的分类理论、复杂性理论以及多样性理论对个体认同系统的构成要素、基本结构以及功能等进行分析，指出个体认同是一个具有高度复杂性、自组织性的社会巨系统。最后，依据系统科学的系统性理论，把个体认同放到社会整体中进行分析，指出个体认同发生在现代社会之中，是现代社会存在和发展的有机内容，也是现代社会有机体的组成部分，因此，个体认同不仅是一个独立的系统，而且是现代社会系统的子系统，具有开放性和可控性。

第二部分分析、研究了个体认同系统的三个基本结构。个体认同作为复杂的巨系统，具有多重结构，其一般结构、时空结构和逻辑结构构建了个体认同系统的基本框架，并决定了它的基本样态和功能。因此，分析个体认同的这三个基本结构，有助于把握个体认同一般机制的特点。在对个体认同系统的一般结构的分析中，阐释了个体认同的主体、客体和中介的具体内容和形式；在对个体认同系统的时空结构的分析中，从个体的内化、外化两个环节、两个阶段阐释了个体认同系统的时序结构，依个体主体性发育的不同程度阐释了个体认同系统的空间结构；在对个体认同系统的逻辑结构的分析中，依据个体认同在思维上的辩证发展过程，分别把个体理性、个体实践理性和个体的自我确证确立为个体认同的逻辑起点、中介和终点，阐释了三者之间承前继后、层层递进的逻辑关系。

第三部分论述了个体认同系统的三个重要中介——体验、评价和信任对于个体认同的意义。体验、评价、信任之所以是个体认同系统的重要中介，在于它们对个人、个体价值选择具有决定作用，直接关系到个体认同能否实现，因而，只有对个体认同过程中的体验、评价、信任问题进行深入的研究，才能揭示个体认同的一般机制。首先，从揭示体验的哲学意义入手，抓住理解体验的三个关键词——经历、感受和情感，分析了体验对于个体认同的意义，指出体验切实关联着个人的“经历、感受和情感”，是个人的“本体感觉”、“价值意识的源头”，个体认同系统的形成和发展直接建立在个人以个体为核心的体验性经验的基础上。其次，提出“评价是个体认同系统建构和发展的‘枢纽’”的观点，在深入分析评价的本质、特点以及作用于个体认同的一般机理的基础上，分析和论证了个人（个体）对“与个体认同相关”的价值的肯定性评价对于个体认同系统的作用：一是对个体价值的肯定性评价是形成“我要成为个体”的意愿的必要条件；二是对于具有个体认同价值的事物或行为的肯定的评价是个体实践理性形成的重要环节；三是对于个体生活世界的肯定性评价是个体自我确证的根据，并以此为基础论述了国家权威机构对个体、个体认同的评价对于个体认同的重要作用，指出个体认同是国家权威评价的对象，国家权威机构对于个体、个体认同的肯定性评价在促进个体认同方面具有明显的优势，因而对个体认同具有最现实的意义。再次，提出“信任是联结个体认同系统各要素的‘纽带’”的观点，在对信任的内涵、本质、根源的哲学思考中，一方面分析、阐释了信任对于个体认同的极其重要性：只有信任，才能使个体认同成为个人的价值选择，才能使个体认同具有现实可能性；没有信任，个体认同不能得到社会的系统性支持，也不能塑造个体人格；信任是个体认同的源泉。最后，进一步讨论了现代社会信任对于个体认同的规定，即：个体认同以“物的依赖关系”为社会基础；现代性对个体认同起基本的规制作用；民主法治为个体认同的实现提供制度保证。

二 个体认同的一般机制

中编关于“个体认同的一般机制”的研究，一是从个体满足个人基本生活需要的层面揭示工作、消费、社会交往以及身体对于个体认同的作用，二是从个体存在的层面分析个体生活以及个人自我认同对于个体认同的意义，三是从个体与社会共存的层面讨论社会认同、社会共识和社会信任对于个体认同的价值，四是从社会结构、运行机制的层面阐释现代性对个体认同的建构。这一编由第三、四、五、六章组成，包括四个方面的内容。

（一）个体认同与工作、消费、社会交往和身体

个体化是现代社会的特质，是个人存在发展所依赖的条件，每个人都应该成为个体，因而都有个体认同的需要。人的需要产生于人对自身活动以及外部世界的依赖关系，满足于主客体相互作用的对象性关系和对象性活动。个人也要通过有目的的对象性关系和对象性活动来满足个体认同的需要，这些有目的的对象性关系和对象性活动就具有个体认同价值，即对个体特质的形成及对象化具有肯定作用。在个体化的社会环境下，个体认同的实质性过程发生在个人以个体为目标的自我创造中，实现于以个体身份展开、以身体为载体或目的的工作、消费和社会交往等生存活动中，因此，研究个体认同的一般机制，必然要研究工作、消费、社会交往和身体对于个体认同的意义。第三章分四个部分，分别研究了工作、消费、社会交往和身体的个体认同价值。

第一部分提出和阐释了“工作是个体认同的本体”的观点。首先，基于工作的性质和内涵，指出工作奠定了个体自主生活、个性发展的基础，是个体本质力量现实化的活动，具有社会价值标识作用，因而具有个体认同价值。其次，进一步指出工作是在本体意义上把个人变成个体的方式，不仅创造了个体的社会本质，而且构建了个体的生存结构，因而是个体认同的最重要形式。再次，提出“工作认同”这一概念，并阐

释其内涵，指出工作认同使个体认同深入到由工作构建的社会结构中，在生产组织、劳动关系、职业活动以及生产关系中确证和发展个体主体性，构建了个体自我的社会性内容，深刻地影响着个体的生活规划、生命样式和生活意义的选择，因而对个体认同具有重要作用。最后，提出并探讨了工作的现代性及其对个体产生的影响：一是个体与工作的价值关系的不确定性，使大多数劳动者并不能清楚地预见自己工作价值的未来；二是工作在个体身上体现悖论性关系，人们需要得到的价值总是和他不想要的价值纠缠在一起的关系，如自由与束缚的关系、收益与付出的关系、主我与客我的关系等；三是工作需要个体付出满足多方面需要的机会成本，每一个需要的满足常常伴随着某些需要的不能满足。基于上述观点，认为每个人要做自己命运的主人需思考三个问题：如何在非确定性条件下获得确定性？如何在工作的悖论性关系中避免或克服个体认同的自反性？如何通过工作获得自主而全面的发展？

第二部分研究了消费对于个体认同的基本价值，提出并阐释了“消费是个体认同的根本”的观点。首先，从一般意义上分析了消费的本质特征——“具有社会标示意义的活动”、“人直观自身的活动”和“人自己生产自己的活动”，指出消费既是个人对消费品的消耗、享用和占有，更是个人满足自己存在和发展需要的活动，因而一个人的消费状况取决于他的消费需要的性质、消费对象的实际功用和意义以及两者之间现实的价值关系的状况，人们对这些意义的认知、评价和想像，形成了关于某种消费和消费品的意义系统，这就使消费有了认同价值。其次，提出“消费认同是个体认同的基本方式”的观点，强调指出现代社会消费的性质、内容、方式以及地位和作用的特殊性，为提升消费的个体认同作用创造了基本的社会条件，越来越成为现代社会人们主动追求的最为重要的个体认同手段，以此为基础，进一步提出和论证了三个观点，即消费的个体化使消费成为个人生命的享受过程具有了现实的可能性，消费的社会化成为个人社会化的重要途径，以及消费的市场化使消费成为展现个人自我价值的重要社会平台，并且认为个人在消费中安身立命、创造价值和实现人生意义，也在消费中才有人之为人的尊严，因而消费与个人自我和自我实现之间有了内在的联系，导致人对生命意义的追求表现为对消费的追求，对于自我的把握表现为对消费生活的定位，最终使消费活动成为个人反思自我的最丰富的原材料，从而合乎逻辑地成为个体认同的基本方式。最后，研究了消费认同的异化现象——消费中的“非我性”、“虚幻性”、“否定性”，认为它形成了对于个体认同的解构作用，因而是现代性的隐忧，同时指出，消费认同异化的发生是有条件的，人在消费认同的异化面前能够和应该有所作为。

第三部分探讨了社会交往在个体认同中的地位和作用，阐释了社会交往是个体认同的决定性力量的观点。把个体理解为只有在社会交往中才有现实意义的一种社会角色，指出普遍的社会交往是个体存在的基本形式，个体在社会交往中工作和消费，也在社会交往中满足各种需要、创造社会本质和实现各种社会权利，个体所从事的社会交往活动，既包含个体实现、确证自己身份的内容和意向，也体现他人、群体和社会对于这一内容和意向的回应，这就使得社会交往在个体认同实现的过程中具有举足轻重的作用。首先，把社会交往确定为“人类特有的存在方式”、“一定历史条件下人与人之间的相互往来”和“人与人之间物质的和精神的相互联系和相互作用”，阐释了它的文化性、相互性、中介性等基本特性，并以此为基础分析了它对于个人的基本作用：社会关系是社会交往的实质性内容，社会交往关乎个人的本质，个人在社会交往中生成各种社会关系，亦在社会关系中产生各种社会交往，从而在社会交往中成为现实的人；社会交往是个人社会化的内容和形式，个人在社会交往中获得社会角色、接受“意义系统”、成为社会结构性要素、承载社会价值和遵守社会秩序、社会规范，从而被社会塑造为有确定思想和行为模式的人。其次，具体研究了现代社会交往体现在文化性、中介性和相互性等三个方面的独特本质和内容，论证了三个观点：一是现代社会创造了社会交往的新的文化内涵和形式，即高度组织化、法治精神和单纯的道德良心；二是现代社会创造了高度发达的中介系统，这些中介系统使社会交往呈现三个特点——对于高科技化的通讯系统和交通运输系统的高度依赖，商品作为最重要的中介使社会交往具有普遍、平等、自由的性质，以及规则作为中介在人们的交往活动中发挥基本作用；三是现代社会交往的相互性表现为由主体间性决定的公共性，即主体之间相互承认和相互尊重彼此的主体地位和主体性。再次，论述了现代社会交往对于个体认同的意义，认为现代社会交往是个人最深刻的、成为现实的人的社会活动形式，因而是人们理解个体本质、属性和现实性的唯一方式，通常以社会评价的方式引导着个人的个体认同。最后，指出现代社会自身特有的组织方式、运行机制的缺陷和内在矛盾导致交往异化的产生——个人作为主体在社会交往活动中不能确证自己是主体，交往的结果成了危害主体的异己力量，使主体处于自我否定的境地或失去主体性，从现代社会交往的文化性、中介性和公共性等三个方面分析了交往异化产生的根源，即社会道德缺位、工具理性膨胀和公共精神困境，阐述了由交往异化引起的三种个体认同困境：自由的困境；生活意义和存在价值困境以及本体性安全困境，并认为避免或消除社会交往异化从而为个体认同的实现创造有利条件应该从三个方面入手：坚持发展“以人民为主体”的社会核心价值观；构建激发人文精神的社会教育体制和机制；确立以形成社会价值共识为核心的“制度化的民主机制”。

第四部分研究了身体对于个体认同的目的价值和手段价值。身体作为个人生命的实存形式、本质力量的源泉和基础以及感受器，既是个体满足需要的工具，也是其存在和发展的目的。个体要以来自身体的情感、需求以及能力面对世界，以身体来接受社会的规训和各种作用力，个体的尺度必然包含身体的尺度，如个体享有的身体所有权、使用权、支配权以及体现在身体上的丰衣足食、愉悦幸福、舒适自由、健康长寿、免于辛劳疾苦困顿等权利。因此，个体认同不能缺少身体的维度和意义，这不仅表现为以工作、消费和社会交往为形式的个体认同中身体的本体意义，而且也表现在身体足以成为个体认同的独立形式。首先，分析了个体与其身体的关系，指出身体是个体的基础、力量的源泉和意义的载体，主客体关系是个体与其身体之间的最重要关系之一。其次，阐释了身体与个体认同中的“安身立命”的关系，指出正是身体给个体带来的存在感、安全感和归属以及个体对于身体的权利和责任，才建立了身体与个体认同之间的关系。再次，从现实的个人的本质规定性出发，讨论了身体的社会属性对于个体的意义，论证了身体作为个体的物质存在形式与个体一道，从社会的生产和生活以及整个社会关系中获得社会规定性并参与社会有机体的构建的观点，认为身体与社会的互构和互动关系使个体的身体向着现代社会的本质发生变化，主要体现为身体的符号化和资本化，它们使个体必然以身体作为确证和体认自我的“材料”，个体认同越来越联系着身体、联系着社会和他人对身体的价值判断而进行。最后，分析了通过身体进行认同的双重效应——既可能肯定个体，也可能否定个体，提出为了实现个体认同，要处理好“身体的合目的性和合规律性的关系”、“身体的工具性和目的性的关系”以及“身体的社会性和自然性的关系”。

（二）个体认同与个体生活、个人自我认同的一致性

个体这一存在方式的出现标志着现代社会个人生活价值体系的历史性变革，其中包括个体生活的确立、自我认同新质和新内容的形成及其给个人生存、个人关于“我是谁”的自我归类带来的实质性影响。个体与个体生活的互致、个体与个人自我认同的共通把个体认同与个体生活和个人自我认同紧密联系在一起，保持了协调一致的关系。因此，对于个体认同一般机制的研究，必须关照个体认同与个体生活和个人自我认同的统一关系。第四章分为三个部分，研究个体生活、个人自我认同的个体认同价值，揭示个体认同形成的内部机制。

第一部分研究个体生活及其个体认同价值，主要通过对个人生活的本质、基本内容及特征的把握揭示个体生活的内在规定性和本质特征，理解个体生活世界的价值属性和主体原则。首先，指出个体认同形成之后个人生活转向个体生活——被赋予了主体性质的个人生活，个人有按照自己对生活的理解、规划、设计和能力与外部世界建立对象性关系、追求自己喜欢的生活的权利，并为此承担责任。其次，基于对个体生活实践本质的把握，认为个体生活本质上是个体以自己为尺度构建“属己世界”的对象性活动，既是个体的存在形式，也是个体的创造物。再次，把个体生活理解为个人的生命活动及其过程、个体的存在形式，分析它的现实化形态——个体生活世界，阐释了个体生活世界的结构、性质、基本价值关系、重要价值、价值意识。最后，把个体认同建立在个体生活的基础之上，现实地阐释了个体认同与个体生活的内在联系，以及个体认同对于个体生活的特别重要性，认为个体认同不仅是个体生活的逻辑起点，也是个体生活的目的，个体认同主导了个体生活的状况，个体生活则决定了个体认同的现实性程度。

第二部分在个人与个体既相互联系又相互区别的基础上分析个体认

同与个人自我认同的关系。首先，把个人自我认同理解为个人肯定性的自我评价，分析了它的认识结构，揭示了个人自我认同的社会本质：个人的角色认同；以个人为主体的自我评价活动，私人利益是其最重要的评价标准；在个人自我认同中处于核心地位的“自我”是接受了社会教化的社会性自我。其次，分析了现代社会的个人自我认同的特殊性：以个人的内在要素为尺度的建构性；多角色认同的丰富性和复杂性；个人自我认同危机普遍发生的可能性。最后，阐明了个体认同与个人自我认同关系的具体内容：个体认同是个人自我认同的有机内容和核心，深刻地影响、主导着个人自我认同的建构与性质，与此同时，个人自我认同也参与到个体认同的形成和发展中，是个体认同的基础和资源，并且特别指出，个体认同与个人自我认同的相互作用具有两重性：个体认同可以提高个人自我认同的境界，也可能使个人与社会的矛盾更加凸显，产生个人自我同一性困境；个人自我认同可以推动个体认同的实现，但是在与社会认同冲突的情况下，也会导致个体认同危机的发生。

第三部分着重思考了如何通过个体生活和个人自我认同实现个体认同的问题。个体生活、个人自我认同与个体认同之间的内在关系表明，通过个体生活、个人自我认同可以实现个体认同，但是，只有与个体认同具有本质统一性的个体生活和个人自我认同才能推动个体认同的形成和发展，因此，需要思考两个问题。其一，何种个体生活才是个体认同的根据？通过对价值选择的一般规律以及认同的本质的分析发现：认同发生的根本原因在于认同活动给认同主体带来利益、满足认同主体的需要，人在认同中获得的利益、满足的需要越多，这些利益、需要越是根本，认同就越是容易发生，进而得出一个结论：个体生活若能够满足个人存在和发展基本需要，个体认同就具备了基本的条件；个人以个体的方式存在，其生活能够达到一定的水准，对自己的生活总体评价满意，感受到了生活的美好和幸福，就能够产生个体认同；个体生活越是能够满足个人多方面的、根本的、更高层次的需要，就越容易使个人产生深刻而持久的个体认同，也就是说，只有个体生活对个人存在和发展产生更多、更大的肯定价值，能够使个人达到比较理想的生活水平，在个人那里才会产生个体认同的必然性。其二，如何从个人自我认同发展到个体认同？其结论是“反思是个人自我认同通向个体认同的桥梁”，并阐释了下述理由：个体是现代社会对于个人的规定，具有社会的合理性，这一合理性最终将把个人变成个体，实现它的现实性；如果个体是个人存在的现实形式，那么个人只要能够深入把握自己存在的真正本质和形式，就能认识到个体存在的必然性、无法逃避的现实性，最终将承认、接受和认可个体，实现个体认同，也就是说，反思的个人自我认同将使人们达到个体认同。

（三）个体认同与社会认同、社会共识和社会信任的统一性

第五章的研究主题是社会认同、社会共识和社会信任对个体认同的作用。个体是由现代社会的个体化运动建构的、在与他人的交互作用中生成的主体性存在，因此个体化就是个人的社会化。个体是现代社会个体化的结构特征对个人存在方式的规定，个体认同是对这一规定的回应，它表明，个人接受现代社会的基本价值关系和价值取向，认可现代社会制度对于个人的这一存在方式的安排，愿意把自己的生活建构在现代社会基本结构和运行机制中，以个体的方式与他者共在和交往，因此，个体认同本质上是社会认同。因为个体的存在论意义，个体认同在个人的社会认同系统中处于主导地位，不仅是其他社会认同的基础，而且在其他社会认同的过程和结果中加进个体的维度，使个人的各种社会关系具有个体尺度；与此同时，个体对于社会、群体的依赖又使个体认同深受各种社会认同的影响。但决定个体认同能否实现以及实现程度的，不是这些社会认同，而是个体在这些社会认同中是否获得支持以及支持的程度。因此，社会共识对于个体认同具有特别意义。个体在社会认同中与他者达成社会共识，创造个体及其生活价值体系的社会本质和内容。但是，这个过程只有个体在内心深处建立起对社会的信任才能发生。个体在社会信任基础上开始独立生活，感受生活的真实性，发现生活的意义，社会则借助于个体对它的信任，参与构建个体与社会关系的一般模式、个体的思想行为方式和心理特质。因此，研究个体认同的一般机制，就要揭示社会认同、社会共识和社会信任对于个体认同的作用。本章分为三个部分，探讨社会认同、社会共识、社会信任作用于个体认同的一般机制。

第一部分从三个方面论证了“社会认同是个体认同的根本条件和推

动力量”的观点。首先，把社会认同规定为“个人给予社会（民族—国家意义上的社会共同体）肯定性评价，与之形成、发展紧密的结构性关系，并由此获得某种存在与发展的形式和意义”，以社会学的理论研究成果为基础，分析了它的本质和动机，认为现代社会认同在本质上是主体间关系的认同，体现交互主体性和共同主体性，意味着社会成员对社会的认同与社会对社会成员的认同的统一。其次，研究了社会认同系统的结构，分析了社会认同的主体及其主体性、主体尺度，以及社会认同的客体、客体性及其对社会认同的作用，指出社会的存在和发展合乎社会成员的理性化需要、社会成员对社会关联性要素的认同、社会合于社会成员个人的价值意识以及肯定性的社会影响等因素对社会认同具有决定作用。最后，讨论了社会认同对于个体认同的作用，认为社会认同是个体认同的前提和基础，为个体认同提供动力、设定界限和塑造个体认同的一般特性，对于个体认同的价值取向、实现路径和发展水平具有重要的调节作用，因此，一个社会可以通过改变、改善社会认同来使个体认同按照其意愿、意志而发生变化，以及促进个体认同在更高程度上的发展。

第二部分提出“社会共识是个体认同的前提、条件和成果”的观点。对个体认同与社会认同紧密关系的领悟使我们意识到一个重要问题，这就是社会共识对于个体认同的特别意义。本书所讨论的社会共识是民族—国家意义上的社会及其成员——构成社会的个人和组织（群体），对于普遍的、一般性的、公共性的社会问题、事件、事物等达成一致的、共同的认识。从个体认同发生、实现的具体过程来看，社会共识贯穿其始终。对于上述观点的论证是从三个方面进行的。首先，吸收社会心理学、社会学等学科关于社会共识的重要研究成果，分析了社会认同的基本特性，形成了如下观点：社会共识的客体是对社会及其成员的生存和发展、利益具有重要意义的社会事物、事件和社会问题等；社会共识产生于社会成员“共在”的生存结构，由人的存在本性和社会复杂性所决定；社会共识包括“相同的社会认识”、“同一的社会认识”和“共享的社会认识”。在此基础上概括了社会共识的四个本质特征：社会共识是社会主体间的共同认识和社会各个主体的自我认识，由社会认知共识和社会价值共识构成，是社会“善”的实践理性。其次，研究和阐释了社会共识对于个体认同的意义，指出社会共识是个体认同“合法性”的思想基础和“合理性”的根据，为个体认同提供有利的社会影响。最后，提出并阐释了唯物史观共识、主体共识和民主共识对个体认同具有根本意义的立场和观点。

第三部分研究了个体信任社会对于个体认同的价值，认为对个体认同起更根本作用的社会因素当属个体社会信任，并从三个方面论证了这一观点。首先，指出个体社会信任是个体认同的基本需要，它不仅意味着个体在“非确定性”中把握“确定性”，在“流动的”生活环境中得以生存和发展，更意味着个体可以相信自己、对自己持有信心。其次，阐释了个体社会信任对个体认同的影响：使个体认同实现于社会认同之中，把个体认同建立在国家认同的基础上并使国家认同成为个体认同的核心，使个体认同与社会先进性紧密联系在一起。最后，专门讨论了中国社会构建新型社会信任推动个体认同发展的问题，主张在我国当前社会信任缺乏的情况下提高个体认同的水平，要致力于构建与现代性相契合的现代社会信任体系，着力构建以政府公信力为核心的国家认同，以及社会信任体系坚持“以人为本”的价值取向，强调个体在构建符合自身利益、促进个体认同实现的现代社会信任体系中要承担社会责任，培养自觉的劳动意识和公民意识，做一个能够为社会创造更大价值的劳动者和合格的社会公民，更要以“主人翁”的态度，以社会整体的立场、利益和标准，确立自己的社会理想和信仰以及行为准则，为社会和他人提供社会信任。

（四）现代性在个体认同中的建构作用

第六章研究和阐释了现代性对于个体认同的根本作用。现代性作为现代社会生活或组织模式，与个体生活进而也与个体自我以一种直接的方式交织在一起，“影响到了我们的经历中最为个人化的那些方面”，塑造了个体认同的新机制。个体认同作为个人自我认同的有机组成部分、核心，现代性也塑造了它的机制，这在现代社会的基本制度对于个体认同的规定、制约乃至决定作用中体现出来。现代性“所呈现的社会秩序”、“对社会关系进行的规则化的控制”以及所特有的“极度推动力”，无论是作为宏大的社会背景还是作为系统的内在要素，都对个体认同的形成和发展产生了根本性的意义。本章分三个部分，围绕着“什么是现代性”、“现代性与个体认同的内在关联”以及“如何通过现代性推动个体认同的确立和发展”等问题展开讨论。

第一部分对现代性的内涵进行了系统分析，这是本章的逻辑基础和前提。首先，阐述了现代性由“工业化”生产的特点决定、以现代劳动分工为基础、落实为基本社会制度的内容并为社会制度所维护以及基于现代理性的理性化等特性。其次，阐释了现代性作为现代社会关系系统的多重内容，即人与人之间普遍的商品交换关系、全面的主体间关系、高度组织化的社会联系以及以高科技为基础的中介化的社会交往。最后，根据现代性所包含的基本的社会关系，认为现代性有四个核心要素：货币是普遍的物质交往关系的核心要素；法律是普遍而全面的主体间关系的核心要素；社会角色是高度组织化的社会联系的核心要素；专家系统是以现代高新技术为基础的中介化的社会交往的核心要素。

第二部分提出“为什么现代性与个体认同之间紧密关联?”这一问题，并从四个方面进行了阐述。首先，从“追求确定性是人的本性之一”这一前提出发，指出由于每个人所追求的确定性存在于社会中、是以社会的方式获得的，个体认同需要确定性，现代性能够为其提供确定性，因而个体对于确定性的追求把现代性与个体认同紧密联系在了一起。其次，指出现代性的核心价值要素——货币、法律、社会角色、专家系统对于个体生活具有主导和支配作用，从而“为个体生存和发展提供基本的确定性”。最后，现代性作为现代社会秩序是社会结构体现在社会成员思想和行为中的规范，承载着社会主导价值观念，因此认为现代性是为个体权利提供基础的神圣权利，并从现代性四个核心要素的社会内涵为这一观点进行辩护。最后，具体阐述了现代性的核心要素对于个体认同的根本意义：现代性的四个核心要素被确立为个体认同的本位价值，是个体认同的社会维度，塑造了个体的主体意识，现代性的反思性与自反性对于个体认同的作用具有确定性和非确定性的双重特性。

第三部分探究“现代性的核心要素何以成为个体认同最为信任的对象?”这一重要问题，并把它具体化为“现代性的核心要素成为个体认同最为信任的对象是否可能?”“谁是确保现代性的核心要素成为个体认同最为信任的对象的力量?”以及“现代性的核心要素成为个体认同最为信任的对象的条件是什么?”等三个问题进行阐释，由此提出了三个观点：其一，现代性的核心要素具备根据个体认同的需要而变化和发展的性质，因为现代性作为社会生活或组织模式在本质上属于社会关系范畴，是现代社会人们生产自己生命的社会形式，由现代生产方式决定，因此是现代社会按照“自己的尺度”构建的，本来就应该而且也能够根据现代社会的需要保障个体权益、推动个体存在和发展、满足个体的需要，其中最重要的势必就是使现代性的四个要素成为个体认同的最信任的对象。其二，现代社会内部存在着各种各样的社会组织和全体个人，它们是社会主体的有机构成要素，但是能够代表社会表达其主体意志的是社会的权威机构——国家以及创造了社会历史因而是社会历史主体的广大民众。因此，确保现代性的核心要素成为个体认同最为信任的对象的力量是国家和广大民众，其中，国家是最重要权威力量，广大民众是基本的主体力量，国家与民众相互作用形成统一的社会主体意志才是最根本的力量。其三，在上述分析的基础上，对“现代性的核心要素何以成为个体认同最为信任的对象的条件”的思考形成了三个思想成果：以“人民为主体”；高水平的公共性道德；高度发展的社会总体品质。

三 当代中国社会个体认同的反思

下编关于“当代中国社会个体认同的反思”只有一章即第七章，专门研究“当代中国社会个体认同的启蒙及其任务”。对中国社会的个体认同问题进行哲学反思，为当代中国的社会主义现代化发展、社会进步服务是个体认同问题研究的初衷。因此，在完成了上面两编六章的研究，就个体认同的基本问题和一般机制形成了较为系统的理论体系之后，必然要对当代中国社会现代化进程中的个体认同问题进行深入的思考，以期形成具有时代意义的洞见。

第七章从考察当代中国社会的个体化过程入手，深入到当代中国社会的历史环境中分析中国社会个体的当代“崛起”历程，讨论个体认同的发生、发展以及面对的挑战，提出中国社会启蒙在新时代的历史任务——个体自我的觉醒。自改革开放以来，当代中国正在进行中国特色的社会主义现代化建设，与此同时经历着一场深刻的个体化运动，“个体的崛起”是不争的事实，个体认同是中国社会现代化的历史使命，社会启蒙则是中国社会完成这一使命的当务之急。处于转型期的当代中国，个人与社会的发展连同其遭遇到的各种困境大多与个体认同相关。不能把个体认同作为自觉的使命去完成，中国现代化的社会建制、精神建设就无法深入发展，个人也难以安身立命。但是由于“文化传统的断裂”、现代化的高度系统复杂性以及社会改革的探索性、艰巨性，中国人对“什么是个体”、“什么是个体认同”以及“如何实现个体认同”、“实现怎样的个体认同”等个体化的重大问题有不同程度的觉知，茫然不知、懵懵懂懂的人为数不少，局限于感性经验层面的大有人在，各种分歧不一而足，这使个体认同在现实中面临很多困境，严重地阻碍着个体认同的实现和发展。这种情况亟待中国人个体自我的觉醒。

个体自我的觉醒与社会启蒙运动内在相关。西方社会经由 18 世纪的社会启蒙运动才开启了现代化的历史进程，这场启蒙运动创造了个体认同所需要的权利意识、独立自主精神和民主法治思想。对于当代中国社会，如何基于现实展开一场社会启蒙以促进、推动个体认同的发展值得深思。基于“实然”，才能讲好“应然”。当代中国社会需要走一条适合中国国情、与现代化发展目标相一致的个体化道路。为了坚定这一价值选择，本章首先分析了个体化的多元化和多样性的本质和特征，总结概括了当代中国社会个体化的历史前提、社会背景和基本特点。上述分析的另一个重要目的是真正了解当代中国社会个体化进程，为理性分析、科学评价和审视当代中国社会个体存在和发展的状况从而正确思考如何促进个体认同的实现和发展提供现实依据。

为了弄清当代中国社会个体认同面临的问题和挑战，第七章沿着当代中国社会改革开放的历史足迹，考察了单位制解体及其对于个人的解放作用、法律体系的构建与完善及其对于“个体的合法化的意义”，总结概括了当代中国社会“个人生涯模式”整体性变迁中的个体的特性，进一步分析了个体化以及个体的崛起所引起的个人生活价值体系在基本价值关系、重要价值和生活意识等方面向着“个体”而发生的历史性变迁，在此基础上，阐述了当代中国社会独有的个体“特性”——个体以“我”为核心构建个人自我价值意识；个人在成为个体的过程中秉持“现实主义”的原则；个体主体性追求中的“关系主义”倾向。

基于对个体的独特品性和个体认同基本内涵的把握，本章探讨了理性的启蒙对于当代中国社会个体认同的特殊意义，并主要思考了三个问题：当代中国社会个人的哪些价值观念影响了个体认同？当代中国社会个体认同面临着什么挑战？为了推动个体认同朝着有益于个人全面发展、有利于社会进步的方向发展，我们需要完成何种社会启蒙任务？为此分析了当代中国社会的现代化起始动力、发展理路，提出了三个方面的观点：首先，中国社会迄今为止的个体化，主要是市场经济体制构建的联动产物，而非现代化的顶层制度安排，中国社会个体的崛起是国家实行市场化、社会关系的结构性变迁的客观需要，个体的政治权利和社会权利的获得在相当长的时间里主要依托以市场为导向的个体化的发展状况，即受经济领域个体化的影响，因此，当代中国社会的个体认同主要受"新个人主义"、"实用理性"、"互倚型自我"等三种理性的影响。其次，由于中国社会的当代转型是"自上而下"的社会转型，起因是"无路可走"而不是"水到渠成"，广大民众为这一社会转型所做的社会心理准备非常不足，社会为这一转型所做的文化准备十分不足，国家为这一转型所做的制度准备严重不足。中国社会的一些传统虽然与时代精神相忤，但仍根深蒂固：群体化的个人生活占据主导地位而不强调个人的权利和义务；主张"群策群力"而否定个人独立自主；提倡"万物一体"、"天人合一"而不分"我"与"非我"；重视"群体主体性"而漠视"个人主体性"和"主体间性"；注重实用理性而缺乏规则意识。这使得个体认同遭遇了本体性安全困境、社会价值共识困境和自我认同困境的严峻挑战。最后，基于上述分析，认为当代中国社会要实现个体认同的积极、健康的发展，必须进行一场深刻的社会启蒙运动并完成三个重要任务：公共理性的启蒙、民主法治精神的启蒙和个体主体性的启蒙。

上 编

个体认同的根源、意义与系统性

第一章 个体化时代个体的确立和个体认同

个体认同是现代社会特有的认同现象，与“个体”这一个人的存在方式紧密联系在一起。对个体认同基本问题、一般机制的考察离不开三个基本的理论前提：一是对现代社会的生产方式以及由此决定的个人与社会之间联结方式、社会的结构特征以及它们对于个人存在方式产生的根本作用的认识；二是对作为个体认同的“主词”和“宾词”，即是个体认同的逻辑起点和终点的“个体”的理解；三是对个体认同意蕴的把握。本章“从现实的个人”出发，以马克思的“三社会形式”① 理论为依据，以现代社会普遍的“物的依赖关系”为基础，揭示现代社会个体化的结构性特征及其对“个体”这一个人存在方式的规定，在现代社会个人的物质生活条件中认识个人生活的本质，把握个体的哲学意义，在个体化背景和个体的本质属性中分析个体认同的基本内涵。

一 现代社会是个体化社会

现代社会是个体化社会。著名的社会学家埃利亚斯直接称现代社会

① 马克思在《1857—1858 年经济学手稿》中阐释了人类社会“人的依赖关系”、“物的依赖关系”和“自由个性”三种不同发展类型的理论，《马克思恩格斯全集》中文一版在相关内容的翻译中使用了“社会形态”一词，学界通常称上述理论为“三社会形态理论”。《马克思恩格斯全集》中文二版，将“社会形态”一词修订为“社会形式”。这一修订更利于理解人类社会复杂而丰富的历史发展内容，也可避免认为马克思既有一个“三社会形态理论”也有一个“五社会形态理论”。故此，本书把马克思关于“人的依赖关系”、“物的依赖关系”和“自由个性”的社会类型理论称为“三社会形式理论”。

为“个体的社会”。鲍曼认为，埃利亚斯的“个体社会”“恰到好处地把握了从一开始就不断萦绕着社会理论的那个问题的要点”，并进一步指出，“把社会成员铸造成个体，这是现代社会的特征”，“个体化已经来临并将持续下去；无论是谁，如果要通过思考找出一些方法，来应对个体化给我们的生活方式所带来的影响，就必须首先承认这个事实”，“如今，像以往一样，个体化依然是命定之事”①。其他社会学家也认同现代社会的个体化特征。哈贝马斯就指出：“涂尔干和米德认为，理性化的生活世界，……最终还在于以培养抽象的自我认同为目标和促使成年个体化的社会化模式”②，他本人也提出，“社会个体化”由于“系统分化”而导致的这一社会事实“已经开始很久了”，“在描述的意义上，可以说社会化的主体处于不断个体化之中”③。乌尔里希·贝克把个体的出现表述为现代化过程的一个方面，专门讨论“第二现代性”中的个体化问题。正是因为现代社会是个体化社会，个体才成为个人的基本存在形式，个体认同才成为个人自我认识的重要任务。既然现代社会是个体化社会，现代社会的本质规定中就必然具备产生个体化的因素和力量。因此，理解个体化的内涵，首先需要把握现代社会的本质规定。

（一）现代社会的本质规定：工业化生产和市场经济

“社会，即联合起来的单个人”，“是表示这些个人彼此发生的那些联系和关系的总和”④。在上述意义上，社会可以被理解为以共同的物质生产活动为基础的，个人之间依据一定的结构和方式而形成的交往关系。由社会物质生产力的状况所决定，人类社会在其历史发展过程中呈现了明显不同的形式。马克思将人类社会划分为三种形式：“人的依赖关系（起初完全是自然发生的），是最初的社会形式，在这种社会形式下，人

---

① ［英］齐格蒙特·鲍曼：《个体地结合起来》，［德］乌尔里希·贝克、伊丽莎白·贝克－格恩斯海姆：《个体化》，李荣山等译，北京大学出版社2011年版，“序二”，第21、27、24页。

② ［德］哈贝马斯：《现代性的哲学话语》，曹卫东译，译林出版社2011年版，第2页。

③ 参见［德］哈贝马斯《后形而上学思想》，曹卫东等译，译林出版社2012年版，第220、215页。

④ 《马克思恩格斯全集》第30卷，人民出版社1995年版，第526、221页。

的生产能力只是在狭小的范围内和孤立的地点上发展着。以物的依赖性为基础的人的独立性，是第二大形式，在这种形式下，才形成普遍的社会物质变换、全面的关系、多方面的需要以及全面的能力的体系。建立在个人全面发展和他们共同的、社会的生产能力成为从属于他们的社会财富这一基础上的自由个性，是第三个阶段。"① 三种社会形式分别以"人的依赖关系"、"物的依赖性"和"自由个性"为特征，这表明马克思是以个人之间的社会联结形式的特点为标准来划分社会形式的。马克思在形成了唯物史观之后，非常明确地把个人的本质理解为社会关系的总和，把社会关系的基础归结为人们在物质生产活动中发生的现实关系即生产关系，从而把人类社会的发展过程看作是由社会生产力的状况所决定的社会生产关系的历史更替，因此，马克思划分社会形式的标准——个人之间的社会联结形式，实质上是个人劳动与社会总劳动之间的社会联结形式。也就是说，马克思所说的社会三种形式分别体现了个人劳动与社会总劳动之间的三种社会联结形式。因为个人劳动与社会总劳动之间的社会联结形式实质上是"人对社会环境的关系问题"，即"个人在社会环境中是否自由的问题"②，所以，三种社会形式实际上分别对应着个人存在的三种历史状态，即"无个人自由"③、"物的独立性"和"自由发展"。

"第二大社会形式"从 17、18 世纪开始一直发展到现时代，已经成为当代人类社会的普遍形式，故被称为现代社会。在现代社会，社会成员个人之间形成了"普遍的"、"全面的"、"社会物质交换关系"以及"以物的依赖性为基础的人的独立性"，这种社会联系以市场为纽带，通过商品交换建立和体现，带有"物化"的性质和特征，因而被称为"物的依赖关系"。马克思指出，"物的依赖关系"是这样的社会关系："毫不相干的个人之间的互相的和全面的依赖，构成他们的社会联系"，"每个个人的生产，依赖于其他一切人的生产；同样，他的产品转化为他本人

① 《马克思恩格斯全集》第 30 卷，第 107—108 页。

② 刘佑成：《社会发展三形态》，浙江人民出版社 1987 年版，第 21 页。

③ 马克思所说的"人的依赖关系"指的是个人对于群体的人身依附关系，在这种关系中，个人没有独立人格，只有社会身份和社会角色，因而无个人自由。

的生活资料，也要依赖于其他一切人的消费”，“这种相互依赖，表现在不断交换的必要性上和作为全面中介的交换价值上”，“对于每个个人来说，只有通过交换价值，他自己的活动或产品才成为他的活动或产品”，“每个个人行使支配别人的活动或支配社会财富的权力，就在于他是交换价值的或货币的所有者”，“活动和产品的普遍交换已成为每一单个人的生存条件，这种普遍交换，他们的相互联系，表现为对他们本身来说是异己的、独立的东西，表现为一种物。在交换价值上，人的社会关系转化为物的社会关系；人的能力转化为物的能力”①。“物的依赖关系”的存在和发展是有条件的，我们把那些使“物的依赖关系”产生和存在的根本条件称之为现代社会的本质规定。

工业化生产是现代社会的本质规定之一。马克思指出：“随着新生产力的获得，人们改变自己的生产方式，随着生产方式即谋生的方式的改变，人们也就会改变自己的一切社会关系。手推磨产生的是封建主的社会，蒸汽磨产生的是工业资本家的社会。”② 现代社会的第一个历史形态——资本主义社会是伴随着工业革命的脚步走进人类历史的。工业革命是一场以机器取代人力，以大规模工厂化生产取代个体工场手工生产的生产与科技革命，从而带来了社会产业结构和劳动过程的重大变化：机器生产改变了劳动过程的技术条件，自然力代替了人力，自然科学被自觉地应用于生产，极大地提高了劳动生产率，工业取代农业而成为社会的主导产业；机器生产同时改变了社会劳动的组织方式和劳动协作的性质，产生了专业化的分工劳动和分工劳动基础上的合作。在分工劳动的社会生产体系中，人们独立地创造着不同的使用价值，从而造成了生产和消费的分离，产生了生产活动的相互依赖性和交换劳动产品的必要性。分工劳动使个人劳动专门化而无法自给自足，只能依靠交换劳动产品来满足生活需要。马克思指出，分工条件下，“每个人为自己劳动，而他的产品并不是为他自己使用，所以他自然要进行交换，这不仅是为了参加总的生产能力，而且是为了把自己的产品变成自己的生活资料”③。

① 《马克思恩格斯全集》第30卷，第106、105、106、107页。

② 《马克思恩格斯文集》第1卷，人民出版社2009年版，第602页。

③ 《马克思恩格斯全集》第30卷，第108页。

普遍的商品交换关系以生产者全面的依赖关系为前提和基础，因此，以交换为目的进行的生产，必然造成普遍的商品需求与供给之间互相产生压力，使“毫不相干的人发生联系”，从而形成了人与人之间互相的、全面的物质依赖关系。

现代社会的本质规定除了工业化生产，还包括市场经济。工业化生产形成了社会分工劳动以及普遍的物质交换关系，在这一社会条件下，如何组织社会分工劳动？又如何进行活动和产品的交换？这两个问题的核心是实行计划经济还是实行市场经济？在理论上，工业化生产既可以实行计划经济也可以实行市场经济，但问题在于，在现实的历史条件下，谁更适合工业化生产，谁对发展社会生产力更具持久而更高的效率优势。现代社会发展的历史经验和教训表明，在人类历史上已经存在的工业化生产条件下，市场作为调节经济的主要手段，更适合现代社会的发展。市场经济和计划经济作为调节经济活动、配置社会资源、组织社会生产的经济体制，在一个社会不同的历史条件下和发展阶段上，在发展社会生产力、提高人民生活水平、增强综合国力、解决社会主要矛盾等作用方面存在着谁比谁更有优势的问题。市场经济和计划经济的最大区别是，市场经济并不绝对排斥国家对于市场经济的作用，而计划经济则从根本原则上拒绝市场的主导地位和作用。因此，市场经济既可以发挥它自身的优势，同时又可以克服它本身的局限性或降低它对经济活动的不利影响；计划经济既无法突破自身的局限性，又不可能具有市场经济的特有优势。在这种情况下，现代社会选择市场经济体制更具一般合理性，而计划经济常常是处于某种特殊社会历史时期或需要集中力量快速完成某种特殊历史任务的国家采用的经济体制。工业化国家选择市场经济作为它组织社会生产、分配社会资源和整合社会的基本方式，必然在整体上贯彻“物的依赖关系”：一是生产者的生产目的不是满足他自身的消费需要，而是获得“财富”或“发财致富”，这决定了生产者无止境的生产欲望与无限制的生产形式和内容，并使“物的依赖关系”获得持续而全面拓展的驱动力；二是市场经济从市场到生产再到市场的再生产过程，使人们的经济活动发生在最能产生经济利益的地方；三是为了提高生产效率和适应市场大规模销售的需要，市场经济必须按照比较成本原理，扩大全社会范围内的分工。因此，市场经济消除了人与人之间的孤立、隔离状态，使人们建立起普遍的社会交往和社会联系。

基于“物的依赖关系”以及产生这一关系的内在逻辑就会发现，使一个社会成为现代社会的根本条件是工业化生产和实行市场经济，因而它们是现代社会的本质规定。现代社会从第一次工业革命开始在人类历史中已走过四五百年的风雨春秋，经历了第二次、第三次、第四次工业革命的洗礼，以其特有的优势，从西欧少数国家发展到全球大多数国家，从最初的低级形态发展到更高阶段，从单一的资本主义形态发展为多种样式的国家形态。这一趋势表明，人类文明正处于以现代社会为主要形式的历史发展阶段，现代化是世界历史不可阻挡的时代潮流。

（二）现代社会的个体化结构特征

社会是一个有机系统，所有社会成员（共存于社会中每个个人和各种群体）满足自身生存和发展需要的活动形成了彼此间相互依赖和相互对立的制约关系即社会结构。而社会成员满足自身生存和发展需要的方式制约着社会结构的具体形式，其中，满足物质生活需要的基本方式决定了社会的结构性特征。工业化生产和市场经济作为现代社会的本质规定，同时也是社会成员满足物质生活需要的基本方式，它们形成、决定了现代社会的结构性特征——个体化。

现代社会个体化的结构性特征是对现实的个人的经验观察就可得出的结论。马克思将现代社会的个体化称为作为“历史过程的结果”，主要由“交换本身”造成的“人的孤立化”①。涂尔干“把社会个体化理解成使得个体具有自己个性的能动性的增长”②；米德则认为“个体化不是一个独立的行为主体在孤独和自由中完成的自我实现，而是一个以语言为中介的社会化过程和自觉的生活历史建构过程”③；埃利亚斯对个体化内涵的描述是：“原先由联系较为紧密的血缘集体，……现在正转移到高度集中化的和越来越城市化的国家集体里。随着这种转移，那些单个人，当他们长大成人时，就越来越多地脱离了原先较为密切的、地域性的血

① 《马克思恩格斯全集》第30卷，第489页。

② ［德］哈贝马斯：《后形而上学思想》，曹卫东等译，第171页。

③ ［德］哈贝马斯：《后形而上学思想》，曹卫东等译，第173页。

缘和庇护群体。后者由于庇护和控制功能的日渐丧失，其自身的凝聚力也开始减弱。在那些更加庞大、高度集中和不断城市化的国家社会里，单个人在越来越高的程度上要依靠自己谋生立业。”① 鲍曼给出了一个适用于“各种类型的‘个体化’”的定义：个体化即是“把人的‘身份’从‘既定的东西’转变成一项‘责任’，要求行动者承担执行这项任务的责任，并对其行为的后果（包括副作用）负责”，即“确立合法的（de jure）自主性（尽管这种自主性在实际中并不一定能获得）”②。乌尔里希·贝克更加明确地指出，个体化“是高度分化社会的结构特征”③，“不仅与个人的感受形式有关，而且还涉及现代社会的各种中心制度，譬如发展自我的必要性，摆脱集体规定性的必要性”，对于个体化的“最好的解释”，“应当从制度化的个体主义入手”，他还认为，个体化“不是新自由主义的利己主义，不是市场利己主义”，“也不像许多人所设想的那样，意味着个人获得越来越多的自由和选择自由，借此使个人更具有个性和独特性”，“更不意味着自治乃至自给自足”④。个体化作为现代社会的结构性特征，本质上涉及个人的社会存在方式，因而对个体化的理解需要依据个人存在和发展的根本条件。马克思、恩格斯指出：“个人是什么样的，这取决于他们进行生产的物质条件。”⑤ 工业化生产和市场经济作为现代社会的本质规定，以个体为基本构成要素，是个人社会物质生活的最基本条件。工业化生产和市场经济的内在规定性中拥有把个人变成个体、产生个体的性质和机理，现代社会由此获得了个体化的结构性特征，而对此起决定作用的是社会生产分工和商品交换。

---

① ［德］诺贝特·埃利亚斯：《个体的社会》，翟三江等译，译林出版社 2003 年版，第 139 页。

② ［英］齐格蒙特·鲍曼：《个体地结合起来》，［德］乌尔里希·贝克、伊丽莎白·贝克－格恩斯海姆：《个体化》，李荣山等译，“序二”，第 22 页。

③ ［德］乌尔里希·贝克、伊丽莎白·贝克－格恩斯海姆：《制度化的个体主义》，［德］乌尔里希·贝克、伊丽莎白·贝克－格恩斯海姆：《个体化》，李荣山等译，“作者自序”，第 31 页。

④ ［德］乌尔里希·贝克、约翰内斯·威尔姆斯：《自由与资本主义——与著名社会学家乌尔里希·贝克对话》，路国林译，浙江人民出版社 2001 年版，第 69 页。

⑤ 马克思、恩格斯：《德意志意识形态》（节选本），中共中央马克思恩格斯列宁斯大林著作编译局编译，人民出版社 2003 年版，第 12 页。

社会生产分工是个体化的前提和基础。社会生产分工“是各种彼此间不同而又彼此间相互联系的劳动活动类型与活动形式的体系”[1]，有时也称之为“社会分工”、“劳动分工”或“分工”。刘佑成对分工进行了抽象概括：“从分工一般说，分工是有固定专业划分的社会劳动形式，它意味着总劳动分割成彼此独立而又联系的部分，以及社会成员固定分配在不同劳动职能上。”[2] 社会生产分工既是一种社会组织形式，也是一种分门别类的协作劳动，其对象化是不同的使用价值，在这个意义上，“各种使用价值……，即表现了社会分工”[3]。社会生产分工同时具有生产力和生产关系的双重性质：一方面，“以生产工具的发展为前提，工具越发展，分工就越细，劳动者的专业化程度就越高。因此，分工实际上是生产过程中劳动者和劳动工具的结合方式”；另一方面，社会生产分工既是“生产过程中人与人的分离”，“也是人与人的结合方式”，“必然存在着一定的交换关系、分配关系，体现着人们之间的相互关系”[4]。社会生产分工的双重属性决定了它对于社会结构的根本意义。社会生产分工在现代社会达到了非常高的程度。马克思指出：“现代工业通过机器、化学过程和其他方法，使工人的职能和劳动过程的社会结合不断地随着生产的技术基础发生变革。这样，它也同样不断地使社会内部的分工发生变革。”[5] 涂尔干也说：“现代工业拥有日益强劲的动力机械，大规模的能源和资本集团，以及随之而来的最大限度的劳动分工。”[6] 现代社会的生产分工联系着现代社会的生产力和生产关系，从而联系着上层建筑，这意味着它作为个人的社会物质生活条件在建构现代社会的个体化结构方面具有决定作用。现代社会生产分工先是形成了功能专门化的各种社会组织，使每一个社会组织不是为其内部成员而是为整个社会提供产品和服

---

① ［苏］И. В. 布劳别尔格、И. К. 潘京主编：《新编简明哲学辞典》，高光三等译，吉林人民出版社 1983 年版，第 65 页。

② 刘佑成：《马克思主义分工理论》，《哲学研究》1981 年第 5 期。

③ 《马克思恩格斯全集》第 44 卷，人民出版社 2001 年版，第 55 页。

④ 马克思主义哲学编写组：《马克思主义哲学》，高等教育出版社、人民出版社 2009 年版，第 166 页。

⑤ 《马克思恩格斯全集》第 44 卷，第 560 页。

⑥ ［法］埃米尔·涂尔干：《社会分工论》，渠东译，生活·读书·新知三联书店 2013 年版，第 1 页。

务（在这个意义上，每一个社会组织都是生产组织），每一个个人不是在社会组织内部而是在整个社会中获得存在和发展的条件，这就为个人不能依赖社会组织存在和发展从而只能独立自己承担生活责任、自己为自己人生负责的存在方式的确立提供了现实基础。如果国家不以其行政权力对个人的生活进行全部安排和管制，而是通过各种制度和机制把个人如何生活的权利交给个人自己，那么个人就不得不为自己的生活承担责任、为自己的人生负责，即成为现实的个体。个人成为个体，在社会中求得生存和发展，必将以个体的身份进入社会关系中，从自己的需要、利益出发，构建和塑造“为我而在”的关系。在这种情况下，社会关系生产的基本单位就转变为个体，社会结构呈现个体化的特征。

现代社会生产分工使社会个体化成为可能，把这一可能变成现实的是市场经济的要件——商品交换。市场经济是以市场交换组织起来的经济体系，商品交换是市场经济的核心内容之一，对于社会关系的状况具有直接的作用。市场经济条件下的商品交换是以货币为媒介的商品让渡，因而又称为商品流通，在物质内容上表现为不同使用价值的让渡或转手买卖，在本质上是劳动者通过自己的产品占有社会资源。商品交换对于现代社会的基本结构产生作用的机理在于：一是商品交换本身就是现代社会生产关系中相互联系、相互作用的四个环节（生产、分配、交换和消费）之一，是现代社会商品生产者之间的桥梁，因而其前提、内在规定性和原则本身就是制约、规定现代社会关系的因素和力量；二是“交换就其一切要素来说，或者是直接包含在生产之中，或者是由生产决定”①，即商品交换与商品生产有紧密的关系，因而，商品交换会把现代社会生产力对于生产关系的要求通过制度在社会结构中体现出来。现代社会的商品交换与个体化具有内在的一致性。首先，商品交换确立了个人独立的社会地位和社会人格。马克思指出：“流通中发展起来的交换价值过程，不但尊重自由和平等，而且自由和平等是它的产物；它是自由和平等的现实基础。”② 市场经济中的商品交换需要两个条件：其一是生产者的独立所有权，其道理正如马克思所说的：“劳动和对自己劳动成果

① 《马克思恩格斯全集》第30卷，第40页。

② 《马克思恩格斯全集》第31卷，人民出版社1998年版，第362页。

的所有权表现为基本前提，没有这个前提就不可能通过流通而实行第二级的占有。以自己的劳动为基础的所有权，在流通中成为占有他人劳动的基础。……只有作为交换价值的私有者，不管是商品形式还是货币形式的交换价值的私有者，主体才能成为流通的主体。”① 其二是商品所有者的意志和行为自由的社会认可。“商品不能自己到市场去，不能自己去交换”，它必须有“监护人”、“占有者”，“商品是物”，它也“不能反抗人”，“为了使这些物作为商品彼此发生关系，商品监护人必须作为有自己的意志体现在这些物中的人彼此发生关系”，“一方只有符合另一方的意志，就是说每一方只有通过双方共同一致的意志行为，才能让渡自己的商品，占有别人的商品”②。通过市场进行商品交换，是人与人之间的合作关系，建立在商品所有者的意志自由和共同意志达成的前提和基础上，也就是说，商品交换本身依赖个人之间平等的地位和独立的人格。其次，商品交换使个人“自食其力”成为可能。商品作为劳动产品是劳动者劳动力的对象化，交换商品、交换劳动者的劳动、交换劳动力是一致的。对于劳动者而言，他作为商品生产者对于商品的所有权，源自于他对自己劳动能力的所有权以及劳动力成为商品。正是因为劳动者的劳动力归劳动者个人所有，而且可以在市场上进行交换，才有了接下来的物质生活资料的商品交换。也就是说，商品交换是个人依靠自己生活的一种社会机制，即通过市场转让劳动力的所有权来换取对于社会物质生活条件的占有和享用。与其他商品不同的是，劳动力是内在于个人自身的对象化的本质力量，也是个人社会化过程可获得和增长的能力。劳动力归个人所有、成为商品，就使个人获得了支配自身满足生活需要的权利，同时也获得了对于自己的劳动以及劳动产品的占有权，这正是个人养活自己的根本条件。最后，货币把个人从对具体的人的直接依赖中解放出来，赋予个人以现实的独立和自由。市场经济中的商品交换使个人对社会劳动的依赖表现为对劳动产品的共同代表货币的依赖：货币在商品交换中起媒介作用，是创造和实现价值不可缺少的手段；货币作为特殊商品具有使用价值，体现一切商品的价值，其中包含的具体劳动是抽

① 《马克思恩格斯全集》第31卷，第348页。

② 参见《马克思恩格斯全集》第44卷，第103页。

象劳动的一般表现形式；商品生产者只有把他的商品转化为货币，才能把他的劳动转化为社会劳动。个人对社会的依赖，又通过货币转化为对自己劳动的依赖，从而转化为对自己活动的依赖，个人对于生活的主张和意志通过货币体现为他人的承认和支持。货币作为充当一般等价物的特殊商品，其通约性打破了各种社会差别实现了商品的自由而广泛的交换，其一视同仁、不受限制的性质和能力，把货币持有者的独立和自主意志贯彻到所有的商品关系中。可见，商品交换是社会个体化不可缺少的条件，马克思把它直接肯定为造成个人“孤立化”（即个体化）的一个手段：“从交换行为本身出发，个人，每一个个人，都自身反映为排他的并占支配地位的（具有决定作用的）交换主体。因而这就确立了个人的完全自由：自愿的交易；任何一方都不使用暴力；把自己当作手段，或者说当作提供服务的人，只不过是当作使自己成为自我目的、使自己占支配地位和主宰地位的手段。”①

对个体化建构起主导作用的是随着社会生产分工和商品交换而产生的市民社会及其对共同体的决定性意义。关于市民社会，黑格尔有一个恰当的说明：“市民社会包含下列三个环节：A. 通过个人的劳动以及通过其他一切人的劳动与需要的满足，使需要得到中介，个人得到满足——这是需要的体系。B. 包含在上述体系中的自由这一普遍东西的现实性，即通过司法保护所有权。C. 通过警察和同业公会，来预防遗留在上列两体系中的偶然性并把特殊利益作为共同利益予以操心。”② 黑格尔还指出：“市民社会这个受造物（Schöpfung）属于现代世界，……在市民社会中每个人都以自身为目的，其他一切在他看来都是虚无。但是，如果他不同他人发生关系，他就不能达到他的全部目的，因此，他人便成为特殊的人达到目的的手段。但是特殊目的通过同他人相关就取得了普遍性的形式，并在满足他人福利的同时，满足自己。”③ 马克思、恩格斯深化了黑格尔的市民社会思想，指出：“市民社会包括各个人在生产力发展的一定阶段上的一切物质交往。它包括该阶段的整个商业生活和工业

① 《马克思恩格斯全集》第30卷，第199页。

② ［德］黑格尔：《法哲学原理》，邓安庆译，人民出版社2016年版，第335页。

③ ［德］黑格尔：《法哲学原理》，邓安庆译，第329—330页。

生活，……这一名称始终标志着直接从生产和交往中发展起来的社会组织，这种社会组织在一切时代都构成国家的基础以及任何其他的观念的上层建筑的基础。”[①] 马克思还指出：“在‘市民社会’中，社会联系的各种形式，对个人说来，才表现为只是达到他私人目的的手段，才表现为外在的必然性。”[②] 市民社会是“在18世纪大踏步走向成熟的”[③]，这是因为，社会生产分工产生了个人对他人劳动产品的需要，商品交换使个人的这一需要得到满足，这样就形成了一个庞大的、单纯由利益关系勾连起来的“物质需要体系”；这个物质需要体系由工业化生产所决定，具有社会普遍意义，由市场经济发展而来，受市场原则支配，遵循经济规律，因而是一个独立的社会组织形态；在这种社会组织形态中，每个人以自己为目的，以他人为手段，自由地满足自己的生产和生活需要。从市民社会的具体内涵可以看出，个体化是内在于市民社会的内容，也是市民社会对于社会结构的规定。

市民社会作为独立的社会组织形态，参与构建了现代社会的个体化结构。市民社会决定了个人物质需要能否满足，从而关乎个人的根本利益，因而是个人社会关系中最重要的内容，必然对共同体产生决定性影响。共同体是一定数量的个人以一定的社会关系作为共同纽带所形成的人们的集合体，其特点是人们以直接的方式联结在一起形成紧密的关系，“一切亲密的、秘密的、单纯的共同生活”，“被理解为在共同体里的生活”[④]。“在不同的条件下，将各个个人结合起来的方式必然也会不同，这种不同就造成了各种共同体之间的差别。这种差别主要取决于各种将个人结合起来的方式中各自所能加以利用的组织资源”[⑤]。市民社会对于共同体的作用体现为人们依据物质利益原则建构共同体，共同体不仅类别众多、数量庞大、高度组织化，而且异质异构、专门化、功能简单、社

---

① 马克思、恩格斯：《德意志意识形态》（节选本），中共中央马克思恩格斯列宁斯大林著作编译局编译，第75页。

② 《马克思恩格斯全集》第30卷，第25页。

③ 《马克思恩格斯全集》第30卷，第22页。

④ ［德］斐迪南·滕尼斯：《共同体与社会：纯粹社会学的基本概念》，林荣远译，商务印书馆1999年版，第52—53页。

⑤ 王南湜：《从领域合一到领域分离》，山西教育出版社1998年版，第66—67页。

会地位和作用极为有限，并且处在经常的变动之中，因此，每个共同体都从一个方面或几个方面，而不是从所有的或基本的方面满足个人存在和发展的需要，个人与共同体之间只是建立了某个或某些关系，而不是全部的或基本的关系。也就是说，要满足个人存在和发展全部的或基本的需要，需要大量的、多种多样的共同体（不仅共同体的类别多，每一类别共同体的数量也多）的存在，以及个人要同很多共同体建立关系、成为共同体中的一员，这在客观上就造成了一种必然："现代社会中的共同体则由于非全能性和对于个人而言的多数性，便对于个人几无强制力。个人对于某一共同体的可自由出入，使其不能具有强的约束力"①，即任何一个共同体都不可能与个人形成"人的依赖关系"，除了家庭关系中的父母对于未成年子女的抚养关系以及子女对于父母的赡养关系等受法律强制之外，个人依据物质利益原则与共同体建立、发展以及解除关系，而且可以选择不同的共同体满足同一种需要。在这种情况下，个体化就成为一种必然，不仅不存在阻碍个体化的力量，既使有人不愿意个体化而选择依附于共同体，也没有哪个共同体有这种能力对其承担一切责任。

社会个体化的"深层原因"在于"市民社会对于个人的锁定作用"②。社会生产分工和市场经济决定了个人要满足自己的生产、生活需要必须进入到商品交换中，这是交换制度对于个人的强制。然而，这种强制与满足个人的需要、实现个人的目的联系在一起，而且在这种强制之内，个人享有平等、自由的权利，因而是内在于人的本性的。市民社会对于个人的锁定作用在于它的这种人性的内容。正如马克思所指出的："就我受到我的需要的决定和强制来说，对我施行强制的，不是异己的东西，只是作为需要和欲望的总体的我自己的自然（或者说，处在一般的反思形式上的我的利益）。但使我能强制另一个人，驱使他进入交换制度的，也正是这一方面。"③ 由于市民社会中广泛而全面的物质交换关系，每个人都可以在其中获得生产、生活的条件，以至于市民社会成为个人

---

① 王南湜：《从领域合一到领域分离》，第212—213页。

② 原文是"个人原子化、孤立化的深层原因，……"，"个人原子化、孤立化"实质上是"个体化"。王南湜：《从领域合一到领域分离》，第214页。

③ 《马克思恩格斯全集》第30卷，第200页。

生活领域。

工业化生产和市场经济使个人不能依赖共同体生活，同时使个人受市民社会的强制，但是因为这一强制包含人性的内容，就使得个人在不能依赖共同体生活的情况下，可以选择而且愿意选择“依靠自己”。在这种情况下，个体化就成为现代社会的结构性特征。所以马克思说，“人只是在历史过程中才孤立化的”，“交换本身就是造成这种孤立化的一种主要手段”，“它使群的存在成为不必要，并使之解体”，在这种情况下，“人作为孤立的个人只和自己发生关系，那么使自己确立为一个孤立的个人所需要的手段，就又变成使自己普遍化和共同化的东西”①。

（三）个体化：个体的根源

作为现代社会的结构性特征，个体化与现代社会个人存在和发展的特性以及社会运行机制相关，与群体化相对立。群体化和个体化是人与人之间建立社会联系的截然不同的方式。群体化特指在“人的依赖关系”的社会里，个人与社会直接统一的存在方式。在群体化的生活中，社会各种群体是社会关系生产和社会生活的唯一主体，个人作为社会、群体的一分子是它们的附属物，个人的属性只是他所属社会、群体的社会规定性，而不是个人独立的质的规定性。当一个人与另一个人交往的时候，他们之间的关系只是角色之间的关系。所以，在群体化社会中，个人只是社会、群体的组成部分或代表，没有独立的人格和独立于社会、群体的个体化的生活活动，其需要和利益直接是群体的需要和利益，个人生活的意义和目的、生活的过程和方式由社会和群体规定、支配，必须符合社会、群体的意志。即使是中国封建社会最有权势的皇帝他也只有作为皇帝的自由，没有作为自己的自由。个人由于不是社会关系中独立的主体形式，在现实的社会生活中难以形成个体化的行为，其命运也就不可避免地掌控在社会、群体、他人手上。从个人与社会的关系的意义上，个体化指的是个人作为个体与社会、他人相联结的存在方式。在人类历史上，个体化与现代社会的“物的依赖关系”相联系。在现代社会中，个人成为个体意味着个体与社会、群体同是主体，在法律上享有作为独

① 《马克思恩格斯全集》第30卷，第489页。

立主体的权利和义务，在个体与社会、群体的关系中，除了整体与部分的关系外，增加了个体与社会主体、群体主体之间的关系，在个体与他人的关系中，也增加了主体与主体之间的关系。尽管个体改变不了整体的社会关系，但是他可以根据自己的能力和需要选择、创造自己的社会关系，改变自己的社会地位、社会身份、社会角色，他可以按照自己的意志塑造自我，在个体生活中发挥主体性，把握自己的人生命运。这就是个体化带给个人命运的选择性和可能性。

个体化不是简单意义上个人的独立自存或自由主义、个体主义的意识形态，也不是某种具体的政治体制样式或资本主义社会的结构特征，而是“物的依赖关系”所特有的，社会结构、组织方式、运行机制和治理过程对于个人的社会规定，其实质性内容是个人通过社会的方式和机制而成为个体、作为个体而存在。在这一意义上，个体化是一场“把社会成员铸造成个体”① 的社会运动。在个体化运动中，一方面，现代社会要持续地把个人变成个体；另一方面个人在其长大成人之时要成为并始终作为个体而存在。因而，个体化体现在个人身上的效应是一种社会强制性：对于个人而言，成为个体就是成为人、成为现实的个人，不成为个体就难成为人、就无法在现实中生活，这意味着个体对于个人具有“本体”意义；成为个体，就是接受现代社会对于个人的社会规定性、接受现代性，就是认同现代社会的基本价值体系以及个人的生存模式。个体化作为把个人变成个体的社会运动，是个人的社会化。这一社会化的实质在于确立个人的主体地位，把生活的权利还给个人自己。在个体化社会中，个人对于其生活享有自决权，可以按照自己的尺度过自己的生活、创造属己的个体生活世界；在个体生活世界中起主导作用的是个体主体性，个体的本质力量、素质、能力、现实规定性等决定个人如何生活以及生活的境界和水平。总之，在个体化社会里，个人的生活、命运由个人自己把握，每个人“在一定的物质的、不受他们任意支配的界限、

---

① ［英］齐格蒙特·鲍曼：《个体地结合起来》，［德］乌尔里希·贝克、伊丽莎白·贝克－格恩斯海姆：《个体化》，李荣山等译，“序二”，第 21 页。

前提和条件下”[1]，发挥个体主体性，创造自我的本质和不同的人生，整个社会呈现多元化的个人生活样态。

个体化把个人变成个体的社会运动是通过社会生产分工和商品交换对于个体的作用而实现的。社会生产分工和商品交换相辅相成共同促成了现代社会个体化的社会结构，个体化是适应社会生产分工和商品交换发展要求的社会关系，也是为社会生产分工和商品交换服务的社会关系。因此，个体化的社会结构一经形成，便作为一个相对独立的社会现象、社会力量而存在、发展着，并反作用于社会生产分工和商品交换。个体化由社会生产分工和商品交换决定，但是它的存在和发展却与个体的存在和发展状况紧密联系在一起。社会生产分工对于劳动者的专业知识、技能、创新能力以及职业素养、道德的要求，商品交换对于个人所有权、平等关系、意志自由、社会秩序的需要，迫使社会发展公共文化、教育事业、社会法律制度，为个体诸多本性的实现提供越来越多的精神的和制度的条件，而社会生产分工和商品交换所创造的巨大的生产效率和财富则为上述目标的实现提供了物质基础。在上述社会条件下，个体的主体能力、素质不断提高，权利意识、能力本位意识、自我实现等主体意识必然受到启蒙而不断觉醒和增强，这一方面促使个体利用现实的社会条件发展自我，另一方面也会推动个体根据自己的需要、利益等向社会提出满足自身存在和发展需要的要求，并为此而付诸行动。这就在社会生产分工、商品交换与个体之间形成了一个相互促进的价值关系：“社会塑造其组成成员的独特个性，个体又在社会用他们的种种依赖编织的网络内寻求合理而又可行的策略，并通过其自身的行为活动形成社会”；“现代社会的存在无时不在进行着‘分化’活动，个体的活动也日复一日地重新塑造和审查个体的相互盘结所构成的被称为‘社会’的网络”[2]。这一价值关系表明，个体化与现代社会具有内在的统一性，是现代社会的组织形式和动力机制，个体化在使现代社会存在和发展的同时，把个人变成了个体，使个人作为个体而存在和发展。在这个意义上，个体化

---

① 马克思、恩格斯：《德意志意识形态》（节选本），中共中央马克思恩格斯列宁斯大林著作编译局编译，第16页。

② ［英］齐格蒙特·鲍曼：《个体化社会》，范祥涛译，上海三联书店2002年版，第43页。

与“风险社会”和“普世化”一起被称为“代表着现代化动力的极端形态”和“现代性的基本原则”①。

个体化是通过“物的依赖关系”这一社会机制把个人变成个体、使个人以个体的方式存在着的。“物的依赖关系”是以商品交换的形式表现出来的劳动关系，是工业化生产和市场经济共同作用形成的社会成员之间的社会联结方式，因而个体化与“物的依赖关系”具有内在的统一性。个体化是“物的依赖关系”的外在表现及赖以存在、发展的形式和机制，“物的依赖关系”是个体化的内部根基、动力和实质。“物的依赖关系”的确立本身即是个体化社会结构的形成，个体化的社会结构即意味着“物的依赖关系”在社会关系中的绝对地位。首先，“物的依赖关系”规定了个人的社会独立性。在“物的依赖关系”中，普遍的商品交换关系成立的首要条件是劳动力成为商品。劳动力要成为商品，个人就要拥有占有、生产、支配和使用自己劳动力的权利。除此之外，商品交换关系本质上是一种自由的契约关系，以独立的所有权为前提，以自由竞争为基础，要求个人享有意志自由和行动的自由，而这只能建立在个人独立性的基础上。因此，“物的依赖关系”中内在地包含着社会对于个人独立性的规定。其次，“物的依赖关系”要求个人以劳动求生存（在这里，劳动指工作，劳动者即挣工资的人；作为劳动者而存在是对绝大多数人而言的）。“物的依赖关系”要求个人是商品有所有者，这决定了商品交换者同时也是商品生产者即劳动者。个人成为劳动者，也就成为商品所有者，从而成为商品交换者，进而在市场中实现交换价值。而且，“物的依赖关系”对于个人的现实规定是，活着就要实现交换价值，就要作为劳动者而谋生。这一规定同时意味着，个人的存在以其“劳动能力”的社会化为本位，社会以个人劳动的社会贡献的大小来肯定个人的社会价值、“回报”个人。也就是说，“物的依赖关系”把个人变成以劳动求生活、过生活的人，个人只要成为劳动者，把他的劳动转变为社会劳动，把他的劳动产品转变为商品，实现了交换价值，就可以在社会中获得物质生

① ［德］乌尔里希·贝克、伊丽莎白·贝克－格恩斯海姆：《个体化再探：一种普世主义视角》，［德］乌尔里希·贝克、伊丽莎白·贝克－格恩斯海姆：《个体化》，李荣山等译，“中文版序”，第5、9页。

产和生活资料，而随着他的劳动能力的提高，为社会创造的价值达到一定程度，他不仅可以养家活口，而且能够实现自主生活，创造理想的生活。这就是“物的依赖关系”为个人提供的“如何生活”“为何而生活”的生活逻辑。正是因为“物的依赖关系”蕴含着这样的生活逻辑，它才能够存在和发展。而这种生活逻辑就是个人以自己的能力独立承担生活责任即作为个体而存在的历史必然性。最后，“物的依赖关系”决定了个人对自我本质的创造。个人的本质“在其现实性上，它是一切社会关系的总和”[①]，在“人的依赖关系”中，个人没有独立性，无权按照自己的尺度而必须以社会的规定和标准创造自己的本质，因而不是自己社会关系的创造者。在“物的依赖关系”中，人与人之间的劳动关系表现为商品和货币关系，个人作为商品生产者和商品交换者，尽管不能决定整体的社会关系，但他在商品生产和商品交换中能够以自己的能力创造自己的社会关系。市场经济社会没有止境的生产的能力、欲望和丰富性，创造出一个日益丰裕的商品世界，商品交换的本质和原则足以使个人通过市场依靠社会的条件而成为自己本质的创造者。

二 个体的确立

个体化作为一种社会力量，把每个人变成个体，个人则在个体化的过程中成为个体、确证自己是个体。个体的确立是个体化的实质、核心和标志，个体化则是把个体确立为个人的社会存在形式，以及为个体的存在和发展提供社会基础和条件。理解个体化与个体之间的关系是把握个体认同内涵的关键。

（一）个体是现代社会个人的社会存在形式

个体化是把所有个人变成个体、使个人作为个体而存在的社会运动，其要旨不是强调个人的独特性或个性发展，而是确立个人合法的主体地位与性质，形成以个体为基本单位的社会结构、社会运行机制和整合方式，因此，个体化的主角——个体是有着丰富社会意蕴的现实存在。

---

① 《马克思恩格斯文集》第1卷，第505页。

1. 个体的哲学意蕴

个体通常情况下有三种涵义。一是指“单个的人或生物”，表达物质生命系统的独立性和完整性；二是指“相对于群体、社会而言的个人”，“具有社会的、精神的和自然的生理特征的单个存在物”，与“个人”同义；三是指作为“有目的的对象性关系、活动的主体的个人”。因为个体的这三种含义都以个人为“本体”，从某个角度表达个人的某一特性或状态，但现实生活中个人是一个整体性的、系统性的生命存在，因而每一种意义的个体都与另外两种意义的个体相关，甚至延伸到个人的各种内容上。个体化中的个体并不是上述各种意义的个体，也不是它们的总和。第一种和第二种意义的个体之“体”实则有“事物本身或全体”之意，因而不需要去“成为”、去“作为”，个人只要存在着，就是这两种意义上的个体，或者，任何时代、任何社会或任何条件下的个人，都是这两种意义上的个体。由个体化塑造的个体，与个人主体关系最为紧密，在本质上是个人主体的一种特殊形态，而个人主体则是主体的一种基本类型。

“主体”是近现代哲学的最重要范畴之一。在不同的哲学语境中，在不同的哲学家、学者那里，主体的内涵是不同的。如西方哲学中的“主—客”二分的“在世结构”理论中的主体，主要是指“人”或“理性”、“思维”。随着实践理论的发展，主体演化成为一个关系范畴，与客体范畴相对应，指从事认识或实践活动的人。我们所说的主体是实践唯物主义所理解的、与客体相对应的主体。首先认定主体和客体是人的对象性活动中两个既相对立又相联系的实体性要素，主体是人的对象性活动的行为者；客体是这一对象性关系中主体行为作用的对象。其次认为，“主体与客体这对范畴的特殊规定性和意义，不在于它们描述和反映了人与世界的一般存在或属性”，“而在于它们表述了双方各自在一定人类实践活动中的具体地位”①，以及它们在这一对象性关系中的地位和作用。依人的存在形式的不同，主体分为人类主体、群体主体和个人主体等类型。凡是在对象性关系中存在并通过对象性活动在客体身上体现、确证自己本质力量的个人都是个人主体。个体化中的“个体”具有个人主体

① 李德顺：《价值论》，中国人民大学出版社2007年版，第41页。

所具有的本质属性，属于个人主体类别。但是，不能说个人主体就是个体。个体和个人主体这两个概念在外延上是种属关系，个人主体是个体的属概念，个体是个人主体的种概念。个人主体存在于一切以个人为主体的对象性活动中，但是，个体是个体化的产物，社会结构中的最基本要素，在社会关系中获得自身的规定性和现实意义，也就是说，个体是在一定的社会关系中有权决定自己的思想和行为，不受他人强制和胁迫，在做什么样人、过什么样的生活等重要的人生问题上享有自我选择权、依靠自己的能力生活的现实的个人。一个人从事"削一支铅笔""画一幅画""写一篇文章"等活动，他一定是个人主体，但不一定是个体。"我"为了"我"的目的、喜好支配"我"去"削一支铅笔""画一幅画""写一篇文章"，"我"既是个人主体，也是个体。但是"我"在"他人"的强迫下或在外在力量的支配下去"削一支铅笔""画一幅画""写一篇文章"，"我"是个人主体，但绝不是个体。为"要不要考大学"或"考什么样的大学"以及"读什么专业""要不要工作"或"做什么样的工作""要不要结婚"或"和谁结婚""要不要生孩子"或"什么时候生孩子"以及"生几个孩子"等等问题自己做决断、做选择的个人主体是个体，但是，考大学、工作、结婚、生子等生活活动中的个人主体，如果不是出于个人自己的需要和愿望而去选择做这些事情，那么他就不是个体。因此，个体是"掌控自己的命运，享有独立人格和人身自由，为自己生活做主并独立承担责任的个人主体"，亦即享有社会自由的、现实中的个人，并且这种社会自由足以使个人满足其生存和发展的基本需要。

个体作为现实的社会存在，在个体化中获得内在规定性。首先，个体是现代社会的结构性要素。社会不是单个人的组合，而是社会关系中的人本身、所有人的共同活动，社会结构是社会成员之间系统化、制度化的社会关系。现实的个人以个体的方式存在着，以个体的身份与他者发生稳定的、不以其意志为转移的关系，支撑着现代社会制度架构、运行机制和整个社会意识形态。现代社会则以个体为基本单位来构建其整体结构，且以其独有的机制和力量"塑造个体"来确证自身，这一作用反映在个人身上，就是现代社会通过制度安排在社会关系中设置个体角色，个体作为个人最重要的社会角色成为个人角色体系的一员，并主导、支配个人选择和扮演其他社会角色。“现实的个人”无论担当什么角色，他都有一个基本的、对他的各种角色有根本意义的个体角色在社会关系中起作用，形成社会的基本结构。其次，个体是现代社会关系中的关系者项。尽管个体的物质承担者是实体，但是它本质上是社会关系中的关系者项，只在社会关系中具有存在意义，而不能孤立自存。马克思指出：“因为人的本质是人的真正的社会联系，所以人在积极实现自己本质的过程中创造、生产人的社会联系、社会本质，而社会本质不是一种同单个人相对立的抽象的一般的力量，而是每一个单个人的本质，是他自己的活动，他自己的生活，他自己的享受，他自己的财富。……真正的社会联系并不是由反思产生的，它是由于有了个人的需要和利己主义才出现的，也就是个人在积极实现其存在时的直接产物。”① 个人存在于社会之中，无论这个社会与个人的关系以谁为本位，个人都是由社会决定的，如同“成为奴隶或成为公民，这是社会的规定，是人和人或 A 和 B 的关系”②。成为个体同样是社会的规定，社会之外没有所谓的个体。作为社会存在物，个人能做什么和不能做什么，取决于个人与他者的现实关系。马克思、恩格斯指出：“只有在共同体中才可能有个人自由。……在真正的共同体的条件下，各个人在自己的联合中并通过这种联合获得自己的自由。”③ 在所有人拥有自由权利的时候，每个人的自由只能由社会关系来确定。一个人能否为自己做主，从社会的层面上，一方面取决于社会制度是否支持，另一方面在于他人是否承认、认同。工业化生产和市场经济把个人变成个体，把“物的依赖关系”发展成为个体之间的联系，就把社会联系建立在个体之间的相互依赖和个体能力上，个体由此获得了建构社会关系的主体地位，成为社会关系生产的基本单位。一方面，“物的依赖关系”使个体权利的保障依靠每一个其他人，就会形成普遍的个人之间彼此相互制约的关系和共同利益，从而形成社会认同和统一的社会规范；另一方面，在“物的依赖关系”中，个人的社会联系不再是

---

① 马克思：《1844 年经济学哲学手稿》，中共中央马克思恩格斯列宁斯大林著作编译局译，人民出版社 2000 年版，第 170—171 页。

② 《马克思恩格斯全集》第 30 卷，第 221—222 页。

③ 马克思、恩格斯：《德意志意识形态》（节选本），中共中央马克思恩格斯列宁斯大林著作编译局编译，第 63 页。

命定的，而是与个人的社会地位和能力密切相关，由个人依其主体性创造出来。最后，个体是现代社会个人的存在方式。个体化就是把个人变成个体，要求个人以个体的方式存在着。个体的存在方式即由现代社会所决定、规定的个人存在的一般样式，包括如下基本原则：个人为了承担生活责任，必须进入社会生产分工体系，为此而接受包括知识、技能、规范在内的社会文化教育，具备社会所需要的能力、素质和专门技能；个人以能力为本位从事某种职业，以工作为基本形式和根本路径，进入共同体组织，建立和发展各种社会关系，取得存在本质，体现社会价值，获得社会报酬；个人以货币为中介，以交换主体的身份在市场中获取存在和发展的物质条件，与他人建立"物的依赖关系"；个人通过消费社会劳动产品和服务满足多方面的需求，追求以自己为目的的生活意义；在"物的依赖关系"中受物的统治，个人生活依赖货币，货币及其积累给予个人本体性安全感和价值感，"赚钱"在个人生活中占据绝对地位；个人在社会生活中享有平等的权利和自由支配自己财产的权利，由此享有义务。市民社会对于个人的锁定作用决定了上述原则对于每个人的强制作用，对于现实的个人而言，除了成为个体，没有更好的生存之道。在这种情况下，个体必然成为个人存在方式的价值选择。以个体为存在方式，个人的生活状态是："要独自地，并且在很大程度上要凭借自身的奋斗和决断去争取实现自己的追求"；在"数量激增的各种不确定性面前"、在"更大的选择空间"、"更大的程度上为自己做决断"，"在更高的程度上自立自足"；"在众多的可能性中给自己做出选择""已成为一种必然"，"这种必然"变成了个人的"一种需要和理想"，从而在"更普遍的范围内"，出现"涵盖所有生活领域的自我规范"①。

在现代社会，一个人能否成为个体，关系到他能否与现代社会建立结构性关系，从而关系到他的存在和发展能否为社会肯定、认可，是否具有社会合理性，而这又关系到一个人能否过好的生活。现代社会与传统社会中的个人在存在方式上的根本差别，不在于个人是不是活动的主体，而在于个人有没有权利为自己的人生做决定、做选择。在这个意义上，个体化中的个体是生存论意义上的个人主体，在现实性上，是与现

① ［德］埃利亚斯：《个体的社会》，翟三江等译，第150、140、149页。

代社会一同生成的“物的依赖关系”下的个人存在方式。个体并非“单个的人”或“绝对自由的个人”，个体化的真正意义在于新的社会关系样式——个人与个人之间、个人与群体之间互为主客体关系的确立，即构建个人的两重本质的同一性：为自己负责，同时为他人、社会负责，并且以为他人和社会负责获得自主生活的“合理性”。因此，个体是具有独立存在意义和自主人格特征，在社会关系中享有主体地位和权利与责任的个人。在本质上，个体是价值主体。在人的有目的的对象性活动中，主客体相互作用包括两个方面的内容：一是客体对主体的作用和影响，表现为主体对客体的认识以及对其客观性、规律的服从与顺应；二是主体对客体的作用和影响，表现为主体对客体的选择、建构和改造并使之为自己服务。后者是价值关系——一种以主体尺度为尺度、因主体而异的主客体关系。价值关系中的主体即价值主体，是价值产生的根据、价值的标准和价值的目的，也是价值的创造者和享有者。价值主体“所强调的并不是人作为形而上学实体的绝对和终极的中心地位，而是强调人不能还原为抽象权威和外在力量的自由与独立价值”，即“人的尊严、人的自主性、人的不受强制的私人生活的自由、人的发展”①。在现实生活中，价值主体是有目的对象性活动中以自己的尺度满足自己需要，建立“为我”关系的现实的人。价值主体的特殊性在于他在价值关系中享有自由意志，因此，人“服从于自己的自由意志”，“就是确立自身作为价值主体的存在”，“对‘价值主体’的维护，实际上所捍卫的是每一个人的生命存在不可剥夺的自由和人格并由此人所应该承担的责任”，“凸显这样一个基本事实：个人的自由和人格尊严，乃是人和社会其他一切价值得以存在和发展的基础性、前提性条件”②。个体作为个人主体的特殊形态作用于客体，使客体的存在、发展、合乎规律的变化满足自身存在和发展的需要；个体作为社会关系的一个独立主体，将自己的意志对象化，在社会关系中建构“为我”的关系，创造自己的社会本质的同时也创造社会的本质；个体作为个人的社会存在方式，他的现实生活过程贯穿着他的社会需要的满足、利益的实现和主体能力的现实化。因此，个体是

① 贺来：《“主体性”的当代哲学视域》，北京师范大学出版社2013年版，第57页。

② 贺来：《“主体性”的当代哲学视域》，第54、58页。

价值关系中的主体，即价值主体。作为价值主体，个体是自己生命、生活、本质和价值的创造者、实现者和享有者，其实质性意义和内容是，个体遵照自由规律创造自己的历史和未来，把自己当做手段实现自己的人生目的，对自己的存在和发展的后果承担责任。

2. 个体的质的规定性——个体主体性

个体是个人主体的一种形式，个体的质的规定性即个体主体性。主体性原则是现代社会的基本原则，黑格尔早就揭示了这一点并对主体性的内容进行了系统的阐释。哈贝马斯对黑格尔的这一思想以及主体性进行了阐发，他说，“黑格尔看到，现代充斥着关系到自我的结构，黑格尔称之为主体性（Subjektivität）”，“黑格尔发现，主体性乃是现代的原则”，进一步认为黑格尔的主体性“主要包括四种内涵”，即：“（a）个人（个体）主义：在现代世界中，所有独特不群的个体都自命不凡；（b）批判的权利：现代世界的原则要求，每个人都应认可的东西，应表明它自身是合理的；（c）行为自由：在现代，我们才愿意对自己的所作所为负责；（d）最后是唯心主义哲学自身：黑格尔认为，哲学把握自我意识的理念乃是现代的事业。”① 从上述内容可以看出，黑格尔所阐述的主体性的内涵都是有关个体主体性的，蕴含着两个思想：个体主体性是现代世界基本原则的主要内容；现代社会的主体性原则源于个体主体性。

主体性是主体的质的规定性、主体之为主体的根本标志。哲学家们用人性——人的本质属性来解释、说明主体性。有人认为，主体性即人性、最高的人性，或人性的内容。把主体性等同于人性，一般与“主—客二分”的思维方式相关。“主—客二分”的思维方式，把人当主体，把人以外的世界当客体，人与世界的关系即主体与客体的关系。在这种思维方式下，人与主体并无区别。因为人是主体，主体是人，故主体性即人性。这样看待主体性，其思维的义域不是有目的的对象性活动中的主客体关系，而是人与人以外的世界的关系，其主要目的和意义不是把主客体关系中主体和客体的地位、作用区别开来、分别对待，而是否定神秘力量对于人的绝对权威、世俗世界的神性，强调“人性”，确立人在世界中的主体地位。在“主体性”之前加上定语“人的”，其潜在意义是主

---

① ［德］哈贝马斯：《现代性的哲学话语》，曹卫东译，第20、19、20—21页。

体性为人所有，或人有主体性，即使有人看待主体性时特别强调人的实践、人的活动，强调这种主体性的特殊性，也仍然是把主体性等同于人性。

不是任何人在任何条件下都是主体，人是主体的同时也是客体，不仅是其他主体的客体，也是自我主客体关系的客体。因此，这种主体性并非主体的质的规定性，即使把它理解为主体的质的规定性，把主体性等同于人性也不具有逻辑上的合理性。我们所理解的主体是具体主客体关系中与客体相对应的主体，不是绝对意义上“一劳永逸”的主体。主体这一概念的最大意义在于强调主体是具体的、现实的对象性关系的主动行为者。依此，我们所说的主体性，不是一般的人性，而是具体主体的特性，即主体在建立和推进有目的的对象性关系时的人性内容，包括人的自主、自为、主动、能动、自由地活动的地位和特性，其本质是人在有目的的对象性活动中的权利和责任。个体主体性具有上述主体性的一般本质，但同时又具有自己的独特性。

（1）独特的社会规定性。不同类型主体的现实结构、规定性和规律不同，其需要、存在方式、运行机制等亦截然不同，其主体性也就各不相同。个体主体性是一种特殊的主体性，即它不是具体的对象性活动中直接的主体性，而是以个人的存在为目的、对各个具体的对象性活动都起作用的主体性，也就是个人在存在论意义上的主体性。一位木匠制作一把椅子，他的主体性是使这个木匠成其为木匠的特殊规定性，即他作为木匠作用于木料、把木料变成某种椅子的需要、素质、能力等，体现为他在制作这把椅子之前已经根据需要在观念中制成了这把椅子，并处处以这把观念中的椅子为蓝图，对木料进行遴选、加工、改造，最终制作出他想要的那把椅子。在这个过程中，木匠从自己的需要、目的出发，借助于木匠工具，根据原材料的本质、属性和规律性，以木匠的技艺和技能作用于原材料，使其失去原来的自在规定性而向着椅子的形态发生转变，最终成为一把椅子，木匠则在椅子上处处体现自己的主体尺度，确证他作为一位木匠的本质力量，这就是一个木匠制作一把椅子这一活动中的主体性。一个人是木匠，制作了这把椅子，发挥了他的主体性，这个主体性是他作为木匠制作这把椅子的主体性，与他是不是个体没有直接关系，因而不是个体的主体性。如果这位木匠生活在封建社会，有可能他是为自己制作这把椅子，也有可能是为某个别人制作这把椅子，或者用来与他人交换。但是，如果是椅子为木匠自己或“某个别人”所用，一方面不需要做很多把椅子，另一方面这位木匠也做不出很多把椅子来；如果椅子是用来交换的，在自给自足的自然经济条件下，这种交换也仅仅是为了换取非常有限的生产、生活用品，而不是以市场交换为目的。马克思指出：“对于封建时代的‘纯粹人的关系’等等的错觉，一刻也不能忘记：（1）这种关系本身在自己的范围内，在一定的阶段上具有物的性质，……但是（2）由这些关系没落而转变成的物的关系，其本身具有狭隘的、为自然所决定的性质，因而表现为人的关系，而在现代世界中，人的关系则表现为生产关系和交换关系的纯粹产物。”[①] 因而，这位木匠制作椅子的行为，产生不出他的新的社会关系和新的物质生活，创造不出他自己的独立性，改变不了他对于群体的人身依赖关系，他制作椅子活动的主体性绝不是他生活的主体性、社会关系的主体性。如果木匠制作椅子的活动发生在现代社会——社会生产分工和市场经济条件下，他制作椅子的目的是换取交换价值，那么，他不会只制作一把椅子，而是要制作无数把椅子，赚更多的钱；这些钱归他所有、供他使用和支配，在市场上换取他所需要的各种物质生活条件来满足他的各种生存和发展需要。由此，木匠制作椅子的活动以及制作椅子的主体性便超越了制作椅子这个活动本身以及他的活动的主体性，对他有了存在的意义。木匠以其手艺参与了社会分工劳动，把个人的具体劳动变成了社会生产体系的一部分，获得了劳动报酬——货币，因此，木匠制作椅子的目的不仅仅是制作合乎要求的椅子，而是通过市场交换把他制作的椅子变成他的物质生活资料，满足他自己的生活需要，实现自己养活自己、为自己人生负责的目的。在这个意义上说，木匠制作椅子的活动使其安身立命，包含着自我实现。在“如何活着”这个存在论问题上，作为木匠的这个人，选择了以其劳动能力实现其自身生存发展的生存方式，这其中包括对这种生活方式的认同，以及以此为目标的价值追求和自我塑造。由于木匠意识到了他制作椅子的活动对于他生存和发展的根本意义，他会进一步提升自己的能力和创造力，成为更具有市场竞争力的木匠，实

---

① 《马克思恩格斯全集》第30卷，第114—115页。

现更多的人生目标。木匠体现在这个意义上的主体性，就是个体主体性。

（2）独特的内在品质。人在主体地位上的主体性的现实内容复杂而丰富，一般包括：人自身的现实结构和规定性；人在其对象性关系和行为中的“为我”倾向；人的主动自为性；自律和他律的统一①。上述内容是人作为主体时所表现出来的特性，即主体性。不同类型主体的不同的现实结构、规定性和规律，截然有别的需要、利益、存在方式和机理，不仅使它们的主体性的社会规定性不同，而且也使它们的主体性的现实内容不同。个体主体性的现实内容包括三个方面：一是作为公民、劳动者的社会规定性。个体生成的社会标志是个人作为公民的权利和义务的统一。公民的权利是由法律规定的，公民在国家和社会生活中有一定作为和一定不作为，并要求他人有一定作为和一定不作为的许可和保障，公民的义务是由法律规定的公民对他人、国家和社会有一定作为和一定不作为的约束，权利和义务的统一、权力与责任的统一是个人享有自主生活的保障，因而是个体的社会内涵。个体生成的现实标志是以进入社会生产劳动体系的个人劳动为谋生方式，独立、自主地生活。在现代社会条件下，个人只有具备了独立生活的能力、素质和力量，并进入到了独立的生活过程，自己能够把握自己的命运，才是现实意义上的个体。独立的生活过程和劳动是必然联系在一起的。在现代社会，一般意义上，个人以自己的劳动创造财富，又通过交换关系获得自己生活的条件，也就是说，劳动是绝大多数人的生活手段。一个人没有劳动的能力和劳动的机会显然就不会有独立的生活。所以，劳动是个人独立生活的首要条件。但是，劳动并不必然使个人变成个体，即使在现代社会条件下亦是如此。在劳动的基础上，个人真正能够承担起自己存在和发展的责任独立生活的时候，才真正转变为个体。二是与对象性关系和行为相关的个体意识。个体生成的精神标志是个体意识的产生。当整个社会以其本质规定生成个体的时候，个体意识就会产生。个体意识是个人作为个体特有的自我意识，其特点是个人意识到自己生存发展的主体身份，知道自己是个体，懂得个体思想和行为的样态，以个体的尺度形成一个“属己”的生活意义世界，并在这个世界中独自体味、领悟和感受人生的意义以

① 参见李德顺《价值论》，第51—53页。

及评判和追求自我，其主要内容是："物的依赖关系"下，一个人意识到自己在人格上、在思想上是独立的，是自己生活的主体，享有自由的权利和实现自由权利的权力，并把幸福、自主作为人生的基本价值取向和追求。三是自主、自律的品质。个体是个人以主体的身份和地位展开自己生活的存在方式，因而，个体主体性的内容包括："怎样生活""为什么而生活""怎样对待生活"等个人生活的核心问题靠个体自己去发现、选择，个人命运不再由他人、群体规定、支配和主宰，不受外力强迫，而是由自己选择和把握，自己为自己立法，自己决断、自行驱动；个体以自己的尺度确定合理的生活目标和人生理想并将其对象化，而且根据社会的发展、生活环境的变迁以及生活的不同阶段的责任和义务，对自己与周围世界、与自我的关系做合理的调整，以创造和实现新的本质自我，过更好的生活。

（3）独特的社会本质——交互主体性。个体主体性绝不是个人主义的主体性，而是交互主体性。交互主体性是指主体间交往关系中的主体性。"'交互主体性'的表述包含了'主体性'的基本涵义，同时又强调其'交互'的特点，即主体与主体相互承认、相互沟通、相互影响"，并被理解为"人的主体性在主体间的延伸"，因为，"真正的主体只有在主体间的交往关系中，即在主体与主体相互承认和尊重对方的主体身份时才可能存在"①，正如萨特指出的："如果不是所有的人都是自由的，那么任何人都不可能是自由的。"② 个体是现代社会"物的依赖关系"中个人的社会存在形式，个体化社会是价值分化和价值多元化时代，个体这一个人主体形式把主体间的关系扩大到整个社会，使之成为社会交往活动的一个基本关系。因此，个体主体性是主体交往关系中的主体性，这种主体性只有在与其他主体的相互承认、相互尊重中才能存在，或者说，个体主体性必须是交互主体性或包含交互主体性的内容，在现实社会关系中才具有合理性，所以，哈贝马斯说，"交往行为的合理化"，意味着

① 郭湛：《主体性哲学——人的存在及其意义》，云南人民出版社 2002 年版，第 250—251、250、251、253 页。

② ［法］萨特：《词语》，潘培庆译，生活·读书·新知三联书店 1989 年版，第 297 页。

“人的解放”“个体化”“自由交往活动的扩大”①。

个体主体性是个体的核心标识，表明个人是自己生活的主体，因而与个人的自主生活联系在一起，对个人的存在和发展意义重大，正如李泽厚指出的那样：“个体主体性的凸出，从历史的角度看，就是偶然性的增大。……高扬个体主体性便意味着由偶然去组建必然，人类的命运由人自己去决定，去选择，去造成。……从个体看更是如此，个体的命运愈益由自己而不是由外在的权威、环境、条件、力量、意识……所决定，从而偶然性愈益突出。”②

（二）个体确立的社会基础和条件

个体的内在规定性与个体是同一的，因此，应该从个体的内在规定性——个体作为高度分化的社会的结构性要素、社会关系的基本关系者项以及个人的现代存在方式等三个方面来分析和把握个体确立的基础和条件。

首先，个体作为现代社会的结构性要素，现代社会的组织方式对个体的确立具有决定作用。现代社会在个人成为个体之后，就成为由个体、群体组成的复杂系统，个体、群体以相对稳定的、有一定规则的社会关系和联系作为共同纽带组成现代社会，这些社会关系和联系的总和即是现代社会结构，个体和群体则是现代社会的结构性要素，而形成了现代社会结构的那些社会基本制度安排和治理模式，通常被称为现代社会的组织方式，亦即一些学者所说的“现代性”，其中，“物的依赖关系”以及现代国家是其核心，前者把所有个体、群体联系起来形成社会系统，后者在社会秩序的维持和保障中发挥根本作用。“物的依赖关系”既是现代国家的基础，也是现代国家极力维护和坚决保障的基本社会关系。个体作为独立的利益主体，有权利发挥其主体性满足自己的需要，而任何人都不能强迫他服从自己，这势必使国家成为直接作用于个人和群体等利益主体、维护个体化的权威力量。国家维护“物的依赖关系”，就是维

---

① ［德］哈贝马斯：《作为“意识形态”的技术与科学》，李黎等译，学林出版社 1999 年版，第 51 页。

② 李泽厚：《李泽厚哲学文存》（下编），安徽文艺出版社 1999 年版，第 473—474 页。

护使“物的依赖关系”得以存在、作为“物的依赖关系”必然结果的基本制度，即在国家权威力量的作用下，个体享有“物的依赖关系”所需要和支持的社会自由——马克思把它称为“物的独立性”。现代社会组织方式对于个体的作用在于：一是现代社会组织方式作为现代社会个体化的承载者、体现者，负责以强制的力量安排、确定个体的地位和身份，而这一安排、确定达到的程度是个体化的程度，亦即个人作为怎样的个体而存在。如果现代组织方式没有对个体身份和地位的保证、确证，或者这一保证、完善没有达到一定的程度，那么就不会有个体存在的合法性或不足以使个体存在；二是现代社会组织方式以其在政治、经济和文化领域的作用把个体置于现代社会结构之中，与其他构成要素构成相互支持、相辅相成的内在关系，为个体的确立提供支撑条件；三是现代社会组织方式规定社会生产分工基础上的个人与社会、群体、他者之间的关系模式，确立国家管理社会、处理各种社会关系的权威地位和作用，从而为个体保驾护航。

其次，个体是现代社会个体化的基本关系者项，个体社会意义系统对个体的确立具有主导作用。意义是人赋予事物的抽象内容，表达意义的事物被称为符号。符号是人通过感官感觉到的一些具有形式的东西，其特征是人“在意识中通过自己的体系把外部世界人化”①。因此，意义是人类以符号形式表达、传递和交流的精神内容，包括意向、意思、意图、意志和价值观念，各种被内化了的社会规范、归因机制等亦在其中，可见意义对于个人和社会有多么重要。个体作为社会关系的关系者项，是一个特别的意义系统，这个意义系统包括对于个体的认知、个体价值意识、个体社会价值观念等，因其具有社会共同的内容和形式，故又称为个体社会意义系统。表达个体社会意义系统的是个体的各种对象性活动，如消费、工作、社会交往等，以及作为个体的物质载体、作用对象的身体。个体社会意义系统是个体社会本质之灵魂所在，是个体社会生活的反映和作用于社会生活的理性，指导个体如何生活，其形成和发展对于个体的确立至关重要。

---

① 陈新汉：《评价论导论——认识论的一个新领域》，上海社会科学院出版社 1995 年版，第 240 页。

最后，个体是个人的社会存在方式，发达的社会保障制度是其确立的基础。“物的依赖关系”是一个由于人相互需要而形成的，以交换价值为基础、以等价交换为原则的物质交换体系，即黑格尔所说的“需要的体系”①。每个人在这个“需要的体系”中，以自己为目的以他人为手段，通过成为他人的手段而实现以自己为目的，这决定了个体与社会的双向高度依赖关系。一方面，劳动分工意味着个人离不开由其他人提供的物品和劳动，人们愈加变得相互依赖，这使个体对于自身的依赖最终体现为对于社会的依赖；另一方面，个体是现代社会个体化的产物，确保个人成为个体是现代社会成其为自身的必备条件。但是，个体的存在和发展不可能依赖他人或群体，而只能依赖社会，因为“社会”与“共同体”不同，“其要旨是‘对个人自身利益的理性追求’”，“这种关系从主观方面”看，是“个人用以达到目的的手段”②。现代社会对于个体的依赖以及个体对于现代社会的依赖使得现代社会必须承担起对于个体的责任和义务，其方式和路径就是发达的社会保障制度的建立。

由此，个体的确立要面对三个关键性问题：

其一，个体的确立需要何种社会组织方式？社会组织方式作为对个人日常生活起规范和引导作用的那些基本的社会制度安排和社会治理模式，其核心是社会制度安排，因为社会治理模式涉及社会关系中权利和责任的分配，具备要求大家共同遵守的规范、规则、体制、秩序、程序等要件，为社会基本制度所辖。制度是“将一定范围内人们社会交往和公共行为的结构和规则，加以确（法）定化、形式化的产物”，“归根到底是对人们有关权利和利益的分配和规定”，“制度所解决的问题，是在它所适用的范围内，明确地规定人们的行为要遵循什么样的原则、标准和程序，保证什么人的、什么样的权利和责任，因此，制度的本质是反映人与人之间某种现实关系的结构，并落实维系这一结构所必需的行为准则和程序”③。社会基本制度是多方面、多领域的，其中国家制度是最

① ［德］黑格尔：《法哲学原理》，邓安庆译，第335页。

② ［美］帕森斯：《社会行动的结构》，张明德等译，译林出版社2012年版，第772页。

③ 李德顺、孙伟平、孙美堂：《家园——文化建设论纲》，黑龙江教育出版社2000年版，第44、45页。

重要、最基本的制度，社会进步的成果、为社会理想实现而付出的种种努力，最终要为国家制度所肯定才能成为社会的财富。因此，个体的确立需要得到国家制度的保障。

保障个体确立的国家制度主要指民主法治制度。“传统共同体作为社会的微观组织或‘细胞’为‘市民社会’所消解、改造和取代之后，社会的宏观结构与微观结构之间的关系，从而也就是政治社会的运作方式也不能不随之发生变化。这种变化的一般趋势便是政治的民主化与社会管理的法治化。”① 民主是“一种社会管理体制，在该体制中社会成员大体上能直接或间接地参与或可以参与影响全体成员的决策”②，意味着个人享有社会自由，因而关涉个体的存在。保证个人作为个体而存在，就要在关于个人权利和责任，关乎个人根本利益的各种政策、决议、法规、条例、法律（包括宪法）中体现个体的根本的和基本的需要。然而要做到这一点，个体应有效参与到社会决策、社会管理中，享有政治权利，而这是民主制度的特质。没有谁不经“同意”、“授权”就能确定无疑地代表个体的利益，全面而准确地表达个体的意志，即使有人愿意并竭尽全力去这么做，也未必能如愿以偿。因此，个体的确立，没有民主制度做保障是不可能的。民主政治制度或政治民主化是现代社会由其市场经济体制决定、赋予的在政治上的特质，与现代社会的个体化特征是统一的。现代社会的发展历史证明，民主制度是现代社会的个体化所必需的，现代社会的个体化也是民主制度所依赖的，民主制度与个体化保持高度的同质和一致。民主制度在社会治理方式上体现为社会法治化。在市场经济社会，国家“存在于市民社会之中”，“这意味着，市场造成了国家力量范围的极度扩张，原则上达到了国家所可能达到的范围，这又进而意味着，法治作为国家的原则有可能扩展到一切领域之中”，“也就是说，达成社会的法治化”③。所谓“法治”，就是作为普遍性的社会规范的法律对于社会的全面统治。法治是一种社会契约，其本质是每个人让渡自由以换取自由，为每个人不受他人伤害划定确切的界限，在行使权力的

---

① 王南湜：《从领域合一到领域分离》，第216—217页。

② ［美］科恩：《论民主》，聂崇信等译，商务印书馆1988年版，第10页。

③ 王南湜：《从领域合一到领域分离》，第232、233页。

地方，承担相应的责任。在民主制度之下，作为普遍性社会规范的法律具有“公意”的特质，以此来统治整个社会，社会治理具有民主的本质。因此，民主制度本质上又是民主法治制度。

其二，个体的确立需要怎样的社会意义系统？如前所述，个体社会意义系统对于个体的确立是非常重要的，其中个体社会价值观念尤为重要，这主要体现在它的作用上。价值观念是“人们关于基本价值的观念系统”，“从内容方面看，它是人们关于什么是好、什么是坏，怎样为好、怎样为坏，以及自己向往什么、追求什么、舍弃什么、拥护什么、反对什么等等的观念、思想、态度的总和”，其“特有功能，在于它成为人们内心深处的评价标准系统”①。如果说人是选择的存在，价值观念则主导了人选择成为何种意义上的人。社会价值观念是社会成员对于其所处社会应该如何存在、发展的观念，一个社会需要它的社会成员成为什么样的人，就需要它的社会成员具有什么样的社会价值观念，从这个意义上说，个体社会价值观念是个人成为个体的精神基础和条件。

个体的确立所需要的个体社会价值观念主要是个体意识和公民意识。个体意识不是个人意识，而是个体这一主体的实践或活动意识。个体意识是关于个体自我定位的意识，即个体关于“我是谁”“我从哪来、到哪里去”“我在社会中的地位和角色是什么”“我有怎样的权利和责任”的价值观念。个体意识的核心内容包括个体的“独立自主意识”“权利意识”“自信心”等，这些意识是市场经济所依赖的，从而是个体存在和发展所需要的，只有它们才能支撑个人个体化的社会生活。公民意识是公民个人对自己在国家中地位的自我认识，也就是公民自觉地以宪法和法律规定的权利和义务为根据形成的道德观念和行为规范。民主法治社会中的个人是公民，即在法治的统治下享有共同权利和义务以及在公共生活中具有平等地位的主体，民主法治社会最终确立的是每个人的社会自由和公民当家做主的社会生活方式，每个公民在法律的范围内，按照自己的尺度从事社会活动和处理社会关系、决定自己的行为。

民主法治社会中的公民所享有的社会自由是集各种具体社会自由于一体的生存自由，这一自由不仅使每个人自主生活，而且使每个人的生

---

①　李德顺：《价值论》，第199页。

活因个人的自我选择而有别于他人的生活，这就是个人生活的个体化。在这个意义上，个人首先是公民，在此基础上才可能作为个体而存在，也就是说，有公民意识，才有个体意识；同样，个人具有个体意识，才会有真正的公民意识。这正是个体意识和公民意识共同构成个体社会价值观念的道理所在。

其三，个体的确立需要哪些社会保障？什么是个人成为个体可以依靠的本体力量？个体在社会生活中的现实表现是依靠自己的能力实现人生理想和价值。显然，个人作为个体而存在的根本是能力。个体的能力不仅可以从无到有、从潜在到对象化、从低级到高级，也可以由有到无、由对象化到潜在、由高级到低级。由此，个人一生都将面对两个生存问题：在没有成人之前怎样过活？在丧失了劳动能力和生活能力的人生阶段如何生活？这两个问题意味着个人自己养活自己、独立地承担生活的责任将始终面临的根本问题是：如何从没有能力到具备各种能力？如何能够使能力持续地对象化？如何在有力和无力之时都能过有尊严的生活？如何使个人能力跨越时空？个体自食其力之本事是社会所需要的能力，只能由人类文明的成果转化而来，经过个人的社会化获得。因此，上述每一个问题都要依靠个人自己来解决，但是没有任何一个问题是仅仅依靠个人自己就能解决的。以社会的方式存在是个人超越其有限性的根本方式，现代社会个人的生存逻辑是通过个人的能力获得的社会力量来完成个人自己养活自己的任务。这一生存逻辑的根本在于社会为个体持续地具备生存能力提供制度性保障。

个体的确立所需要的社会保障是围绕个人本体能力而展开的社会支持。个人的本体能力是个人生存和发展最终依靠的能力，这种能力主要包括学习的能力、劳动的能力以及生活的能力。因此，为个体的确立提供社会保障的是普遍的文化教育、可持续的就业体制和技能培训机制，以及医疗、养老、社会福利等公共事业的全面和更高发展。发达的现代化国家的经验表明，这些社会支持有力地推动了个体化的发展。

由此可见，个体的确立是现代社会的系统工程和依靠社会的综合发展才能实现的社会目标，离开社会核心制度的支撑，个体将无法安身、无处立命。

三　个体认同

“把社会成员铸造成个体”是现代社会的特征，成为个体是个人不能逃避的命运，在这一点上，与个人依附于共同体、受共同体的强制并无本质区别。但是，个体化的最大意义在于它是个人通过普遍的交换关系在社会中获得独立和自主生活的机制。个人成为个体，就是获得“合法”的“自主性”和过“可能的生活”的权利和责任。对个人而言，个体是他最重要的社会规定性，也是社会评价他的最重要标准之一——如若不能成为个体，便无法过有尊严的生活。在现代性的反思背景下，个体必然成为个人主动或者必须追求的目标。但是现实中的个人能否真正成为个体，更取决于他的个体认同状况。

（一）认同的内涵

“认同”在汉语言中有两个基本词义：一是跟自己有共同之处而感到亲切；二是承认和认可[①]。认同是现代生活世界最普遍的现象。在人们“共存”“共在”的世界中，人总有“同类”“同行”“同事”“同志”“同胞”“同仁”“同学”“同僚”“同门”，等等。一个人因为“同”以及意识到这一“同”而在他人身上看到“同理”“同情”“同心”“同德”“同命运”的强大力量，得到了安全感而感到亲切；作为现实的个人，他的存在意味着他与现实世界中的人和物确立了依存关系，这既以他承认和认可自己是什么人，他与这些人和物以及与它们的关系为前提，也以他的种种承认和认可为核心和归宿。因此，认同是人的基本需要和本性，也是最普遍的社会要求和现实。

认同是指向认同对象的，但是最终总要回到认同主体自身在认同主体身上体现其意义，这是认同的价值。认同的过程和结果，就是认同主体与认同客体——各种人、事物、现象等建立起紧密的关系、形成同一性，包括与自然界的同一性、社会的同一性和意识的同一性以及总体意

① 中国社会科学院语言研究所词典研究室编：《现代汉语词典》，商务印书馆 2005 年版，第 1150 页。

义上的同一性，同时形成上述各种意义上的归属关系。这也就是很多学者把“认同”与“同一性”不做区分的原因。“埃里克森认为，青少年通过把早期的各种认同综合成‘一种新的、大于部分之和的心理建构’从而形成同一性”①，比如，一个人认为男人应该有阳刚之气（这是一个认同），他认为自己有阳刚之气（这也是一种认同），所以，他认为自己是男人或很男人（同一性获得）。认同主体只能是人，因而一般意义上的认同，是现实的人对于自然、他人、群体、社会、精神等的依赖关系、存在样态在人的思想和行为上的反映。认同的多领域、多层次、多方面的特殊性、丰富性和复杂性使之在多个学科层面上呈现多种内涵。在现当代的学术研究中，认同的基本含义是赞同/同意或确认/归属。但是，人们认同什么对于认同主体的意义尤其重要，与人们理解自己是谁、对自己的社会归类以及如何存在紧密联系在一起。认同在现代社会变得更为重要，也更加复杂。“认同——个体认同或集体认同——已成为我们社会的一个核心主题”，“甚至在所谓的实力政治的语境中，我们也不再仅仅谈论权力或金钱，而也谈论认同”②，因而成为哲学、心理学和社会学等学科共同关注和研究的对象。认同作为这些学科的专业术语被用来指称不同的对象，描述不同的内容。

在心理学上，认同是指“认识与情感的一致性，经过认同，帮助形成人的自我概念”③，又有“自居”“表同”之意，指的是“个体把自己模仿、比拟成某个成功的或优秀的人，以减少挫折导致的焦虑或获得满足”④。《美国心理学百科全书》用人格来阐释认同，将其表述为“主体同化、吸收其他人或事，以构建自身人格的过程”⑤。不同的心理学者或社会学者对这一概念有不同的解释。弗洛伊德较早地使用了认同这个概念，用来称谓“个人朝向另一个人或团体的价值、规范与面貌去模仿、

① ［美］黛安娜·帕帕拉、萨利·奥尔兹、露丝·费尔德曼：《发展心理学——从生命早期到青春期》（上册），李西营等译，人民邮电出版社 2013 年版，第 481—482 页。

② ［挪威］G. 希尔贝克、N. 伊耶：《西方哲学史：从古希腊到二十世纪》，童世骏等译，上海译文出版社 2006 年版，第 599 页。

③ 沙莲香主编：《社会心理学》，中国人民大学出版社 2006 年版，第 100 页。

④ 杨治良、郝兴昌主编：《心理学辞典》，上海辞书出版社 2016 年版，第 673 页。

⑤ 转引自沙莲香主编《社会心理学》，第 102 页。

内化并形成自己的行为模式的过程”[①]。沙莲香强调认同对于维系人格的统一性和一贯性的作用，认为认同是心理学中用来解释人格结合机制的概念，用来表示主体性、归属感[②]。凯尔曼认为，认同是由于喜欢某人或某群体而自愿接受他人的态度，这虽然还不是自己的态度，但已经接近自己的态度。阿伦森则指出，认同是一种对社会影响的反应，如果一个人发现某个团体或个人在某一方面对自己很有吸引力和感染力，他就会由于喜欢该团体该个人而倾向于接受其影响，采取与其类似的准则或态度，从而成为与施加影响者一样的人[③]。

认同也是社会学的重要范畴。这是因为认同是社会生活中体现在人的思想和行为上的社会事实和现象。在社会学上，认同“泛指个人与他人有共同的想法，在人们交往的过程中，为他人的感情和经验所同化，或者自己的感情和经验足以同化他人，彼此间产生内在的默契”[④]。吉登斯指出：“在社会学中，认同是一个多侧面的概念，可以用多种方式加以说明。一般说来，认同与人们对他们是谁以及什么对他们有意义的理解相关。这些理解的形成与先于其他意义来源的某些属性相关。认同的一些主要来源包括性别、性别倾向、国籍或民族以及社会阶级。”[⑤] 但是，不能将上述认同简单地理解为自我认知或自我评价等精神活动或它们的精神特征。如，人们对社会的传统道德有肯定的评价、认可，这是心理层面的价值认同，但是人们按照这些传统道德去做事、对他人提出应当如何的要求，表现自己是“某种”或“某类”人，这又是社会交往关系层面、社会生活意义上的价值认同。又如，工作认同既可以指一个人认为工作不仅是谋生的手段，还是价值实现的需要，也可以指一个人根据角色期待兢兢业业的工作方式；“我是学生”，既可以理解为“我”在心理上认同“我”是学生，也可以理解为“我”以“学生”的方式存在着。

认同还是一个哲学范畴。在当代，认同更是一个非常突出的哲学问题，黑格尔的哲学和存在主义哲学都把认同——“我们的自我理解和我

① 转引自沙莲香主编《社会心理学》，第 101 页。

② 参见沙莲香主编《社会心理学》，第 102 页。

③ 参见沙莲香主编《社会心理学》，第 101 页。

④ 沙莲香主编：《社会心理学》，第 100 页。

⑤ ［英］安东尼·吉登斯：《社会学》，赵旭东等译，北京大学出版社 2003 年版，第 27 页。

们对他人的理解”“我或我们到底是谁”当作重要的研究对象。哲学要对诸如“人是什么”“人能知道什么”“人应当怎样做”或“应当相信什么”这样一些重大问题进行探究。认同不仅与哲学探究的这些重大问题相关，而且这些问题也蕴含着认同问题。无论是心理学还是社会学上的认同多么具体，它的对象以及自身的内容都内在地蕴含着认同主体对“我是谁”“我应该如何”的理解。现实生活中的每一个具体认同，都影响认同主体的思想和行为，给认同主体带来实际的价值后果，这一后果也将使认同主体进行自我反思——生命的意义和价值、“我”从哪里来到哪里去、什么是决定“我”存在的最终的实在、什么是生活中最重要的东西，等等。认同本质上是认同主体的自我认识或最终关涉、指向认同主体的自我认识。虽然日常生活中非常朴素、直接、表面的自我认识达不到哲学的层次，但是，只要这些自我认识成为反思的对象，它们就将通过认同主体的理性思维而走向哲学意义上的自我认识。查尔斯·泰勒说：“如果我执着探求我的认同，认真地询问‘我是谁’，那么，就只能在这里寻找答案：现代认同的起点就是内在自我的起点。”① 也是在这个意义上，认同被理解为个人或群体关于“我是谁”的反思性认识，因此，哲学意义上的认同可以理解为：人以自己为对象设问，以主体身份作答并形成满意结果的自我认识过程，是“我”关于“我”的较为稳定而统一的肯定性认知、评价与期盼，以及反思性的自我理解和自我创造活动所形成的“自我”图式、相对稳定的思想与行为模式和“自我”在时间跨度中的“同一性”。

（二）个体认同的哲学意蕴

个体认同是认同的一种形式，既在哲学意义上具有总体的性质，亦有心理学和社会学、社会心理学的意义。我们这里所说的个体认同，不是心理学、社会学或社会心理学角度的描述，而是哲学意义上的把握，即对现实的个人的个体存在方式的理性抽象。个体认同是现代社会一个人以自己为主体尺度对自己质的规定性进行经验性描述或概括性表达、

---

① ［加］查尔斯·泰勒：《现代认同：在自我中寻找人的本性》，陶庆译，《求是学刊》2005 年第 5 期。

期盼，通过反思性的理解对“我是个体”做自我定位、归类或体认，经过生活积淀形成个体主体性、个体意识、个体性自我、个体人格等个性特征并将其对象化，构建个体生活世界、把握各种现实关系的过程。把握个体认同的两个核心词“个体”和“认同”是理解个体认同含义的关键。其中，认同是个体认同的属概念，故个体认同具有认同概念所反映的对象的本质属性；个体是个体认同的限定词，表示认同的对象是个体，意味着个体认同与其他认同的本质区别。我们在揭示、澄明“个体认同”意蕴时，需要从个体与认同这两个概念的内涵以及两者在个体认同概念中的地位和作用出发，说清楚三个问题：个体认同的质的规定性是什么？一个人成为个体意味着什么？个体认同的基本表征是什么？

个体认同的描述性解释是现实的个人或个体①对个体的认同。学界并没有明晰的个体认同定义。我们所说的个体认同指的是发生或体现在个人（个体）身上的一种认同现象和活动，即“一个人在心理和行为上使自己成为个体从而发展个性的过程”。依个体的本质以及认同的意义——“个人朝向另一个人或团体的价值、规范与面貌去模仿、内化并形成自己的行为模式的过程”，个体认同蕴含着一个人以“现代人”特有的本质和形式生存的丰富意义：首先是表达一个人对个体这一社会规定的赞同、确认和归属，既是个体发挥主体性的自我反思、自我体认，也是个人在思想和行为上向着个体的自我归类和体认，因此“表示个体主体性”；其次是把外在于自己的个体的规定性内化为自己的本质属性，一方面形成个体自我，在自我意识中加进这一内容，另一方面以个体的方式形成自我，参与个人自我的认知、定位和实现，当一个人确认成为个体时，他愿意并会以这种全新的自我看待自己、对自己的行为及动机进行反思和自律，形成尊严感和道德伦理方位感；再次是将个体自我对象化、外化为个体性人格，在对象性活动、社会生活中贯彻主体原则、发挥主体性，体现自尊、自立、自强的品质；最后是形成民族—国家意义上的社会归属感，这是个体认同的最深层意义。社会心理学指出，认同是个人与他

① 个体之所以是个体认同的主体，是因为个体认同是一个人一生的任务，个人在成为个体之前，需要个体认同，在成为个体之后，在现实生活中也需要不断地认同、确证自己是个体，从而作为个体而存在，这也是个体认同的应有之义。

人交往中，在感情和经验上互相同化，彼此产生内在的默契，获得一种对于某个群体的归属感。个体认同确立的归属感不再指向血缘、地缘或职缘等共同体，而是指向对整体社会关系控制和管理的权威——民族—国家。在现代性条件下，个体认同只有依靠民族—国家提供的确定性和庇护，与现代社会的组织方式、运行机制、价值体系建立稳定的依赖关系并产生信任感，才能真正实现。也就是说，个体认同以个人对民族—国家的认同为基础，其实现也将同时体现为个人对于民族—国家的认同，从而形成民族—国家意义上的社会归属感。

个体认同是个人在生活世界寻找生活坐标原点的过程，目的是在现实世界"安身立命"。人是以自己为中心与现实世界建立现实关系求得自身存在和发展的存在，这个中心即生活坐标原点。没有原点，便没有坐标系，人便不能确定自己以及与周围事物的关系，生活便没有恰当的定位和准则。汉斯·摩尔说："认同是一个人在混沌环境中所占据的稳固方位，个人能够据之对外在环境做出积极的防御。"① 吉登斯也指出："'反抗非存在的生存斗争'是个体永恒的任务，它意味着不仅仅去'接受'现实，而且去创造本体参照点，并使之成为日常生活场域中'正在进行'的事件的一个固有方面。"② 个体认同就是个人在与周围事物的关系中确定个体地位，在与他人的关系中体认个体身份和角色，在生活世界找到"立足之地"，它发生的时候，一个人会由衷地认为"我是个体"。

个体认同是个体同一性的自我把持，体现为"个体自我"的整合。个体认同作为"一个不断整合个人经历与基本信念的历程"③，是"反思性地组织起来的活动"和"首尾一贯但又持续修正的个人经历的维系"④，因此，其过程和结果关联着一个核心，那就是"自我"的形成、维持和发展。"自我"形成于"我"对"我"的思维中。"我"是一个人

① 转引自沙莲香主编《社会心理学》，第123—124页。

② ［英］安东尼·吉登斯：《现代性与自我认同：现代晚期的自我与社会》，赵旭东等译，生活·读书·新知三联书店1998年版，第53页。

③ 参见沙莲香主编《社会心理学》，第107页。

④ ［英］安东尼·吉登斯：《现代性与自我认同：现代晚期的自我与社会》，赵旭东等译，第5页。

的反身自指，因而“我”与个体的“人”是一致的。“人”是一个总体性范畴，个体的“人”反映一个人完整生命过程中每时每刻“人”之“共性”。与此相应，“自我”也是一个总体性范畴，反映个人的每一个生命活动中“我”之“共性”。因此，“自我”是整合性质的。个体以个体尺度形成“个体自我”，个体认同必然也被理解为“同一性”——现在的个体与从前的个体、现实的个体与其观念上的个体以及此在的个体与彼在的个体如何是同一个个体。

个体认同的基本表征是一个人知道并认可自己作为个体在现代社会中的地位、权利和责任以及现实的和未来的存在状态。个体认同给个体存在以稳固的核心和定力，赋予个人存在感、安全感和归属感，对于个人融入社会生活，维护本体性安全、防止本体性焦虑，建立生活和道德的方向感具有重要作用。个体是现代社会对于个人存在方式的规定，成为个体是现代社会对于个人的期待，这是个体认同的社会推动力。一个人成为个体，其生存和发展才可获得社会合理性，得到社会制度的保障，这是个体认同来自于个人自身的内在动机。个体认同意味着个人在思想和行为上向着个体的归类和体认，进而因个体的社会规定性而意味着对于现代社会的结构、体制、组织方式、运行机制、价值及其评价体系、发展态势等的适应、接受、信任、归顺和依赖。依个体的本质以及认同的意义，个体认同的结果是个人以个体为存在方式，具备个体的内在规定性，成为自己生存和发展的价值主体，建构个体生活世界。

（三）个体认同对于个人存在的意义

个体认同是现代社会个人认同的最重要形式，好比人生坐标系中的“原点”，对个人如何存在、怎样发展、过怎样的生活、实现何种价值具有根本性的意义。

1. 个体认同满足个人的本体性安全需要

本体性安全需要是人最重要的安全需要，也是人的最根本需要。安全需要又叫做安全类型的需要，包括“安全、稳定、依赖、保护、免受恐吓、焦躁和混乱的折磨、对体制的需要、对秩序的需要、对法律的需要、对界限的需要以及对保护者实力的要求等"①。马斯洛认为安全需要极其重要，"如果生理需要相对充分地得到了满足，接着就会出现一整套新的需要，我们可以把它们大致归纳为安全类型的需要"，"生理需要的所有特点"同样适合安全需要，"它们同样可能完全控制机体，几乎可能成为行为的唯一的组织者，调动机体的全部能力来为其服务。因此我们可以将整个机体描述为一个寻求安全的机制，感受器、效应器、智力以及其他能力则主要是寻求安全的工具"②。心理学将安全需要解释为"个体对组织、秩序、安全感和可预见性的需求。包括稳定、受到保护、远离恐惧和混乱、免除焦虑等"，其中包括"劳动安全、职业安全、生活稳定和避免灾难等形式"③。本体性安全需要不是某种具体的安全需要，但与之有着密切的关系，是存在意义上的安全需要。"本体"是一个"最高的"哲学范畴，又称为"实在""本原""始基""根据"等。"最高"是关系概念，在确定的范围内具有特殊的内涵和外延。在形而上学的意义上，本体是"万事万物的始基与根据""世界的最终本性"。在个人存在的意义上，本体是主宰人命运的事物、力量。人活于世，有所依赖，因此使自己处于本体性安全之中是永恒的任务。对本体进行哲学研究形成了本体论，其任务是"发现什么是真实的，什么是最基本的，什么是要靠什么来说明的"，其全部目的是"以某种方式区分出世界上哪些东西是最基本的和最无可置疑的，哪些东西不是"④。人反思自己生活的本体的意义和目的亦是如此。根据人的存在本质、特性以及"本体"的含义，我们把本体性安全表述为"人在世界之中存在"，即人按照现实生活的逻辑解决了"如何活""怎样活"的问题，过着有保障的、可预知的、免于危险和焦虑的生活，实现了在世俗世界的"安身立命"。吉登斯认为，"对人类个体而言，生存就是拥有本体性的觉知"⑤，这不仅仅是说一个人

---

① ［美］亚伯拉罕·马斯洛：《动机与人格》，许金声等译，中国人民大学出版社 2013 年版，第 18 页。

② ［美］亚伯拉罕·马斯洛：《动机与人格》，许金声等译，第 18 页。

③ 杨治良、郝兴昌主编：《心理学辞典》，第 348 页。

④ ［美］罗伯特·所罗门：《大问题：简明哲学导论》，张卜天译，广西师范大学出版社 2008 年版，第 136 页。

⑤ ［英］安东尼·吉登斯：《现代性与自我认同：现代晚期的自我与社会》，赵旭东等译，第 53 页。

要知道他存在的本体是什么，更是意味着作为一个存在者意识到他“在世界之中存在”这一事实。人在存在的过程中体悟、觉知本体，与本体和基于本体与周围世界建立起确定的、稳定的、持续的关系，就有了本体性安全。正是在这个意义上，吉登斯说：“本体性安全与‘存在’（being）有关，或者，用现象学的话说，与‘在世界中的存在’（being-in-the-world）有关。”① 人活着，就是“在世界中存在”，本体性安全作为存在性问题是现实的人在日常生活中必须回答的问题。一个人的本体性安全需要若不能得到满足，就会因生活的不安定、不确定、没有保障而产生“存在性焦虑”；一个人若处于本体性安全之中，就会产生本体性安全感。

人存在着，就有存在的意义，这个意义就是创造自己的历史。从现实的个人出发，只需看看人们的实际生活状况，考察一下个人的存在本质，就不难发现，决定个人命运的本体——人生最重要的东西，就是他生产物质生活资料的活动——他“生产什么”和“怎样生产”，即他的工作——他的职业、职务、职位、职能以及在生产体系中的社会地位、作用，由此就将进一步发现个体认同与个人本体性安全之间的逻辑关系。人要工作，要努力地寻找工作，尽力去找个好工作，卖力地做好工作，这一系列与个人的主动性、能动性相关的行动，是以个人的自我认同为前提和基础的。一个人只有承认、认可自己是一个现实的人，是一个依赖物质生活条件才能存在着的人，因而是需要从事生产活动的人，是一个被社会认同为某种人的人，他才会把工作作为谋生和自我实现的手段。因此，个人自我认同的状况与个人的工作状况有直接的关系。现代社会的个体化特征把每个人变成了自己为自己负责的个体，个人自我认同的状况发生了巨大的变化。吉登斯指出：“从前主导认同形成的固定的、继承性的因素不再起作用，……在今天的世界，我们获得了史无前例的机会去塑造我们自己和创造我们的自我认同。”② 更为重要的是，个人自我认同中加进了个体认同，从而影响了个人本体性安全的状况，这就是弗洛姆所指出的：“一旦个体化全部完成，个人从这些始发纽带中解放出

---

① ［英］安东尼·吉登斯：《现代性的后果》，田禾译，译林出版社 2011 年版，第 80 页。

② ［英］安东尼·吉登斯：《社会学》，赵旭东等译，第 28 页。

来，他又面临新的任务：他必须自我定位，在这个世界上扎下根，寻找不同于其前个体存在状态所具有的更安全的保护方式。”① 如前所述，个体是现代社会的结构性要素，在现代社会拥有本体意义上的合法性，社会在制度上，在组织方式、运行机制上为个体的存在和发展提供了基本保障，个体因此成为个人在现代社会的基本存在方式。个体作为社会的结构性要素，个人成为个体，就是依靠整个社会而存在，就是归属于社会。个体作为独立承担人生责任的个人主体，依靠整个社会而存在就是依靠自己而存在，就是归属于自己，依靠自己而存在也是依靠整个社会、以社会规定的方式而存在。与此同时，社会亦依靠个体，个体是使社会发生改变的要素，个体通过作用于社会而使现实世界向着满足其更多需要的方向变化。因此，成为个体是现代社会个人获得本体安全的可靠路径。

一个人成为个体需要很多条件，其中个体认同是最重要的个人条件，因而也是个人获得本体性安全的最重要条件之一。然而，在社会已经为个体的存在和发展提供了基本条件的情况下，一个正常人只要想成为个体，并将这一想法有效地付之于行动和生活，他就能够成为个体，个体认同就变成了个人满足本体性安全需要的最重要条件。事实是，在现代社会，一个人有了正式、稳定的工作，就能够满足其生存的最低需要。

2. 个体认同有益于维持和提升个人的自尊

自尊是人普遍的心理和意识现象，亦是人之为人的精神表征。大多数人都会有维持和提升自尊的意愿。心理学认为自尊是“一个人对自己在一个正向—负向维度上的态度，是个体对自己整体状况的满意水平”，“其心理实质是个人按照一定的价值标准对自己进行价值评判后获得的自我价值感”，表现为一个人“认为自己有价值、重要，因而接纳自己，喜欢自己”，意味着一个人“自己尊重自己，不愿让别人看不起自己，不允许别人歧视、侮辱自己”②。自尊的需要是人的最重要的基本需要，“除了少数病态的人之外，社会上所有的人都有一种获得对自己的稳定的、牢固不变的、通常较高的评价的需要或欲望，即一种对于自尊、自重和来

① ［美］艾里希·弗洛姆：《逃避自由》，刘林海译，上海译文出版社2015年版，第16页。

② 杨治良、郝兴昌主编：《心理学辞典》，第572页。

自他人的尊重的需要或欲望”，这些需要或欲望包括对“实力、成就、权能、优势、胜任以及面对世界时的自信、独立和自由”，也包括对“名誉或威信的欲望，对地位、声望、荣誉、支配、公认、注意、重要性、高贵或赞赏等的欲望”，“自尊需要的满足导致一种自信的感情，使人觉得自己在这个世界上有价值、有力量、有能力、有位置、有用处和必不可少”①。陈新汉认为，学者们关于自尊的研究成果给人几点启示：“第一，自尊作为一种自觉的意识现象总与自我评价联系在一起，并且总是与对自我的肯定性评价或积极性评价联系在一起。第二，自尊总体现为一种精神上的欲求，即体现为一种主观需要，由此又可以把自尊称为自尊欲求或自尊需要。第三，自尊总具有对象性，这种对象性通过个体与自我以及个体与他人之间的关系表现出来。第四，自尊作为人所特有的意识现象总与人的生命活动联系在一起，从而也与人的生命意识联系在一起。”由此从评价论的角度进一步阐发了自尊的哲学意蕴：“自尊是以自我评价为中介的个体对自己‘成为人’的意识。”②

自尊既然与个人积极的、肯定的自我评价联系在一起，个体认同必然与自尊的维持和提升有关。心理学家提出了自尊发展的三种模型理论。自尊的情感模型理论认为，自尊以归属感和掌控感为特征，前者起源于社会交往经验，是无条件“被爱”和“被尊重”的“感觉”，“以及由这种感觉带来的安全感”，后者是“在日常生活层面上对世界能够施加影响的感觉”，是在“我们专心做某件事情或努力去克服困难的过程中获得的感觉”，“更具个体化的特征”，具有归属感和掌控感的人，往往认为自己很棒，因而有最强的自尊，其原因在于信任关系建立。自尊的认知模型理论“把自尊看成个体对自己作为人的价值的有意识判断”，认为“自尊形成于理性的加工过程中”，“人们考察自己的各种品质，并按照某种方式整合这些知觉，从而形成一个整体的自尊感”，“如果一个人认为自己拥有很多社会希望的品质，他将拥有高的自尊”。这种模型理论强调“人们在各个领域如何评价自己将决定他们的自尊水平”，尤其取决于“对人们来说非常重要的方面如何评价自己”，认为“自尊与自我认识的确定性

---

① ［美］亚伯拉罕·马斯洛：《动机与人格》，许金声等译，第23—24、24页。

② 陈新汉：《自我评价论》，上海人民出版社2011年版，第201、202页。

相关，高自尊者更倾向于拥有界定清晰和相对稳定的自我概念，低自尊者则相反”。自尊的社会学模型理论提供了理解自尊的本质和起源的新视角，认为“人的自尊受社会因素的影响”“取决于社会总体上如何看待个人”，“如果一个人认为自己得到多数人的尊重和重视，那么他就拥有高自尊”，“职业声望、收入、教育水平和社会地位（如种族、宗教和性别）等就会影响一个人的自尊”①。

上述三种模型说明，一个人自尊的形成以及发展受多种因素的影响，每一种因素对于自尊的作用机理不同，但是它们有一个共性，即基于个人对其自我价值和社会价值的积极、肯定的评价。这说明，个人自尊形成和发展的基础、根据是个人良好的社会生活、存在状态，亦即其基本存在需要的更好满足。在现代社会，个体作为个人存在的基本方式，一般情况下（特殊情况除外），一个人的基本存在需要能够得到满足，意味着他已经实现了个体认同。一个人实现了个体认同，以个体的方式存在着，在社会中胜任一份工作，自食其力、成家立业、养家糊口，他就是承担了人生责任和社会责任，从而是对自己和社会实现了正价值的人。因而，实现了个体认同的个人，意味着与社会建立了基本的信任关系，就好比儿童与其抚养者之间确立了安全型依恋，从而获得了本体安全，有了归属感和对生活世界的掌控感；实现了个体认同的个人，一定是具备了社会所认可、所希望的品质的人，也是拥有社会认同的人，因为能够独立、自主、自立、承担责任、吃苦耐劳、努力生活，以及对家人、对社会的贡献而得到社会的尊重。可见，个体认同的实现具备了一个人自尊形成和发展的所有条件，在这个意义上说，个体认同有助于个人维持和提升其自尊。

3. 对个人自我的形成、走向和整体构架产生根本影响

主体总是与自我联系在一起。“自我”的词语解释是：“人称代词。自己（多用在双音动词前面，表示这个动作是由自己发出，同时又以自己为对象）。”“自我”与两个“我”相关：主我和宾我。在语言学上，主我是主词我，宾我是宾词我。在日常语言和学术研究中，主我是主体

① 参见［美］乔纳森·布朗《自我》，陈浩莺等译，人民邮电出版社2004年版，第173、176、200、180、181页。

我，宾我是客体我。自我主要有三种含义：一是表达某种活动的自我主客体关系，即“我”作用于“我”，“我”被“我”所作用，如“自我批判”“自我反思”“自我改造”“自我超越”等词语中的“自我”，这种自我表达了两个“我”——“主我”和“客我”的相互作用，表明人作用于自己的主体性，以及人被自己作用的客体性，体现人的自我认识、自我改造、自我塑造的能力；二是指自我主客体关系在观念上的统一，即自我意识或自我概念，包括自我认知和自我评价，心理学家和许多哲学家所谈论的自我大多是这个意义上的；三是自我主客体关系在人的存在方式上的统一，即自我意识或自我观念的对象化、现实化的存在形式，亦即人形成了自我意识之后，在理想维度上对“我”的改造或塑造，这种自我是自我主客体关系中的价值事实，或者是“为我而在”之“我”。第三种自我是现实中“可以经验的对象”，是人们追求的人生价值目标，在许多哲学家那里，这才是真正的“自我”。萨特说，“人就是人。这不仅说他是自己认为的那样，而且也是他愿意成为的那样”，人是“一个把自己推向未来的东西，并且感觉到自己在这样做。……人只是在企图成为什么时才取得存在”①。萨特强调人是经由自己的选择而成为的人，这个人对于他自己而言就是“自我”，这个“自我”不仅仅是“自我概念”，更是“自我概念”对象化的现实存在，它在个人的思想、行为中体现出来，也在个人与社会的关系中体现出来。简言之，自我就是我根据我的理想创造出来的“我”，是一个人自我实现的需要得到满足的价值结果。这三种自我在现实中相辅相成：有了第一种自我，才有第二种、第三种自我，有了第一种、第二种自我才成就了第三种自我；对第三种自我进行反思，又进一步形成了第一种和第二种自我，第三种自我与第二种自我内在地体现着第一种自我的内容。

个人认同对个人自我的形成具有重要作用。首先，自我主客体双方各自以对方的存在为自己存在的前提和基础，两者处于同一个统一体中才形成自我主客体关系，而自我主客体同为有意识能动性的存在，两者的相互影响和相互作用必然以认同为前提和基础。其次，“我是谁”被认

---

① ［法］萨特：《存在主义是一种人道主义》，周煦良等译，上海译文出版社 1988 年版，第 8 页。

为是个人认同最典型的语言和思想形式，但是，它同时也是自我概念的语言和思想表现形式，对“我是谁”作答，既形成个人的自我概念，也蕴含着个人认同，一个人形成了他的自我概念，不一定形成他的个人认同，但是，形成了他的个人认同，就一定形成了他的自我观念，正如心理学指出的那样，“经过认同，帮助形成人的自我概念”。吉登斯认为，现代性的场景下，自我认同是“反思性理解的自我”①。朱滢也指出，“‘自我是什么’”包含两方面，其中之一就是“关于个人认同的问题”②。事实上，哲学、心理学、社会学的大多数学者都是把这两个问题一同讨论的，足以见得个人认同与自我概念之间的内在联系。最后，个人对于自己的理想性改造或塑造，是在他自由自觉的活动中实现的，在这个过程中，他“不仅像在意识中那样在精神上使自己二重化，而且能动地、现实地使自己二重化，从而在他所创造的世界中直观自身”③。个人在自己身上确证他的现实的本质力量正是认同的内容。现代社会中的个人认同包含个体认同，个体认同关系到个人的存在和发展，关系到个人“如何活”“活得怎么样”，而且个体认同在意识层面属于个人的主体意识，同时具有社会认同的意义，因而是个人认同的核心内容，支配和主导着个人的其他认同。这使个体认同对个人自我产生最深刻的作用，个人不仅以个体的身份形成个人自我，而且在个人自我中体现个体的主体地位和主体性，从而对个人自我的形成、走向和整体构架产生根本影响。

4. 个体认同对于建构个人生存意义具有重要作用

人存在于世界中，表现为意义和意义世界的生成。意义一般涉及“是什么”“意味着什么”以及“应当成为什么”等问题，具体到人的存在意义，则体现为三个问题：“人以何种形态存在着”；“人究竟为何而在”；“在现实的知、行过程中走向理想的存在形态，不断实现人生的意义”④。人以实践的方式创造着人自己，其存在意义生成于人满足自身需

---

① ［英］安东尼·吉登斯：《现代性与自我认同：现代晚期的自我与社会》，赵旭东等译，第58页。

② 朱滢：《文化与自我》，北京师范大学出版社2007年版，第3页。

③ 马克思：《1844年经济学哲学手稿》，中共中央马克思恩格斯列宁斯大林著作编译局译，第58页。

④ 杨国荣：《成己与成物：意义世界的生成》，人民出版社2010年版，第29、30页。

要的现实活动。人追求何种生存意义，就以主体的身份从事何种活动；人以主体的身份从事何种活动，他也就具有何种生存意义。

主体的活动是自由自觉的活动，其特征是主体按照其“内在尺度”——“人的本质力量所决定的尺度”和“对象的性质所决定的尺度”——“客体的尺度”来进行生产，并把这两个尺度“运用到对象上去”[①]。个人生存意义的建构在于个人与世界、与自己建立“为我而在”的价值关系。在现代社会，个体认同是这种关系建立的关键环节。自由自觉的活动是享有社会自由的人的活动。现代社会赋予个体以合法地位，个体在合法的界限内从事的有目的的对象性活动才是自由自觉的活动。但是，没有个体认同，个人的活动就不可能是自由自觉的活动，因此个体认同是个人构建其生存意义的前提条件。个体认同决定了个人理解自我、理解世界以及理解自我与世界关系的视角、方式、性质和水平，主导和支配了个人生活世界与现代社会结构、制度、组织方式、运行机制和社会基本价值观念协调一致的关系，由此参与构建了个人的生存意义。曼纽尔·卡斯特认为，“关于认同，当它指涉的是社会行动者之时”，“它是在文化特质或相关的整套的文化特质的基础上建构意义的过程”；“认同是更强烈的意义来源，因为认同涉及了自我建构及个别化的过程。简单地说，认同所建立的是意义”；“对大部分的社会行动者而言，意义是环绕着一个跨越时间和空间并自我维系的原初认同（primary identity，亦即一个架构其他认同的认同）而建构的”；“谁以及为了什么而建立集体认同，大致上便决定了这认同的象征性内容，以及它对接受或拒绝这个认同的人的意义”，“认同的社会建构通常发生在一个标识为权力关系的脉络里”[②]。曼纽尔·卡斯特还指出：“在建构社会时，每一种认同建构的过程都会导致一种不同的结果。合法性的认同产生公民社会。”[③] 曼纽尔·卡斯特所说的“合法性的认同”，指的是“由社会的支配性制度（institutions）所引介，以拓展及合理化它们对社会行动者的支配”，他认

① 马克思：《1844 年经济学哲学手稿》，中共中央马克思恩格斯列宁斯大林著作编译局译，第 58 页。

② ［美］曼纽尔·卡斯特：《认同的力量》，夏铸九等译，社会科学文献出版社 2003 年版，第 2、3、4 页。

③ ［美］曼纽尔·卡斯特：《认同的力量》，夏铸九等译，第 5 页。

为，“合法性的认同产生公民社会，也就是一套组织和制度，以及一系列被结构化和被组织化的社会行动者”①。这种认同正是个体认同的一个社会特质，因此，可以认为曼纽尔·卡斯特上述观点支持了“个体认同对于个人的生存意义具有重要作用”这一结论。

总之，个体认同本质上是现代社会中的个人对其存在规定性的接受和认可，是以个体的需要、规定性和现实能力等为尺度，以个体的生活状况为客体，以现代性为背景，对其生活、人生价值的肯定性评价。个体认同的实现是个人生存与现代社会价值体系相契合的精神表征，既代表着个人对自己的承诺，也意味着个人对社会的承诺。个体认同既是个人独立人格形成和维系机制，也是个人与社会之间互构的中介与内在力量，因而是个人在现代社会幸福生活、实现自身价值不可缺少的条件。

① ［美］曼纽尔·卡斯特:《认同的力量》，夏铸九等译，社会科学文献出版社 2003 年版，第 4、5 页。

第二章
个体认同的系统分析

个体认同作为现代社会个人对个体这一存在形式的自觉意识和肯定态度，是一个由诸多子系统构成的独立系统，与其环境构成了各种社会存在系统和社会意识系统，共存于社会大系统中。这些系统纵横交错、有机地结合在一起，形成了个体认同的一般机制。本章运用系统科学的思维方法分析个体认同系统，一是以个体的本质特征和现实基础以及对于个人的作用为根据，阐释个体认同系统的特殊性，以确立把握个体认同一般机制的视域和维度；二是从系统结构的角度关注个体认同与社会结构、权力以及社会变迁的联系，从而把个体认同与现代社会的物质生活条件以及个体生活联系起来，将其置于时间和空间的变动中加以考察；三是从系统建构的角度，把握个体认同系统形成和发展的关键环节，揭示其形成、发展所需要的社会基础、动力以及一般条件。对个体认同进行系统分析，目的是基于相互联系、相互作用，研究它的基本要素及其内在关系，它的多方面特质、多重结构、重要中介以及所处社会环境，从而把握它确立和发展的辩证过程及其一般规律性，为具体地揭示个体认同的一般机制奠定理论逻辑基础。

一 个体认同系统的特殊性

系统是“处在一定相互联系中与环境发生关系的各组成部分的整体”①。

① ［美］贝塔朗菲：《一般系统论的历史与现状》，《国外社会科学》1978 年第 2 期。

任何系统都有“要素”、“结构”和“环境”三个组成部分。要素是系统中被组织化的、相互作用和相互结合的因素，结构是要素之间的结合方式，环境是在系统之外并同系统相互联系和相互作用的存在，三者共同决定了一个具体系统的特性。个体认同系统的构成要素、基本结构以及所处的环境与其他系统不同，是一个特殊系统。认识个体认同系统的特殊性对于正确把握个体认同的基础、动力、一般规律以及实现路径具有重要意义。

（一）个体认同系统是个人的自我认识与实践系统

个体认同在本质上是个人使自己成为个体的现实的自我认识和自我改造活动，这一活动并不是封闭在认识领域的思想变革活动，而是以个人现实生活为基础、动力、中介和归宿的有目的的对象性活动，因而是反映个人生存特性的自我认识与实践系统，这在个体认同系统的构成要素、结构、功能等方面体现出来。

1. 个体认同系统的构成要素与个人生存特性具有密切关系

个体认同系统的所有构成要素都是对个人生活具有根本意义的事物，各个要素之间的联系体现的是社会的基本关系。个体认同发生在个人的现实生活中，是个人为了生存和发展而产生的认同，使个人认同个体的根据是个体对于个人存在和发展的肯定意义，以及个人具备成为个体的素质和能力。因此，进入个体认同系统、成为其构成要素的是现实的个人以及他的现实的生活活动，对个体认同产生影响的是社会物质生活条件，包括社会的经济制度、政治法律制度、意识形态的状况，对个体认同起决定作用的是个体在社会关系中获得的属性、本质和发展水平，以及社会对于个体存在和发展的支撑状况，比如社会为个体创造的工作机会，为个体本体性安全提供的保障，为个体平等、公平地分享社会发展成果而设计的基本制度，为个体自由、全面发展而创造的社会机制，为每个人成为个体而发展的文化教育事业，等等。可见，个体认同系统反映了个人的生存特性。

2. 个体认同系统的结构由多个前后相继的主客体间的相互关系构成

个体认同是一个人从“非个体”变成“个体”的过程，这个过程包括四个发展阶段：个人在对于个体的认知与肯定性评价基础上对于个体的价值选择；个人以个体的标准对自身进行改造而成为个体；个体从事有目的的对象性活动，从而在现实生活中确证自己是个体；个体在自我确证中实现自我完善和自我发展。个体认同系统的结构性要素包括主体、客体以及把两者联系起来的中介，这些要素在个体认同的每一个阶段具有不同的内容和形式，形成了个体认同系统多层面的结构：

A. “个人主体—中介—个体（个体带给个人的意义）”的结构。这是个体认同系统的一般认识结构，包括个人作为主体把个体当作客体进行认知，在观念上形成对个体的事实性认识，以及个人作为评价主体，以自己为尺度了解、想像个体对于自己可能具有的肯定意义，形成对于个体的肯定态度。

B. “个人主体—中介—个人客体”的结构。这是个人主体按照个体的“样子”，通过对象性的活动在精神和行动上把自己塑造成为个体的实践结构。

C. “个体—中介—客体”的结构。这是个人成为个体之后，个体自我确证的认识－实践结构，它表明：“我”是个体，“我”以个体的方式存在着，在所有的个体活动中、在客体身上，“我”证明了“我”是个体，体现了“我”作为个体的本质力量。

D. “个体—中介—个体”的结构。这是个体自我塑造、自我改造的认识－实践结构，它体现的是个体在现实生活中根据外部的和自身的条件变化而实现的自我改变、自我完善和自我发展。

从 A 到 D 层层递进，形成了一个完整的个体认同的系统结构体系，每一个结构中都包含以个体为目标和目的的内容，因而个体认同系统的结构表明个体认同是个人、个体有目的、有意识的认识与实践过程。在这个过程中，个人、个体总要回到自身把握自己的尺度，也总要指向自身明确自己能成为谁、将成为谁和怎样成为谁。在这个意义上，个体认同是个人、个体的自我认识与实践的活动。

3. 个体认同系统的各个要素相互作用塑造了个人的个体人格

个体认同中主客体的相互作用包括主体客体化和客体主体化两个方面，其现实的结果是个人、个体实现了人格的自我塑造，即个人、个体确认个体这一存在形式，以个体的方式与自我、与周围世界建立“为我而在”的关系，形成稳定的、一致的思想和行为模式，即个体人格。个体认同系统中的各个要素之间相互影响和相互作用促使个体认同实现，包括个人对于个体的认知、肯定性评价，个人对个体的接纳和认可，个人以个体的方式构建与外部世界、与自我的关系，其标志是个人精神品质和能力、行为方式向着个体的本质规定性而发生变化，从而形成个体人格。个体认同塑造个人个体人格的作用，源自个体认同系统的构建以及各个要素相互作用过程中认同主体的本质力量。个体认同系统不是从来就有的，也不是社会已经确定好了的，而是个人从自己的需要出发，以其力量依据社会的现实物质生活条件建构起来的。同所有的认同一样，个体认同不可能来自于外在的强迫而只能出自于个人主动的自觉行为，因而，其最终结果就是个体塑造了他的个体人格。

（二）个体认同系统是具有高度复杂性、自组织性的社会巨系统

系统科学认为，如果一个系统的子系统的种类多且子系统之间的关系是非线性的，系统行为复杂，不能使用还原法处理或把握，那么这个系统是复杂系统；如果一个系统具有自己走向有序结构的特点，且关系到人与人之间的相互作用，那么这个系统是社会自组织系统；如果一个系统的子系统层次多、时间跨度大，具有自组织性，那么这个系统是巨系统①。个体认同系统同时具有上述三个方面的特性。

1. 个体认同系统具有高度复杂性

“复杂性首先和最重要的是关乎系统组成要素的数量和种类多样性的问题，以及是关乎相互关联的组织构造和运作构造的精巧性的问题”②。个体认同系统的复杂性表现在三个方面：一是个体认同系统由不同层次、不同类别的诸多子系统构成。个体认同系统有主体、客体、中介等要素，每个要素是一个系统，其本身也包含各种子系统，如此类推。如主体作为个体认同系统的子系统，它自身还包含需要系统、素质系统、能力系统等，这些系统也还有子系统，如生物系统、社会系统和精神系统等。个体认同的最后客体是个体，它本身也是由多个子系统构成的系统，这

① 参见苗东升《系统科学精要》，中国人民大学出版社2016年版，第245页。

② ［美］尼古拉斯·雷舍尔：《复杂性：一种哲学概观》，吴彤译，上海科学教育出版社2007年版，第8页。

些子系统包括个体主体性系统、个体人格系统、个体意识系统、个体能力系统，等等。个体认同系统的中介，更是数目、种类众多，凡是进入到个体认同活动，具有个体认同价值的人及其活动、事物、现象、关系等，都是个体认同系统的中介，它们本身也是由各个子系统构成的系统。二是个体认同系统内的子系统之间存在着多重相互性关系，这些关系是社会现实生活中的关系，深受系统所处社会环境的影响，与此同时，子系统的变化又通过子系统之间的相互关系影响到个体认同系统，这符合“组分异质又数量多的系统，组分之间的关系必定是非线性的”① 这一原理所揭示的内容，所以是非线性关系。三是个体认同系统具有过程性。个体认同系统的子系统根植于社会生活，依各种环境处于动态发展之中，这使个体认同系统在结构、功能、行为和演化等方面呈现变动不居的特点，以致于它本身处于变动之中，这一点从它前后相接、逐级递进的认识结构就可以看出来。从经验上看，一个人是否认同个体，认同个体的活动是否成功，是一件不容易确定的事情，一个根本原因就是个体认同系统的特别复杂性。影响个体认同的因素不仅众多，而且各种因素与个体认同的关系也很微妙，个人的根本利益、知识，个人的情感、意志以及社会生活的经历、社会地位、社会关系的状况及其自我评价，个人对社会的评价，他人、共同体组织、社会与个人的关系以及他们对待个人的态度，社会公平的状况、社会发展的趋势等，都在不同程度上不确定地对个体认同产生各种影响。

2. 个体认同系统是具有高度自组织性的社会系统

“系统自己走向有序结构就可以称为系统自组织”②。自组织系统的一般属性包括：“系统的结构不是先验设计的结果，也不是直接由外部条件所决定的，而是系统与其环境之间相互作用的结果”；“系统的内部结构可以动态地适应环境的变化”，“包括了较高级的秩序、非线性的过程”；“自组织系统的复杂性能够增长”；“自组织的过程是某种进化过程的结

① 苗东升：《系统科学精要》，第246页。

② 钱学森：《论系统工程》，湖南科学技术出版社1982年版，第242页。

果，系统如不能够适应更复杂的环境，便不能生存”，等等[①]。系统的自组织性表明，系统的发展是以系统内部的矛盾为根据，以系统的环境为条件，走向一定的组织结构的过程。个体认同是个人的有目的的对象性活动，它是基于个人存在和发展的社会需要而产生的主体性行为，因而是一个自组织系统。与其他自组织系统相比，个体认同系统的结构、功能是社会和个人、个体综合作用的产物。个体认同既是现代社会将个人组织进社会结构的需要和结果，也是现代社会个人社会化的有机内容和形式之一。一方面，个体认同是现代性的内容和后果，受现代社会本质规定及基本结构的规定、制约和推动；另一方面，个体认同是现代社会个人生存和发展需要，受个人生存意志的驱动，带有在个人意识支配下主动行为的自觉特征。因此，个体认同的结构与功能是个人依据现代社会的组织需要和条件，在个人、个体与社会的相互作用中，通过个人、个体的主体性行为构建和演化发展的。

3. 个体认同系统是一个巨系统

“一切巨系统都包含强烈的自组织因素，经常出现自组织运动”，对于巨系统，“重要的还要看系统是否出现宏观与微观的层次划分，是否存在不可忽视的自组织现象”[②]。个体认同系统具备了上述巨系统的两个要件。如前所述，个体认同系统具有高度的自组织性，同时在结构上呈现异质的多层次性。表现之一是，个体认同系统不仅具有之前论及的四个结构，而且所有的结构中都存在着层次分明的关系，如个人与社会、与他者、与自我的关系，现实生活与人生理想的关系，精神需要的满足和物质需要的满足的关系，个人的公共生活与私人生活的关系，个体理性与社会理性的关系，等等。表现之二是，个体认同系统的结构以及系统结构的内在关系在时间和空间的跨度上呈现多元多样性：在时间上，个体认同从个人具备基本的思维、行动能力开始持续到个人生命结束，每个阶段上的生活状态、人生意义各不相同，生存结构亦不相同；在空间上，个体认同系统随着个人生活活动的展开而拓展、延伸到生产、生活

① ［南非］保罗·西利亚斯：《复杂性与后现代主义：理解复杂系统》，曾国屏译，上海科技教育出版社2006年版，第126、127、128页。

② 苗东升：《系统科学精要》，第243页。

的各个领域以及不同的地域、地点和场所，也随着个人生活活动的减少而从一些生产、生活的地域、地点和场所撤出，形成不同的结构。

（三）个体认同系统是现代社会系统的子系统

系统科学指出，任何事物本身都是一个独立的系统，同时它又是更大系统中的一个子系统。个体认同系统就是这样一个系统。个体认同发生在现代社会之中，是现代社会存在和发展的有机内容，因此，个体认同作为一个独立系统，同时也是现代社会系统中的一个子系统。现实的个人总要生活在某个社会中，一个人的个体认同发生在他的现实生活中，必然发生在他所生活的社会中，这个社会就是他的个体认同系统的上级系统。个体是现代社会的结构性要素，也是现代社会政治、经济、文化、社会交往活动的实际承担者，其社会生活必然受现代社会系统的制约，现代社会系统也会主动、自觉地把个体整合到它的基本结构中，对其施加作用，因此，现代社会系统的基本要素、它的子系统——政治系统、经济系统、文化系统、社会交往系统等，都将与个体认同系统发生关系。这些系统或者是个体认同系统存在和发展的基本环境，为个体认同提供物质的、制度的和精神文化方面的条件，最深刻地影响个体认同系统的构建和走向，或者这些系统中的某些内容、构成成分直接成为个体认同系统的基本要素，对它产生直接的意义。个体认同系统作为现代社会系统中的子系统，具有开放性和可控性。开放性和可控性是与人相关的系统的一种普遍性质，是人特有的存在方式在社会系统上的体现。要把个体认同变成一个主动自为、合目的性的活动，就要分析它是如何建构、怎样发展的，把握对它发生影响的各种因素及其地位和作用，为此就要关注个体认同系统的开放性和可控性。

系统的开放性是“系统能够与环境进行交换的特性”，“一般说来，一个系统（特别是生命、社会、思维系统）只有对环境开放，与环境相互作用，才能生存和发展，开放得愈充分有效”，系统“自身运行发展也愈有效”，“开放不够，系统的生存和发展将受影响，严重时将导致解体”[①]。也就是说，开放性对于系统自身的存在和发展极其重要。社会生

① 苗东升：《系统科学精要》，第27页。

活在本质上是实践的，确定无疑的事实，一方面是个人与自然的关系，另一方面是个人与他人的社会关系。个体在这双重关系中存在和发展，个体认同系统必然具有开放性，这一开放性由三个方面的作用所决定。首先，“物的依赖关系”使个人生存和发展的条件全面地来自于社会、他人的社会劳动，个体的社会规定性建立了个体与社会之间最深层次的结构性关系，现代社会的发展、变化对个体及其认同发生作用；其次，个体的主体本质决定了个体必须与外部世界从而与自己建立对象性关系，而且在建立和推进这种关系中发挥主体作用；最后，在由现代组织方式、现代科技参与的社会生产所创造的工作机会和岗位、消费社会、多方面的社会交往以及多种生活的可能性中，在市场经济原则之下，个体认同系统的所有要素以及社会环境都处在变化之中。

现实世界的系统分为可控系统和不可控系统。如果一个系统的存在和发展有多种可能性，可以利用现实的方式、方法、手段对这个系统现实地施加作用，能够使其向着一种符合人的目的的可能性方向发展，这个系统就是可控系统。个体认同是反映个人生存特性的自我认识与实践系统，需要具备个人的、社会的多方面条件才能实现。个体认同所需要的所有条件都是人的活动的结果，存在于社会之中，因而是人、社会可以控制的。社会作为历史的主体，发现、把握自身的发展规律，以自己为尺度，构建社会的基本结构和社会制度，形成完整的组织系统和运行机制，发挥对社会整合、有效调控和管理作用，这意味着，一旦社会有了推动个体认同发展的需要和基础，它就会以各种手段、通过各种方式促进个体认同的发展，这是个体认同系统体现在社会主体身上的可控性。个人、个体作为个体认同的主导性力量，从自己的意志、目的出发，依据社会条件，选择可行的路径、方式，构建个体认同系统，这是个体认同系统体现在个人、个体身上的可控性。个体认同系统作为可控系统，其施控主体是社会、个人和个体。社会是个人存在和发展的环境，个人、个体是社会的有机组成成分、社会结构的要素，社会规范个人存在方式，为个人、个体提供全部的生活条件，因而是个体认同系统的强有力的施控主体。一方面，社会作为个体认同的环境，通过意识形态系统、社会福利保障系统和社会组织系统对个体提供基本支撑，为个体认同提供动力和本体性安全机制；另一方面，社会作为为个体认同提供各种中介或直接把主体、客体作为对象进行改造，从而调节、控制个体认同的一般机制，实现个体认同的具体目标。个人、个体是个体认同系统中的主体，在对客体的关系中占据主导地位，具有主体性，是对个体认同施控的另一个基本力量，而且是内在的根本力量。个人、个体具有意识的能动性、学习和掌握知识、技术的能力，可以通过改变自己意识的内容和结构——自我意识和对象意识，以及通过有目的的对象性活动，按照社会的需要改造、发展自己的精神世界和主体能力，完善、构建新的个体认同系统。更重要的是，个人、个体作为社会主体的重要组成部分，有权利和责任为促进社会为个体认同提供支持条件发挥作用，而且社会提供给个体认同的所有条件，只有在个人、个体认同、积极利用的基础上，才能对个体认同系统的建构和发展发挥支持作用，否则没有任何价值。

二　个体认同系统的三个基本结构

结构是系统的重要组成部分和核心。结构作为元素之间相对稳定的、有一定规则的联系方式的总和，是诸要素交换物质、能量与信息的机制，构成系统的内在规定性，体现系统的本质，决定系统的功能。个体认同作为复杂的社会巨系统，具有多重结构，其中个体认同系统的一般结构、时空结构和逻辑结构构建了个体认同系统的基本框架，决定了个体认同系统的基本样态和功能。因此，分析个体认同系统的这三个基本结构，有助于把握个体认同确立和发展的规律性。

（一）个体认同系统的一般结构

个体认同系统的一般结构是指个体认同系统的基本构成要素之间稳定的、有规则的联系方式，由个体认同的主体、客体以及把两者联系起来的中介等三个基本要素构成。

1. 个体认同的主体

个体认同的主体是个体认同活动的行为者，作为能动要素，对个体认同系统的形成及其诸要素的结合以及结合方式起主导作用。个体是现代社会个人的存在方式，个体认同的实质是个人去成为个体、作为个体而存在，因此，个体认同的主体是现实的个人。在理论上，现代社会中所有的个人都应该成为个体、成为个体认同的主体，但是不能抽象地以为凡是个人就是个体认同的主体，也不能必然地以为一个人不靠他人养活、能独立生活，就一定是个体认同的主体。如果一个人对于个体不自知、不自觉、不主动自为，那么他就不是个体认同的主体。只有在现实的生活过程中，在个体认识的基础上努力将其对象化，使自己成为个体的个人，才是个体认同的主体。如果一个人不进入到现实的个体存在方式中，在观念中没有把个体作为现实的存在方式去塑造自己，那么他也不是个体认同的主体。

毫无疑问，并不是所有的个人都是或都能够成为个体认同的主体。一个人要成为个体认同的主体，首先需要具备相应的本质力量。主体的本质力量是指由主体的需要、素质和能力等决定的，作用于客体的内在力量。人要成为对象性关系的主体，就要有某种需要以及满足这种需要的素质和能力。需要是生命体对于其存在和发展的客观条件的依赖，需要与需要的满足联系在一起，从而与主体对于客体的作用联系在一起，是主体作用于客体的内在动因。一个没有需要的人，不可能产生主体性行为，也不可能成为主体。人有了需要而且意识到了这种需要，就有可能将这种需要意识转化为满足需要的对象性活动，从而成为这一对象性活动的主体。素质“是人们从事各种活动所具备的主体条件，是构成人的基本要素的内在规定性，即人的各种属性在现实的人（个体、群体和类）身上的具体实现以及它们所达到的质量和水准”①，是人在长期的生活实践中积淀而成的内在的、稳定的、整体的品质、特性和素养②，其中包括身体性素质、精神性素质③和社会性素质。身体性素质是由人的自然物质决定的素质，即人体生理结构状况以及相关生理功能状况。精神性素质是与人的感觉器官和神经系统的特点内在联系在一起的，在身体性

---

① 黄楠森：《促进人的素质全面发展——兼评〈素质教育基本理论研究〉》，《教育研究》2012 年第 10 期。

② 参见陈志尚主编《人学原理》，北京出版社 2005 年版，第 388、389 页。

③ 在汉语言中，“心理”有广义和狭义之分。广义的心理即作为“心理学”之研究对象的心理，狭义的心理指的是与思维、理智、理性相对应的欲望、动机、情绪、情感、意志等。在汉语言习惯中，广义的心理与“精神”是同一概念，但是狭义的心理并无与之同一的概念，因此，本书使用精神（性）素质这一概念而不使用心理（性）素质概念。

素质的基础上，通过学习与实践积淀而成的知、情、意三个方面的品质、特性和素养。社会性素质即人认识社会，与人交往、交流，对他人产生有效影响，利用社会条件满足自己需要以及发展自己的品质、特性和素养。能力是人完成对象性活动的、以人的素质为基础的能动力量，包括身体力、智力、情感力、意志力和社会力等，它们相互作用，形成人面对世界和自我的综合能力。人从事某一对象性活动必须具备相应的能力，而能力总是从事某种对象性活动的能力，因此，能力显示和实现主体自身，同时制约主体及其对于客体的作用，使主体在客体及其变化中体现本质力量，实现自身尺度的对象化、现实化。个体认同作为个人有目的的对象性活动，其发生的主体条件是个人有个体认同的需要、素质和能力。个体是现代社会的结构性要素、个人的存在方式，所有现实的个人依赖成为个体而存在和发展，因而都具有个体认同的需要。但是，这不是说，现代社会中的个人一出生就是个体认同的主体。个人成为个体认同的主体还应具备基本的素质，如：从事一定工作的身体素质，如身心发育健全、身体健康、体质达到一定的要求；与人格独立相关的一定的精神素质，如掌握现代科学文化知识、生产和生活技术，具有权利意识、责任意识、法治意识、民主意识，以及平等、独立、互相尊重的社会交往意识，自尊、自强、自律、自立、自治的自我价值意识，等等；与独立生活相关的主体能力，如专业劳动的能力，掌握现代知识和技能的能力，认识社会和自我的思维能力，社会交往的能力，生活的审美能力，创造合理需要的能力，道德行为能力，以及发展和运用这些能力的能力。个体认同主体的这些需要、素质和能力综合地具现在现实的个人身上，就是现代社会个人的存在特性：享有公民权利与责任，具有社会适应力和社会活动力，以其专业知识和专业技能从事一份工作，独自面对生活，自主地创造自我本质和价值。

现实的个人只是个体认同的主体之一，个人成为个体之后，并不意味着他的个体认同就完成了。个体认同还包括另一个过程和形式，即个人以个体的方式与外部世界以及与自己建立对象性关系，确证自己是个体，实现个体自身的发展。个体是生存论意义上相对于客体的关系性存在，只有在对象性关系中，在个体意识的支配下从事有目的的对象性活动，体现个体的本质属性，发挥个体主体性，个体才是现实的存在。也就是说，即使一个人具备了个体的所有素质和能力，但是他什么都不做，他也不是个体；即使一个人从事各种对象性活动，但是他不是以个体的身份从事这些活动，他也不是个体。个人把自己塑造成了个体，并不是个体认同的终结，而只是意味着他完成了个体认同过程第一个阶段的任务。个体认同更高阶段的任务是个体在对象性活动中在客体身上、在自身的存在和发展中确证自己是个体。个体是个体认同在这一过程中的主体，即个体的对象化、现实化的主体，其任务、使命是将自己的个体本质、个体意识、个体主体性运用到客体身上（包括他自己），按照个体的尺度认识和改造客体，把客体纳入到个体的生存结构之中，使之成为“为我”之物，实现个体的存在和发展。

个体认同的主体分为“现实的个人”和现实的个体，表明个体认同是一个人自我塑造和自我实现的过程。这两个过程在形成顺序上前后相继，但在个人成人后的现实生活中常常交融在一起，相互影响和相互作用。

2. 个体认同的客体

个体认同的客体是个体认同系统的基本要素之一，是个体认同主体行为指向和施加作用的对象。如前所述，个体认同是一个复杂的巨系统，具有多重结构，不同结构中的客体是不同的。在“个人主体—中介—个体”的结构中，客体是个体，这个个体是具有个体本质规定性的理想图景以及这个理想图景现实化的活生生的个人，也是由现代社会的本质规定性所决定，由个人负责创造的社会角色；在“个人主体—中介—个人客体”的结构中，客体是个人自己，即现实的个人本身；在“个体—中介—客体”的结构中，客体是满足个体需要的一切对象，包括各种事物、人自身和人的活动；在“个体—中介—个体”的结构中，客体是个体，这个个体是现实的、活生生的、从事自我创造活动的个体自身。

个体认同所有结构中的客体都是一个复杂的系统。作为客体的个体（包括第一个和最后一个认识—实践结构中的个体）是具有特殊意义的复杂系统，包括最重要的三个要素，即个体尺度、个体性和个体能力。个体尺度是指作为主体的个人的自身结构、规定性和规律，包括个体的需要、目的性等；个体性即个体的主体性，包括为我、自主、自为、自律与他律的统一；个体能力包括：认识能力，自我管理能力，自我选择与塑造能力，将其个体尺度对象化的能力，维护自身权利履行其责任的能力，行使其个人权力的能力，自我解压适应社会的能力，生活的审美能力和创造幸福生活的能力，等等。作为客体的个人是现实中活生生的个人，凡是能够通过个人发挥能动的作用改变或塑造成为个体的需要、素质和能力的内容，或为之提供条件的内容，都是个体认同的现实客体。

同其他客体一样，个体认同的客体具有两个基本特征。一是社会历史性。客体，就可能性而言，包括自然界、人类社会和思维领域中的各种存在；就现实性而言，只有进入到人的有目的的对象性活动中，成为主体本质力量所作用的对象的事物，才是客体。哪些事物成为客体，取决于人的实践活动的状况。主体和客体是相互关联的客观存在，但是，"是以'一种特殊的、现实的肯定方式'相关联的，因而它们之间有一种相互适应的关系"，即"主体现实的本质力量对外部世界的有效掌握（无论是实践的还是观念的）达到什么范围和程度，外部世界的事物就在这个有效的范围内和程度上成为对主体有意义的现实客体"①。不仅外部世界向客体转化的情况如此，作为主体承担者的人及其自身的各个构成要素、属性等等转化为客体的情况也同样如此，主体的本质力量如何，他自身成为他自己客体的状况就是怎样的。这一关系表明，客体随着人的本质力量的发展、变化而不断发展、变化，具有社会历史性。个体认同的客体的社会历史性表明，对于不同的个人或个体，个体认同的客体具有具体的特殊性；对于同一个个人或个体的不同发展阶段，客体的范围、层次不同；对于同一个人（个体）的不同存在环境，客体的性质、状况亦不相同。二是客体性。客体的根本属性是它的客体性，表现在三个方面："与主体对立的自身规定性"，即作为客体的事物自身本质、结构和条件等；"对于主体来说的自在性"，即客体有着不以主体意志为转移的客观性，"客体的存在和变化对于主体的'为我'和'自为'活动保持着异向的趋势"；"客体对主体来说的他律性"，即"客体始终起着对主体的制约、他律作用"，这使主体对于客体的作用不能随心所欲，主体"只有通过客体即从对象身上才能直观自己的行为及其后果"，"客体对于主体来说也不仅仅是一面镜子，它还以自己的客观作用直接给主体带来实

---

① 陈志尚主编：《人学原理》，第151页。

际后果，迫使主体调节其行为"①。客体的客体性表明，主体应当而且必须以合适的方式、恰当地对待客体。个体认同的客体——无论是个人还是个体自身或其他事物，其客体性的内容、基础具有特殊性，如：个体的肉体及其需要以及由肉体需要决定的个体的物质生活、精神生活，个体的社会本质以及由此决定的个体的社会性需要、利益，个体身体的品质、素养、能力以及欲望、意志和价值观念等精神内容。它们在个体认同中具有不以个体认同主体意志为转移的客观性，对个体认同的主体地位和主体性具有规定和约束作用。

3. 个体认同的中介

个体认同的中介是个体认同借以实现的手段、方式、方法的总和，即对个体认同具有工具价值的事物，包括个人（个体）自己的各种生活活动和他的身体以及个体的社会物质生活条件。

（1）作为个体认同中介的个人（个体）生活活动。生活活动，即个人满足其生命存在和发展需要的活动。个体化时代，成为个体是没有选择的选择。一个人不进入生活活动中，就没有可能成为个体，而进入到具体生活中，就不得不成为个体。也就是说，生活活动是个体认同的中介。

个体认同首先是个人的自我主体意识，在这种意识的基础上才会产生个体性的行为、关系和活动。一个人如何才能产生这种自我意识呢？"生活决定意识"，"意识在任何时候都只能是被意识到了的存在，而人们的存在就是他们的现实生活过程"②。现实生活需要个人成为个体，个人只有在现实生活活动中成为个体才能存在和发展，就会在这种生活活动中产生个体认同。现代社会个人的现实生活活动具有使个人成为个体、个体自我确证的功能，个人（个体）通过现实的生活活动而成为（确证自己是）个体，在这个意义上，现实的生活活动在个体认同中发挥中介作用。

---

① 参见李德顺《价值论——一种主体性的研究》，中国人民大学出版社 2013 年版，第 39、40 页。

② 马克思、恩格斯：《德意志意识形态》（节选本），中共中央马克思恩格斯列宁斯大林著作编译局编译，第 17、16 页。

生活活动是现实的个人必须从事的对象性活动。作为个体认同中介的个人（个体）生活活动主要有三个。一是工作。在现代社会，个人的物质生活资料由社会生产出来，通过商品交换而获得。个人为了活着，不得不进行商品生产，为此就要把自己的劳动力变成商品，从事以获得报酬——货币为目的的社会劳动，即工作。工作是一个人生活的最可靠经济来源和人格独立、自主生活的保障，因而是个体认同最重要的中介。二是消费。个人的生命活动，无论是生产还是生活，都是物质财富的消费过程。消费贯穿个人生命的整个过程，是个人存在的基本属性和标志。消费不仅说明一个人活着，而且消费什么、怎样消费意味着一个人是怎样的一个人、将成为怎样的一个人。在“物的依赖关系”下，个人消费是最社会化的活动，也是最能体现个体化社会本质和最能反映个人自由、个体主体性的活动，因而也是个体认同最基本的中介。三是社会交往。交往是现代社会个人存在的基本活动，在这里是指个人与他人、群体、社会打交道，处理各种人际关系的活动，即共同生存。个人不仅在工作、消费中发生着各种社会交往，以各种社会角色进行的活动都是社会交往，包括政治关系、经济关系、血缘关系、职缘关系、学缘关系、亲密关系中的各种交往活动，等等。个人只有在社会关系中人格独立，权利得到维护、尊重和保障，在社会交往中存在和发展，才能成为真正的个体，因此，社会交往是个体认同的最根本中介。

（2）作为个体认同中介的身体。首先，身体是个人的生命存在形式和个人活动的物质基础以及达到目的的手段，一个人是什么样的人，与他的身体的状况，他的思想、素质、能力和行为模式都具有“具身性”的特点。一个人认同自己是什么样的人，就是认同自己具有什么样的思想、素质、能力和行为模式，个人对于自身的改造，在某种意义上是对自己身体及其器官机能的塑造，在这个意义上，身体是一个人与他想成为的那个人之间的一个桥梁，个人自我作用的载体。其次，个体认同通过身体表达对于个人存在和发展的意义理解与追求。一个人成为个体，必须完成的基本任务就是维持生命的存在，即满足自己身体的最低需要——吃穿住行，努力实现的更高任务是使自己活得好，即在更高水平上满足吃穿住行的需要以及身体的其他多种需要，最终要完成的最高任务是身心的高度统一、有尊严地活着、过审美生活，即身体的全部需要在更高社会水准上的实现。个体是个人的存在方式，个体认同在身体上体现生存意义，就会成为个人的价值选择。再次，个体在身体上直观自身。个人的任何一种身份都是基于个人对身体的作用来完成的。个人支配自己的感知觉器官、思维器官去认识对象，感知觉器官和思维器官运用其功能，形成感知觉、表象、理性认识，并存储于身体的器官之中，由此成为认识的主体。个人支配自己的身体，以身体及其器官的力量和技能去完成某项任务、达到某个目的，由此成为实践的主体。在个人的认识和实践活动中，客体对于个人身体及其器官的作用是客体作用于主体的一个方面。在这个作用中，个人实现了对于自己的认识和改造，其结果体现为身体上的变化，如感知觉器官、思维器官素质和能力的发展，信息的生成、储存和整合，身体样态的变化，等等。身体的经历、体验、变化是个人与世界相互作用留下的印记，因而体现个人与世界关系的性质和内容。一个自由的人，在其有能力的前提下，如果他愿意去做某件事，或者选择不做某件事，他总能在这两类性质的行为中满足其身体的某类需要，比如劳作满足精神需要带来身体的愉悦，休息满足身体免于劳累需要。只要个体作用于客体，就有其身体参与其中，身体把个体和客体联系起来。作为享有自由的个体，对于人生的权利、责任，也体现为对自己身体的权利和责任。在身体上，个人确证自己是自己人生、命运的主体，没有身体，个体将无法说明、确证自己是个体，个体确证自身的活动更是如此。最后，身体是个体直接表达、实现自我的手段。身体作为个体的物质载体、生命的物质存在形式、生命感受器，是属于个体自己的存在，可以直接成为表达个体价值追求、体现个体意义的符号。身体本身就是表达、体现意义的符号，比如，看见一个人的身体，可以判断他的性别、年龄以及他的社会地位，知道他是谁。个体对于身体享有所有权、支配权、使用权，就会对身体施加能动作用、赋予其理想、意义，这样，身体就成为个体自我实现的手段。例如，个人通过整（美）容、健身、减肥、塑形等对身体进行改造，让身体符合自己的审美需要和社会的审美要求，由此变得自信，取得竞争优势，得到更多成功的机会。现实生活中的大量事实表明，身体对于个体体现其具体内涵、个性具有极为重要的工具价值。

个人现实的生活活动以及身体是个体认同最重要和最基本的中介，

认识和把握住这一点，才能使个人从现实的生命活动和活生生的存在本质中领会个体认同的真正意义，发现个体认同的机制。

（3）作为个体认同最重要中介的社会物质生活条件，即现代社会支撑个体化、使个人成为个体、个体确证自身的那些社会关系体系、社会基本价值系统、社会组织方式以及社会运行机制等。个体是现代社会的结构性要素、价值体系的现实载体、承担者和体现者，处在由现代社会的本质、规定性和组织方式以及运行机制所规定、限定的社会关系中。因此，个体认同所认同的是现代社会关系对于个人思想和行为方式、生活方式、存在特性等等的规定，现实生活中的个体认同最终指向个体背后的现代社会关系。个体在哪里？不在某个地方，而在个人的社会生活、社会交往中。个体不是一个静态的实体，一个人在社会生活、社会交往中具有人格独立性、主体性和独立的个人价值，自己为自己的人生承担责任，他才是个体，而一个人之所以认同个体，是因为现代社会关系规定他并保障他成为个体，在这个意义上说，个体认同的最重要中介是那些与现代社会本质相一致的社会关系体系、社会基本价值系统、社会组织方式以及社会运行机制。

（二）个体认同系统的时空结构

时空结构是系统的基本结构之一，包括时序结构和空间结构。在哲学的意义上，时空是物质运动和运动着的物质的存在方式。系统的时空结构表明系统运动、变化和发展的持续性和延展性。个体认同系统作为具有社会性、体现社会本质的复杂巨系统，是在一定的时间和社会空间中存在和发展的，具有时序结构和空间结构特征。分析个体认同系统的时空结构，目的在于从个体认同系统各个要素之间的相互联系、发展变化，以及它同外部环境的相互作用中，把握个体认同发展过程中整体性和阶段性的统一、历史性和现实性的统一、连续性与间隔性的统一。

1. 个体认同系统的时序结构

在系统科学中，如果一个系统处于持续性的发展过程中，因根本矛盾和非根本矛盾的不同，系统结构呈现阶段性发展的特点，不同阶段上的系统结构之间存在着条件和结果之间的制约关系，就在整体上形成了系统的时序结构。例如，感性认识系统中感觉、知觉、表象，三个基本形式之间形成前后相继、条件与结果的关系，构成了感性认识系统的结构。这个结构包含着时序关系，因而是时序结构。个体认同是一个过程，一个完整的个体认同过程包括不同的阶段，它们前后相继、承前继后、环环相扣，形成了个体认同系统的时序结构，体现了个体认同的辩证发展。

（1）个体认同系统时序结构中的第一个阶段——个体的内化

心理学意义上的内化描述的是这样一种社会现象："个体将外部的某种观念、态度、关系、标准转化为自身内部的心理活动或心理结构的过程"，如："在弗洛伊德的精神分析理论中，内化指个体对社会习俗、规范及价值取向的认同和接纳。在皮亚杰的认知发展理论中，内化指感觉运动性动作向内部思维运算的过渡"①。社会学意义上的内化即角色内化，指的是社会化过程中，角色期待向个人的社会品质、特性转化而成为个人自我的有机内容，体现为角色的扮演者"逐渐认为自己拥有他们所扮演的角色所具有的品质"②。内化还是一个哲学范畴，描述、表达人与外部世界的相互关系中，外部世界向人发生转化，成为人的有机组成部分的过程或现象。内化意味着人肯定、接纳、适应了外部环境，并与之建立了依存、共在关系，因而是人存在和发展不可缺少的环节。

一个完整的个人自我认同活动必然包含内化的环节。个人自我认同的核心是个人确认"我是谁"，其结果中既包括个人关于"我是谁"的事实性认识——事实自我，也包括个人关于"我应该是谁"的价值意识——理想自我。虽然这一活动的认识结构是"我——我"，但这不意味着个人自我认同是一个从"我"到"我"的自我封闭的认识过程。个人是在与外部世界的依赖关系中成为自身的，无论他有没有自由，都是如此。因此，个人自我认同必然与个人所处的外部世界联系在一起，几种重要的个人自我认同理论都指出了这一点。心理动力论"强调的是儿童早期如何经验到主要照顾者对其性格塑造的重大影响，这些经验会影响到心智的深层结构（潜意识）并且持久不变"；社会学习理论提出，"自我认同的发展是通过环境，而不是通过潜意识，是由在环境中直接接受

① 杨治良、郝兴昌主编：《心理学辞典》，第513页。

② ［美］乔纳·森布朗：《自我》，陈浩莺等译，第156页。

到不同的对待、酬赏和处罚，以及间接通过观察、学习和模仿而形成的”；社会基模理论强调“文化因素的重要性”，认为“大部分的自我认同发展是在社会基模的处理过程中产生的”[①]。现代心理学关于人回答“我是谁”这一问题的研究取得了几个重要的成果：一是“在通往自我认识之路上，文化因素是第一路标。在很大程度上，我们是谁——我们认为我们是谁——是由我们所生活的时代和地点所决定的”，“文化在塑造我们的社会特性上所起的作用最为明显”，“文化因素”“影响着我们的个人特性”，“文化期望”“影响着人们的自我观念”——“普遍的文化期望不可避免地影响着人们思考他们自己的方式”。二是个人自我观念具有“比较的特征”——“我们的大多数个人特性是用比较的词汇来描述的”，这“意味着人们在寻求理解他们是谁以及他们是什么样子时必须很多地依赖于社会世界”，其中“把自己的特征与其他人进行比较”的“社会比较”和“观察其他人对他们的反应”的“反射性评价”尤其重要。三是“人们对他们的生活事件所做的归因构成了自我认识的重要来源”，“人们可以通过对他人行为的归因而获得自我认识”[②]。关于个人自我认同对于社会依赖，吉登斯也指出，自我认同是“自我发展的过程”，“通过这一过程，我们形成了对自身以及对我们同周围世界的关系的独特感觉”，“正是通过个人与外部世界不断的沟通才创造和改变了他或她的自我感觉”，“文化和社会环境是塑造自我认同的一个因素”。不过，吉登斯强调，对于高度现代性下的个人自我认同而言，“个人的意志和选择却是最为重要的”[③]。这一观点受到了社会学者的批评，认为它“意志论色彩也过浓”，“忽略了米德和巴赫金所揭示的东西：认同始终主要基于与他人之间的某种关系性生活，因此，我们看待自己的方式，永远无法脱离他人看待我们的方式，哪怕我们的反应是竭力想和他们有关我们的想象对着干。有鉴于此，我们的认同从来也不是只参照我们自己的自我规划，这是因为，有关我们想要成为什么样的人的这些规划和意象，始终是在

---

① 沙莲香主编：《社会心理学》，第102页。

② ［美］乔纳·森布朗：《自我》，陈浩莺等译，第43、44、47、48、53页。

③ ［英］安东尼·吉登斯：《社会学》，赵旭东等译，第28页。

与他人之间的对话性互动中形成的"[1]。针对吉登斯强调个人对其生命规划的绝对地位的看法，批评者更是直截了当地指出："工作占去了我们更多的日常时间，消耗了我们更多的生命周期，并就此塑造了我们的生命轨迹。有鉴于此，所谓更能对生命规划进行反身性选择，恐怕只是凭空奇想。"[2] 既然个人自我认同关联着社会世界——一个外在于个人的世界，它的实质性内容就是这个外部世界向个人转化的过程，即心理学家和社会学家所说的内化。个人自我认同的过程表明，由于外部世界的作用，人自身的各种品质、内容、属性、特征等才产生了种种变化，因此，内化是人的认同活动的一个基本环节[3]。

内化不仅是个体认同的一个环节，而且是它的时序结构的第一个阶段。个体在个人生命的最初阶段，甚至相当长的时间内或成人之后的某些时期，都是外在于个人的"应然存在"，个人必须通过他有意识有目的的自我塑造活动，才能成为个体。因此，一个人个体认同过程中的第一项任务就是把外在于他的这个"个体"内化为他的本质属性、个性特征。这个内化过程要在三个意义上展开和实现。首先，一个人必须知道什么是个体、成为个体意味着什么（包括变成什么样子以及对他个人的意义），才有可能选择成为个体。一个人知道什么是个体、个体的价值，就是个体这一外在于个人的对象向个人观念发生了转化，而这就是认知层次上的个体内化。一个人知道什么是个体以及个体对于他的价值，这仅仅是个体认同的第一步，也是个体认同第一个层次的内化。个体认同还需从第一个层次的内化进入到第二个层次上的内化，即个人从自己的尺度出发，对个体进行评价，产生对于成为个体的意向性、肯定的态度，形成个体意识和个体性自我，这是个体在价值意识层面上的内化。在此基础上，个体认同的内化进入到行动层面，即个人按照自己对个体及其标准的理解形成的个体自我，通过现实的活动，对自己进行实际的改造，使自己具备个体的本质属性和个性特征。这三个层次上的内化构成个体

① ［英］伊恩·伯基特：《社会性自我：自我与社会面面观》，李康译，北京大学出版社2012年版，第215页。

② ［英］伊恩·伯基特：《社会性自我：自我与社会面面观》，李康译，第216页。

③ 陈新汉：《哲学视域中的认同意蕴新思考》，《湖南师范大学社会科学学报》2014年第3期。

认同内化的完整过程，个人通过这三个层次的内化，使个体认同进入到下一个阶段。

（2）个体认同时序结构中的第二个阶段——个体的外化

经过内化阶段，个人具备了个体的特性、素质和能力，以个体为尺度指导其思想和行为，其个体认同就合乎逻辑地进入到外化阶段。人的本质力量总是要表现出来、对象化，才能证明它的存在和价值，因此个体认同的完整过程中要包括个体的外化这一阶段。

外化是与内化相对应的概念。现代心理学对于外化的解释是："个体主观的内部心理活动转化为外部的活动对象（如言语反应、行为表现）的过程，即个体在头脑中利用表象和言语的符号进行思维，把自己的思想、观点和愿望以符合语言规则和逻辑的外部语言形式或动作表现出来。"① 在社会学中，外化指的是个人在角色内化的基础上，在角色承担、角色展示等角色行为中将角色期待表现出来。外化也是一个哲学范畴，黑格尔在《精神现象学》中用外化来描述绝对精神现实化过程中的自我分裂、对象化。受黑格尔哲学的影响，外化是马克思阐释其异化劳动理论的一个基础性概念。马克思在《1844年经济学哲学手稿》中不仅通过这个概念把握住了黑格尔哲学的"世界图景"及其辩证法精髓，而且以新的哲学原则理解了这一概念，使之褪去了"神秘主义"色彩，成为描述人的存在本质和存在方式的重要范畴。马克思指出："黑格尔把人的自我产生看作一个过程，把对象化看作非对象化，看作外化和这种外化的扬弃；可见，他抓住了劳动的本质，把对象性的人、现实的因而是真正的人理解为他自己的劳动的结果。"② 同时马克思也指出了黑格尔外化思想的唯心主义性质："黑格尔惟一知道并承认的劳动是抽象的精神的劳动"，"人的本质，人，在黑格尔看来 = 自我意识"，"所以人的外化的、对象性的本质即物性（……） = 外化的自我意识，而物性是由这种外化设定的"③。马克思赞同黑格尔把劳动视为人的内在本质的外化的观点，

---

① 杨治良、郝兴昌主编：《心理学辞典》，第514页。

② 马克思：《1844年经济学哲学手稿》，中共中央马克思恩格斯列宁斯大林著作编译局译，第101页。

③ 马克思：《1844年经济学哲学手稿》，中共中央马克思恩格斯列宁斯大林著作编译局译，第101、102、104页。

但是反对黑格尔的客观唯心主义，而是把外化理解为人作为主体发挥主体性从而在客体身上体现和实现自己本质的过程："人通过自己的外化把自己现实的、对象性的本质力量设定为异己的对象时，设定并不是主体；它是对象性的本质力量的主体性，因此这些本质力量的活动也必须是对象性的活动。"[①] 外化描述了人的有目的的对象性活动的独有特征，即人以自己的本质力量使外部世界"向人而化"。外化是主体的本质力量的对象化、现实化，也是人的存在方式，人通过外化实现自身的存在和发展，表明自己是一个"对象性的、感性存在物"[②]："人作为自然存在物，而且作为有生命的自然存在物，一方面具有自然力、生命力，是能动的自然存在物；这些力量作为天赋和才能、作为欲望存在于人身上；另一方面，人作为自然的、肉体的、感性的、对象性的存在物，同动植物一样，是受动的、受制约的和受限制的存在物，就是说，他的欲望的对象是作为不依赖于他的对象而存在于他之外的；但是，这些对象是他的需要的对象；是表现和确证他的本质力量所不可缺少的、重要的对象。"[③]

个体认同既是个人有目的的对象性活动，又是通过有目的的对象性活动实现的，因此，外化是个体认同时序结构中不可缺少的环节。这一环节体现了个体自我确证过程的辨证性质，其意义有两个：一是个体发挥主体性，把个体与个人区别开来，按照个体的尺度，以个体的特性和方式与周围世界、与自身及其活动建立对象性关系，确证自己是个体，个体外化为个人的生活世界；二是个体以其内在尺度，充分认识个体不断发展的内容和形式，在价值选择中贯彻个体的原则，对自身进行能动的改造，个体外化为个人的存在特性。通过外化，个体在空间上实现自我的同一性，即在各种对象性活动中，体现个体的本质和能力以及个体的现实多面性和全面性；通过外化，个体实现时间上的自我同一性，即"过去的我"和"现在的我"同为一个个体，呈现"一以贯之"的历史

① 马克思：《1844年经济学哲学手稿》，中共中央马克思恩格斯列宁斯大林著作编译局译，第105页。

② 马克思：《1844年经济学哲学手稿》，中共中央马克思恩格斯列宁斯大林著作编译局译，第107页。

③ 马克思：《1844年经济学哲学手稿》，中共中央马克思恩格斯列宁斯大林著作编译局译，第105、106页。

性。个体的外化是更高意义上的个体的内化，这不仅是说，在个体认同的时序结构中，个体的内化先于个体的外化，从而个体的外化以个体的内化为前提和基础，更是说个体的外化是个体发展的更高阶段。如果把个体的内化看作是个人的自我否定，个体的外化则是个人在更高层次上的自我肯定。在个体的内化还没有发生之前，个人是没有个人独立价值尺度、独立人格的存在，处于“无我”的状态。个体的内化使个人离开“无我”的状态进入“有我”的个体状态，这是个人存在意义上的自我否定。个体的内化完成之后，个人变成了具有个体潜质和潜能的“新人”。个人在接下来的存在过程和生活活动中，他的个体潜质和潜能开始对象化、现实化，进入到个体的外化阶段。在外化阶段，个体不断突破个人的身体界限，向外部世界展开自身存在的多样性和全面性，这是对个体的一次否定；经过这次否定，个人成为现实的、体现生命内在本质的存在，在这个意义上，外化是对内化的否定，即否定之否定，在更高意义上回到了个人存在本身，因而，是进一步发展了的内化。在这个过程中，个体在内化环节积淀而成的个体的意向性对象化、现实化，因此，个体的外化是个体的内化的外部展开和进一步发展。由此可见，个体的外化是个体认同最重要的关键环节，它不仅巩固了个体的内化的成果，更是使之在“对象化”“对象性关系”中获得现实性、实在性，从而获得进一步发展的契机、动力和基础。因此，必须经由个体的外化，个体认同才能实现其现实化和持续发展。

2. 个体认同系统的空间结构

人的认识活动、实践活动等“主客体关系”系统的结构因为人的能动性、创造性作用而是延展的。在“主客体关系”结构中，主体在建构这一关系中起主导作用，主体状况的变化引起客体的范围发生改变，从而使主客关系结构占据的空间位置和大小发生变化，表现为不同的层次性，形成以主体性为尺度的系统的空间结构。系统科学把系统“元素在空间中的排列分布方式（代表元素间一定的相互作用的方式）”称为系统的空间结构①。个体认同的主体、客体和中介相互联系和相互作用形成了个体认同系统的空间结构，个体认同主体的发展和变化及其主体性，主

① 苗东升：《系统科学精要》，第23页。

导构建了个体认同系统时空结构的特点。

首先，依个体认同主体生命过程、生活方式和内容的变化而具有伸缩性。个体认同是始于个人心智成熟时期、现实地实现于成年阶段的社会化过程中的事件。个人生命是一个从诞生到消亡的过程，具有历时性的特点。人的生命随着年龄的增长以及身体发育、成长、成熟、衰弱而经历不同的阶段。一个典型的个人生命过程包括婴幼儿、儿童、少年、青年、壮年、中年、老年等年龄阶段，个人在生命的不同年龄阶段，具有明显不同的社会关系和生活内容，经历不同的社会化，具有不同的主体性。个体认同的主客体关系的状况随着个人生命历程的展开而变化，体现为空间结构的伸缩。

其次，个体认同系统的空间结构依个体认同主体性的多样性表现为层次性。一是意识层次。个体的主体性仅限于意识的界限内，个体认同以一己之身为界限，表现为个人在知、情、意等意识形式上的“独立”、“自强”，这是个体的内化在个人精神世界的表现。二是行为层次：个体主体性超出意识层面，在个人对象性行为中体现出来，个体认同的结构发展到个人行为层次。在这一结构层次，个体主体性发展到“自为”、“自立”的程度，即个人在他的对象性关系中是自己行为的主体，以主体的尺度和方式把握自己的行为，以主体的行为掌握和对待客体，最终将在客体中实现自己的主体本质。三是生活层次：个体主体性发展到个人的存在层面，个人与自己的对象性活动形成主客体关系，进入到自己选择和决定生活意义、生活方式和生活道路的生活层次，在这一结构层次，个人生活转变为个体生活，具有“自主”、“自由”的特征，个人在自己的生活活动中体现其个体本质，并反观个体自身的状态，在现实生活中体现、确证自己是个体，在个体生活世界享有对于自己价值实现的心理体验。个体认同在生活层次上体现为个体在社会关系层面的活动和作用。这个层次也分为不同的层面，如精神层面、物质层面、精神—物质综合层面。

（三）个体认同系统的逻辑结构

认同本质上是体现价值选择特点的理性思维活动。价值选择是主体从自己的需要、利益出发与客体建立有益于自身存在和发展的对象性关系的活动，因而包含着主体对于自身的肯定的价值关系的预见、推断，这些预见和推断“以一定的决定论意识，即确信过去、现在和未来的因果联系为前提”①。这表明，认同是人由确定的逻辑起点出发，通过一系列承前继后的逻辑中介，最终到达逻辑终点的思维活动过程，因而，认同是一个由多个命题构成的思维系统，这些命题彼此之间的内在关系形成它的结构。思维系统的结构即思维的逻辑形式，因其所指“不同内容的命题和推理自身所具有的共同结构”②，故又称之为逻辑结构。因为个体认同的发展过程呈现为不同的阶段以及这些阶段之间承前继后、层层递进的逻辑关系，所以，我们对个体认同系统的逻辑结构的分析依个体认同系统的逻辑起点、逻辑中介和逻辑终点这一线索展开。

1. 个体认同系统的逻辑起点——个体理性

逻辑起点是主体思维活动的开端，规定着思维活动的展开和演化过程。个体认同活动是从个体理性开始的。个体理性即个人关于个体“是什么”“有什么价值”以及关于个体的价值选择的认识。个体认同作为完整的、现实化的对象化过程，首要的环节是个人形成个体理性，因为自觉的价值选择行为都应该从理性出发。在这个意义上，个体理性是个体认同系统的逻辑起点。而个体理性本身也是一个由若干个相互联系、由此及彼的关于个体的命题构成的系统，其形成和发展同样是一个由逻辑起点出发，经由一系列中介最终达到一个逻辑终点的辩证过程。

（1）个体理性的逻辑起点：关于个体的事实命题

推理的思维活动的逻辑起点往往是一个反映对象内在规定性和发展状况的命题。个体理性的逻辑起点是关于个体的事实命题，即反映个体属性和特征等本质规定性的判断。这是因为，个体理性形成的标志是个体成为个人认识活动指向的对象，而这一对象性关系的建立开始于个人认识个体的动机和意愿。但是，人的活动的动机和意愿不可能在无知的情况下产生，也就是说，先于一个人个体认同动机和意愿而存在的，一定是他关于个体的认知，即他的头脑中已经有了个体的“影像”。一个人不知道个体是什么，根本不会产生个体认同的动机和意愿。因此，知道“个体是什么”，是个体认同开始的地方。

---

① 李德顺：《价值论》，第232页。
② 《普通逻辑》编写组编：《普通逻辑》，上海人民出版社1993年版，第7页。

“个体是什么”在思维上由关于个体的事实命题来表达，但是，这绝不仅仅是给个体这个概念下个定义，更是人在观念中形成关于个体的总体性认识，包括对个体的本质属性的把握，对个体这一存在方式的理解以及对个人成为个体意味着什么等的全面性体认。因为，只有这种事实性的命题才能真正地反映个体存在的“真相”，它的展开和演化才能合乎逻辑地通向个体理性。关于个体的事实命题的形成过程是从感性具体到抽象的规定再到理性具体的思维运动过程。首先，个人在现实生活中，以感性器官观察个人（包括个人自己和他人）是怎么存在着的、有什么特点，获得关于个人的现象、个人的各个部分以及外部联系的认识，形成关于现实个人的感觉、知觉和表象的生动形象。这一阶段是个体的感性具体的形成阶段，通过这一阶段的认识，个人把握了个体外在表象的多样性。关于个体的这一感性认识对于形成个体的事实性命题非常重要，但是个人关于个体的认识不能止于此，因为个体不是一个实体性存在，而是在关系中表现出来的主体性存在，单纯的感性认识无法把握它。要达到对个体的认识，人的思维就要进入到理性抽象阶段，运用比较、分析、综合、抽象、概括等方法，去伪存真，去粗取精，透过现象看本质，从个人的具体多样性中发现个人存在的统一性、普遍性，把握个人存在的个体本质和发展规律。但是这还不意味着个人已经形成了关于个体的事实性命题，因为，“思维经过分析所抽取来的规定，它是客观对象某方面属性、因素在思维中的反映”，抽象通常是“在思维中把对象的某个属性、因素抽取出来而暂时舍弃其他属性、因素的一种逻辑方法”，它“在思维中抽取对象的各种本质属性，而舍弃一切非本质属性”①，也就是说理性抽象达到的对事物的本质和规律的认识，不是对事物的全面的认识。作为个体认同逻辑起点的关于个体的事实性命题，不能只是作为抽象的思维结果的个体的本质和规律，而应该是全面地、综合地反映了个体存在状况的总体性认识。为了达到对个体的总体性认识，思维活动要进入理性具体这一思维运动的更高阶段。因为理性具体“即思维中的具体”，“是在抽象基础上的各种规定性的综合”、“关于统一事物整体的认识”，

① 肖前主编:《马克思主义哲学原理》（下册），中国人民大学出版社1994年版，第617、618页。

它“只要是科学的、郑重的，就是对于客观具体对象各方面的本质及其内在联系的正确反映”，“对事物的多种多样的现象作出统一的全面解释”，从而“是真正与客观对象相符合的认识”[①]。

关于个体的事实命题还包括对个体价值的判断，既包括对个体的社会、他人价值的判断，也包括对个体的个人价值判断。这是“成为个体意味着什么”的核心内容。从休谟开始，哲学把事实判断与价值判断区别开来，这有利于把握这两种判断所反映对象的截然不同的性质以及两者之间的关系。但是有学者认为，事实判断和价值判断是不同的判断，事实判断表达事实，因为它有真值，价值判断并不表达事实，因为它无所谓真假。罗素就指出：“当我们断言这个或那个具有‘价值’时，我们是在表达我们自己的感情，而不是在表达一个即使我们个人的感情各不相同却仍然可靠的事实。”[②] 但是，不是所有的关于价值的判断都仅仅是价值判断而不是事实判断，也不是所有的事实判断都与价值无关而只与非价值有关。一个判断是否是事实判断，主要看它反映、揭示、描述的是不是事实。罗素在另外的一个语境下对事实做了阐释，这一阐释与他认为价值判断不表达事实的观点是矛盾的，从他对事实的理解出发，将承认价值判断也表达事实。他说：“‘事实’的意义就是某件存在的事物，不管有没有人认为它存在还是不存在。”[③] “撒谎是不好的”这一价值判断直接表达的，可能是一个人对于撒谎的态度，也有可能是实际发生的事实。即使是前者，它也是以事实为基础的，因为“人对事物的态度和情感，归根到底是以事物同自己价值关系的实际状态及其理解和感受为转移的”[④]。法律禁止公民作伪证，一个人做了伪证（撒谎），加害了当事人，危害了法律公正，依照法律，他被判处若干年刑罚。人们可以就此得出一个判断：撒谎是不好的。显然，这一价值判断是对存在着的事物的反映，因而是事实性命题，只不过它所反映的是价值事实。“就其本

① 肖前主编：《马克思主义哲学原理》（下册），中国人民大学出版社 1994 年版，第 618、619 页。

② ［英］罗素：《宗教与科学》，徐奕春等译，商务印书馆 1982 年版，第 123 页。

③ ［英］罗素：《人类的知识——其范围与限度》，张金言译，商务印书馆 1983 年版，第 177 页。

④ 李德顺：《价值论》，第 235 页。

质来说，‘事实’是物质世界运动的现实具体状态或环节。‘事实’的根本特性是它的客观实在性。”① 事实分为客体性事实和主体性事实，自然科学研究的对象科学事实就是客体性事实，主体性事实是“通过主体本身的存在和变化而表现出来的事实”，“价值事实都是主体性的事实”，“是主客体之间价值关系运动所形成的一种客观的、不依赖于评价者主观意识的存在状态，它既是客体对主体的价值事实，又是客观的事实”②，一般用价值语词来表达，形成价值概念，关于价值事实的命题包含价值概念。一个人以价值事实为认识对象，便形成事实判断，即事实性命题。把关于个体的价值的命题看作是关于个体的事实性命题的有机内容，不仅具有理论上的合理性，而且具有事实上的合理性。一个人只有实际地知道、经验到成为个体的价值（好处），他才会通过类比，想像着自己成为个体的人生前景，由此他才会在自我认识、自我选择中，把个体当作理想的对象。这是从个体的事实性命题向个体认同展开的逻辑依据。

现代社会确定了把个人塑造成为个体的制度和机制，成为个体是个人没有选择的选择，于是就会产生一种关于个体的认识上的必然性：现实中的个人，只要从社会的物质生活条件出发，实事求是地认识个人的生活状况，经过从感性直观到理性抽象再到理性具体的思维辩证运动过程以及这一过程的多次反复，最终将形成关于个体的事实认知。最重要的是，迫使个人产生这一认识，使个人必然形成这一认识的是个人存在和发展的现实。只要一个人解决如何活、怎样活的问题，就会进入到对这些问题的思考中，而对这些问题的思考尚未达到实质性的认知，他便不能解决如何活、怎样活的问题，而只要一个人没有解决这个问题，他便不能活着或活得好。因此，活着和活得好的现实需要一定会迫使一个人不断反复地去思考如何活和怎样活的问题，直到找到真正的答案为止。而此时，就是个人产生关于个体的事实认识之时，其最重要的思维成果是“个体是个人在现代社会的存在方式”这一事实性命题的形成。一个现实的人回答“如何活着”、“怎样才能活得更好”这一问题的最直接、最简单的依据是生活的经验，看看别人是怎么活着的。一个思维成熟的

① 李德顺：《价值论》，第240—241页。
② 李德顺：《价值论》，第241、235—236页。

成年人，从感性具体——现实的个人出发，就会发现绝大多数个人存在的特点：一个正常的成人要自己养活自己，自己决定怎么生活；享有社会自由，过着自己能过的生活；人们通过市场交换劳动产品、物质生活资料，生活建立在一个基础上——货币，因此要工作，等等。深入的理性思维会使人们进一步思考个人存在的本质和特性，并会发现个人存在的“个体”方式，由此由感性具体达到理性抽象和思维具体。人们最终将发现，以个体的方式存在着，是现代社会自身所决定的，不以个人的意愿为转移。这就意味着人们将认识到：个体是现代社会个人的基本存在方式。

（2）个体理性的逻辑中介：关于个体的价值命题

个人在了解了个体之后，自然要回到自身认识自我，考察自己的需要、目的性和现实能力，判断个体对自己的价值如何、成为个体对自己意味着什么、以个体的方式存在对成为一个人有何意义，这最终将决定他是否选择成为个体。

“个体是现代社会个人的基本存在方式”这一事实命题形成后，在个人的自我认识中，这个命题将作为一个大前提，与“我是现代社会中的个人”这一小前提联系起来，合乎逻辑地产生一个必然性的命题：个体是我的基本存在方式。这意味着，个人在意识中把自己与个体联系在了一起，其潜在的一个命题是“我应该成为个体”。这两个在思维中产生的逻辑结论并不意味着一个人就选择以个体的方式存在着。个人选择成为个体，还要思考一个更加重要的问题：“我为什么要成为个体?”这个问题是探究个体存在的理由或目的。人是依据因果关系而选择行为的存在，确知成为个体的目的并发现其合个人的目的性，是个体认同的关键之一，对这个问题的正确回答将发展成为“个体认同”的直接动机。

“我为什么要成为个体”是一个人为选择成为个体寻找理由的思考，包含对“成为个体对我有何意义”的“目的性”的反思，因而，这一思维活动必然与价值思维联系在一起。随着个体事实命题的形成，作为认识主体的个人开始联系着自己思考个体与自己的价值关系，想像自己成为个体的样子，由此产生对于个体的态度。这表明，基于个体的事实判断，个人开始了对于个体的价值评估活动。价值评估即评价，“是一定价值关系主体对这一价值关系的现实结果或可能后果的意识”①。评价是人进行价值选择的认识论前提和基础，没有评价，就没有价值选择。个人在确定要不要成为个体时，要对成为个体将给他带来的变化进行评价，其内容应包括：个体能够满足“我”哪些需要？“我”将为成为个体付出哪些代价、机会成本如何？作为个体的“我”将成为一个怎样的人？这些评价是为个人选择个体而服务的认识，因此，使一个人愿意成为个体、产生个体认同意向和意志的评价结果是：首先，个体比非个体更能满足“我”的多方面生活需要，展开生命的丰富内容和创造更多的生命可能性。人有过更好生活、满足更高更多需要的追求，全面发展是人性的内容。如果个体超越“非个体”满足个人更多、更高的需要，给个人人生带来更多的希望，个人的个体认同愿望就越强烈，成为个体的意志就越坚定。如果一个人放弃独立和自由可以过更好生活，或者做个体除了把生活的担子压在个人头上、增加更多的不确定性之外，并未因为成为个体而获得更多的社会肯定、社会保障以及社会资源，也并不能把握自己的命运，那么他将选择不做个体。其次，成为个体而获得的效益比付出的代价要明显的高且多。个体是个人存在的一种方式，它有特别的规定性，个人要通过一系列有目的、有意识的自我塑造活动才能使自己成为个体，而且这一塑造活动并不是一劳永逸的事情。个人选择成为个体在于他具有成为个体的潜质和能力，既能够把周围世界当作客体与之建立对象性关系，也能够把自己的人生作为客体把握自己的命运。个人的生活世界不断变化，社会的发展对个体有越来越多和越来越高的要求，因而，一个人成为个体、持续地保证自己是个体，必须具备不断提高的素质、能力和思想品质。这意味着，成为个体需要付出不懈的努力，这种努力不得不使个人在身体、个性以及全面发展等方面付出代价，包括个人对于自身的约束、强制和身体的忍受、牺牲，对于他人、群体和社会的服从，等等。如果一个人的素质、能力和现实性等禀赋与成为个体之间存在着很大的差距，需要付出极大的代价才能成为个体，甚至无论怎么努力仍然不能成为个体，那他就不愿意成为个体。弗洛姆《逃避自由》一书所揭示的就是当一个人做个体付出的代价足够大时，宁愿放弃做个

① 李德顺：《价值论》，第231页。

体去做没有自由的人的心理机制。最后，成为个体对个人实现人生意义具有根本意义。个体认同将满足个人的哪些需要、付出何种代价，这是个体认同对个人产生的价值。个人选择个体认同需要对个体的价值进行评估，不仅要在个体带给自己的好处和坏处之间做权衡，还将对个体的价值做本体论意义上的考察，评价个体对其人生产生何种意义，这一评价将对个人的个体认同产生更为重要的影响。每个人都有自己的人生理想，对自己成为一个什么样的人怀有憧憬，这是个人价值观更高层次的内容，是个人价值选择的核心评价标准。这一评价标准也在个体认同的价值选择中发挥根本作用。每个人的人生理想都具有社会性，其实现都要依靠社会进步的支持，因此，个人依其人生理想所作出的价值选择更是对他所选择的事物的社会进步意义的考量。个人对个体价值的本体论意义的评价的标准是社会性的，是个人安身立命的社会标准，与社会的公平、个人在社会中的自由程度紧密联系在一起。如果个体对“个人成为何种意义上的人”以及“个人过什么样的生活”产生的实际价值正是个人所需要、所盼望的，那么它将使个人克服困难而选择个体认同。

（3）个体理性的逻辑终点：我愿意/想要/应该成为个体

上述三个价值评价都关涉一个共同的问题，最终也集中在这个问题上，即“成为个体是不是最好的选择?”对于这个问题的回答是肯定的，将在个人思想中形成“我愿意/想要/应该成为个体”的意愿。这个意愿是优先推理形成的结论。优先推理是以价值事实为根据，在价值比较的基础上，对价值选择的位次、层级进行排序的思维过程。价值比较的特点是，以同样的标准去衡量、排列某物与他物对于评价者的价值的地位和水平。如果以个体的方式存在着比以非个体的方式存在着更能满足个人存在和发展的需要，那么，人们就会得出“以个体的方式存在着，是更好的选择”的结论。如果在事实上，只要人们观察周围人的生活状况，就会直观地发现，个体的存在方式明显优于非个体的存在方式，就会支持上述结论。这一结论产生了个体认同的另一个逻辑前提，从而促成个体认同价值选择的优先推理的完成，即：个体是个人在现代社会的存在方式；（对我而言）以个体的方式存在着，是更好的选择；我是现代社会中的个人；所以，我愿意/想要/应该成为个体。

这个推理是以前两个推理得出的结论和一个不言自明的自我判断为

前提的多段论推理。推出“我愿意/想要/应该成为个体”这一结论的依据在于它的必然性已经存在于推理的前提中了。休谟之问——“如何从事实判断推出价值判断”在许多逻辑实证主义哲学家那里没有得到解决，或者他们已经证明这个问题无解，但是这并不意味着第三个推理是错误的。事实表明，逻辑哲学家们不能解决的问题，在人们的现实生活中是有解的，人们正是知道了“是什么”，才决定“应该如何”的。“我们发现，只要有主体的介入，并且是以主体为归宿的推理，从‘是’到‘应该’的过渡，就都是能够完成的”，“而人之所以能够知道怎样加入和进行这种推理，又是他们在实践中的经验告诉的”①。在上述优先推理中个体、“个人（我）”都是介入其前提的，各个前提涉及个体、“个人（我）”是什么的判断，而“我愿意或应当成为个体”的结论就存在于前提中所蕴含的“个人”和“个体”的必然性关系中。因此，它的结论“我愿意/想要/应该成为个体”是成立的。这也同样意味着只要各个前提成立或反映了现实，彼此之间存在着内在的关系，“我愿意/想要/应该成为个体”就是一个合理的结论。

2. 个体认同系统的逻辑中介——个体实践理性

个人有了“我愿意/想要/应该成为个体”的价值选择，其个体认同就进入到个体实践理性的形成、确立阶段。这一价值选择既存在于个人成为个体的过程中，也存在于个体的自我确证、自我发展的过程中，因而个体实践理性包含着“个人如何使自己成为个体”以及“个体如何确证自己是个体”“个体如何实现自身发展”的内容。实践理性是“理性的实践运用”，“在这种运用中理性所关心的是意志的规定根据，这种意志要么是一种产生出与表象相符合的对象的能力，要么毕竟是一种自己规定自己去造成这些对象（不论身体上的能力现在是否充分）、亦即规定自己的原因性的能力。因为理性在这里至少能够获得意志规定，并且在事情只取决于意愿时，总是具有客观实在性的”②。个体实践理性是个人将“我愿意/想要/应该成为个体”的个体理性付诸于实践之前，在头脑中建立起来的关于如何成为个体、怎样作为个体而存在的观念模型或理想蓝

① 李德顺：《价值论》，第334页。

② ［德］康德：《实践理性批判》，邓晓芒译，人民出版社2003年版，第16页。

图。个体实践理性基于个体理性，但是又超越了个体理性。这是因为，实践理性在反映内容上具有把主体尺度和客体尺度统一起来的性质，即“它除了理性认识所揭示的关于客体的存在状况、内部结构、本质属性、运动规律等的知识外，还凝结了关于主体的需要、主体的能力和主体的活动的认识”；“除了关于主体和客体对象性关系的历史、现状及其未来发展的知识外，还包含着关于这种关系对主体的意义的评价”；“除了关于主体和客体关系‘是什么’和‘怎么样’的知识外，还加上了主体为了达到自身目的而‘应如何’的决断”①。个体理性本身不具有直接现实性的特质，无法直接对象化为现实，个体认同必须依靠个体实践理性才能具体化、现实化、对象化，没有个体实践理性这一环节，个体认同将停留在个人意愿这一层次而无法在现实中展开和深入，因此，个体实践理性是个体认同的逻辑中介。

个体实践理性是个人将“我愿意/想要/应该成为个体”这一意愿变成现实的观念图景，因而它必然要对“个体是如何思想和行为的?”“个体的权利和责任是什么?”“怎样才能成为个体?”这三个核心问题形成自觉而清晰的理性认识。“个体是如何思想和行为的?”这一问题的实质是在思维中将个体具体化、现实化，对这一问题的思考，形成对个体思想和行为一般原则、本质特征的理解和把握。任何一个事物因其质的规定性而成其为自身并与其他事物区别开来，并通过与其他事物的相互作用表现出来。一个人以何种惯常而稳定的、协调一致的方式对待自己、他人以及整个世界，取决于他的质的规定性。个体并非独立自存的实体，而是在有目的的对象性关系中体现以生存和发展为根本目标，在自我主客体关系中处于主体地位，发挥主体性的个人主体，因此，体现、表达个体质的规定性的是个体主体性，即个人在社会关系中从而在对象性活动中自主、有目的、主动、能动、自由地活动的属性和特质。个体的思想、行为特征就是个人在其对象性行为和关系中始终自觉意识到和一贯地依个体尺度发挥个体主体性。“个体的权利和责任是什么”这一问题是“个体是如何思想和行为”问题的深化、具体化和现实化，对这个问题的思考是现实地回答“个体以什么为根据”和“如何发挥个体主体性”这

① 肖前主编：《马克思主义哲学原理》（下册），第564—565页。

两个问题。“个体的权利和责任是什么”关涉个人、个体的存在本质和存在方式，感性的直观或简单的逻辑推理不能直接得出真正的答案。个体主体性不同于一般的个人主体性只是由客体规定、由个人主体决定的特点，在于它由现代社会的整体社会关系所决定，与个人的社会自由联系在一起，是个体的权利和责任的统一。对个体权利和责任及其统一的理解、把握是个体实践理性构建的关键，关系到个体思想和行为的社会合理性、个体社会本质的现实性。怎样才能成为个体？对此需要思考的重要问题是：作为一个现实的个人，如何使自己具备行使个体权利和承担个体责任的素质、能力以及本质规定性？要成为个体，应如何对自我进行改造、进行何种意义的改造？作为一个现实的个体，以何种原则、立场和理性，如何在现实社会生存和发展？如何对自己承担责任？如何在社会中生活以及如何实现个人的自由而全面发展？

个体实践理性包含两种性质的尺度，即个体尺度和客体尺度。个人按照个体这个理想目标对自我进行塑造和改造，按照个体尺度思想和行为，是为了满足他自己在现代社会存在和发展的客观需要，因此个体实践理性必须反映个人、个体的内在尺度。“人们通过实践改造世界，其根本目的是为了改变外在事物的现成形式，创造出对自己有用但客观自然过程不会自动产生的那种形式的客体”，因此，“实践理念不只是现成的客观事物如此这般的本来面目的反映，它同时也内在地结合着关于客观事物根据人的需要而应当如此这般的反映”，“人们要在观念中形成这样一种实践理念”，“必须有对于人自身的本性、需要和满足需要的本质力量的真切了解”①。个体实践理性只有反映个人、个体的内在尺度，才能够在个人把自己塑造和改造成为个体以及在确证自己是个体的活动中体现个人、个体的目的性，使个人的这种自我创造活动体现个人、个体的意志。但是，个体实践理性仅仅反映个人、个体的内在尺度，还不能真正使个人个体化，实现个体的现实化和对象化，它还必须反映包括个人自己在内的客体的尺度。体现、反映客体尺度是实践本身对实践理性的基本要求。主体对客体的改造活动，意味着客体以其本质属性、必然性、现实性规定着主体的活动，要求主体必须根据客体的现实进行活动，必

① 肖前主编：《马克思主义哲学原理》（下册），第566页。

须按照客体规定的尺度来改造客体，否则将一事无成，因而，实践理性不能没有客体的尺度。个体实践理性所包含的客体尺度是个人、个体自身存在的现实所规定的尺度，这些现实包括个人身体的现实、精神的现实和社会关系的现实，它们与个人成为个体、个体的自我确证、自我发展相关，是个人把自己塑造成为个体、个体自我确证和自我发展活动中不以个人、个体意志为转移的客观规定、条件和界限。

个体实践理性是为个人把自己改造、塑造成为个体以及个体的自我确证、自我发展服务的，个人、个体按照这一理性将“我愿意/想要/应该成为个体”的态度对象化、现实化，因此应具备两个基本品质：一是“真”的品质，即必须如实地反映个人、个体全部的存在状况；二是“善”的品质，即通过个人、个体的活动可以达到目的的外部现实性。个体实践理性满足上述两个品质的要求，将使个人现实地进入到实现“成为个体”、“确证自己是个体”这一理想目标的人生轨道上。合理的个体实践理性的构建，与个人深入思考三个方面的问题以及形成三个方面的重要结论紧密联系在一起。

其一，回到个体认同的初衷——“活着”以及“活得更好”，思考现代社会决定个体存在方式的条件和过程，即它的结构、运行机制、组织方式、价值与评价体系及其对个人提出的要求。在这一阶段，人们揭示个人的本性、存在和发展的社会条件及基本手段，借助于一系列的抽象概念以及概念之间合乎逻辑的关系以命题表达出来，根据命题之间的逻辑关系形成有效推理，最终形成与个体认同相统一的结论。这些结论主要包括：

A. 个人在有目的的对象性活动中能动地成为自己和改造自身；个人在社会中取得成为个体所需要的各种条件并依靠这些条件使自己获得个体的质的规定性。

B. 有目的的对象性活动是“成为个体”和“确证个体”的根本方式。

C. “使个人具备个体的质的规定性”的有目的的对象性活动是各种社会活动。

其二，回到个人生活世界的社会物质生活条件，思考“什么是个体认同所需要的精神境界、现实能力和客观条件?”这个问题在现实中将转化为三个问题：个人需要具备什么精神条件才能到达个体这一目标？个人需要具备什么能力才能成为个体？在什么样的社会条件下个人能够实现成为个体的任务？要回答这三个问题，个人须在“存在论”的层面上考察个人与自己、与外部世界的关系，发现个人的存在特性，以此作为前提，寻找个体认同所依赖的各种条件，其“应然”的逻辑思维过程及其结论是：

A. 个人以意识面向、把握世界以及自己与世界的关系，其工具理性和价值理性为个人的精神境界划定了界限，其中与个体及其生活世界相匹配的个人的社会历史观、自我认识、专业知识、公共理性、日常生活理念等是个体认同所需要的精神条件。

B. 个人以各种能力安身立命，个体认同实现的条件是个人具备为社会所需要的基本能力，包括劳动能力、正确把握人与人之间关系的能力、学习知识的能力以及与人相处和共存的能力，等等。

C. 个人以社会的方式生存于世，个体认同是在社会环境中实现的，它的根本条件是社会自由，它的基础是经济独立和精神自立，它的关键是公民权利，它的核心是为上述提供保障的各种社会制度。

其三，个人回到“个人主体”、个体自身认识自我。人的一切价值选择，所有有目的的对象性活动都以人自己为核心和归宿，这是人在对象性关系中主体性的规定和体现，因此，人的实践理性建立在人的自我认识的基础上。作为个体实践理性基础的自我认识包括：关于个人的生理结构和神经系统、意识的状态——经验、知识的结构与储量、心理因素和情感状态以及抽象能力和思维水平的认识；关于个人主体和个体的本质特征——作为主体的个人和个体的自身结构、需要、目的性、现实能力、规定性和规律等的认识。这种自我认识将使个人在“我是谁”“我应该和能够成为谁”“我怎样才能成为我想成为的那个‘谁’”等三个方面形成基本的“图景”。

个人基于对个体认同所需条件的断定和个人主体、个体的自我认识，在现实中去发现、创造使个人成为个体，作为个体而存在的各种条件、过程，在思维中建立个人主体、个体与它们的价值关系，最终形成合理的个体实践理性。

3. 个体认同系统的逻辑终点：个体的自我确证

个体实践理性形成之后，便进入到了它的现实化、对象化阶段。这一阶段包括三个方面的内容和过程：一是个人通过实践活动，经过社会化的过程，使自己具备成为个体所需要的主体方面的条件，即把自己塑造成为具有个体本质、特征和能力的人，其标志是他的知识、才干、理解能力和素养能够使其独立自主和自食其力地生活在这个世界上；二是已经具备了个体的潜质、潜能的个人，要把他的个体潜质、潜能在他的生活活动中“显现”为现实，将其对象化，在他需要成为个体的对象性关系及其活动中，在存在状态上贯彻他的个体特性，体现、证明、表达、宣示他是个体，他以个体的方式存在着；三是个体根据他已经发展了的需要、素质和能力以及新的社会条件，对自我进行新的认识，对自己的生活进行新的规划，对自己的发展提出新的设想和要求，形成新的个体理性和个体实践理性，在社会生活中对自己进行更高阶段的自我塑造，实现个体的自我完善和发展。

从历史的发生过程来看，个体的自我塑造、自我确证、自我发展依次先后出现。个人把自己塑造成为个体，才有他在现实中确证自己是个体的活动，正是因为有了个体的自我确证过程，才有了个体自我发展的需要和条件以及现实的行动。但是，个体自我确证开始之后，个体的自我塑造和自我确证、自我发展便同时存在于个人的现实生活过程中，三者互为前提条件、相互促进，随着个人生活的不断拓展和深入而历史地发展着。个体的自我塑造、自我确证和自我发展构成了个体认同逻辑结构的基本内容，但是个体的自我确证是个体认同逻辑结构的核心。个体自我塑造的结果是个人使自己具备个体的基本要素以便在日后的对象性关系和对象性活动中作为个体而思想和行动，在这个意义上说，个体的自我确证是个体自我塑造的目的及其结果的现实化。个体的自我确证是个体现实生活过程的展开，个人以个体的方式存在着，就是在现实生活过程中确证自己是个体，而这正是个体认同的实质性内容。个体的自我发展则是内在于个体自我确证过程、体现在个体身上的价值成果，也是个体自我确证在个体身上的体现。个体证明自己是个体，除了在对外部对象的能动性改造中体现出来，还在对于自己的有意识、有目的的改造中体现出来，在这个意义上，个体的自我发展就是个体的自我确证。

个体的自我确证不仅是个体认同的核心内容，而且带动了个体认同的整个过程，集中体现了个体认同的意义以及现代社会个人丰富而具体的特性。个体自我确证的特点是个体将其本质力量对象化，在思想和行动上实现个体尺度与客体尺度的统一，在确证自己是个体的过程中实现个人自由发展，因此，它面向个人的生活和人生，现实地解决个人“如何活”和“怎样活”的问题，发生在个人满足自身生产、生活需要的有目的的对象性活动中。个体确证自己是个体的每一个活动都证实一个人是现实的、具体的存在，都说明个人的现实本质获得了某种社会合理性，都体现个体对于个人自主发展的价值。因此，就个体认同的一定阶段的一个完整过程、一个历史片段而言，个体的自我确证是个体认同的逻辑终点。

个体的自我确证是一个非常复杂的过程，有着个人全部社会现实生活所决定的丰富内容。现代社会作为迄今为止发展程度最高的社会形式与其他社会形式一样，其发展是一个自然的历史过程，遵循着不以人的意志为转移的客观规律性。现实的个人作为历史的前提，从现实的生产和现实社会关系中获得具体的规定性。个体是现代社会的结构性要素，是形成现代社会基本社会关系的现实承担者，它一刻也离不开现代社会生产和社会关系对它的现实的规定，是被规定的社会存在，并且由于这种规定性，个体才能成为现实生活的主体。因此，尽管个体自我确证有着丰富的内容，深受个体能动性的影响，但仍具有由现代社会所规定的一般规律性、必然性。这种规律性、必然性反映在个体自我确证的活动中，体现为个体认同的基本逻辑结构：

A. 个体在观念中把自己当作客体，产生第一个主客体关系，即自我主客体关系，形成“个体自我”。

B. 个体将“个体自我”在观念中对象化，选择、确定实现“个体自我”的对象性活动，形成为了实现“个体自我”而“应当如何付之于行动”的理性。

C. 个体支配自身使之作为个人主体从事某种对象性活动，与某个客体发生关系，最终使自身发生变化，形成“价值事实Ⅰ”。

D. 这个对象性活动中同时发生个人主体与他者之间的主体间关系，也使个人主体发生变化，形成“价值事实Ⅱ”。

E. 个体以“价值事实Ⅰ”和“价值事实Ⅱ”为对象，对这个活动是否确证自己是个体做出价值判断；如果形成肯定性的评价，至此个体便确证了自己的个体身份。

个体认同并不能在一个或几个具体的对象性活动中实现。个体作为生存论意义上的个人主体，反映的是个人整体的主体生活状况，个体认同是在个人全部的生活活动中才实现的。这个过程，既是归纳推理的过程，也是实践检验其结论的过程。

三　个体认同系统的三个重要中介：体验、评价和信任

个体认同是一种主客体通过各种中介相互作用而形成的动态复合系统，从对个体认同的系统分析中我们发现，个体认同的过程受因果关系的制约，由确定的起点出发，经由若干的环节，从一个阶段到另一个阶段，最终达到“成为个体”“作为个体而存在”的目的。个体认同作为个人自觉的能动活动，其发展过程中存在着诸多因果关系，这些因果关系相互勾连构成一个总的因果链条。将诸多因果关系联系起来、发展下去，最终形成一个完整因果链条的是具有特定性质和特定内容的体验、评价和信任。体验、评价、信任形成了价值选择的内在机制，它们为必然性开辟道路，把现实的可能性变成未来的现实性，不仅在价值选择中独立地发挥作用，而且相互联系、相互贯通，形成因果关联，从而在动机的形成以及动机和目的之间建立由此达彼的桥梁中发挥作用。体验、评价和信任是个体认同不可缺少的极为重要的环节。对个体认同所需要的体验、评价、信任进行深入的研究，才能揭示个体认同的一般机制。

（一）体验：构建个体认同系统的基本环节

个体认同系统的形成和发展直接建立在个人以个体为核心的体验性经验的基础上。经由体验，个人可以“追本溯源”找到“活得好”或“活得不好”的原因，从而认同个体或拒斥个体。因此，体验是构建个体认同系统的基本环节。

1. 体验的哲学含义

体验的词语解释是："动词，通过实践来认识周围的事物，亲身经历。"[①] 在日常用语中，体验一般有四种含义：①体察、考察；②亲身经历、实地领会；③通过亲身实践所获得的经验；④查核。体验在现代社会为哲学、心理学、文学、教育学等学科的常见术语。学者们对体验的本质、特点、属性等做了多学科、多角度和多层次的阐释。胡塞尔把体验作为现象学的一个重要概念，指出："如果有人说，我体验了1866年和1870年的战争，那么在这个意义上的'体验到'就意味着一些外在过程的组合，而体验在这里是由感知、判断和其他的行为所组成的，在这些行为中，这些过程成为对象性的显象（Erscheinung），并且常常成为某个涉及经验自我之设定的客体。"[②] 在传统心理学中，体验这个概念"通过心理现象的范畴提出来。每种心理现象都被其特定地列入这种或那种'情态'（情感、意志、表象、记忆、思维等等）加以评定，而从内部结构方面上看，首先是被从'内在物体性'的存在，或者物体的内容方面加以评定。其次是以主体直接感受到的东西，为主体提供的东西来加以评定。心理现象的这一种角度在体验概念中被确定"[③]。我国学者对体验也提出了几种见解：①"体验也是一种反映，但它不是对外在对象的反映，至少不是直接对这种对象的反映，而是对主客体关系运动后果的一种反映"，是人的"本体感觉"[④]；②"体验，是为达到评价理解而必具的一种思维活动。人们通过体验而理解评价对象的内在含义，从而为进一步评价这一对象对主体的意义奠定了基础"[⑤]；③体验"是主体对客体的情感性感受、体察与体悟"[⑥]；④"体验是主体对于生命意义的把握"，是"一种活生生的具体的心理活动"[⑦]；⑤"所谓体验，就是产生情感的

---

① 中国社会科学院语言研究所词典研究室编：《现代汉语词典》，第1342页。

② ［德］埃德蒙德·胡塞尔：《逻辑研究》（第二卷 第一部分），倪梁康译，商务印书馆2015年版，第692页。

③ ［苏］Ф.Е. 瓦西留克：《体验心理学》，黄明等译，中国人民大学出版社1989年版，第14—15页。

④ 李德顺、马俊峰：《价值论原理》，陕西人民出版社2002年版，第218页。

⑤ 冯平：《评价论》，东方出版社1995年版，第199页。

⑥ 陈望衡：《当代美学原理》，人民出版社2007年版，第95页。

⑦ 童庆炳主编：《现代心理美学》，中国社会科学出版社1993年版，第54页。

过程，或者说是对需要的情感反应”[①]；⑥“这种内在于人的身体并改变人的身体存在形态的经验，我们把它叫做‘体验’”[②]。除了下定义解释体验之外，时下还出现了很多与体验相关的语词，如体验经济、体验式教学法、体验医学、审美体验、心理体验、道德体验、用户体验，等等。从上述体验的定义以及语词使用情况可以看出，由于人的复杂性、体验一词的高度涵盖性，以及学者的认知差别、世界观立场、研究取向或理论学派的不同，学界对体验内涵的理解有明显的差异。

体验是一个再构词，它被构造出来与人们对于生命的人文主义关照联系在一起。加达默尔指出，“相对于知性的抽象，正如相对于感觉或想像的个别性一样，生命这个概念就暗含对整体、对无限的关系，这一点在体验一词迄今所有的特征中是显然可见的”，“施莱尔马赫为反对启蒙运动的冷漠的理性主义而援引富有生命气息的情感，谢林为反对社会机械论而呼吁审美自由，黑格尔用生命（后期是用精神）反抗‘实证性’，这一切都是对现代工业社会抗议的先声，这种抗议在本世纪初就使体验和经历这两个词发展成为几乎具有宗教色彩的神圣语词”[③]。作为个体认同系统建构环节的体验所指的是这样一种现象：一个人自身需要的满足与不满足，以及一个人与自身或外部事物、环境发生关系，从事某种活动、处于某种状态，他的身体（包括大脑）接收到刺激，产生感知觉或生理的和心理的种种反应，如，高兴、愉悦、舒服、兴奋、激动、感动、轻松、喜爱或憎恶、难受、难过、痛苦、劳累、压抑、紧张、焦虑、恐惧、悲伤、愤怒，等等。

2. 理解体验的三个关键词：经历、感受和情感

体验关联着经历、感受、情感，这在我们的经验中得到证实，也反映在人们关于体验的各种解释中。加达默尔说过，“在施莱尔马赫那里并不缺乏与体验具有同一意义范围的同义词”，并对此加以注释：“如生命行为、共同存在的行为、环节、自身的情感、感觉、影响、作为情绪自

---

① 王智：《价值与体验》，广西师范大学出版社2008年版，第41页。

② 孙利天：《21世纪哲学：体验的时代?》，《长白学刊》2001年第2期。

③ ［德］汉斯-格奥尔格·加达默尔：《真理与方法：哲学诠释学的基本特征》（上卷），洪汉鼎译，上海译文出版社2004年版，第81—82页。

身的自由规定的激动、原始的内心东西、精神振奋等等"①。因此，说明这三者对于体验的意义，对于理解体验是非常必要的。

（1）经历是内在于体验的过程和体验的必备要素，体验与经历天然一体，由经历再构而成。加达默尔在研究体验一词的来历时指出，在欧洲，体验一词在19世纪70年代成为一个与"经历"相区别的惯常用词，但是它是从分析"经历"一词的意义去获得新构造的词②，"如果某个东西不仅被经历过，而且它的经历存在还获得一种使自身具有继续存在意义的特征，那么这种东西就属于体验。"③ 经历指的是人"亲身见过、做过或遭受过"④。经历了，就要在经历者身上留下印记，留下了什么印记，这个印记有何意义，经历显然表达不了这些内容，因此就需要使用另一个概念。在找不到合适的概念表达上述内容时，德国人就对"经历"再构造，创造了一个新词——体验。加达默尔指出，"经历首先指'发生的事情还继续生存着'。由此出发，'经历'一词就具有一种用以把握某种实在东西的'直接性的特征'"，"所经历的东西始终是自我经历的东西"，但是，"所经历的东西"也是"在某处被经历的东西的继续存在的内容能通过这个形式得到表明。这种内容如同一种收获或结果，它是从已逝去的经历中得到延续、重视和意味的。显然，对'体验'一词的构造是以两个方面的意义为根据的：一方面是直接性，这种直接性先于所有解释、处理或传达而存在，并且只是为解释提供线索、为创作提供素材；另一方面是由直接性中获得的收获，即直接性留存下来的结果"⑤。体验发生在经历中，没有经历绝不会有体验，只是在经历了什么的内容中才可能涉及到体验。当然，经历并不等于体验。经历或许包括体验，或许不包括体验，或许除了体验之外还有其他的内容，比如人自身或对

① ［德］汉斯－格奥尔格·加达默尔：《真理与方法：哲学诠释学的基本特征》（上卷），洪汉鼎译，上海译文出版社2004年版，第82页。

② 参见［德］汉斯－格奥尔格·加达默尔《真理与方法：哲学诠释学的基本特征》（上卷），洪汉鼎译，第77、78页。

③ ［德］汉斯－格奥尔格·加达默尔：《真理与方法：哲学诠释学的基本特征》（上卷），洪汉鼎译，第79页。

④ 中国社会科学院语言研究所词典研究室编：《现代汉语词典》，第718页。

⑤ ［德］汉斯－格奥尔格·加达默尔：《真理与方法：哲学诠释学的基本特征》（上卷），洪汉鼎译，第78、79页。

象的改变、各种情感等。也就是说，经历并不必然包括体验所表达的内容，反之亦然。如果将两个概念混为一谈，往往是“作为血肉之躯经历过就体验过”的惯性思维使经历“狭隘化”为体验。

（2）感受是体验的内核。感受的语义解释是：动词，受到（影响）；接受。名词，接触外部事物得到的影响；体会[①]。感受是人体对其感受器接受刺激而产生的感觉的反应。人有各种感受器，生理学将其分为内感受器、外感受器和本体感受器。这些感受器接受内、外环境刺激，将其转换成神经冲动，传递给人的神经系统，使人产生某种感觉。感觉的形成同时带给人以某种影响，这些影响在人机体上反映、体现出来就是人的感受。木板用力打在人的身体上，其作用力为人的感受器所接受，并转换为神经冲动，人产生痛觉，这种痛觉意味着人的身体正经历着不利于自身的变化，反映在人的身体上就是某种程度的痛苦——因痛而难受；一个人听到了高分贝的声音，紧张、烦躁、心神不定；等等，都是感受。感受是人以生命之躯对自身以及外部环境给自身所造成的影响的直接、具体、活生生的反应，是与人的生理和心理联系在一起的生命经验，而这正是体验所具有的内涵和特征。体验以人自身的感受器接受各种刺激，以身体面向来自于自身变化和环境的作用，而这正是感受的内容。因而，体验以感受为核心，没有感受，不成其为体验；人感受到了什么，就体验到了什么，没有感受，就没有体验；从感受的角度说，感受就是体验。因此，在这个意义上说，感受是体验的内核。

（3）情感是体验的最重要形式。情感是情感和情绪的统称。“情绪是指个体对客观事物所持有的具有较大的情景性、激动性和暂时性的态度体验及相应的行为反应”，“主要以客观事物是否满足个体的基本需要为基础”，“情绪发生时，往往伴随着一定的生理变化和外部表现”，“基本情绪可分为喜、怒、哀、惧等”。情感是“个体对客观事物所持有的比较稳定的、深刻的、具有社会意义的态度体验及相应的行为反应”，包括喜爱、厌恶、爱、恨、嫉妒等。情绪和情感联系紧密，“在实际生活中，情感的产生会伴随着情绪反应，通过具体的情绪才能表达出来；而情绪的

---

① 中国社会科学院语言研究所词典研究室编：《现代汉语词典》，第444页。

变化又往往受情感的控制"[①]，因此，哲学和心理学对情感和情绪"一般不作严格区分"。学者们常常把两者相提并论，或者将两者合二为一统称为情绪或情感，心理学研究中倾向于使用情绪，其中包含情感；哲学研究中倾向于使用情感，大多包含情绪。从情绪、情感概念的内涵和外延可以看出它们与体验的内在联系，它们甚至分别被抽象为"人对现实的对象和现象是否满足人的需要和社会要求而产生的体验"，"有机体的生理需要是否获得满足的情况下产生的体验"[②]。从体验的内涵也可以看出，情绪和情感是体验活动的结果，体验的许多结果本质上就是情绪和情感。之所以如此，是因为体验总是和人的活动联系在一起，因而就与人的需要的满足与不满足联系在一起，从而与人的情绪、情感分不开。"同人的需要毫无关系的事物，人对它是无所谓情感的；只有那种与人的需要有关的事物，才能引起人的情绪和情感。而且，依人的需要是否获得满足，情绪和情感具有肯定或否定的性质，凡能满足人的需要的事物，会引起肯定性质的体验，如快乐、满意、爱等；凡不能满足人的渴求的事物，或与人的意向相违背的事物，则会引起否定性质的体验，如愤怒、哀怨、憎恨等。"[③] 体验发生在人的一切活动中。体验活动可以是人们以体验为目的专门活动（如读各种文学作品），情感是最重要的目标，即使体验活动是伴随着人的其他对象性活动而发生的活动，因为这些活动与需要的满足和不满足联系在一起，情感也是其不能避免的结果。体验与情感（广义的）的这种内在关系表明，情感是体验不能缺少的重要形式之一。如果体验活动是以个人生活需要的满足展开的，个人情感便是主要的体验结果；如果体验活动是以社会要求、共同体为目的的，社会性情感则是最重要的内容。从体验活动的逻辑过程看，情绪和情感不仅是体验过程合乎逻辑的结果，而且体验主体的情绪和情感作为一个逻辑前提在体验活动一开始就引导、规定着体验过程的价值取向和发展方向。

---

① 杨治良、郝兴昌主编：《心理学辞典》，第 352 页。

② 黄楠森、夏甄陶、陈志尚主编：《人学词典》，中国国际广播出版社 1990 年版，第 630、636 页。

③ 曹日昌主编：《普通心理学》（下册），人民教育出版社 1980 年版，第 42 页。

3. 体验对于个体认同的意义

体验的内容、本质特征决定了它在个体认同中的重要作用，主要表现在三个方面：

（1）一个人在成为个体以及确证自己是个体的过程中的体验，将成为他是否选择个体认同的重要依据。体验对于形成价值意识的作用在日常生活中比比皆是。糖的甜蜜带给人的愉悦使人产生吃糖的欲望；如果吃到一颗糖必须要历尽千辛万苦，人或许将放弃吃这颗糖的念头。体验形成价值意识是体验的机能，人通过体验的这种机能趋利避害、保存和发展生命。“价值意识的产生主要是从个体的本体感觉即体验开始的，而不是从对外物的感觉经验发生的”，“一定的事物、客体对主体的作用，在主体身上引起了某种快乐或痛苦，愉悦或难受，兴奋或压抑，主体的体验就是把这些效果、后果转化为意识，变成了经验，这种本体感觉或体验性感觉才是价值意识的源头”，“这种体验性经验的重复，使得人把那些能够引起快乐体验的事物和那些引起了痛苦体验的事物区分了开来”，“趋利避害就是建立在这种体验性经验的基础上的”①。体验使主体进入到即刻的价值判断或评价的意识活动中，对各种刺激源（进入到体验过程引起主体感受的事物）进行价值归类，引起兴奋、快乐、愉悦等感受的刺激源被认为是好的，引起难受、抑郁、痛苦等感受的刺激源被认为是不好的，由此形成的价值判断、价值评价以记忆的方式被留存在人的意识中，成为个人价值选择的主体依据。体验的上述作用，在个体认同中体现出来。个体认同给个体带来的好的体验，以其直接性、现实性、根本性成为对个人个体认同最有力的说服和鼓动。一个人在理论上，可能不懂得个体认同的合理性和必然性，别人对他的任何劝说也可能意义都不大，但是，只要个体认同让他体验到了本体安全、尊严、独立、自由和存在的意义，他就会自觉选择个体认同，以不屈不挠的毅力将个体认同贯彻下去；如果个体认同不但没有给他带来生存论意义上的好的体验，反倒使他处于焦虑、痛苦、自我否定等不好的体验之中，那么，无论别人怎样劝说或鼓动，都不会使他选择个体认同。

（2）成为个体与不成为个体的价值体验对于个人在社会价值冲突中

---

① 李德顺、马俊峰：《价值论原理》，第218页。

确立个体认同的历史地位具有重要意义。个体认同是现代社会个人存在和发展的需要，也是被建构的个人的社会性需要。个体认同这一价值选择要不断地面对原有的与之不相容的价值体系的挑战，能否在与原有的价值冲突中确立起来，体验是关键。价值体系一经形成，便具有相对的稳定性。在社会发展的过程中，一些业已形成的价值体系，尤其是价值观念体系，仍然具有现实合理性，但是也有一些价值体系是新的价值体系建立的阻碍力量。当一些价值体系已经不具有现实合理性的时候，体验就会以直接的、现实的效应使人们意识到这些价值体系已经过时了，这将促使人们自动放弃它们，接受或确立新的价值体系。如果原有的价值体系仍然是社会发展所需要的，具有社会进步意义，肯定性的体验将会使人们自觉地强化和发展这些价值体系。个体认同作为符合现代社会发展趋势的新的价值体系是新生事物，在现实社会生活中要战胜那些与个体认同相背离的价值体系，才能确立起来，成为人们普遍的价值共识，体验是实现这一目标必不可少的环节。当个体认同成为社会主导性价值体系的时候，那些与个体认同相违背的价值体系将给固守它们的人带来否定性的体验，同时，确立个体认同价值选择将为个人带来肯定性的体验，这样，个人在利益的权衡中将最终选择个体认同，确立与个体认同一致的价值意识。

（3）体验为个体认同的理性把握提供主体条件。一个人对待个体认同的态度是什么层次的？又是怎样将个体认同付诸于个人的生活活动的？个体认同在何种意义上介入了个人生活？这三个问题共同指向了个体认同发展的程度，即它的深度和广度，而其中的一个关键指标就是个体认同是否达到了理性阶段以及对个体认同的理性把握达到了何种层次。在这里，理性指的是感性反映形式和理性反映形式的总和，与情感、意志以及潜意识、信念（信仰）、习惯等非理性相对①。非理性是体验的主要内容和结果，因此，非理性对于理性的作用与体验对于理性的作用是统

---

① 与“非理性”相对应的“理性”和与“理性”相对应的“非理性”，有别于与“感性认识”相对应的“理性认识”和与“理性认识”相对应的“感性认识”，相当于“认知”（非价值意识）和“态度”（价值意识）。这种界定在逻辑上是自恰的。参见肖前主编《马克思主义哲学原理》（下册），第576页。

一的。体验对于个体认同的理性的形成和发展具有特别意义。首先，体验对于个体认同的理性具有“激活和驱动作用”。个人对于个体认同的认识活动产生于现实生活的实际需要，这种实际需要是个体认同认识活动的内驱力，“但是，这种内驱力的信号必须具有一种放大的媒介才能激发人去行动和认识，起这种放大作用的就是情感、意志等非理性因素”，“情感、意志等非理性因素对内驱力的强化”使主体思维“保持高度的紧张和觉醒状态，随时捕捉（选择）对主体有意义的客体信息，并积极地从记忆中提取内部信息与外部信息进行对照和编码，从而形成关于客体的完整认识”①。因此，可以说，没有体验，就不会产生对于个体认同认识的追求，就不会有对于个体认同的深刻而全面的理性把握。其次，体验在个体认同的理性把握中具有“参照作用”。要把对个体认同的认识作为一个自觉的认识活动，需要认识主体选择能够满足主体认识需要的事物作为认识对象。把满足个人对个体认同认识需要有紧密关系的事物筛选和凸显出来，这就需要有一个参照系统，而“情感、意志等非理性因素就是这样的参照系统”②。如果没有体验，就没有情感、意志等非理性意识对于个体认同认识的参照作用，个人对于个体认同的认识将无法恰当地选择客体而形成有效的认识活动，因而也就无法满足个人对个体认同认识的需要。最后，体验有助于个体认同的理性发展过程对于“善”和“美”的价值追求。对于个体认同的理性把握是一个追求真理的过程，但是，这一过程也包含个人对于“善”和“美”等价值的追求，而这正是情感、意志等非理性因素的意义所在。意志“就是一种追求价值、使认识具有善的属性的主体能力，它通过产生需求意识、提出价值目标，对认识过程进行有力的控制，使认识结果具有一定的价值性即能够满足主体的某种需要”。意志也追求“满足主体的美的需要”，“通过审美这一特殊的情感体验方式来实现”，“人们不仅按照美感选择、整理和建构客体信息，形成关于客体的完整认识，而且还按照美的需要构造理想客体，形成实践理念”③。个体认同是一个复杂而丰富的系统，个体认同的理

① 肖前主编：《马克思主义哲学原理》（下册），第 577 页。

② 肖前主编：《马克思主义哲学原理》（下册），第 578 页。

③ 肖前主编：《马克思主义哲学原理》（下册），第 579 页。

性发展有不同的维度、领域和方面，非理性在其中的作用是不能缺少的，而非理性因素自身的状况、发展的程度与个人体验达到的程度紧密联系在一起，因此说，体验影响个体认同的理性把握达到的界限和范围。

（二）评价：个体认同系统建构和发展的“枢纽”

评价是个体认同系统建构与发展极为重要的中介。“评价是人的各种意识形式综合地反映客观世界的活动及其结果。它是一定认识过程的终点，又是一定创造活动的起点。评价是从实践转化为认识、从认识转化为实践的必要中介和环节。……没有评价，认识就可能仅仅停留在反映阶段；有了评价，认识就有了引起实践行动的重要动机和条件。”① 个体认同在最一般的意义上可以理解为个人对个体的认同，在现实性上，就是个人自觉地把自己变成个体，因而是个体认同系统的建构和发展过程，亦是个人对个体从实践到认识再到实践的过程，评价是这一过程的重要“枢纽”。

1. 评价的本质、特点以及作用于个体认同的一般机理

人类的存在和发展、人生在世，是化“自在之物”为“为我之物”，构建“为我关系”的过程。建构“为我关系”，就要将这种关系“内化到主体的意识中”，从而形成“为我关系的意识活动”即“评价活动”②。“评价，是一定价值关系主体对这一价值关系的现实结果或可能后果的意识”，“表明在主客体之间一定的价值关系中，客体是否能够或已经使主体的需要和愿望得到满足，客体是否适合主体的需要并使主体意识到这种适合”③。评价“是一种以把握世界的意义或价值为目的的认识活动”，它所要揭示的是“世界对于人意味着什么，世界对人有什么意义”④。在评价活动中，主体以自身结构、规定性和规律等内在尺度来看待客体及其属性对于满足主体需要的意义，从而实现对于自身利益的把握，因此

---

① 李德顺：《价值论》，第 233 页。

② 陈新汉：《评价论导论——认识论的一个新领域》，第 3 页。

③ 李德顺：《价值论》，第 231、224 页。

④ 冯平：《评价论》，第 30 页。

评价被认为是“为我关系的意识活动”。

评价活动是一种特殊的认识活动，从结构上看，评价活动包括评价主体、评价客体和评价标准。评价总是与价值关系紧密联系在一起，评价的主体同时也是价值关系的主体，评价的客体是这一价值关系及其运动的结果即价值事实。“在价值关系中，主客体相互作用的客观效果和后果及其对于主体的影响，以主体本身存在、结构、功能的活动变化的方式存在和表现出来，就是主体性的事实或价值事实。”[①] 在评价活动中，主体总是以一定的评价标准判断价值事实对于主体的作用是肯定的还是否定的以及这种作用的大小。评价标准并非一般的度量衡单位，而是主体的价值意识，评价有肯定和否定两种基本结果，主体满意、满足、接受等是肯定的评价；主体不满意、不满足、拒斥等是否定的评价。

人是通过有目的的对象性活动满足其生存和发展需要并在这种活动中确证自己是主体的存在，在这个意义上，人生存和发展的需要也是主体需要。有了主体需要就有了主体的评价活动。因此，评价活动本身也是一种主体需要，这种主体需要无论是否为主体自觉地意识到，都现实地存在着，对主体的现实生活产生三个方面的作用：

（1）评价为主体的价值选择和决策服务。“评价活动直接指向实践、直接为主体的选择、决策（决定）活动服务”[②]。人作为主体对客体进行认识和改造，满足存在和发展的需要，客体与主体的关系存在多种可能性、多维多重性和多种因果关系，这将对主体产生不同性质、多方面的意义，因此，人必须通过有效的选择才能利用外界事物满足自己的需要。选择是人的活动的本质特征，客体尺度和主体尺度共同对主体的选择起作用。马克思指出：“对象如何对他来说成为他的对象，这取决于对象的性质以及与之相适应的本质力量的性质；因为正是这种关系的规定性形成一种特殊的、现实的肯定方式。”[③] 但是，这两个尺度对主体的选择起

① 李德顺：《价值论》，第 241 页。

② 李德顺、马俊峰：《价值论原理》，第 278 页。

③ 马克思：《1844 年经济学哲学手稿》，中共中央马克思恩格斯列宁斯大林著作编译局译，第 86—87 页。

作用必须为主体所意识到，即体现为真理和评价。真理是以客体为尺度的主客体统一的意识形式，人的观念中不以人的意志为转移的客观内容，代表客体的规律制约主体的思想和行为，要求主体必须服从它。评价则是对“客体的存在、属性和合乎规律的变化与主体尺度相一致、相符合或相接近的性质和程度”，即价值的主观评量、“价值意识朝向客体的活动”。一方面，在评价中“总有价值主体的‘我’在内”，“包含着并表达着主体的‘态度’、选择、情感、意志等”；另一方面，“总是包含着对一定价值关系可能后果的预见、推断”，即“以决定论为前提的预见”[①]。因此，主体的任何选择和决策活动必须基于主体对于客体价值明确而清晰的具体评价才能进行。作为评价活动核心的评价标准由主体自己选择，因而总能在一定方面，不同程度地反映主体的需要和利益，从而使主体基于评价做出的选择和决策合于主体的目的性。在这个意义上，评价是为人们的价值选择、决策提供服务的意识。

（2）评价是价值关系与价值意识彼此贯通、相互转化的中介。评价、价值关系和价值意识之间有着内在的逻辑关联，这一点从三者的内涵中体现出来：价值关系是“一种以主体尺度为尺度的主客体关系”，其运动的结果、现实效果是通过主体本身的存在和变化而表现出来的价值事实；价值意识则“是一种主体性的、体现着主体内在尺度的意识，它以价值判断或评价为主要形式”；评价是“以一定价值事实为对象的反映”，是“价值意识在主客体价值关系中的现实表现”[②]。从价值关系和价值意识概念的内涵即关于两者是什么的命题来看，它们的共同点是以主体为尺度，但是并没有一个共同的概念把两个命题联系起来，而评价这一概念的内涵，即关于评价是什么的命题却有两个概念分别与价值关系和价值意识这两个命题相联系。这意味着，对于同一个主体而言，价值关系和价值意识之间有着相互联系的基础（以主体为尺度），而且通过评价产生了内在的逻辑关系。首先，价值关系向价值意识的转化。价值关系总要对它的主体发生作用，在其身上造成价值事实。价值事实是评价的对象，评价主体亦是价值主体，总是要以一定的评价标准（价值意识）对以其自

① 李德顺：《价值论》，第79、231、232页。

② 李德顺：《价值论》，第79、181、233、223页。

身变化体现出来的价值事实做出评价，形成一个肯定的或否定的评价结果，这个评价结果是价值意识。一旦这个评价结果在现实中被证明，甚至一再证明是实事求是的、合理的，那么根据这一评价结果做出的价值选择或决策给评价主体带来确定的利益，就将对评价主体产生两种后果：一是评价活动的结果向内内化为主体的价值意识，尤其是那些对评价主体的生存和发展具有根本意义，产生长远和重大的影响的评价结果，将内化为评价主体的价值观，上升到理想、信念和信仰的层次，成为新的评价活动的重要标准，由此对评价主体的生存和发展产生深远的影响。二是评价活动的结果外化为作用于他人的意志和力量，对他人以及他人的价值意识等产生影响，尤其是权威评价活动借助于其权威性，对与之具有和可能发展为现实价值关系的人长时间、反复施以作用，其评价结果向被施以作用的人转化，成为他们价值意识的有机内容，如：家长奖与惩的评价形成一个小孩子的情感和是非观念；法律评价确立一个社会成员的社会价值观念。其次，价值意识向价值关系的转化。价值意识是评价的标准，评价主体以具体的价值意识作为标准评价价值事实，形成评价结果——一个新的价值意识，这是作为评价标准的价值意识的对象化，因而在新的价值命题中包含、反映和体现它的价值内容、价值原则和价值取向。依据新的价值命题（价值意识）进行价值选择和决策，作为之前评价标准的价值意识在新的价值意识中得以贯彻。价值选择和决策的根本是价值主体在现实中建立价值关系，在价值关系的运动和发展中得到想要的价值事实。评价为价值主体的选择和决策提供主体性依据，是评价活动的结果对价值关系的作用，但实际上是作为评价标准的价值意识在主导着价值关系的选择、确立和发展。没有评价，价值意识无法直接构建价值关系，有了评价这一环节，价值意识以评价标准这一评价活动的核心要素进入到价值关系的选择、确立和发展中，实现它的现实对象化，在这个意义上，我们说，价值意识经由评价转化为价值关系。

（3）一致性的评价是社会认同的思想基础和条件。在这里，社会认同是指人与人之间相互承认，彼此间的承诺与认可是其核心内容。一致性的评价是指有着共同价值客体的不同评价主体之间或一个共同体主体内部不同成员之间取得的评价共识。如果各种形式的人（个人、群体、社会等）在现实中形成了各安其位、相互依存的关系，那么他们之间一定是产生了相互承认的关系，即社会认同。产生社会认同的根本原因在于人的社会存在本质。人以其社会性，以社会的活动和力量面对世界才成为超越性存在、成为人自身。人与人之间必须结成一定的社会关系才能存在和发展，人与人之间发生现实的依存关系才有人的生产和生命的延续，这是内在于人的生活的内容，因而社会认同是人的基本需要，也是人自由的条件。一个人必须承认他人的存在意义和价值，才能获得他人对于自己的存在意义和价值的承认，实现自身的存在和发展，由此才有了“为承认而斗争”的追求①。人们满足社会认同需要的前提是人们正确地认知人的社会本质、人与人之间相互依存关系，由此达成社会共知——我们都知道这一点。这种社会共知能使人在思考如何存在和发展、怎样存在和发展得更好等问题时，选择社会认同。但是，人们要在现实中选择社会认同而不是“弱肉强食”的丛林法则，需要一种权衡两种存在方式何者更有利于自身的评价活动。社会认同具有社会的相互性，一个人的社会认同是以他人同样的社会认同为前提和依据的，因此，人们权衡存在方式的评价结果必须达成一致，才有可能实现社会认同。一致性的评价意味着人们价值意识尤其是价值观念的相同或一致，价值观念被称为人的灵魂，是人们内心深处的评价标准和“心目中用以评量事物之意义、权衡得失轻重、决定褒贬弃取的‘天平’和‘尺子’”，从这个意义上说，“人们用以把握一切价值的有效评价标准就是价值观念”②。价值观念是人们现实生活实践的反映，它所包含的基本内容关于“主体的自我定位和自我意识”“关于社会结构和秩序的信念和理想”“关于社会规范的立场和选择”“关于实践行为的心理模式”“关于首位价值或本位价值认定”等一系列结构性内容，它们“整体性地联系着”，“存在于人的头脑之中，就像一个完整的坐标系，以主体为原点，向四面动态地伸展开来，投射向生活的各个角落，显示出人的精神世界”③。一个人与另一个人的价值观念相同或一致的内容、方面越多，他们之间建立合作共

① ［德］阿克塞尔·霍耐特：《为承认而斗争》，胡继华译，上海人民出版社2005年版。

② 李德顺：《价值论》，第222页。

③ 李德顺：《价值论》，第211、212、213、214、215页。

存关系、共同生活的可能性就越大。相同或一致的价值观念，不仅使人们在彼此身上体验自我，把对方作为另一个自我，而且可以通过与对方建立的紧密关系实现自我。有着相同或一致价值观念的人彼此之间易产生“己欲立而立人，己欲达而达人”的“同理心”，对共同的社会关系的价值选择，容易出现一种相互性：站在自己的角度思考问题，相当于站在别人的角度思考问题，这样更容易把对方看作是“自己人”“同类人”，彼此之间更容易相互理解、相互包容，从而更容易建立合作、共存的社会关系，更容易就公共性问题取得社会共识，形成社会认同。但是，有着相同、一致价值观念的人们之间并不能直接或自然而然地形成社会认同，因为价值观念的作用“是通过影响人们的评价而实现的”①，人们必须在共同的现实生活过程和相互关系中，他们相同或一致的价值观念才会在评价这一环节作为评价标准发挥作用，就他们之间共同的价值客体形成一致性的评价。一致性的评价反映了不同的主体相同或一致的价值观念，这意味他们的精神世界有更多的共性，而这正是他们之间相互承认的思想基础和条件。在共同需要、共同利益和共同命运紧紧地把人们联系在一起的时候，如果人们之间形成一致性的评价，社会认同将被人们作为最有利于自身的价值选择。

2. “与个体认同相关”的价值的肯定评价对个体认同系统的作用

“与个体认同相关”的价值即“对于个体认同具有基本意义”的价值，主要包括个体的价值、个体认同价值和个体生活世界的价值等。在个体认同系统结构——从个体理性到个体实践理性再到个体的自我确证的发展过程中，对“与个体认同相关”的价值的肯定评价具有重要的意义。

(1) 个人对个体的价值所给予的肯定的评价是在个体理性发展阶段形成“我想（要）成为个体”这一意愿的必要条件

一个人在对个体的价值做出肯定的评价之后，才有可能选择个体认同。成为个体、作为个体而存在，是个人主动、自为的主体性活动，如果一个人不愿意成为个体、对个体认同没有好的体验，即使现实社会具备了使个人成为个体的所有条件，他也不能成为个体、作为个体而存在。

① 李德顺、马俊峰：《价值论原理》，第 244 页。

但是只要在现实生活中，一个人意识到成为个体带给他的种种好处、利益和希望，即对于他的存在和发展具有肯定的价值，他的这种意识就会激发他个体认同的热情和激情，自觉把个体认同作为目标付诸于对象性活动。

在自由意志的前提下，一个人成为个体的首要条件是他有成为个体的欲望，对成为个体有所憧憬，就是有“我想（要）成为个体”的态度。这一态度形成的前提是他对个体的价值的肯定评价。“我想（要）成为个体”并非一般的自我意识，而是个人的主体意识，即个人以自己为尺度产生的关于自己应该成为谁的自我意识。个人的主体意识包括具有同一关系的三个结构性要素：主体、客体和理想客体，它们的承担者是同一个人。理想客体是主体目的在客体身上的对象化。在个人的主体意识中，理想客体是作为目的而存在的，这一目的由个人的动机转化而来，而动机产生的最深刻基础是个人的需要，也就是说，理想客体总是与个人需要的满足有关。个人的需要是个人对于外部世界以及自身活动的依赖性的表现，是他的活动的内驱力。需要是指向对象的，需要的满足总是和有目的的对象性关系和对象性活动联系在一起。需要为主体所意识，就会成为主体建立和推进某种对象性关系、进行某种对象性活动的真实目的。判断“成为什么样的人”对满足个人的需要具有价值或具有优势价值，这种评价就成为把“这样的人”作为理想客体的关键所在。一个人把个体作为理想客体进行自我塑造，在于个体能够满足他在现实社会生存和发展的基本需要，而个体能够满足他生存和发展的基本需要正是个人在生活中通过切身体验，通过归因推理对个体的价值做出的肯定评价。

“我想（要）成为个体”是个人的一种心理反映形式，在内容上是“我”对“个体”的态度，其本身是肯定的评价倾向。心理学理论揭示了态度的特性：“本质上，态度就是对某种特定目标的评价倾向”，是“我们喜欢什么，不喜欢什么，我们推崇什么，讨厌什么，以及我们评价自己与环境关系的方式”①，亦即“个人对人、事、物以及周围世界凭其认

① ［美］菲利普·津巴多、迈克尔·利佩：《态度改变与社会影响》，邓羽等译，人民邮电出版社 2007 年版，第 27 页。

知及好恶所表现的一种相当持久和一致的行为倾向”①。评价是态度的应有内容，也是产生态度的关键环节。比如，一个人拒绝吃河豚，是因为知道河豚会使人中毒；人见到蛇会恐惧，是因为知道蛇会咬人，或者有过被蛇咬的痛苦体验；一个人喜欢运动，是因为运动过后身体健康或心情愉快；一个人愿意遵守规则主要是他能够从这一价值选择中得到利益或者不被惩罚；一个人怨恨社会，一定是这个社会否定了他的需要、价值、利益，尤其“首先限于仆人、被统治者、尊严被冒犯而无力自卫的人”②。评价与态度紧密关联的内在机制在于人趋利避害的生存本能和需要。人生存，就要求生畏死。求生必然趋利，畏死必然避害。但趋利避害的前提是知晓利害，人只有根据评价——对利害关系及其结果的判断、权衡，才能采取趋利避害的行动，这就形成了评价与态度之间的因果关联。评价断定价值客体对于价值主体的意义，人们意识到这种意义，就会产生对价值客体的肯定或否定的态度，因此，心理学家才认为“态度是对特定目标的评价倾向”。一个人评价个体，如果得出“个体能够满足我的需要”或“个体能够更好地满足我的需要”的结论，他就有了“想要成为个体”的“倾向”。这一倾向最起码表达了个人对于个体的好感，甚至“想要成为个体”的态度，如果条件具备，这一态度将转化为个体认同的实际行动。

（2）对于具有个体认同价值的事物或行为的肯定评价，是个体实践理性形成的重要环节

个体认同价值③指的是满足个人个体认同需要的价值。比如一个事物能够满足个人个体认同的需要，那么它就具有个体认同价值。一个人要实现个体认同的愿望，必须形成个体实践理性，这就需要确定哪些事物或行为具有个体认同价值，这实际上就是为实现个体认同这个目的寻找、

① 沙莲香主编：《社会心理学》，第217—218页。

② ［德］马克思·舍勒：《道德意识中的怨恨与羞感》，罗悌伦等译，北京师范大学出版社2017年版，第10页。

③ 李德顺提出从主体方面划分价值类型的理论。他指出，以“主体和主体需要的性质及其被满足的情况来标识对象的价值”，这类价值的通常表述形式为“（某事物具有）XX价值”，“XX价值”“是指由于满足了主体某一方面（‘XX’）需要所形成的价值”（参见李德顺《价值论》，第122页）。“个体认同价值”就是以上述价值类型划分理论为依据提出的一个概念。

确定有效的手段。个体认同价值的内涵蕴含了目的与手段的关系。目的是人以观念的形式预先建立起来的关于对象性活动所要达到的结果，满足需要本身即是目的。目的在没有实现之前，是主体的主观性，目的的实现是这一主观性取得客观性。但是，主观性通过一定的中介才能取得客观性，这个中介就是手段。黑格尔指出："目的通过手段与客观性相结合，并且在客观性中与自身相结合。……目的为了它的实现，需要手段，因为目的是有限的。"① 这就是说，人要实现自己的目的，就必须有实现目的的手段。在目的与手段的关系中，手段是为目的的实现服务的，因而目的决定手段。目的是反映到人的意识中的需要，决定着人的活动的方式和方法，因此，人的意志必须服从他的目的。目的是主体内在尺度的内容之一，目的决定手段，就是主体以其内在尺度选择手段。为实现目的而选择手段正是人作为有意识、自觉的活动主体的特征。不是任何事物或行为都能成为某个目的实现的手段的，也不是能够实现某个目的的手段都会给主体带来好的结果，因此以实现目的为目的的手段是经过主体的选择才成为手段的。个体认同实践理性构建过程中，实现个体认同这一目的所要确定的手段也需要经过个人、个体的选择。

选择的核心是价值评价。对于实现个体认同这一目的的手段的正确选择，以对事物是否具有个体认同价值、是否是优势价值的评价为前提，建立在肯定一事物具有个体认同价值，这一价值是优势价值这一评价结果之上。实现个体认同这一目的的手段的选择是否是"应当的""正当的"与评价事物的个体认同价值的标准是否是"应当的""正当的"是一致的。手段的"应当"表明手段对于目的实现的肯定作用和意义，体现的是手段合乎"工具理性"，手段的"正当"表明手段为社会所接受、认同的"合法性"，体现的是手段合乎"社会价值理性"。因此，判断手段的"应当与不应当""正当与不正当"一般有"主体目标标准"和"社会规范标准"。"主体目标标准"是指手段是否有利于达到目的，有利于达到目的的，就是"应当的"，反之则是"不应当的"；"社会规范标准"是指行为是否为社会的各方面规则所允许，被允许的是"正当的"，不被允许的是"不正当的"。评价事物的个体认同价值的标准应当体现这

① ［德］黑格尔：《逻辑学》（下卷），杨一之译，商务印书馆 1976 年版，第 433 页。

两个标准。依据这两个标准，对事物的个体认同价值做出了肯定评价，这个事物作为个体认同的手段就合于“工具理性”和“价值理性”，因而就是“应当的”和“正当的”，否则就是“不应当”和“不正当”的。保证个体认同手段的“应当”和“正当”才能确保个体认同目的的实现，这意味着以“应当”和“正当”的手段来确立实现个体认同的方案才具有现实可行性，依此构建的个体实践理性才具有现实化和对象化的可能性。因此，以“主体目标标准”和“社会规范标准”对手段的“应当”和“正当”做出肯定的评价，是个体实践理性构建不可或缺的环节。

个体实践理性的构建也依据对事物的个体认同价值的肯定评价选择个体认同的目的。目的和手段一样也是可以选择的，这取决于主体选择做什么样的人、过什么样的生活。首先，事物或行为是目的还是手段不是绝对固定的，在某个对象性活动中它们可以是目的，在另一个对象性活动中它们可以是手段，这取决于它们在对象性活动中是满足需要本身还是与满足需要本身有关系、是满足需要的条件，在这个意义上，选择手段也意味着选择目的。其次，需要被主体反映到头脑中转化为对象性活动的目的，但是对于一定的主体而言，不是所有的需要都能够在现实中被满足，不合理的需要难以被满足，但是这种需要也会反映在主体的意识中而成为对象性活动的目的，只是这种目的无法在现实中实现。再次，需要具体化为目的，体现为“想要”，但是，不是所有的“想要”都是主体对于自身真实需要的反映，有一些“想要”仅仅是主体的纯粹主观性或自我在精神上构建出来的“自以为是”“实则不是”的虚假需要，或者完全是由商品生产者或心怀某种特别目的的人或群体利用现代媒介、符号意义或其他手段从外部强加给人们的，“诸如休息、娱乐、按广告宣传来处世和消费、爱和恨别人之所爱和所恨，都属于虚假的需要这一范畴之列”①。最后，主体的需要是一个体系，不同的需要对于主体具有不同的意义而且彼此联系在一起，一个需要的满足与其他需要的满足之间可能是相互促进的关系，也可能是相悖的关系。上述种种情况说明，目

① ［美］赫伯特·马尔库塞：《单向度的人——发达工业社会意识形态研究》，刘继译，上海译文出版社2008年版，第6页。

的也有“应当”与“不应当”，“正当”与“不正当”之性质，这就使得主体对于目的的价值选择成为一种现实的需要。根据目的与手段的关系可以得出结论，即判断手段是否“应当”、是否“正当”的标准也是判断目的是否“应当”、是否“正当”的标准。如果某个目的是另一个目的的“应当的”和“正当的”手段，那么，它作为目的也是“应当的”和“正当的”。手段是“应当的”和“正当的”，是因为手段可以达到目的而且具有现实的合理性（包括社会的合理性），即它的存在不仅有正价值而且为社会所允许。一个“应当的”和“正当的”手段需要被创造出来，它就成为另一个活动的目的，而作为那个活动的目的，它也应该是“应当的”和“正当的”。除此之外，判断目的是否是“应当的”和“正当的”还有主体需要标准和主体根本利益标准。这些标准在主体选择目的的过程中转化为主体价值评价标准。实现个体认同这个目的看起来是明确的，不需要主体选择的，但事实并非如此。个体认同关联着个人、个体的存在和发展，也关联着社会的存在和发展。个体是有着丰富内容的现实的存在，个体认同包括成为什么样的个体，以什么方式在现实生活中成为个体，个体的意义和价值是什么等诸多内容，而且具体的社会物质生活条件，现实的社会关系对于个人、个体而言是可以选择的，因而，实现个体认同的手段是多种多样的，每一个手段都需要个人、个体在现实生活中创造出来，每一个手段同时也是目的，都需要一定的手段来实现。与其他手段一样，个体认同实现的手段有是否“应当”、是否“正当”的性质。选择个体认同的“应当的”、“正当的”手段，需要个体认同主体以对事物的个体认同价值的肯定评价为依据。个体认同的各个目的同样有是否“应当”、是否“正当”的性质，“应当的”、“正当的”目的的选择同样需要个体认同主体以对事物的个体认同价值的肯定的评价为依据。

（3）对于个体生活世界的肯定的评价是个体自我确证的根据

个体理性经过个体实践理性之后，开始进入到现实化、对象化阶段。个体在自我确证阶段与现实相结合，将按照个体实践理性提供的计划、方案、图景，把个体理性现实化、对象化。个体是现代社会个人存在的现实方式，一个人只有按照“这样的要求去想”“那样的要求去做”才能成为个体，才是个体。“这样”“那样”就是使个体成其为自身、确证自己是个体的那些基本价值、价值关系和价值观念。它们都以共同的社会条件为背景，以个体为核心、以个体的内在尺度为尺度作用于个人的现实生活，使其成为一个“为我而在”的价值形态世界，我们称之为个体生活世界（个体本质力量的现实）。价值是“以主体尺度为尺度的主客体关系”所特有的质态，“由价值作为其中要素所构成的体系就是价值形态世界”①。

价值形态世界与自在形态世界相对应，是人特有的生活世界，人出现之前、人的活动之外的世界是自在形态世界。人以实践的方式存在，实践使世界二重化为自在形态世界和价值形态世界。自在形态世界和价值形态世界的区别在于，前者独立于人的活动之外，自然而然地运动、变化着，后者与人的实践活动联系在一起，体现人的需要、目的、意志以及审美等。价值形态世界是人对自在形态世界进行改造而形成的，因而是人的本质力量的现实。实践不仅使自在形态世界和价值形态世界相区别，而且将它们统一起来。人在实践活动中把自在形态世界转化为自己的本质力量，并将其对象化为价值形态世界，与此同时，自在形态世界通过人的实践活动转化为价值形态世界，延伸自己的发展。价值形态世界就是人本身存在的全部内容，是人自己，一方面是人的本质力量对象化及其结果，另一方面又是人生存和发展的基础和条件。因此，人能够在他的价值形态世界中直观他自身。

价值形态世界是人的实践的产物，因而是属人世界——“为人而在”的世界。人是实践活动的主体，属人世界从为我关系的特点来看，是属主体世界，谁是实践的主体，价值形态世界就“属谁”，即“为谁而在”。在传统社会中，个人是社会、群体的组成部分，在社会、群体的实践活动创造着价值形态世界，这个价值形态世界是“属社会的”“属群体的”，但不是属“个人的”。现代社会个人以个体的方式存在着，价值形态世界发生了两重化，产生了“属个人的”价值形态世界即个体生活世界和“非属个人的”价值形态世界。对于具体的个体而言，“非属个人的”价值形态世界就是个体的活动还没涉及的价值形态世界，但是这个价值形态世界将随着个体能力的增长而向“属个人的”价值形态世界转化。一

① 陈新汉：《论价值形态世界》，《江汉论坛》2015 年第 11 期。

个人一出生就生活在价值形态世界中，但是直到成为个体，他才有“属个人的”价值形态世界，即个体生活世界。但是，“非属个人的”价值形态世界对于个体生活世界是重要的，每个人在这个价值形态世界中获得他成为个体的动机和条件，个体生活世界来自于、存在于和发展于这个价值形态世界，同时，作为这个价值形态世界的不可分割的一部分，影响着这个价值形态世界。在个体生活世界中，个体是有着独立需要、利益的主体，他以主体的身份和本质力量与社会、群体、他人建立对象性关系，实现自身对于自身的价值，他是这个世界的创造者和享有者、享用者，并以此成为自身，存在于社会、群体之中。因而，个体生活世界体现个体存在和发展的全部内容，就是个体自身。个体就是在个体生活世界中发现自己是怎样的存在、正在过着什么样的生活，以及未来的生活的可能性，因此说，个体生活世界是个体的“存在之镜”，在这里存在着个体存在和发展秘密。

个体的自我确证以个体生活世界的状况为基础。一个人如何确证自己是个体呢？只有个体生活世界才能确证他是个体。一个人以个体的身份从事各种对象性活动，首先表现为个体要求自己是个体，这不意味着他就是个体，这就好比一位母亲以好母亲的标准对待子女，但事实上，她可能是一位好母亲，也有可能不是一位好母亲。一个人是怎么样的，不取决于他是怎么样要求自己的，而取决于他的行为及其后果所具有的意义，更重要的是，他是怎么样的，还要看对谁而言，由谁来说、怎么说。一个人想要成为什么样的人，在他的行动中依据他的信念和理想使自己成为那样的人，最终他要知道他是不是成为了他想成为的那个人，以及成为那个人是不是他所喜欢的，这个过程中最重要的是评价。如果得到的是肯定的评价，那么，这个人就确证了自己是一个他想成为的那个人，或实现了他的人生理想。个体自我确证的过程亦是如此。个体确证自己是个体，他以个体的尺度评价他的个体生活世界对于他的价值，如果得到的是肯定的评价，那么他就完成了个体的自我确证，如果得到的是否定的评价，他就没有完成个体的自我确证。

3. 国家权威机构对个体、个体认同的评价对于个体认同的重要作用

一个影响他人、群体和社会的事物尤其是公共性事件将引起利益相关者的价值评价，而且这种评价会对于每一个利益相关者产生重要影响。

个体处于普遍的社会联系中，与其他主体具有利益关系。因此，与个体相关的主体将对个体进行评价，这一评价将因个体与这些主体之间关系的紧密程度而对个体认同产生不同的影响。一个现实的个体生活在社会中，要与民族—国家意义上的社会（社会共同体）、各种群体、个人等主体发生现实的关系，这些主体都将对个体做出评价，从而对个体、个体认同产生影响，其中最具有现实意义的评价是对于个体、个体认同的国家权威评价。

国家权威评价是社会评价的一种现实形式，指的是以国家机构为主体的社会评价。所谓社会评价就是以社会为主体的评价。这里的社会是由国家整合起来的，有着共同的经济生活及经济基础，具有鲜明的民族文化特点的人群集合体——民族—国家意义上的社会共同体。社会评价是“当下一种社会整体性的、对社会意识和社会实践都有实际效力的自觉活动”，其对象是“社会所面对的整个世界和社会生活中出现的一切与社会有价值关系的现象”①。社会由单个的个人依据一定的社会关系集合而成，是一个有着特殊需要、利益、意志和能动性、追求着自己目的的人的活动的主体，因而也是评价的主体。社会作为评价主体，要依靠某种现实形式来表达其意志，国家权威评价就是这种现实形式之一。“权威机构处在社会群体组织结构体系的金字塔顶端，使得它一般总能直接地以自觉或不自觉的形式感受到社会群体的整体需要，形成关于社会群体整体利益意识；而利益与意志相联系，因而就能自觉或不自觉地体现社会群体主体的意志，从而成为社会群体主体的现实主体”。通过直接或间接的方式，权威机构“向群体组织内的成员发布指令”，以“整合其意志、协调其动作”，“群体内的成员”需“服从权威机构的指令，以形成共同的意志、协调各自的动作”，于是，“社会群体的主体作用就集中体现在权威机构的主体作用上”②。“国家机器或作为一个社会的组织系统的国家正是建立在社会权威系统基础之上的，是社会主体现实地行使其主体作用的权威机构”，“对内代表着以国家或以国家形式呈现的社会的意志”，“对外代表着国家或以国家形式呈现的社会主体意志，是社会的法

① 李德顺：《价值论》，第285页。

② 陈新汉：《权威评价论》，上海人民出版社2006年版，第71页。

人代表，具有权利能力和行为能力”①。

个体认同是国家权威评价的对象。首先，“在一般情况下，国家机构总能自觉地反映社会主体的需要，并把最优势的需要作为评价标准”②。个体化是现代社会的结构性特征，个体是现代社会的结构性要素，现代社会要通过个人成为个体把社会整合起来，组织社会的生产、生活，因而“把社会成员铸造成个体，这是现代社会的特征”③。个体认同与个体化程度高度联系在一起，它不仅是个人的需要，更是现代社会自身存在和发展的需要，因而，必然是国家权威评价要肯定的对象。其次，个体是直接影响现代社会组织方式、运行机制的重要因素，存在于现代社会的政治、经济、文化等领域的各种活动中，国家可以通过改善、提高个体化的程度和改变个体化的路径以及模式调控社会发展的状况，因此，国家也会自觉地把个体、个体认同作为重要的评价对象，实现社会主体的进一步发展。最后，个体化、个体认同把个人、群体、社会三者联系在一起，国家作为调节社会关系的绝对权威机构，介入到对个体、个体认同的社会评价中，与个体的、群体的、民众的社会评价活动形成良性互动，协调各方面关系，为个体、个体认同提供法律的、社会道德的和行政的保障，确保个体的权益与社会发展的一致，从而提高个人对于社会、国家的归属感和社会认同水平，满足社会主体的多方面需要。

国家权威评价对于个体、个体认同的肯定性评价在促进个体认同方面具有明显的优势。首先，在现代社会，国家是唯一全面介入社会生活的权威力量，“这种权威表现在全体国民对通过国家权威评价活动所体现的社会自我评价活动及其结论一定程度的认同和服从”，“尤其体现在国家权威评价活动所体现的社会自我评价活动及其结论由观念形态向实践形态的转化上”④，因此，国家权威机构对于个体、个体认同的评价活动通过国家的力量对个体认同具有强有力的规制作用。其次，国家权威机构利用其垄断性的权力可以调动各种社会资源、组织社会力量，以政治

① 陈新汉：《自我评价论》，第 347 页。

② 陈新汉：《自我评价论》，第 348 页。

③ ［英］齐格蒙特·鲍曼：《个体地结合起来》，［德］乌尔里希·贝克、伊丽莎白·贝克－格恩斯海姆：《个体化》，李荣山等译，“序二”，第 21 页。

④ 陈新汉：《自我评价论》，第 350、351 页。

的、经济的、意识形态的等多种方式全方位作用于社会的生产和生活过程，管理整个社会，以比任何一种评价主体都多得多的方式、办法、手段贯彻它的意志和态度，对他人、群体的评价活动施加影响。因此，国家权威机构对个体、个体认同的评价活动，可以借助各种力量影响个体、个体认同的发展和走向，尤其可以在国家政治体制、法治社会建设以及经济社会制度、社会保障等方面采取有力措施，对个体、个体认同起支撑作用。最后，国家权威机构的评价活动具有其他主体评价活动所不可能有的机制来保证它的作用的权威性，这些机制包括赏罚机制、社会舆论机制和良心机制①。没有哪一种社会评价能像国家权威评价那样具有鲜明的、不容置疑的赏罚机制，国家运用赏罚机制通过利益导向鼓励、推动个体化以促进个体认同。社会舆论是一种普遍的、隐蔽的，以精神强迫为主的强制力量，具有鲜明的价值取向，具有被引导和被操纵的特点。国家权威评价活动借助现代媒介、人文知识的专门化、信息化生产和传播活动以及专业化的人员队伍，形成社会舆论启蒙各种自发的、不自觉的个体认同，矫正不符合社会、国家意志的个体认同从而把控个体认同的评价活动。“社会评价活动作为社会群体内众多个体的共同认识，积淀在个体心理深处就形成良心”，良心是社会评价活动“在个体的内心形成”的“某种心理积淀”，“从形成的角度分析，这种心理积淀是由外部影响的反复而形成的积淀”，“从内容的本质分析，这种心理积淀是社会评价活动的内化”，因此，良心本质上是“以个体价值观念形态存在着的社会群体价值观念”②。国家权威机构对个体和个体认同的评价一旦进入社会实践环节，反复持久地影响个人生活，就会将其内化为个人的良心而自觉、持续地对个体认同产生作用。最后，国家权威机构对个体和个体认同的评价深刻地影响社会、群体、他人对于个人的评价，这加大了它对个体认同作用的权重。个人、个体生活在社会中，与社会、群体、他人处于相互联系中，每个人都会对社会、群体、他人进行评价，同时也被社会、群体、他人评价。人与人之间的彼此评价将影响他们之间关系的价值选择。人与人之间的评价所选择的标准，既包括个人的自我偏

---

① 参见陈新汉《权威评价论》，第八章。

② 陈新汉：《权威评价论》，第 343、342、343 页。

好，也包括社会评价个人的社会标准，但是个人的偏好深受社会的影响，因此，归根结底是社会评价个人的标准。社会评价个人的活动中，国家权威评价活动占据主导作用，其赏罚分明的机制既形成也反映一个人的社会地位、社会价值和社会利益，而这些恰好是人与人之间交往最重要的、最被关注的内容，因而不可避免地被个人用来作为评价他人的最重要的评价标准。国家权威机构对于个体、个体认同的评价同样渗透到个人对他人的评价之中，在一个人决定是否与另一个人发展长久的、深层次关系尤其是那些亲密关系时起重要作用，这将从外部对一个人的个体认同起关键性作用，比如，现代婚姻关系男女双方首先要看彼此独立生活的能力，而这与国家权威评价对个体、个体认同的肯定性评价紧密联系在一起，一个不能作为个体而存在的人，甚至没有能力走进婚姻关系。

（三）信任：联结个体认同系统各要素的“纽带”

信任是人类社会最重要的基本价值之一，也是社会整合和社会关系建构与稳定的重要因素。每个人都需要信任他人、群体和社会，也需要被他人、群体和社会信任。现代社会充满着不确定性和选择性，个体认同在这样的社会环境中产生、存在和发展，信任具有特别的意义。吉登斯指出，“信任是人格发展中决定性的普遍现象，它和抽离化机制及抽象系统的世界也有着显著的和特定的关联”，“信任作为基本的‘保护壳’而在自我与日常现实的应对中提供自我保护”，“在更为特定的形式上，信任是自我与抽象系统之间互动的媒介。这种抽象系统，抽空了日常生活中的传统内容，同时又产生了全球化的影响”，“信任因而升华为那种为日常实践所渴求的‘信念’”，而且“基本信任的建立是自我认同的精致化，同样也是与他人和客体认同的精致化之条件”①。发达的现代化国家的一个重要特征是以社会信任为核心的普遍的、全面的社会诚信的形成，这种诚信代表着现代制度和现代秩序的基本建立以及与此相应社会成员精神气质的形成。而处于向现代社会转型期的国家以及初级阶段的

---

① ［英］安东尼·吉登斯：《现代性与自我认同：现代晚期的自我与社会》，赵旭东等译，第3、4、46页。

现代化国家，则迫切需要建立个人、群体、社会之间的这种通过普遍而全面的社会信任体现出来的社会诚信。在缺乏社会诚信的环境中，个人没有本体性安全感，日常生活处于各种“风险”之中，并因风险而焦虑，同时，社会交往复杂化，社会成本大大增加。社会诚信对于现代社会极其重要，是现代社会“有机团结”实现的最重要的指标，因而也是个体认同所需要的。社会诚信的基础和灵魂是社会成员间的基本信任，个体认同对于社会诚信的需要，根本上是对这种信任的依赖。

1. 关于信任的哲学思考

信任是人类社会特有的社会关系内容、人之为人的本性和基本社会需要，因而也是个人与个体认同系统建立同一关系的最重要中介。对于信任进行哲学思考，探究“信任是什么?”“信任的本质是什么?”“信任的根源是什么?”等问题，有助于把握信任对于个体认同的真正价值。

（1）什么是信任?

人与人之间存在着一种价值关系，即“人对人相信而敢于托付”，用语词来表达就是“信任”①。信任在现实生活中具有丰富的内容。其一，信任是人类社会独有的属人现象。“相信”“托付”是建立在对社会确定性把握基础上的人与人之间的统一关系，是与社会理性相关的素质和能力，这种素质和能力只能在实践中产生，为人所拥有，因而，“信任只能涉及个人、组织等及其品格或行为，不能用于非人的存在”，“信而任之，只能是对人而言的，属于主体间的关系”②。其二，信任与信心相联系。“托付”含有托付者对于被托付者的某种期望，信任是托付者确信被托付者不会辜负他的这一期望，即对被信任者的期望持有信心，才敢于“托付”，因此，卢曼认为信任“是对某人的期望的信心”③。吉登斯称信任为“信心的一种特殊类型”，指出：“对一个人和一个系统之可依赖性所持有的信心，在一系列给定的后果或事件中，这种信心表达了对诚实或他人的爱的信念，或者，对抽象原则（技术性知识）之正确性的信

---

① 中国社会科学院语言研究所词典研究室编：《现代汉语词典》，第1519页。

② 马俊峰等：《当代中国社会信任问题研究》，北京师范大学出版社2012年版，第56页。

③ ［德］尼古拉斯·卢曼：《信任——一个社会复杂性的简化机制》，瞿铁鹏等译，上海人民出版社2005年版，第3页。

念。”① 其三，信任与承诺相关。一个人凭什么信任他人、群体、社会？最可靠的依据是义务关系，包括道德义务、法律义务等。义务是一个人“理所当然”应尽的责任，具有社会效力，如若不尽某种义务，义务主体将受到来自社会的惩罚，而这种惩罚的威慑力量将使义务主体承担责任，这一点是确定的，因此，“信任包含行动并承担义务”②。义务本身是义务主体的承诺，承担义务就是兑现承诺，“当我们信任他人时，我们是在期望他们能够实现自己的承诺”③。

（2）信任的本质

信任是一种非常复杂的社会现象，不同的学科对信任的理解有所不同。心理学认为，信任是个人的心理特质、一种价值选择或对待他人的可靠性态度；在社会学那里，信任是一种社会关系，被理解为在社会交往中所习得的预期，或者一种社会性的合理期待④。基于“人对人相信而敢于托付”这一信任的内容，从哲学的意义上理解，信任有三个本质。

其一，信任是社会关系中的价值主体对自己的活动和社会现实的基本依赖关系。信任的内涵反映了它在两种意义上的所指：一是信任者对被信任者的一种认可态度，即社会关系中的肯定的价值意识，具有主观性，如一个人可能信任一个值得信任的人，也可能信任一个不值得信任的人；二是发生在社会关系中的、对信任者和被信任者都有益的一种价值关系。关于第一种意义的信任无须多论，但是对于第二种意义上的信任需要进一步说明。什托姆普卡指出：“与早期把信任看成是个人的态度的心理学理论相反，信任现在被看成是人际关系的特质、人们活动于其中的社会性个体关系领域的特征、或个体在他们的行动中利用的文化资源。”⑤ 信任不仅仅是人对人的态度，也是人与人之间的价值关系，突出地表现为被信任者对于信任者某种需要的主动的满足，因此是信任者和

① ［英］安东尼·吉登斯：《现代性的后果》，田禾译，第28、30页。

② ［波兰］彼得·什托姆普卡：《信任——一种社会学理论》，程胜利译，中华书局2005年版，第33页。

③ ［美］埃里克·尤斯拉纳：《信任的道德基础》，张敦敏译，中国社会科学出版社2006年版，第2页。

④ 参见马俊峰等《当代中国社会信任问题研究》，第54、55页。

⑤ ［波兰］彼得·什托姆普卡：《信任——一种社会学理论》，程胜利译，第18页。

被信任者双方自觉自为的价值关系，既有信任者与被信任者之间的相互作用，也有通过被信任者的自觉的行为按照信任者的期望而发生的变化，因而是一种有“情感温度”的关系，如吉登斯所说：“信赖则包含有‘诚实’（荣誉）或爱的含义。这就是为什么信任他人对信任者个人来说是心理上的骄傲自大：这是对自己命运的道德抵押。”① 信任作为一种价值关系是人与人之间现实的依赖关系，这种关系为人们意识到并对象化为自觉的行为，就成为信任关系。

其二，信任是人社会生活、交往经验的积淀和升华。信任是人与人之间关系的一种质态，并不能凭空而来，也不能形成于某个抽象的原则或理性推理，而只能产生于人们社会生活、交往的经验积累与沉淀。卢曼指出，信任“需要历史作为可靠的背景。没有这种必不可少的基础，没有所有的先前的经验，我们不可能付出信任”②。信任的态度发生在信任关系确立之前，有了信任的态度，才会去建立信任关系。人因为其需要、素质、能力、知识、价值意识等才成为主体和唯一能够对其活动后果承担责任的力量，因而，信任人，就是信任一个人的素质、能力、知识和价值意识（尤其是价值观念），这意味着信任建立在“值得信任”的基础上，人在信任关系发生之前就要确立信任态度。一个人对于他人、群体、社会的信任态度只能依据过去社会生活、交往的经验。经验直接产生于感性的物质活动，给予人们最直接、最明确的可靠性。如果一个人在其社会生活、所有的交往中发现某人总是能够兑现承诺、承担义务，那么就会对此人产生信任的经验。一个人对某人产生信任是他的归纳思维在起作用，因而信任态度的形成是从具体走向抽象，形成一般普遍性信念的思维过程。但这不是一个人对另一个人（或群体、社会）信任态度的最终形成。一个人即使信任了某人（或群体、社会），这种信任也时刻要在现实中被验证，而这个过程是他的演绎思维在发挥作用。如果在社会生活、交往关系中，出现了被信任者对信任者背弃信任的情况，信任者之前形成的“某人（或某群体、社会）值得信任”的价值判断就将

① ［英］安东尼·吉登斯：《现代性的后果》，田禾译，第29页。

② ［德］尼古拉斯·卢曼：《信任——一个社会复杂性的简化机制》，瞿铁鹏等译，第26页。

被否定，这就是所谓的信任的“易碎品”性质[①]。信任是基于社会生活、交往经验的具体性并超越这一具体性而达到普遍化的高度，体现人与人之间社会关系的一般性，这就是对社会生活、交往经验的积淀和升华。正因为如此，信任才“决不只是来自过去的推断，它超越它所收到的信息，冒险去界定未来”[②]。

其三，信任是人与人之间的相互认同。显然，信任体现的是信任者和被信任者之间相互肯定的态度和价值关系。信任一个人（群体、社会）或与人关联的事物，意味着信任者认为被信任者是值得信赖、可靠的，这是信任者对被信任者的素质、能力、知识、价值意识、提供的产品（包括服务）对于信任者价值形态世界的价值的高度评价。这一评价的对象化、现实化，一方面是被信任者进入信任者的价值形态世界，成为信任者生存结构的有机内容；另一方面是被信任者对信任者有所承诺而且要通过行动来兑现这一承诺，这是被信任者对于信任者的价值肯定，意味着信任者进入到被信任者的生存结构中。也就是说，信任使信任者和被信任者进入彼此的生活世界，彼此成为对方存在和发展的前提和条件，双方共处、共存与合作。信任的对立面是不信任，被判定为不可信任的人或群体、社会，几乎被排斥在密切而实质性的社会关系之外，而被信任的人在信任者那里是能够建立和发展这种社会关系的人，因此，信任具有社会认同的性质。

（3）信任的根源

信任是贯穿于人类社会历史发展过程的普遍现象，其产生和发展是由人的基本人性——本体性、社会性和超越性所决定的。

首先，人的本体性决定了人对于信任的需要。所谓本体就是事物成其为自身的最终的根据，也就是事物的本原，事物依据本原而存在的特性即为这个事物的本体性。人是依靠有目的的对象性活动才能生存和发展的存在，体现了人对于“为我而在”的价值关系的依赖，这一依赖关系能否建立起来，决定了人能否存在，这一依赖关系如何，决定了人成为怎样的人。因此，人的本体性就是人依赖“为我而在”的价值关系而

① 马俊峰等：《当代中国社会信任问题研究》，第64页。

② ［德］尼古拉斯·卢曼：《信任——一个社会复杂性的简化机制》，瞿铁鹏等译，第26页。

成为自身的特性。“为我而在”的价值关系依靠人对客体（包括自己）对于主体肯定的价值关系的“确定无疑”的“相信”才能建立起来。而且，“为我而在”的价值关系只有在人的主体性活动中，在社会关系中才能建立起来，也只有在社会关系中才能实现。人作为主体对于客体对其肯定的价值关系的“确定无疑”的“相信”，必将与对于这一肯定的价值关系有关涉的人的承诺的相信紧密联系在一起，因此，人的本体性建立在信任的基础上，信任使人深深扎根于现实生活中，使个人获得安身立命之根本。

其次，信任总是和人的社会性联系在一起。个人虽是独立的生命有机体，但他是社会存在物，社会性是他的本质属性。个人生活在社会中，依靠社会的物质生活条件、制度和文化生存和发展；个人作为社会成员，其价值目标的设立和实现与社会的整体关系架构、运行机制、核心价值体系息息相关；个人处在社会关系之中，与他人、群体和社会结成利益共同体，同呼吸共命运。个人作为社会性存在，每个个人为了自身的利益必须同他人合作。合作是互利互助共赢的主体间关系，不同主体之间相互承担着义务，因而，信任是内在于合作的价值关系和态度。合作是依赖信任才存在和进一步发展的关系，普遍的信任，对陌生人的信任，意味着人们互相接受彼此进入自己的生活，这是人与人之间广泛合作的基础。有信任不一定有合作，但是没有信任，一定不能有合作，在这个意义上，信任架起了人与人之间合作的桥梁。

最后，信任由人的超越性决定。人存在于现实世界，但世界不能自动满足人的需要，人只有改造世界来使世界为自己服务，才能实现自身的存在和发展，因而，人是一种超越性存在。超越性是人之为主体的本质属性和存在特性。海德格尔指出：“如若人们选用‘主体’（Subjekt）这个名称来表示我们自身向来所是并且作为‘此在’（Dasein）来理解的那个存在者，那么，这就是说：超越标志着主体的本质，乃是主体性的基本结构。……主体之存在（Subjektsein）意味着：这个存在者在超越中并且作为超越而存在。……对超越之领悟就已经是对下面这回事情的决断：我们究竟是否掌握了诸如‘主体性’之类的东西……。”[①] 海德格尔

① ［德］马丁·海德格尔：《路标》，孙周兴译，商务印书馆2014年版，第162页。

认为，此在存在的意义在于其时间性，这意味着人在不断地超越："存在地地道道是 transcedens［超越者］。此在存在的超越性是一种与众不同的超越性，因为最彻底的个体化的可能性与必然性就在此在存在的超越性之中。"① 在海德格尔那里，时间性"正是此在的超越性的体现"，"此在不同于一般的存在者"的根本特性，"就在于它是一种先行于自身的存在，或者说作为可能性、超越性、将来而存在"，"此在的过去和现在的意义都在于其向将来的超越"②。人作为超越性存在要基于现实面向未来，因此，必然要信任自己和信任他人。一方面，人要达到的目的总是在未来的某个时刻出现，人为了实现某个目的而付诸于行动，那么他一定相信他自己可以实现这个目的，并把实现这个目的作为使命而托付给自己；另一方面，人的每一个有目的的对象性活动都与他人、群体、社会发生着各种关系，人为了实现某个目的而付诸于行动，他一定相信与他发生关系的他人、群体、社会能够为他实现他的目的而提供条件。事实证明，没有信任，人便不会有自由自觉的主体活动，也不会有社会生活。人自身的存在和发展以及生活的经验一再告知人自己，人是需要信任自己和信任他人的存在，没有信任，人将无法实现其超越性。

2. 信任把个体认同系统的基本要素统一起来

信任对人、群体、社会的存在和发展具有重要的作用，"清楚而简单的事实是：没有信任，我们认为理所当然的日常生活是完全不可能的"③。个体认同作为现代社会的一个社会事实，其实现和发展离不开社会成员之间的信任，信任对于个体认同的作用，是把个体认同系统的基本要素统一起来，这一作用是由它特有的社会功能决定的。

（1）信任使个体成为个人的价值选择

信任总是与关键性的抉择相关，具有价值定向的作用。"为我而在"的价值形态世界是向着"信任"所引导的方向延伸，在信任所达到的界限内建构起来的。在经验常识中，信任关系包含着可预期的利益，因而

① ［德］马丁·海德格尔：《存在与时间》，陈嘉映等译，生活·读书·新知三联书店 2014 年版，第 45 页。

② 刘放桐等编著：《新编现代西方哲学》，人民出版社 2000 年版，第 344、345 页。

③ ［波兰］彼得·什托姆普卡：《信任——一种社会学理论》，程胜利译，第 1 页。

是不确定环境中具有价值优势的社会关系。在影响人选择价值对象、价值关系的各种因素中，信任是权重最大的因素。通常情况下或者关键时刻，人面对利益取舍，往往优先选择那些对自己最具确定性的、“风险”更小的利益，如果这种确定的利益关涉他人、群体、社会，人会优先选择他所信任的人、群体、社会及其关联事物，把最重要的任务交给他们信任的人或者组织去完成。日常生活中的商品买卖最能反映这一信任优先的价值选择原则。个人选择以个体的方式存在着，一定是他信任这种存在方式是更好的生活选择；现代社会选择把个人塑造成为个体，一定是它信任个体是它形成自身结构、组织社会生产和生活、维系其运行机制、保持其正常发展的最合适的个人存在样式。

（2）信任把个体认同置于现实之中

个体认同是一个复杂的对象化过程，个人、个体要在复杂的社会环境中通过各种对象性活动来实现个体认同。如果个人、个体缺少对社会发展，对社会上层建筑、经济基础、社会保障制度等的基本信任，他的对象性活动、个体的对象化无疑将陷入困境，个体认同也就不能实现。只有社会形成了普遍良好的信任关系和信任文化，社会成员对国家、制度、法等抱有深刻的信任，个体认同的实现才具有现实性。

首先，信任是一个社会复杂性的简化机制，能够提高社会关系的确定性，降低社会交往成本。信任与确定性正相关，而确定性与非确定性相对应。任何社会关系中的主体，在缺乏基本信任的情况下，将面对、应付更多的非确定性，信任则可以增加确定性，为应对非确定性创造确定性。信任关系若已存在，指向未来的关系在这一信任关系界限之内或为这一信任关系所涵盖，或者尽管信任关系尚未建立，但已经有了基本信任态度，那么社会关系中的主体也将减少面对、应付非确定性的情况，社会关系因此将简单化，这将节省更多的社会资源，避免付出更多的代价，以及减少风险。

其次，信任具有建立和拓展社会联系的能力。信任具有延展、泛化的性质，一个社会关系主体与另一个社会关系主体的信任关系，可以转移到与他们有紧密关系的其他社会关系主体身上。一个社会关系主体对另一个社会关系主体的信任态度，也可以过渡到与这个社会关系主体有紧密关系的其他社会关系主体那里。如果一个社会关系主体对另一个社会关系主体有某种信任关系或信任态度，且这种信任关系或信任态度足够稳定、深刻，那么这个社会关系主体更容易与那个社会关系主体的其他方面发展新的信任关系或信任态度，等等。什托姆普卡指出，信任“激励社会性和与他人一起参与各种形式的联合，并且以这种方式丰富人际联结的网络，扩大互动的范围，以及允许更亲密的人际关系”，信任“促进了沟通的扩展”，“鼓励对陌生人的宽容和接受，鼓励把文化和政治差异看成合法的”，“信任文化增强了个体与共同体（家庭、民族、教会等）的联结，并产生强烈的导致合作、互相帮助、以及为他人的利益甚至不惜牺牲自己的倾向的集体团结”①。尤斯拉纳则指出：“信任是重要的。信任他人的人们具有自己群体的那种开阔眼界，这有助于他们接触那些与自己不同的人，还有助于人们在解决公共问题不能达成一致时，寻求共同的基础。”② 可见，在信任关系和信任态度的作用下，社会关系主体之间的社会联系向更广泛的领域和更深入的方向发展，形成人们之间广泛的社会联系。

最后，信任可快速建立社会联系，从而提高社会交往效率。在同样的条件下，相同社会主体之间建立同等程度和水平的社会关系的速度依信任、无信任和不信任的次序降低。研究表明，不信任是社会关系中最糟糕的状况，阻碍了社会联系的建立：不信任使“我们对开始与他人互动犹豫不决（因此可能丧失重要的机会），自己检查我们的一举一动（因此保持时刻的‘警惕’），并沿着安全的路线行动（避免任何革新），能动性、积极精神和自由的总体水平因此降低了”，“为保护自己免于更大的风险和弱点，人们形成了防御性的悲观主义意识”；不信任使人选择“防御性的行动路线”，“避免‘做出头鸟’”，“剥夺了一个人所需要的东西，这些东西因为不被信任而被拒绝或不被委托”，“导致积极性的减少、孤立和预防性的敌对行为”；不信任“导致孤立、原子化、联系的断裂、以及人际网路的衰退”；不信任“动员防御性态度、敌对的刻板印象、流

---

① 参见［波兰］彼得·什托姆普卡《信任——一种社会学理论》，程胜利译，第141页。
② ［美］埃里克·尤斯拉纳：《信任的道德基础》，张敦敏译，第248页。

言、偏见以及彻底的陌生人恐怖症”[①]，等等。无信任是指既没有信任也没有不信任的状况，在这种状态中建立社会关系的重要任务是确定哪些人、哪些事物是可以信任的，哪些人、哪些事物是不可信任的，哪些人、哪些事物是可以培养、发展信任的。这种甄别工作非常不易。在甄别工作完成之前或没有明确结论的情况下，建立社会关系尤其是合作关系是极为困难的。有时人们把信任作为一项策略来促进社会关系的发展，因为信任使人们之间更容易发展新的合作关系。信任不仅使社会关系主体的权利和义务清楚、目的明确、利益可见，排除了许多可能性和多变性，而且“给予他人信任有利于唤起他人的积极性”“释放和调动人的能动性”[②]，被他人信任则增强人的自信心、自豪感，这无疑将加速人与人之间建立和发展新的社会关系。

如果个体认同能够实现，但是需要人们“费九牛二虎之力”，那么人们将“知难而退”“望而却步”；如果个体认同只能在极其有限的范围内实现，不具有满足个人多方面发展需要、全面实现自我价值的作用，那么人们将对个体认同“不以为意”“置之度外”；如果个人、个体努力发挥其能动性，但是这种努力得不到社会支持和肯定，社会成员之间不能互相成全，那么人们将放弃个体认同。这种情况表明，信任对个体认同的实现是十分必要的。

（3）信任使个体认同得到社会的系统性支持

个体认同是现代社会对于个人的要求，也是现代社会个体化、现代化的需要，涉及政治、经济、文化等各个领域，牵扯整个社会系统。个体认同只有获得社会的系统性支持才能成为现实，而社会要为个体认同提供系统性支持，必须实现它的社会整合。社会整合的关键是形成有效的社会秩序。社会秩序一般通过强制、互惠性合作和习俗确立起来，而信任在其中发挥着重要作用。“信任是一个在社会关系和社会系统中产生并维持团结的整合机制”，“在市民社会中，信任构成秩序的基础——使形式上自由的人能相互交往（包括事务性的和个人性的）”，“任何建构社

① ［德］尼古拉斯·卢曼：《信任——一个社会复杂性的简化机制》，瞿铁鹏等译，第139、140、141、142页。

② 参见［波兰］彼得·什托姆普卡《信任——一种社会学理论》，程胜利译，第139页。

会秩序和互动的社会构架的连续性的长期努力都必须建立在社会行动者之间相互信任的稳定关系的发展基础之上"①。卢曼认为，"在所有的持续关系当中，人们比较容易将信任视为行为的准则"，"信任的表达，自我表现为值得信任，接受和互换信任，在这些方面旨趣的沟通都是强化和使社会关系普遍化的努力，这种社会关系至少在长期的关系中表明既是一种机会又是一种制约。这样，社会控制的一个因素就成为信任关系的一部分"②。信任成为建立社会秩序的主要工具之一，"是因为信任可以使一个人的行为具备更大的确定性。增加行为的确定性又是通过信任在习俗与互惠性合作中扮演的角色来完成的。信任早已成为人格中的重要品德而进入习俗。而习俗不仅在成长期塑造着人格，并且在其后，靠着对违约和失信者施加的社会压力，约束着人们的行为。互惠性合作需要信任去坚定相互合作的信心。"③ 信任不仅通过习俗、互惠性合作也通过社会权力对社会秩序发挥作用。法律体系是社会秩序最重要的体现者，代表国家的权力，但是，法律与社会成员不能建立信任关系就没有权威性，也不能转化为社会成员的价值观念、自我和社会评价标准；国家权力如不能为社会成员所信任，就陷入合法性危机，起不到把社会有效组织起来的作用。

巴伯指出："虽然信任只是社会控制中的一个工具，但它是一切社会系统中无所不在和重要的一种。在社会控制中权力若要充分或甚至最大程度的有效，就必须有信任在其中。"④ 信任同保证个人社会自由的社会秩序有着极其密切的关系："没有信任的社会秩序是现实中的一种客观存在，其典型例证就是全权统治。全权统治将一切权力收缴到政府手中，剥夺了公民的产权、经营权和其他社会生活的权利，它所建立的社会秩序，就是一种不依赖信任的秩序。"⑤ 现代社会的社会化生产分工、工业化生产和市场经济决定了它不可能实行全权统治，这意味着它不能依赖

---

① 参见［波兰］彼得·什托姆普卡《信任——一种社会学理论》，程胜利译，第137页。

② ［德］尼古拉斯·卢曼：《信任——一个社会复杂性的简化机制》，瞿铁鹏等译，第84、85页。

③ 郑也夫：《信任论》，中信出版社2015年版，第115页。

④ 转引自郑也夫《信任论》，第116页。

⑤ 郑也夫：《信任论》，第116页。

信任建立社会秩序，就不能实现社会整合。而生活在“非整合”状态下的社会成员就要承受“非确定性之痛”——除了非确定性，没有什么是确定无疑的。在“非整合”社会中，每个社会成员看似都享有自由，但实质上因为没有社会信任而生活在“非确定性”之中，因而其自由是难以实现的。没有实质性的社会自由，社会成员之间就不能形成主体间关系，更难以就如何“共存”这个根本问题达成社会共识，个体认同所必需的社会系统性支持必然无法获得。

（4）信任塑造个人的个体人格

个体人格是个体认同的有机内容、确立的标识和标准。在人格心理学中，“人格是个体内部的心理特质和机制的集合，具有组织性和相对持久性，它们影响到个体对心灵内部的、物理的和社会环境的适应以及与它们的相互作用”①。在科学心理学那里，“人格被界定为在自然与社会因素的交互作用下所形成的个体特有模式”，“是个体在社会生活的适应过程中，对己、对人、对事、对物做出反应时，其自身所显示出来的异于别人的独特心理品质”②。在一般的意义上，人格指的是一个人的一贯行为模式，即个人的个性特征。一个人有两种意义上的人格：一是内在人格或自我人格，它为个人提供一贯的思想行为模式，与一个人“是一个怎样的人”“愿意做一个什么样的人”的自我定位和自我选择联系在一起；二是外在人格或社会人格，它为个人在他人、社会面前提供一贯的思维行为模式，为他人、社会判断和预测他是一个什么样的人提供根据，与一个人的社会本质和属性联系在一起。健全的人格是内在人格与外在人格、自我人格与社会人格的统一。作为一个人惯常的行为模式，人格不仅表现在一个人在做什么，也表现在他怎么做。从人格的上述意义可以看出，个体人格是判断个体认同是否实现的根本标准，个体人格形成了，个体认同才是实现了。人格的形成和发展是许多因素共同作用的结果，但是，社会文化是人格塑造的决定性力量。

社会文化是个人生存的环境，这个环境中哪些内容、哪些因素对个

① ［美］兰迪·拉森、戴维·巴斯：《人格心理学——人性的科学探索》，郭永玉等译，人民邮电出版社2011年版，第4页。

② 沙莲香主编：《社会心理学》，第350页。

人的人格产生深刻的影响，取决于个人的价值选择，这些内容和因素往往是个人所信任的。信任的价值定向功能把个人与他信任的人、群体、社会中的事物联系在一起，同时排斥或限制个人与他不信任的人、群体以及社会中的事物的联系。稳定、持久的信任关系和信任态度，把个人与他所信任的对象紧密、持久地联系在一起，而他所信任的习俗、互惠性合作以及法律、权力一同成为个人稳定的生活环境、价值形态世界中的确定性，对个人的人格产生决定性的影响。个体人格的形成，需要社会创造出与个体人格具有内在联系的、为个体人格所依赖的社会文化，同时更需要信任把个人、个体与这样的社会文化联系在一起，使之真正成为个人、个体存在和发展的条件，只有这样，个体人格才能被自觉地塑造出来。

（5）信任把个体认同与个人本体性安全联系在一起

个体认同是现代社会个人自我认同的核心和重要组成部分。个人自我认同是个人关于他自己是谁的认识，是其人生价值、意义的自我定位和自我选择，与信任有着内在的联系。关于信任与自我认同的关系，吉登斯指出："在成人的活动中，信任他人就是体验稳定的外在世界和完善自我认同感的源泉。"① 吉登斯接着深入分析了自我认同的内涵："自我认同并不是个体所拥有的特质，或一种特质的组合。它是个人依据其个人经历所形成的，作为反思性理解的自我。认同在这里仍设定了超越时空的连续性：自我认同就是这种作为行动者的反思解释的连续性。它包括人的概念（personhood）的认知组分。成为一个'人'，而不仅仅是一个反思行动者，还必须具有有关个人（如用到自我和他人时）的概念。"②为了说明自我认同与信任的关系，吉登斯特别提到了艾里克森③的思想："'基本信任'的东西处于持续性自我认同的中心"，"信任不仅意味着'一个人必须学会怎样依赖外在供养者所具有的同一性和连续性'，而且也意味着'人可以相信自己'。对他人的信任与内在地构成可信任性

① ［英］安东尼·吉登斯：《现代性与自我认同：现代晚期的自我与社会》，赵旭东等译，第57页。

② ［英］安东尼·吉登斯：《现代性与自我认同：现代晚期的自我与社会》，赵旭东等译，第58页。

③ 又译为"埃里克森"。

交互培育，这又奠定了自我认同的稳定基础”[①]。吉登斯还谈到了艾里克森关于父母照料下孩子的自我认同与信任关系的一个研究结论：“［家长们］在照料孩子的过程中，通过在品质方面把对孩子个人需要的关怀与特定文化条件下由生活方式所构筑起来的信任框架内的牢固的个人可信任性两者相结合，滋生出一种对孩子的信任感。这就在孩子身上构筑认同感的基础，基于此，往后孩子的认同感将结合个人品行‘尚佳’的感受，成长为自我的感受，以及自己成为其他人所相信的那样的人的感受。”[②]

“信任，本体性安全，以及对事物和人之连续性的意识，在成年人的个性中一直是相互紧密关联的。”[③] 其中，本体性安全感在信任与个体认同之间架起了一个桥梁。一方面，信任是本体性安全感的基础。关于信任对于本体性安全感的意义，卢曼指出，一个人“若完全没有信任的话”，“他将会深受一种模糊的恐惧感的折磨，为平息这种恐惧而苦恼。他甚至不能够形成确切的不信任，并使之成为各种预防措施的基础，因为这又会在其他方向上预先假定了信任”[④]。安全感是指人对其生命、利益没有受到威胁、没有危险、没有损害的感受和判断，以及对于自身生命、利益不会受到威胁、不会处于危险之中、不可能被损害的信心。本体性安全感“不只是一种广义的安全感的形式，而且是一种非常重要的形式”，是“与‘存在’（being）有关”的“一种情感的而非认知的现象”，指的是“大多数人对其自我认同之连续性以及对他们行动的社会与物质环境之恒常性所具有的信心”[⑤]。个体是社会性存在，以社会的方式面对整个自然界，人化自然即自然的社会化，因而个体的本体性安全感本质上是个体对他生活的社会环境的信任，是一种社会关系意义上的安全。个体的本体性安全感的形成，依赖他对持久确定的社会关系即社会秩序带给他的生命保障的信任，包含了他对社会制度、风俗、习惯、法律的信任，以及对他人的信任和对人际交往的信任。吉登斯说：“我想要

① ［英］安东尼·吉登斯：《现代性的后果》，田禾译，第 82 页。
② 转引自［英］安东尼·吉登斯《现代性的后果》，田禾译，第 83 页。
③ ［英］安东尼·吉登斯：《现代性的后果》，田禾译，第 85 页。
④ ［德］尼古拉斯·卢曼：《信任——一个社会复杂性的简化机制》，瞿铁鹏等译，第 3 页。
⑤ ［英］安东尼·吉登斯：《现代性的后果》，田禾译，第 80 页。

提出的主要原理是：普通日常生活中蕴含着某种本体性安全，这种安全体现出可预见的例行活动中行动者在控制身体方面的自主性。……产生对他人的信任感是基本安全体系最深层的要素。”① 依据这些信任，个体构建自己与对象世界的关系，满足自身存在和发展的需要，因此，信任是本体性安全感的基础。

另一方面，本体性安全感是个体认同的基础。本体安全感依据社会秩序在人的观念中设定了超越时空的连续性，而这对个体认同是至关重要的。吉登斯从两个方面对此作了论述，他指出，“本体不安全的个体倾向于表现出下述一种或多种的特征”：“缺乏个人经历连续性的一致的感受”；“在充满变迁的外部环境中，个人难免充满对其存在的可能风险的忧郁，并且依据实际行动而被忧郁所麻痹”；“个人不能在自我完整（self-integrity）中发展或维持信任”。而“拥有合理稳定的自我认同感的个人，会感受到能反思性地掌握的其个人经历的连续性，并且能在某种意义上与他人沟通”，“通过确立早期的信任关系，这种个体也能建立保护带，以在日常生活的实际行动中‘过滤’掉许多普遍威胁到自我完整性的威胁”，“个体能够把完整性作为有价值的事物接受下来”。② 这样，信任通过本体性安全感与个体认同建立稳固的联系，参与个体认同的构建。

3. 现代社会信任对于个体认同的规定

社会形式作为人与人的联结方式，需要基本的社会信任来维护和促进它的存在和发展，这是由信任的本质和功能决定的。每一种社会形式都是一种社会关系的人文类型，它的本质决定了人与人之间社会联结的基本方式，同时形成了独有的“人们普遍秉持或普遍遵从的一种人际关系的对待方式”，即“关于如何形成人们之间的信任、维护或保护这种信任的基本形式”③。尽管现代社会形成了“有机团结”的社会整合方式，社会的系统性更强，这非但不意味着信任已经不那么重要，反而凸显了

---

① ［英］安东尼·吉登斯：《社会的构成——结构化理论纲要》，李康等译，中国人民大学出版社 2016 年版，第 46 页。

② ［英］安东尼·吉登斯：《现代性与自我认同：现代晚期的自我与社会》，赵旭东等译，第 59、60 页。

③ 马俊峰等：《当代中国社会信任问题研究》，第 80 页。

信任的意义。什托姆普卡系统地分析了这种状况存在的原因："我们生活于其中的这个世界受到有目的的人类行为影响的范围不断增长"，"越来越多的人对未来采取积极态度"，"我们已经从依赖命运的社会发展到由人的行动而推动的社会"；"在每一个社会中角色、功能、职业、特殊兴趣、生活风格和品味的分化和特殊化已经达到很高的程度"，"社会内部的合作与社会之间的合作一样正变成一种迫切的需要、一种严峻的挑战"，"但也是充满不确定性"，"我们的世界已经变得非常相互依存"；"劳动分工采取的极端形式，以及角色的巨大的分化和分割"，"使承担角色义务的行为比以前更不可预测"；"文明和技术的发展除了带来不容置疑的好处之外，也可能产生损失惨重的失败和有害的影响"，"我们自己的创造物非预期地转过来反对我们自己"，"社会生活充满着我们自己创造的和不断扩展的新威胁和新危险"；"在生活的所有领域（例如：消费、教育、劳动、闲暇）潜在选择的范围是巨大的，人们面对的可能越多，他们最终做出的决定越不可能预测"，"我们拥有的是选择数量不断增加的世界"；"制度、组织和技术系统的复杂性，以及它们运作的全球化程度的不断增加，使它们对普通大众来说是难以理解的，而且对于职业的专家来说也是如此"，"好像我们面对的是一个巨大的黑箱，我们的需要和利益越来越依赖它的正常运行"；"公共机构和组织的管理者、技术系统的操作者、商品的生产者、服务的提供者，我们几乎全不认识"，"我们也没有能力去影响、控制或监督他们的行动"，但是"我们却非常依赖他们正在做的事情"；"在我们的环境中陌生的、不熟悉的人不断增加"，"我们遇到陌生人，甚至有时被陌生人所包围"①。信任俨然已是现代社会无所不在的人们的迫切需要，因而是现时代"软的文化变量"，现代文明发展程度的一个指示器。

个体认同以信任为基础、前提和条件，它的形成、发展和实现受现代社会的信任所规定。"规定"是客观环境、客体作为外部力量、尺度对于人、主体的对象性活动的不以其意志为转移的约束，它使人的活动不得不面向客观环境和客体，服从于它们的现实性和规律，表现为给人、主体的思想和行为设定先决条件和划定界限。现代社会信任以其特有的

① ［波兰］彼得·什托姆普卡：《信任——一种社会学理论》，程胜利译，第14—18页。

性质和基本功能把个体认同与现实社会紧密联系在一起，对个体认同的规定表现在以下三个方面。

首先，个体认同以“物的依赖关系”为社会基础。现代社会中的个人摆脱了“人的依赖关系”，人的关系“表现为生产关系和交换关系的纯粹产物”，“活动的社会性质，……表现为对于个人是异己的东西，物的东西”，“在交换价值上，人的社会关系转化为物的社会关系；人的能力转化为物的能力”[①]，因而是“物的依赖关系”。“物的依赖关系”是现代社会物质生活条件的核心，这使人对人的信任需要转向人对物的信任的需要，人对人的信任关系体现为人对物、物的关系的信任关系。“物的依赖关系”是发生在物质生产和物质生活中的社会关系，是依据人的劳动能力和生产分工建立的人与人之间的劳动关系，关系到人的物质利益和社会地位，因而也是一个人社会关系体系的核心。个人通过“物”建立社会联系，对物、物的关系的信任建立不起来，将无法展开其社会关系，发展其社会本质和体现其社会价值；物的背后是人，物的关系是人的关系，人对人的信任建立不起来，人对物、物的关系的信任也就建立不起来。“物的依赖关系”是物化的社会关系，个人以其“物的能力”体现社会能力，以其“物的独立性”体现自主性和自由，因而他的“物的依赖关系”所达到的界限和水平，是他实际地占有、支配、享用社会资源所能达到的界限和水平，他对物、物的关系的信任所达到的界限和水平一般不会超出他的“物的依赖关系”实际达到的界限和水平。也就是说，“物的依赖关系”决定了一个人的个体主体性的状况，因而也是个体认同的界限和水平。

其次，现代性对个体认同起基本的规制作用。现代性是现代社会生活或组织模式，与现代社会具有内在同一性，是现代社会核心价值体系的体现者和实现机制，也是使现代社会成其为自身的本质规定性。现代性由现代社会的生产力所决定，为国家的上层建筑所保护和推动，这意味它不仅在社会关系中最具权威性，而且具有把社会成员联结起来，整合为一个有机整体实现现代社会存在和发展的功能。现代性的性质和功能使其成为社会成员信任的对象，社会成员则通过信任现代性而建立各

---

① 《马克思恩格斯全集》第30卷，第115、107页。

种社会关系，实现对社会劳动、社会关系的依赖。传统社会以自给自足的自然经济为基础，社会同质性程度高、社会分工极不发达，社会交往空间狭小，社会流动性极差，社会成员长期共同生活、彼此熟悉，“在这种生活条件下，人们的交往基本都是面对面的直接交往，进行交往的对象也多是有一定关系的比较熟悉的个人，这就规定了传统社会的信任只能是一种人格性的信任”①，这种信任主要以社会成员之间的血亲关系以及一定的情感、舆论和习惯为基础，依靠被信任对象在其生活环境中的诚信品质来维持和保障，因而在本质上是对人的依赖关系的信任，其特点是，社会成员在他的生活圈子之外，与陌生人交往、打交道时，既不信任他人也不被他人所信任。在现代社会，每个社会成员为了实现自己的利益而与他人交往，而且其利益都是通过其他社会成员的付出、承担义务、履行承诺来实现，因此，人与人之间的信任有着完全不同于传统社会的基础和机制。

在现代社会，由于以最小成本换得最大利益的效益原则的作用、社会成员的能动性以及社会联系的普遍性，社会成员之间的信任，不是对他们之间的具体关系、具体对象、具体行为的信任即对具体人的信任，而是对社会成员的思想和行为起规范作用的根本力量的信任。这种信任的对象只能是由国家力量保障的货币、法律体系、专家系统和社会角色等要素构成的现代性。现代性涵盖了个人社会生活的基本规则和原则，个体是在现代性中从事社会劳动生产、进行消费活动和社会交往的，也是在现代性中参与社会生活、享有权利和承担社会责任的，因而现代性是个体认同最重要的社会条件。哪些现代性促进了个体认同的发展，取决于个人、个体信任了哪些现代性；哪些现代性阻碍了个体认同的实现，在于个人、个体反对、排斥了哪些现代性。而个人、个体信任了哪些现代性，决定了他们认同现代社会的哪些内容、服从社会的哪些规范。信任就以这种方式规制了个人、个体，从而主导了个体认同的领域、方式和路径。

最后，民主法治为个体认同的实现提供制度保证。现代社会中的信任是普遍信任。工业化生产、分工生产体系、市场经济使得现代社会中

---

① 马俊峰等：《当代中国社会信任问题研究》，第 87 页。

的社会成员之间不得不发生各种社会关系。每个社会成员以劳动者、消费者的身份存在于社会生产、生活系统，分工劳动使他们的劳动都是社会总劳动的一部分且向社会提供某种产品；每个社会成员都是有多方面需求的消费者，其消费需求由众多商品生产者的商品来满足。随着生产的发展、分工劳动的深化、社会成员社会价值的提高和需求的多方面发展，社会成员将消费越来越多的劳动产品；无论是商品生产者所需要的生产条件还是消费者所需要的生活条件，都需要通过市场来满足。在这种情况下，每个社会成员之间发生着普遍的合作关系。

合作关系的基础和依据是信任，信任的最大成果则是信任者和被信任者之间的合作，合作的需要就是信任的需要，合作发生之处，便是信任存在之所，合作有多广泛，信任就有多普遍。在现实的合作关系中，人们面对更加复杂的状况："社会生活充满着我们自己制造的和不断扩展的新威胁和新危险"；"生活的所有领域（例如：消费、教育、劳动、闲暇）潜在选择的范围是巨大的"，"我们拥有的是选择数量不断增加的世界"；"制度、组织和技术系统的复杂性"，"当代社会的很大一部分对它的成员来说易变得难于理解"；"公共机构和组织的管理者、技术系统的操纵者、商品生产者、服务的提供者，我们几乎都不认识"，"我们的生存和幸福所依赖的那些人的行动不断增加的匿名性和非人格化"，"我们环境中的陌生的、不熟悉的人不断增加"①。种种复杂的社会状况表明，信任在人们普遍的社会交往中至关重要，且这种信任应是具有一般抽象性的普遍信任，即基于社会普遍交往需要的，不以具体的人、时间、地点、条件为转移的所有人对所有人的信任。

在现代社会，构建普遍信任的力量是什么？它只能是对所有人都具有无可置疑的约束力的一般力量，这就是法律。但是，信任是人发自内心、不被强迫的情感和情怀，是由内向外指向对象的思想和行为，这说明，信任不是法律本身的内容，而是人的"良知""良能"，在信任和法律之间需要某种中介，即使法律内化为人的"良知""良能"的体验和评价——个人对于法律的"好"的体验和肯定的评价。因此，法律作为一个社会对每个公民起作用的规范，要承担起构建普遍信任的使命，不在

① ［波］彼得·什托姆普卡：《信任——一种社会学理论》，程胜利译，第16、17页。

于它有多“威严”，而在于它平等、公平地反映、代表和促进每个社会成员的利益与社会的共同利益，因为只有这样的法律才具有权利和义务对等、相互支撑的性质和意义，也只有这样的法律才会成为每个社会成员“愿意”而自觉“遵守”的行为准则，也才能“内化”为社会成员的“良知”“良能”。法律“平等、公平地反映、代表每个社会成员的利益和社会的共同利益”这一本质并非本来为它本身所固有，而来源于广大社会成员以主体身份——既为个体又为社会主体的有机成分平等地参与社会管理的体制，即民主制度。

民主与法治是内在统一的，法治是民主的根本保障，民主则是法治的精髓。现代民主的根本是“人民当家做主”，因而是政治文明的重要标志，表明在社会共同体内部，人们平等地结合，享有共同的权利和承担与之匹配的责任。民主原则是主体性原则，民主制度是保障人们当家做主的根本路径，没有政治上的民主，就不会有体现全体公民利益的法律，法律也就不会成为全体公民维护、发展自身权益的保障。法律不能为维护公民的权益承担责任，就不能平等地对待每个公民，也就没有法治可言。同样，法治社会建立不起来，法律就不能保证在任何情况下都能以全体公民的利益为根本，满足每个公民的基本社会需要，其中就包括国家不能取信于民，也不能满足社会成员对于社会信任的基本需要。法律不能满足每个公民的基本社会需要，就不会有社会成员对法律的信任；社会成员不信任法律，社会就不能形成凝聚力和向心力，就不能有社会成员对社会、对国家的信任；而没有社会成员对法律、对社会和国家的基本信任，就没有人与人之间的社会信任。

民主法治构建信任的作用还在于它对社会道德的维护和促进。依据民主制度形成依法治国的社会管理方式和体制，从而满足全体公民的共同需要，把公民利益和社会利益统一起来，就会形成社会的“良善秩序”。公民因为社会秩序具有“良善”的价值属性，而愿意和自觉地遵守法律，同时还会将其内化为“良知”和“良能”，为社会信任的确立和发展提供社会道德基础。在一个社会中，信任能够给人带来根本利益，信任就会成为人的优势选择，从而成为“社会资本”；“失信”不付出代价反而获利，信任就为人所摒弃，“信任危机”当然就在所难免。

因此，社会与其社会成员之间以及社会成员之间普遍而全面的基本信任关系的建立，在于民主与法治的统一，即实现“依法治国”的社会管理体制，个体认同所需要的普遍信任，只有在民主法治国家中才存在，在“人民主体”的国家政治制度中才能得到更好的发展。

中　　编

个体认同的一般机制

第三章

个体认同与工作、消费、社会交往和身体

个体化是现代社会的特质和个人存在发展所依赖的条件，因而每个人都有个体认同的需要。人的需要产生于人对自身活动以及外部世界的依赖关系，满足于主客体相互作用的对象性关系和对象性活动。能够满足个体认同需要的事物，便具有个体认同价值。个体认同作为“一个人在心理和行为上使自己成为个体从而发展个性的过程”，表达个人在有目的的对象性关系和对象性活动中个体主体性、个体性自我与个体人格的自觉意识和建构。具有个体认同价值的事物，无疑是要在个体的特质的形成及对象化方面具有肯定性的作用。价值是主客体关系中“客体的存在、属性和合乎规律的变化与主体尺度相一致、相符合或相接近的性质和程度”①，有目的的对象性活动是作为主体的人通过与自身以及外部世界建立对象性关系满足自己需要的活动。个人在追求自己目的的对象性活动中成为现实意义上的人。马克思指出，“对象如何对于他来说成为他的对象，这取决于对象的性质以及与之相适应的本质力量的性质；因为正是这种关系的规定性形成一种特殊的、现实的肯定方式”，因此，“人不仅通过思维，而且以全部感觉在对象世界中肯定自己”②。对个人而言，有目的的对象性关系和对象性活动也是他的客体，因而是个人自我认同的基础。现代社会个体化条件下个人的生存之道是，以劳动能力进入到

① 李德顺：《价值论》，第 79 页。

② 马克思：《1844 年经济学哲学手稿》，中共中央马克思恩格斯列宁斯大林著作编译局译，第 86—87 页。

社会总的生产体系中，从事某种分工劳动，创造劳动产品，在市场中换取交换价值，再以交换价值在市场中获取物质生活条件，满足自身存在和发展的各种需要。因此，个人生活过程的基本内容和形式是工作、消费、社会交往以及身体的消费和生产，个人在这个过程中被社会要求作为个体而存在，以个体这种存在方式实现自身的存在和发展并确证自己是个体。因此，个体认同的实质性过程发生在个人的现实生产和生活活动中，真正实现于以个体身份展开，以身体为载体或目的的工作、消费和社会交往的生存活动中。工作、消费、社会交往和身体作为个人存在的基本形式，使个人成为个体，确证自己是个体，因而具有个体认同价值。本章分别研究工作、消费、社会交往、身体等在个体认同中的独特作用。

一 工作:个体认同的本体

劳动是人的基本存在方式，是使社会和个人成其为自身的本体力量。在现代社会生产关系中，个人的社会劳动转变成为工作。工作在现代社会是个体“根本性”的活动。工作社会学的理论指出：“工作仍然是身份的重要基础之一。工作可能是一个人自我发展的舞台，社会关系联带的来源、地位的决定变量，以及意识的塑造者。由于这些原因，人们与工作的关系，可以促进他们的自我意义以及他人对于他们的意义。”① 工作作为个人谋生和自我实现的手段，不具有直接的外在强制性，而源于个人自己生活的驱动，因而属于积极生活的内容，与个体认同紧密联系在一起，不仅具有个体认同价值，而且是个体认同实现的最重要形式。工作的现代性赋予了个体认同最深刻的本质和特性，同时也向个体认同提出了挑战，如何应对这些挑战，需要深刻的理论反思。

（一）工作的个体认同价值

现实生活中，绝大多数人的个体认同是依靠工作来实现的，工作处

---

① ［英］马立克·科尔钦斯基、［美］兰迪·霍德森、［英］保罗·爱德华兹主编：《工作社会学》，姚伟等译，中国人民大学出版社2012年版，第233页。

于他们生活的中心，并依靠工作独立生活，这说明工作具有个体认同价值。工作“是人类通过劳动分工而进行的、有组织的、以获得劳动报酬为目的的生产活动”，简单地说，是有工资的劳动。“‘工作’的概念，是随着工业化生产和现代劳动组织的出现而产生的”，它表明“广义上的劳动变成了狭义的有酬劳动，变成了一个在社会组织中从事的劳动，即雇佣关系和经济交换关系建立后的劳动”①。工作体现了现代社会个人劳动与社会劳动的间接社会联结方式，它在本质上是现代社会条件下个人参与社会总生产的基本形式，因此，工作的更抽象表述是：“人们为了自己在这种更大的生产与交换系统中获得物质和社会支持而参与的各种活动”②。工作对于个体认同的作用主要表现在三个方面。

1. 工作奠定了个体自主生活、个性发展的基础

工作对于个体的这一价值主要是因为它是以货币作为回报的有酬劳动。“劳动成果可以体现为货币，并用货币来支付，这种特性历来被看做人身自由的一种手段和支持”，西美尔以一系列的历史事实论证了这一结论，由此支持了他的观点：货币经济支撑了“倾向于强调最具个体性的东西，趋向于人的独立性和他们发展的自主性”的现代文化的这一方向，“能够为个性留有最大程度的余地，使个体化和自由成为可能”③。以商品交换的形式表现出来的普遍的劳动关系是一种以货币权力为纽带的社会关系，人们对于社会劳动的依赖关系表现为对货币的依赖关系，从而把其生命对于自身活动以及外界环境的依赖体现为对于货币的依赖，也使货币成为个体生活的基础。货币作为物质财富、交换价值，是一种带有“意向性”的工具，承载着人的意志，它的种种功能代表着货币所有者的各种社会权力和社会联系的创造能力。马克思说：“每个个人行使支配别人的活动或支配社会财富的权力，就在于他是交换价值的或货币的所有者。他在衣袋里装着自己的社会权力和自己同社会的联系。”④ 铁的事实是，在消费社会中、在琳琅满目的商品世界里，货币具有转换时空、转

① 袁方、姚裕群主编：《劳动社会学》，中国劳动社会保障出版社 2003 年版，第 2 页。

② ［英］马立克·科尔钦斯基、［美］兰迪·霍德森、［英］保罗·爱德华兹主编：《工作社会学》，姚伟等译，第 129 页。

③ ［德］西美尔：《金钱 性别 现代生活风格》，顾明仁译，学林出版社 2000 年版，第 6 页。

④ 《马克思恩格斯全集》第 30 卷，第 106 页。

换为各种商品的超越性能力，它不受限制地向人们提供消费各种使用价值的可能性，不断地把人们对于生活的意志变成现实，并把这种状况推向未来。因此，货币作为个体生活的基础，蕴含着个体生活的多种可能性与自我选择，以及把它们变成现实的能力。工作作为货币的最基本来源，对于绝大多数人而言，一份工作就是一定的货币收入，就是对这些货币的所有权和支配权，货币进入到消费过程，就是自食其力、自主生活，就意味着个体的行为和思想的社会自由，以及对社会资源的支配和占有，而这正是个人对自己个体身份的社会表达。

2. 工作具有社会价值标示作用

工作的这一作用首先来自它作为职业劳动在社会分层中的重要意义。工作的类别便是各种职业。现代社会中，职业是一个人占据的最重要的社会位置，工作的职业特质对于从事不同职业工作的个体具有社会价值标签的意义，正如社会学指出的那样：职业综合地反映了“人们的生活方式、经济状况、文化水平、行为模式和思想情操”，是“一个人的权利、义务、权力、职责，从而是一个人社会地位的一般性表征”①。现实中，职业为我们知道一个人是什么人提供最好的线索。职业的社会分层作用主要基于以下几个原因：一是不同的职业占有不同的社会资源，具有不同的社会功能，对社会的存在和发展、对于社会生产具有不同的价值，这形成了各种职业在社会组织的权力结构中地位、占有社会财富状况、享有社会声誉等方面的差别；二是工业化以及相应出现的大规模的职业专业化带来的劳动过程的分解，使工作的职业特征变得更加抽象，工作组织内等级森严的权威制度独立于个人而存在，职务头衔成了个人在科层制中地位的标示，理性化的组织管理以个人的能力特长、功绩为基础把人们分派到各种职位中去，职业地位与个人的所有属性显现出高度的相关性；三是各种职业的技术复杂程度不同，对劳动者的受教育程度、专业技能和素养及其水平等的要求也就高低不同，这些高低不同的要求体现为高低不同的职业标准，其背后是从业者社会化程度、个人付出状况的显著差别，这些差别往往是社会给予社会成员不同地位和荣誉的关键性价值指标；四是不仅对职业地位和声望起决定作用的“收入”

---

① 刘艾玉编著：《劳动社会学教程》，袁方审订，北京大学出版社 1999 年版，第 58 页。

“财富”“权力”和“声望”等要素与职业劳动紧密相关，而且许多社会地位资源，如名誉、文化教育培训、人际交往、晋升机会、发展前景、社会责任、权利等等，一般只向从事某种职业的人开放，这使这一职业的从业者获得了与他所从事的职业相匹配的收入、财富、权力和声望，并由此在社会价值结构和社会评价体系中居于确定的位次。工作的社会价值标示作用还来自它的社会性质。工作的社会性质使之成为现代社会最具有社会符号意义的个体活动。工作是社会分工在岗位上的劳动内容、社会生产体系中的一个部分，同时与社会生产体系一起成为社会结构中的有机内容，分别与社会生产和社会组织结构构成价值关系。每一个工作岗位都处于劳动评价体系和社会评价体系之中。工作表明生产关系中劳动者的地位和作用，以及由这一地位和作用决定的个体作为社会成员在社会关系中的地位和身份。有没有工作、有什么样的工作获得社会评价，在工作中的作用如何获得劳动评价，二者都是社会评价个体的最重要尺度。工作不仅表明个体对于社会总劳动的价值，也表明个体以劳动创造自我的价值，是个体综合价值的重要表现形式。个体选择工作作为过活的方式，并不仅仅因为工作能给个体一条活路，还因为工作是个体实现人生社会意义最有价值的舞台。现代社会需要人们工作，需要工作成为个体的必然选择，一定会把工作变成个人的一项基本权利和义务，再通过各种机制给予劳动者各种待遇、荣誉、福利、保障，使工作成为个体最具价值的人生选择。工作本身就是以劳动力为核心的社会价值体系，不仅提供个体实现社会价值的途径，而且也是一个独立的价值评价系统。在这个价值评价系统中，劳动能力成为用人单位对于个人的评价标准，评价的结果既包括收入，也包括职位、荣誉等。与此同时，工作也是社会评价个体的最重要的价值标准，个体在工作中取得的一切利益都将在社会评价中成为一个重要尺度，这主要是因为，工作是经济独立的唯一途径，工作既是个人开始独立的重要标志，也是其人格独立的基础。

3. 工作是个体本质力量现实化的活动

工作是社会分工在岗位上的劳动内容，具有“按照任何一个种的尺度来进行生产，并且懂得处处都把内在的尺度运用于对象”的特征，因而是人的本质对象化的活动，劳动者在其中“使自己二重化”和“直观自身”。个体在工作岗位上从事分工劳动，在技术上与劳动对象形成主客体关系，同时与现实的社会和现实的人形成生产的社会联系——劳动关系以及主体间的关系。个体胜任一项工作，一方面表明他是他具体工作过程的主体，实现了他的劳动能力的对象化；另一方面表明他在生产关系、劳动关系中实现了他的经济利益的同时也实现了工作单位以及其他劳动者的经济利益，体现了他的主体间性的对象化。在这个过程中，个体也创造了自身，一方面，劳动过程把个体与劳动资料、劳动对象等客体紧密结合起来，个体在作用于客体的过程中，客体的属性、本质等规定性同时也作用于个体，个体意识到要按照它们的要求，主动地向着它们的方向发生改变，掌握劳动的知识和技能以及技术规范；另一方面，个体在生产关系、劳动关系中成为主体的同时也要把自己变成客体，因为工作是社会分工体系下的劳动，这种分工体系是劳动者的工作得以进行的社会框架，每个工作岗位上的劳动者之间的互动都要受到这个社会框架中的各种规则的制约，为此，劳动者要积极实现劳动的社会化，了解工作环境的文化，遵守劳动规范，服从组织的总目标和合法性权威，顺应工作的要求，将职业角色内化为自己的思想和行为，把自己变成一个具有组织行为特征的劳动者。因此，个体在工作中要发挥主体能动性对自身进行改造，从而确证自己的个体本质，实现个体本质力量的现实化。

（二）工作是个体认同的最重要形式

个体是一个生存论意义上的存在，个体认同是一个综合性的过程，凡是能够满足个体认同需要的事物都具有个体认同价值，比如消费、身体、工作等等。但是它们的个体认同价值，在个体认同中的地位和作用有所不同，其中工作是个体认同的最重要形式。

1. 工作是在本体意义上把个人变成个体的方式

个体和工作同为现代社会工业化生产、社会生产分工和专业化劳动以及由此决定的市场经济的产物，是现代社会的基本结构、组织方式、运行机制的不可分割的组成部分，彼此间存在着本体意义上的关联。现代社会的生产力结构仍然是“劳动者—劳动资料—劳动对象”，虽然劳动资料以机器为主，且机器的科技化、智能化程度越来越高，对生产率的贡献越来越多，但是劳动者作为直接生产过程的主体这一状况并没有改变，没有一定数量的劳动者将无法维持社会正常生产，社会难以为继，这决定了现代社会存在着把个人变成劳动者的客观需要。不仅现代社会的工业化生产、社会分工劳动是个体形成的源头和根据，而且它的生产关系通过市场经济的交换制度对于“物的依赖关系”的锁定作用，使个人劳动与社会劳动的关系以商品交换的方式体现出来，这决定了工作必然会成为个体存在和发展的客观需要。一个社会只有把个人变成劳动者才能保证其存在和发展时，就会通过国家力量从制度上使工作成为最具确定性的、最可以期待的价值选择，由此，工作之于个体，便成为一条最具社会合理性的“活路”。工作的社会合理性表明，工作把个体对于自己的依靠通过市场转化为对于整个社会的全面依靠，从而把个体这一社会身份建立在社会的基础之上，使个体借助于社会的力量超越自身有限性和未来的不确定性限制，获得存在意义上的安全感。这就在本体的意义上使工作成为个体认同的最重要形式。

2. 工作是真正创造个体社会本质的基本力量

生产活动是社会得以存在和发展的基础，也是形成社会结构和整体社会关系的根据，除了血缘关系，人们往往通过生产关系或者在生产关系的影响下建立和发展具体的社会关系。现代社会的“物的依赖关系”就是一种生产关系，这种关系同时决定或深刻影响了其他社会关系，包括家庭关系、婚姻关系以及其他社会交往关系，塑造了个体的社会本质。工作对社会关系建构的主导作用，也是个体建构其社会关系的基础和核心。工作中的关系通达社会其他关系，借助于工作，个体进入到政治生活和社会生活中，进入到社会关系中，获得政治的和社会的权利，进入到现代社会结构的基本价值体系中，享有社会资源、社会地位。工作创构个体社会本质的作用主要表现在三个方面：一是个体只有身处于劳动关系中，才能真正进入到主流社会关系体系、主流社会价值评价体系之中，从而享有劳动的权利与责任、职业的价值与意义，接受工作这一社会价值评价体系的评价，获得由劳动决定的社会地位、权力、角色和与劳动类别及其社会价值次序以及业绩相对应的社会认同；二是个体通过工作建立具体的社会关系，进入到劳动的社会化过程中，被劳动同化而带有劳动赋予的独特社会性，由一个普通人转变成为一个能够适应一定社会和时代文化、掌握社会所需要的劳动技能和必要的劳动规范、胜任劳动任务的劳动者，从而将职业角色内化为个人价值；三是个体在其工作中，以自己的劳动能力以及他的劳动对于社会劳动的依赖关系为基础，建立各种社会关系，“在产生出个人同自己和同别人的普遍异化的同时，也生产出个人关系和个人能力的普遍性和全面性”，从而在劳动中获得新的人性特质。

3. 工作构建了个体的生存结构

所谓生存结构，指的是由人满足生活需要的各种要素及其联系构成的系统。个体的生存结构是指，个体意识到了自己作为主体的生活权利和责任，以个体的需要、规定性和现实能力等为尺度，自觉地与自己的活动、与外部世界建立起对象性关系，形成了由个体及其生活资料、生产资料、生活活动、社会关系以及生活的意义、样式、原则、规范等诸多要素构成的生活世界。个体的生存结构是个体按照其“主体尺度”构建的，具有“为我而在”“为我所用”“为我而尊”的价值合理性以及“自组织”“自调节”的自觉性特点，因而是建构性的，它从个体生命生理的、社会的和精神的基础出发，在个体与对象世界的交互作用中不断修正、完善和发展。任何与满足个体生活需要相关的因素，与个体的思想、行为方式相关的关系，都可能改变个体的生存结构。对个体而言，工作与不工作的生存结构是完全不同的，有工作没工作、有什么样的工作都会导致不同的活法，这足以说明工作建构个体生存结构的巨大意义。工作对于个体生命时空的占有，工作所具有的社会特性、职业特性对于个体的同化，工作对于个体脑力和体力的付出要求，工作方式和场所对于个体社会交往的限定，工作的价值秩序以及评价体系的激励与压力，都会改变个体对于生活意义的理解和对于生活的规划、自我认知以及需要、思想和行为的结构与偏好、定势。工作进入到个体生存结构中以及工作所引起的个体的主体性因素的变化，不仅会使个体生存结构的要素发生变化，而且也会使不同要素的重要性以及相互关系发生变化；不仅改变了个体生存结构的基础，而且主导了个体的存在方式和生活内容；不仅塑造了个体生存结构的动力机制，而且赋予了个体独特的社会存在感和丰富而深沉的生命体验。因此说，工作对于个体生存结构的改变是根本性的。

（三）工作认同对于个体认同的意义

一个人从事一份工作，就有可能被工作所同化，即以工作作为自己的存在方式，把工作的基本要求内化为思想和行为的自觉，与工作、工作组织建立起一种依赖关系，这就是工作认同。工作是个体在社会分工体系下从事的具有一定稳定性的有酬劳动，既是一种劳动，也是一种职业，又处于社会生产关系体系之中，因此工作认同主要表现为劳动认同、职业认同和社会生产关系认同。劳动认同主要是指劳动者对其工作岗位上的劳动内容、方式、脑力和体力的付出、技术要求等的接受和认可，对其从事的具体劳动持有兴趣、热情，在劳动中充分发挥聪明才智、主动性和创造性以及享受喜悦和快乐。职业认同是指劳动者对其工作的职业特质、职业角色、职业地位、职业声望、职业活动的社会价值、职场规则与环境等的接受和认可，表现为良好的职业道德、职业素养、职业意识和对职业所确定的社会群体、阶层的归属以及以职业为界定尺度的"我群意识"与"阶层意识"的形成。社会生产关系认同指的是劳动者对其工作中的劳资关系或劳动关系、分工合作关系和分配关系以及生产过程发生的人际关系的认可，既表现为对就业制度、工资制度、保障制度等劳动制度以及劳动评价体系的接受、赞同，也表现为对自己的工资待遇、劳动保障、福利待遇的满意以及为生产服务的各项具体规章制度的认可。

以实现个体认同为目的的工作认同，建立在工作对于个体的肯定性价值事实的基础上，是个体尺度与工作达成一致的结果。个体通过工作来实现自我认同，以工作来满足个体认同的需要，就是个体与工作形成内在的契合，以工作为手段、方式来建构、确证个体自我和个体人格，在工作中实现个体的对象化。因此，个体认同必定要以工作认同为基础，且转换、体现和表征为工作认同。而工作认同作为个体价值选择的肯定性结果，不仅是个体认同的表现形式，也是个体认同的现实成果。工作是现代社会整合和控制的一种完备形式和强大力量，个体工作认同的实现意味着个体认同进入到了由工作主导的认同模式中。工作以绝对的优势和地位塑造了个体认同的机制，个体主体性内外延伸的领域和内容、个体自我的社会性内涵以及自我实现的整体图景基本上以工作为核心建构和展开。

1. 工作认同使个体认同深入到由工作构建的社会结构中，在劳动组织和劳动关系、职业活动以及生产关系之中确证和发展个体主体性

“独立地承担起生活的责任”“自己养活自己”是最初也是最终把个体和工作联系起来的主体性力量，人们工作始终会有的一个目标和尺度就是成为个体，这就是工作的个体尺度。个体尺度在工作中发挥作用，如果实现了对象化，一方面是个体认同的实现，另一方面必定体现为工作认同。工作认同把个体认同的根基建立在工作上，把个体尺度与劳动者的权责结合起来相互作用，个体主体性向劳动过程、职业活动、生产关系转移，向职业选择、职业流动、职业行为、职业角色延伸，工作场景、职业身份、职业规范、职业期待则向个体主体性转化。个体认同与工作认同的紧密关系，不仅使个体主体性建立在个体劳动贡献的基础上，与个体的工作单位形成依赖关系，带有由工作决定的内容和特质，如它所依赖的社会信任表现为劳动信任，它的本体性安全来自以劳动者为核心尤其是秉持“按劳分配”原则的“社会正义”，对劳动者权益的支持和保护的法律、职业制度以及以劳动为基础的基本社会保障，而且使个体劳动有了内在的目的性，从而把个体有尊严的和幸福的生活建立在工作的基础之上。

2. 工作认同构建了个体自我的社会性内容

关于“自我”的理论研究指出，“在一个人的生平中，他们不得不投入不同活动的‘使用时间’，将会凸显其人格‘发展的根本法则’”，“人们的生活中有哪些实际条件，既为自我发展提供了条件，又由于人们生平中各项活动与时间的结构而限制了这种发展”①。工作作为个体的社会性日常活动为个体自我的社会性内容的形成和发展创造了基础。工作对于个体自我的作用体现为工作认同把个体工作的物质条件同化进个体的自我结构。工作认同不仅形成、改变个体对自我的认知，对世界的看法，而且使个体在工作的视域下重新审视自己在世界中所处位置、与世界的关系。于是，个体在观念中建立一个新的自我，并且在现实中将它对象化，因此，个体自我的形成和发展在相当程度上有赖于个体的工作认同。

---

① ［英］伊恩·伯基特：《社会性自我：自我与社会面面观》，李康译，第181页。

个体自我的诸多内容，在工作之后会发生实质性改变。个体以工作为自己的存在方式，就不得不工作挣钱，不得不花费大部分时间在工作上，个体的能力、技能、素质、知识和自我认同就不得不与工作及其认同发生密切关系。不仅个体作为劳动者的身份认同、集体认同会成为个体自我认同的重要资源，来自劳动组织的价值评价、职业名誉和地位也将对个体的自我认知产生深刻影响，更为重要的是，工作认同对于个体自我的作用，不仅在于个体靠什么谋生、挣多少钱，更在于工作作为主要力量界定了个体的社会空间及其在其中的地位以及事关社会互动的绝大多数要素，从而成为个体自我构建的最重要维度，而且工作岗位的管理者也提倡、要求个体把工作视为自我形成和自我表现的舞台。这一作用的现实表现就是，"如果我们搞清楚某人与就业市场的关系，就会了解他们生活的大部分时间所从事的活动，他们所具有的技能和能力，甚或是他们的兴趣爱好，以及这人可能赚多少钱，他们属于什么社会阶级，社会地位又如何，有怎样的生活方式"，"它能告诉我们有关此人特性/身份/认同的许多重要事情，以及他人会以怎样的方式，对他们做出观察、判断和评估"[①]。社会学的学者们"在几个国家对不同产业部门进行的长期时间序列研究和横截面研究都发现"，"工作条件对成人的'价值、自我——观念或概念、社会现实的取向、认知的技能'都具有重要的影响"，一些人"常常渴望诚实而稳定的工作"，是因为"他们认为参加这些工作可以获得尊敬"和"充分参与社会的意义感"，而那些"处于劳动力最边缘"的人，"最后都会丧失自我感与别人对他的尊敬"[②]。

3. 工作认同影响了个体的生活规划、生命样式和生活意义的选择

"想要将人的全部生活都维系在一套理性工作规划中的欲望，扩散到了生活的方方面面"[③]，已经成为现代社会的一种普遍性伦理。这一普遍性伦理即使不是新教精神世俗化的结果，也将在现代社会的根本原则中确立起来。生活规划、生活意义和生活方式的选择主要取决于主体身处

---

① ［英］伊恩·伯基特：《社会性自我：自我与社会面面观》，李康译，第173、174页。

② ［英］马立克·科尔钦斯基、［美］兰迪·霍德森、［英］保罗·爱德华兹主编：《工作社会学》，姚伟等译，第236、237页。

③ ［英］伊恩·伯基特：《社会性自我：自我与社会面面观》，李康译，第27页。

于其中的现实价值关系和主体的内在尺度。工作在满足个体收入、财富、荣誉、社会地位、权力、情感以及社会保障、保险等需要方面的绝对优势，使其成为个体确证自身的最可靠力量和个体生活的最重要支点；对工作认同有相当依赖关系的个体自我是个体人生选择的主体尺度，因此，绝大多数的个体的生活规划、生活意义、生活方式的选择以工作为中心展开，这不仅体现为个体的人生理想中包括渴望一份稳定而满意的工作，也包括在工作中取得更大的成绩而证明自己的人生价值。工作认同对于个体生活规划、生活意义、生活方式的选择的意义，体现为个体依据工作想像自己能成为什么样的人、愿意成为什么样的人，即形成关于个体未来的想像。康德说："想像力是把一个对象甚至当它不在场时也在直观中表象出来的能力。"① 个体基于工作认同对未来的想像使工作在个体的观念中获得了与其未来相关的深远意义，以及在个体自我的现实和未来之间建立起"同一性"。个体得到一份工作，就得到一份生命的安全感和若干人生希望，而不能拥有或丢掉一份工作，不仅会让人产生无力感，也会引发一场生命意义危机或认同危机，因为个体将无法确知自己如何展开未来。

（四）工作的现代性及其对个体的三个重要影响

工作对于个体认同的作用还深刻地体现在工作的现代性对个体的影响上。所谓工作的现代性，指的是现代社会得以存在和发展的物质生产条件、制度和基本精神体现在工作上的社会性内容、特质，表现为社会生产的物化、市场化、组织化和技术化条件下的工作的社会性：以商品交换的形式来表现普遍的劳动关系，个人劳动对于社会劳动的依赖关系表现为对劳动产品的共同代表货币的依赖；通过市场经济来配置社会资源，劳动力成为商品，且每个人都是商品的生产者和交换者，人们的各种劳动以及由劳动决定的社会地位在质上是平等的，人们以所有权为基础的交换行为以及由此决定的交往关系是自由的；所有的工作者共处于社会分工体系中，依照规则和制度各居其位、各司其职、各尽其责、各得其利，协调统一于共同的目标；劳动岗位多样化，专家系统在生产中

① ［德］康德：《纯粹理性批判》，邓晓芒译，人民出版社 2004 年版，第 101 页。

占主导地位，智力资本、专业技术工作对生产率的贡献越来越大，知识劳动者享有较高的生产地位和价值。工作的现代性对个体产生了三个方面的影响：

1. 个体与工作的价值关系的不确定性

马克思早就指出："生产的不断变革，一切社会状况不停的动荡，永远的不安定和变动，这就是资产阶级时代不同于过去一切时代的地方。一切固定的僵化的关系以及与之相适应的素被尊崇的观念和见解都被消除了，一切新形成的关系等不到固定下来就陈旧了。一切等级的和固定的东西都烟消云散了，一切神圣的东西都被亵渎了。"① 这种不确定性不仅仅是资本主义时代的特点，而且是整个现代社会的特征。"我们被提醒，唯一持续、恒常的就是变迁——无休止的和无情的变迁。为了生存，我们必须面对动荡的环境、应对猖獗的混乱、欢迎快速变迁的市场、适应高度的不确定性"②。个体与工作之间价值关系的不确定性在于决定这一价值关系的因素是多方面的，除了个体自身力所能及的努力之外的那些因素都不能掌控在个体手中：尽管社会要求每个人作为劳动者自己养活自己，但是，个体能否找到工作或者不失业，取决于个体的劳动能力是否为社会所需要、是否具有一定的市场竞争力；经济收入直接与个体对于用人单位的效用、贡献的大小相关，享受的福利待遇、所处的工作环境取决于用人单位在社会总生产体系中的地位、创造的经济效益状况，但是用人单位的命运并不掌握在它自己的手中，尤其是提供物质产品和服务的企业的生存状况、获利情况深受社会总的生产条件和市场状况的影响；个体的职位、职称、职务及其升迁以个人的劳动能力和贡献为标准，但是却处于社会评价和用人单位的评价体系之中以及科层制的管理体制当中，深受各种人际关系的作用；科技进步应用于社会生产对劳动者知识和技能的专业化要求越来越高，个体可以发挥其主体作用提高专业知识和劳动技能水平，但是总有他无能为力的时候，而在经济重构、生产方式与组织形式变迁的情况下，工作单位会采取一些灵活性策略，

---

① 《马克思恩格斯文集》第2卷，人民出版社2009年版，第34—35页。

② 转引自［英］马立克·科尔钦斯基、［美］兰迪·霍德森、［英］保罗·爱德华兹主编《工作社会学》，姚伟等译，第246页。

比如减员、转岗、减少对劳动者的责任，等等，个体将面临失业、工作与职业不能连续和失去更多劳动报酬与保障的境况，尤其还存在着一种不可避免的趋势，即随着社会分工体系更加精深的专业化发展倾向，每个劳动者将越发处于更广泛的劳动协作和利益关系之中，他的作用可能更加不可缺少，但是他的地位却可能日趋微不足道，因此，大多数劳动者并不能清楚地预见自己未来的工作价值。

2. 工作在个体身上体现悖论性关系

悖论性关系是指人们需要得到的价值总是和他不想要的价值纠缠在一起的关系。工作在个体身上主要有三种悖论性关系：首先是自由和束缚的关系。工作是劳动者的主观力量、劳动能力的对象化，是客体主体化的活动，也是在总体生产关系条件下创造社会关系的过程。在现代社会的组织方式和制度之下，劳动者不仅在具体的工作过程中，在职业社会化、职业选择和职业发展以及获得劳动收入、权益方面发挥主动性、能动性和创造性，更是随着劳动经验、知识、技能的获得而在生产关系乃至社会关系中享有自由。但是，工作也不可避免地束缚着个体。马克思指出："交换价值作为整个生产制度的客观基础这一前提，从一开始就已经包含着对个人的强制，个人的直接产品不是为个人自己的产品，只有在社会过程中它才成为这样的产品，因而必须采取这种一般的并且诚然是外部的形式；个人只有作为交换价值的生产者才能存在，而这种情况就已经包含着对个人的自然存在的完全否定；因而个人完全是由社会所决定的。"① 个体在工作中不仅受社会总的生产条件的摆布、物的关系的统治，而且也受工作的主体客体化的活动性质、社会化本质的制约。在工作中，个体既要接受社会分工、劳动资料、劳动过程、劳动组织形式、生产关系、生产评价指标体系、职业伦理、劳动规范等的制约，也要接受权力、工具理性、价值理性的规训和职业分层对于其劳动价值的排序以及社会对其所从事的工作的价值评价。从工作的自由和束缚关系来看，每一份自由都与束缚纠缠在一起，人们想要自由却不得不接受束缚，于是自由与束缚的关系就有了悖论的性质。其次是收益与付出的关系。现代社会终结了以血缘联系、种姓制度、身份规定、政治等级等带

---

① 《马克思恩格斯全集》第30卷，第203页。

有宿命的、外在于个人的因素、标准建立社会联系的原则，同时开启了以市场为纽带，在劳动能力以及个别劳动相互依赖的基础上建立社会联系的新时代。这一新的建立社会联系的价值原则是个体以工作取得社会财富、权力和声望，它在国家意志中贯彻、执行的成果，便是工作实质性地成为个体占有、享用社会资源，获得基本权益和行使社会权力的基本方式和途径。因而，收益是工作的一个特质。付出是工作的另一个特质。根据商品生产规律和价值交换规律，劳动者在工作中的收益都是通过其脑力和体力的付出得到的。与脑力和体力同时付出的还有个人的时间和空间。工作作为个体以脑力和体力从事的活动，是个体在确定的时间存在于特定的地点、场合、以某种方式与特定的人与物打交道的过程，亦即工作对个体时间和空间的占有。在工作过程中，个体还需付出自我。工作是一种社会角色，对劳动者有社会期待以及行为方式、职业规范、人格特征方面的要求，这些要求是一种尺度、标准约束着劳动者，这对劳动者而言是自我的塑造或再造。劳动者进入工作岗位，就要成为一个为劳动组织认可，具有劳动者诸种特征的人。无论个体在劳动场景、劳动者身份之外的自我如何，只要身处工作岗位，这种自我就要服从或让位于或妥协于劳动者这一身份。劳动者的收益和付出是紧密关联的，没有付出就没有收益，但是劳动者的目标是更多的收益和更少的付出，因而这一关系中蕴含着悖论性的内容。最后是主我与客我的关系。为了在现代经济中生存下去，每个人必须学会从事某项工作的技能。没有谁是天生会劳动的人，对现代劳动而言更是如此。一个人为了拥有一份满意而胜任的工作，在工作中有升迁的机会和更多的收益，让自己变成一个他想成为的劳动者，他必须成为一个客体——一个具有一技之长和持续劳动能力的人，从而成为劳动力市场中具有竞争力的人；一个人只有成为官僚体制中的一员、社会生产体系的一个要素，让他的劳动变成社会劳动、成为别人达到目的的手段，才能使他的劳动获得社会收益，为此，他必须把自己变成对他人和社会有正价值的人，也就是说，一个人越想成为主体，他必须按照社会对劳动者的要求把自己当作客体进行塑造。在现代社会的劳动评价体系中，一个人越是享有主体性，他越是要把自己变成客体，他越是对别人有用，他就越能保持自己的工作岗位、劳动效益，也就是说，在劳动价值论这个核心价值体系下，一个人越是能够在生产关系中获得利益，他越是要把自己变成客体。

3. 工作需要个体付出满足多方面需要的机会成本

马斯洛的需要层次理论指出，个体有诸多需要，比如休闲、发展兴趣爱好、学习知识、享受情感（亲情、爱情、友情等）、强健身体、游山玩水、欣赏美、提高素质、发展自我等等各种需要。从总体上看，个体有根据意愿选择工作的自由，但是，谋生的需要迫使个体选择工作的首要标准可能是工资、待遇、荣誉等外在于个体自身的因素，而劳动力市场对于劳动者知识、技能以及劳动素质的要求使个体选择工作的自由大受限制。在现实中，即使个体的主体尺度与他所从事的工作达成了高度一致，工作特有的场景、劳动资料、生产内容和方式、劳动关系等至多也只能满足个体的某些需要，而工作对于个体的体力与脑力、时间与空间、自我等身心资源的占有和消耗，则使个体在满足工作需要的同时不得不放弃许多满足其他需要的活动。因此，在现代社会中，无论什么情况，都存在着工作的机会成本，这一机会成本体现在人性层面上就是个体生命的全面性与丰富性的发展。

（五）工作的挑战：个体如何做命运的主人？

工作的现代性对个体认同提出的三个挑战在最终的意义上使“如何在工作中实现个体认同”转换为“工作如何让个体成为自己命运的主人”，最终把通过工作实现个体认同的活动指向了三个根本问题。

问题之一：如何在非确定性条件下获得确定性？

工作具有不确定性，但是个体又特别需要确定性，这将使个体把寻找确定性提升为一个至关重要的任务。工作是现代劳动系统中的内容，是在现代社会结构中进行的活动，个体认同所依赖的工作的确定性将由现代社会的基本制度、主流意识形态和组织方式提供，它们将共同构成个体认同的社会支撑体系，人们寻找工作确定性的目光最终将落在它们身上。有学者依据一些国家的成功经验认为社会认同的社会支撑体系是“社会福利系统”“社会意义系统”和“社会组织方式”①，这一说法支持

① 参见李友梅、肖瑛、黄晓春《社会认同：一种结构视野的分析——以美、德、日三国为例》，上海人民出版社 2007 年版，第 16 页。

了上述观点。个体是现代社会个人的社会身份，个体认同本质上是个体的社会认同，社会认同的支撑体系即是个体认同的社会支撑体系。个体认同实现于工作中，它所依赖的工作确定性是社会的“福利系统”“意义系统”和“组织方式”中与生产劳动相关的基本内容。社会的“福利系统属于社会资源再分配领域，直接影响着民众的日常生活和抗风险能力，因此对于社会认同的支撑作用是显而易见的”，“20 世纪 60 年代以来西方福利国家的建立和完善为个体的强化奠定了基础”，“推动了个体化的发展”①。社会的福利系统中与生产劳动相关的内容指的是与劳动相关的一系列福利待遇。工作中个体认同所需要的确定性即是对劳动者根本权益的保障、劳动知识技能培训以及劳动社会保障等等因劳动义务而应该获得的社会权利，这种权利给与个体本体性安全。已有的社会实践表明，社会的“意义系统”即在社会生活中起普遍规范作用的知识、道德、法律、归因机制和价值取向等，“与社会认同之间的同质性最强”②，社会的意义系统中与生产劳动相关的内容即劳动意识形态，对工作中个体认同的实现最为根本。以劳动公平为核心的价值取向、“劳动贡献——收益”的归因机制等对个体认同起支撑作用，它们使劳动者能够把现实与未来统一起来，有利于个体建立对于社会的信心和信任。社会组织方式中的生产劳动内容——社会的生产组织方式和劳动组织方式，即社会组织生产和单位组织劳动的制度安排、管理模式，对劳动者的职业报酬、职业环境、劳动安全保障、劳动者的社会地位、社会声望以及职业成就等根本权益产生巨大影响，是劳动公平的核心，也是社会公平的表征。工作中个体认同所需要的社会的生产组织方式和劳动组织方式就是以公平为核心的对劳动者权益的制度保障和人性化的劳动管理模式。它们使劳动者产生社会归属感，满足劳动者对社会依赖的需要以及实现其社会劳动价值的需要。

问题之二：如何在工作的悖论性关系中避免或克服个体认同的自反性？

---

① 李友梅、肖瑛、黄晓春：《社会认同：一种结构视野的分析——以美、德、日三国为例》，第 16、17 页。

② 参见李友梅、肖瑛、黄晓春《社会认同：一种结构视野的分析——以美、德、日三国为例》，上海人民出版社 2007 年版，第 19 页。

工作的悖论性关系意味着以工作实现个体认同有可能出现个体认同的自反性，即由个体认同走向对自身的否定。悖论性关系是一种价值矛盾关系，对主体具有正价值的一方总是依赖对主体具有负价值的一方，主体要得到客体的正价值就要接受与之相对的客体的负价值。自由、收益和主体，都是成为个体想要的、不能缺少的，是“向个体而在”的价值；束缚、代价和客体，则是个体想规避的、尽力排斥的，是“背向个体而在”的价值。但是关键在于，这两者相互成全、由此达彼。自由、收益和主体，都是通过束缚、代价和客体来实现的；束缚、代价和客体，则因自由、收益和主体而生成。工作的悖论性关系表明，工作对于个体认同的价值是正、负两个方面的。在总体上，当负价值占据主导地位时，就出现了工作的反主体性情形，从而导致工作对个体认同的否定。个体认同的关键就在于正、负两个方面的价值何者是主导性的、矛盾的肯定方面，何者处于次要地位、是矛盾的次要方面。这在不同的工作岗位，对于不同的劳动者以及劳动者工作的不同时期会有不同的情况。正确处理悖论性关系免于陷入某种不利状况的关键在于人充分发挥主体性进行深刻的反思。人以思想面对世界和面对自己，思想支配人的思想和行为以及价值选择，从而主导了人的处境，这就是“思想能够把最危险的处境变得意味深长”[①] 的意义所在。处于困境或面临危机之时，首要的任务是以思想为对象反过来思之，即反思。这一任务就是对我们已有的思想进行批判性思考。在个体化时代，个人享有一系列权利、责任与义务，面向劳动者的工作岗位在市场机制中具有开放性、竞争性，反思是个体在工作的悖论性关系中避免或克服个体认同自反性的关键所在。在个体认同的自反性面前，个体认同的主体性主要体现为个体以自己为尺度对于与工作有关的信念、信仰、理想和知识进行反思，尤其对生活的意义、工作的目的、工作与生活的关系、工作与个人价值的实现等问题进行深入思考，正确处理生活与工作的关系，避免把两者本末倒置。

问题之三：如何通过工作获得自主而全面的发展？

工作对于个体价值的复杂多向性决定了个体要通过工作而获得自主而全面的发展必须在三个方面获得保证或支持：一是个体的闲暇时间。

---

① ［美］罗伯特·所罗门：《大问题：简明哲学导论》，张卜天译，第3页。

闲暇时间即个体自由支配时间。马克思指出："真正的财富就是所有个人的发达的生产力。那时，财富的尺度决不再是劳动时间，而是可以自由支配的时间。"① 对于依靠劳动来养活自己承担责任的大多数人而言，劳动时间越多，闲暇时间就越少，人在各方面的全面发展就越是不太可能。闲暇时间越多，一方面，个体越可能满足身心发展的多方面需要，另一方面，个体如果将闲暇时间用于劳动知识的丰富和技能的提高以及脑力、体力的恢复、补偿和发展，将促进个体的工作效率、工作成绩和职业地位的提升，从而改善生活条件。个体闲暇时间与工作时间负相关，工作时间的缩短，就是工作对于个体全面发展的贡献。二是比较高的工资。市场经济以及消费社会的性质意味着个体的工资越高，他的购买力就越强，社会权力就越大，消费水平就越高，他就越享有社会自由，就越有可能发展多方面的能力和满足多方面的需求。而单位工资的较高水平，使个体对闲暇时间的需求具有了现实性，从而获得闲暇时间带给个体的全面发展机会。三是自由选择职业、工作的机会。个体的工作具有分工劳动的性质，且这种分工大多不是出于个体的自愿，因而，工作对个体来说"成为一种异己的、同他对立的力量，这种力量压迫着人，而不是人驾驭着这种力量"②，大工业生产造成的社会分工劳动把个体限制在某一个职业或固定的工作给个体造成的片面性，就像一个鞋匠无法具有画作的欣赏能力，已经成为"可怕的愚蠢了"；但是，如哈耶克指出的那样："伴随着社会进步以及社会组织越发复杂，个体所能期望取得的收益，越发仰赖于其恰当运用自身的技能，而非仰赖于其所具备的能力。""在自由社会内，人们所以获得酬劳，并非因为拥有技术，恰是由于人们能合理地运用该技术。要是人们能自由选择职业，而非被强制从事某一职业，那么人们合理地运用技术必定就是取得酬劳的基础。"③ 现代社会的分工劳动和劳动的谋生性质不可能使个体的工作出于"他的自愿"，但是个体自由选择职业和工作的机制会使个体的工作与他的"自愿"达成

① 《马克思恩格斯全集》第 31 卷，第 104 页。

② 马克思、恩格斯：《德意志意识形态》（节选本），中共中央马克思恩格斯列宁斯大林著作编译局编译，第 29 页。

③ 李先敏编译：《哈耶克自由哲学》，九州出版社 2011 年版，第 339、342 页。

一致，或者从事一份“恰当运用自身的机能”的工作的机会增大。与这一机会同时增加的是个体根据自己的兴趣、喜好、特长从事一份发挥才智或潜能的工作的可能性。一旦个体从事着这样一份工作，他就会创造更高的价值，从而获得更高的劳动评价和劳动地位、更多的升迁机会以及更多的工资收入，进而得到发展多方面能力和满足多方面需要的条件。

上述三个问题的解决既关联着个体又关联着社会，但归根结底取决于社会提供的条件。“只有在共同体中，个人才能获得全面发展其才能的手段”①。个体认同在工作中的实现所依赖的条件的获得，遭遇到的现代性的困境的解决将依靠社会制度的进步，而这又最终依靠劳动者集体的生产力量、政治力量的更高发展。

二 消费:个体认同的根本

消费是个人生命的表现力，与人的存在方式和存在特性相关，与人之为人的本质相联系。通过消费来确证、体验和表明“我是谁”即消费认同普遍地存在于人类社会的各个历史阶段。在现代社会，消费在满足个体认同需要方面的价值日益凸显，并且越来越成为人们主动追求的最为重要的个体认同手段。这大大丰富了个体认同的形式和内容，深刻地影响了个体认同的走向，从而对个人的存在和发展产生了特别重要的意义。

（一）消费的自我认同价值

所谓消费，是指人使用物质生活资料和精神产品用于满足生活需要的行为和过程。消费是个人存在和发展最重要的对象性活动，既反映个人的本质力量，也体现生活世界对于个人的作用。消费使外部世界向个人转化，自然和社会成为个人的一部分，也使个人向外部世界转化，成为自然、社会的一部分。因此，人在消费中获得和体现人之为人的本质、能力，同时在消费中被外部世界所规定。劳动创造人，使人成其为人，

① 马克思、恩格斯:《德意志意识形态》（节选本），中共中央马克思恩格斯列宁斯大林著作编译局编译，第63页。

但是，消费才是人的最终目的。"全部人类历史的第一个前提无疑是有生命的个人的存在。因此，第一个需要确认的事实就是这些个人的肉体组织以及由此产生的个人对其他自然的关系"，"一切历史的第一个前提"是"人们为了能够'创造历史'，必须能够生活"，因此，"第一个历史活动就是……生产物质生活本身"①。消费与人的生命是直接同一的，满足需要就是消费的过程，人只是因为消费才进行劳动，而劳动创造人的历史进程和作用，也只有在人消费了劳动成果后才得以实现，在这个意义上，消费创造了人。人消费了什么以及怎样消费，使人成其为人并成为某种意义的人。人不仅在消费的现实活动中实现自身，也在对于消费的反思活动中塑造自身。消费与个人生命的一致性以及之于人的根本意义使消费成为人的自我认同的基本形式。

1. 消费是具有社会标示意义的活动

人以社会的方式从事生产，必然要以社会的方式进行消费。消费对于资源的享用和占有性质，不仅关联着生产，也关联着人与人之间的利益关系，关联着社会的存在发展，因而必然成为社会、国家调控的对象和社会关系对象化的环节。在社会性这一前提和背景下，消费既是文化传承活动，也是被社会规定和安排的活动。人的消费不仅受消费文化的深刻影响，还要接受现实社会对现实的人的消费的制度和意识形态的安排。其结果是，每个现实的人进入到消费中，便是进入到包括消费规范、消费观和消费模式在内的一整套意义共识之中以及某种社会地位及其角色期待之中。这样，消费成为社会的意义系统，不管消费对象的具体使用价值是什么，它都具有表现消费者所属群体及其社会地位和声誉的性质、特点，并由此成为人理解自己的一种媒介。

2. 消费是人直观自身的活动

在消费活动中，一方面，人从自己的需要、规定性和现实能力等内在尺度出发，主动地建立与对象世界的消费关系，满足自己的消费需要。这样，消费不仅与人的知识和技能紧密相关，也与人的生活水准、所处社会关系、对生活的理解和态度以及价值追求紧密相关，所以马克思说：

---

① 马克思、恩格斯：《德意志意识形态》（节选本），中共中央马克思恩格斯列宁斯大林著作编译局编译，第 11、22、23 页。

"消费的能力是消费的条件，因而是消费的首要手段，而这种能力是一种个人才能的发展，生产力的发展。"① 另一方面，消费对象以自己的自在规定性作用于消费者，不仅给消费者以外部的约束，而且逐步进入到消费者的需要、目的以及各种活动中，从内部制约和改变着消费者，对消费者产生一定的效果，这就是消费对象对于消费者的改造作用。因而透过人的消费活动，从消费对象、消费方式、消费水平等方面就能够反观或预期消费者的需要、现实规定性和现实能力。正是消费的这种作用，使人主动地选择消费这种方式来表明自己。

3. 在本质上，消费是人自己生产自己的活动

马克思说："在吃喝这一种消费形式中，人生产自己的身体，这是明显的事。而对于以这种或那种方式从某一方面来生产人的其他任何消费方式也都可以这样说。"② 这是说，人的消费活动是人成为人、确证人的活动。人的每一种消费活动都是人生产自身的活动，一个人对于每一种消费品、每一种对于消费品的消费方式，不仅生产着他的自然生命，也生产着他的社会生命和精神生命。消费与人的存在的一致性使得消费活动成为人安身立命，表达自己存在意义的活动，使人对于自己生命意义的追求表现为对消费的追求，对于自我的把握表现为对消费生活的定位，最终使消费活动成为人反思自我的最丰富的原材料。

以上种种表明，消费既是个人对消费品的消耗、享用和占有，更是对自己存在发展需要的满足活动。一个人的消费状况取决于他的消费需要的性质、消费对象的实际功用和意义以及两者之间现实的价值关系的状况。消费对象的实际功用是消费对象的功能或效用，消费对象的意义即由消费对象表征、传达和展现的主观意义、集体意识和信息、消息及含义等，亦即消费对象的文化意蕴③。人以消费对象的实际功用和意义为基础与消费对象建立价值关系，这一价值关系蕴含着对于人的存在和发展的意义。人们对这些意义的认知、评价和想像，形成了关于某种消费和消费品的意义系统。人就是在这个意义系统与其消费需要的价值关系

---

① 《马克思恩格斯全集》第 31 卷，第 107 页。

② 《马克思恩格斯全集》第 30 卷，第 32 页。

③ 参见王宁《消费社会学》，社会科学文献出版社 2011 年版，第 104 页。

中确证自身、体验自我和自我归类的。这是消费认同价值形成的依据。

（二）消费认同是个体认同的基本方式

尽管没有科学统计学的资料确切地说明消费是现代社会个体认同的最重要方式，但是在经验上至少应当承认，与传统社会的情况相比，消费已然成为现代社会个体认同的基本方式。作为一种普遍存在于各种社会的现象，消费在现代社会发挥其个体认同的作用并无特别之处，但是它成为个体认同的基本方式，却是应该引人深思的。因为这不仅意味着人在自己如何存在和发展的观念方面突破了传统，而且还意味着人将面临由此带来的新的社会问题的挑战。

消费成为现代社会个体认同的基本方式，学者们给出了各种解释。有人认为是因为消费的性质和功能在现代社会发生了根本性的变化，人消费的不再是商品的使用价值而是商品所蕴含的符号价值，消费不仅仅是物质生活过程，更是一种新的社会交往方式。也有人认为是现代社会分工主导下的社会结构使人在生产中难以体现自己追求的价值或经常处于人格分裂状态，于是人转而在最有可能行使自己权利，体现自己尊严的消费领域寻找自我存在感。还有人认为以享乐主义、自我愉悦和物质满足为核心的现代消费文化主导了这一现象，等等。这些观点从不同方面表明，人们普遍地看重消费的个体认同价值，与现代社会的本质、运作的逻辑规则以及价值诉求之间有着深刻的、内在的联系。事实上，消费作为社会生产体系中的重要要素、社会结构的有机内容、社会运行的基本环节和人的生命的存在形式，深受其所处社会历史条件的影响、制约和规定。消费在现代社会的性质、内容、方式以及地位和作用的特殊性为消费的个体认同作用的提升创造了基本的社会条件。

1. 消费的个体化使消费成为生命的享受过程具有了现实的可能性

消费的个体化指的是消费因个人生活的主体地位而具有个别性和独特性。个体化是以现代市场经济为基础的“物的依赖关系”下个体以自己的能力和劳动与社会建立关系的存在方式。在个体化的生活里，个人摆脱了对社会共同体的“人的依赖关系”，进入到以自己的能力创造社会关系、社会地位的过程中，获得了受“物的依赖关系”制约的主体性。这意味着每个人都能在自己能力所及的范围内自主地决定自己的消费生活，按照自己对于生活的理解从事消费活动，也就是说，消费领域更直接地成为个人体现其主体性的场所。

消费的个体化使消费具有享受生命意义的性质。享受是人在生命存活过程中，满足身心的各种需要，由于身体器官和思想意识的作用，产生愉悦、美好的体验与情感。享受的最深刻根源是自由的生活状态。自我选择是自由的表现形式，人在自我选择的行为中产生愉悦、美好的体验和情感。愉悦、美好的体验和情感产生于需要的满足中，但需要的满足并不必然使人产生愉悦和美好的体验与情感。因为，人的需要是一个全面而丰富的体系，人以某种方式和某种对象满足某种需要时，常常关联到其他一些需要是否被满足。如果一种需要的满足与其他需要尤其是被特别重视的需要的满足相悖时，快乐的体验是难以提及的。人的各种需要不能被同时满足源于人受自己和环境的限制。当消费被规定和限制时，同时满足人的多方面需要进而产生愉悦和美好的体验与情感的消费是有限的。比如，如果同一个父母的两个孩子，父母给一个受其宠爱的孩子以山珍海味，给另一个不被宠爱的孩子难以下咽的残羹剩饭，那么不被宠爱的孩子尽管满足了消除饥饿的需要，但是没有满足自己对高品质食物消费的需要，更没有满足自己被尊重的需要以及要求公平的需要，他在被双亲歧视的情景下食用糟糕的食物会有快乐的感受吗？一个人能够在一定的范围内选择自己的消费对象、消费环境和消费时间，消费带来的快乐会多一些。现代社会中消费的个体化以及丰盛的商品，使人在消费中享有一定程度的自由，由此增大了人满足自己多方面的需要、全面发展自己生命内容的可能性，使消费有可能成为人享受生命的过程。

2. 消费的社会化成为个人社会化的重要途径

消费的社会化指的是个人的基本生活需要更多地以社会的形式来满足，消费对象主要由社会来提供。消费的社会化是现代社会分工、大机器生产、社会经济发展及科学技术在上述领域广泛应用的必然结果，因而是消费社会性本质的现实表现。在现代社会，绝大多数的消费品分门别类地由许多独立的部门生产出来，各种社会服务尽可能多地代替了个人的自我服务；消费对象不仅品类丰富、齐全，而且形成了社会性的消费体系或系统；整个社会不仅创造了全套或整套的消费品系列，而且形成了包括基础性公共服务、经济公共服务、公共安全服务、社会公共服务等在内的庞大的公共服务体系。这样，个人消费基本被纳入到整个社会的消费体系之中，个人生活也被全面整合到了社会生产体系和运作机制之中，这种趋势正在进一步发展着。

消费的社会化的现实结果是个人通过消费走向全面的社会化。通常认为家庭、学校、同辈群体和大众媒体是现代社会个人社会化的基本力量。事实上，消费的社会化已经使现代消费成为个人社会化的最现实的力量，这一力量的作用至少体现在四个方面：一是使人进入到某种生活模式中。消费的社会化导致的消费品和服务的系统性，使得人对某一个产品的消费往往进入到一系列产品的消费和服务之中，进入到与某些人和物打交道的特定社会场景和行为模式之中。这些产品和服务及社会场景、行为模式本身就是某种生活模式、生活态度甚至生活意义。二是使人进入到社会评价体系中。消费的社会化得以存在的基础和前提是包括消费制度、消费规范和消费习俗等在内的公共消费秩序对于消费者行为的制约，因此消费本身既是一个社会评价系统，也是社会评价的基础性资源。消费会引起他人的赞赏、羡慕，人在别人的赞赏、羡慕甚至嫉妒中产生一种尊严感、快乐感和存在感。三是使人学到社会生活所需要的知识技能，并形成人生观、价值观和社会观。消费对象除了具有使用价值还承载着一定文化的和社会的意义。人进入现实的消费过程之中，也是在各种程度上接受或体验这些文化的和社会的意义。现代社会科技的进步、人的创造力的大幅度提高，在提升消费品的使用价值及人性化程度的同时，也提高了消费品的文化的和社会的信息含量，这大大加强了消费传递知识、人生观、价值观和社会观的能力。四是使人拓展了社会交往。在现代社会，消费不仅是一项重要的社会交往活动，而且也是许多社会交往活动的契机和中介，人的一部分社会关系是通过消费活动建立、展开、深化或伸展的。通过消费的社会化，个人被社会同化、归类，与此同时也在进行自我归类和自我塑造。

3. 消费的市场化使消费成为展现个人自我价值的重要社会平台

消费的市场化是指每个人的消费对象都是通过市场交换活动来获得的。在现代社会的分工劳动中，“活动和产品的普遍交换已成为每一单个人的生存条件”，“因为每个人为自己劳动，而他的产品并不是为他自己使用，所以他自然要进行交换，这不仅是为了参加总的生产能力，而且是为了把自己的产品变成自己的生活资料”①，这直接导致了消费的市场化。消费的市场化使消费成为社会交往的基本形式、支配社会资源和影响他人的权力。在市场经济社会，货币被称为现实的、有形的神明，一个人的社会地位、他和别人的关系，甚至他自己的价值首先取决于他拥有的货币量。货币是用来购买商品的，而商品主要是用来消费的，即使用来购买生产资料，目的也是为了消费。通过消费，一个人就可以占有另外一个人的劳动时间、劳动资料，享用他的服务和劳动产品，实现对他人生命、资源的支配和影响。除此之外，消费的市场化还形成了以交换价值为基础的消费品的价值等级体系，人们在对这些消费品消费的同时也在思维上把自己附着在消费品的价值等级体系之中。

消费的市场化带来的是价值观念体系和价值评价的巨大变化。在市场中，越是高品质、高性能、高附加值、高稀缺性、高技术含量的东西，往往越是人们想要得到的东西和价格更高的东西，它们由此被称为高档商品。事实上，以换取更多货币为目的的商家正是遵循这样的原则来给商品价格定位的，也是遵循这一原则进行商品生产的——高档商品总是给富人准备的。好生活和大量消费高档商品是一致的，因此好生活必然建立在大量货币的基础上。在现代社会，货币主要由劳动、出卖商品所有权、让渡资产使用权等方式获得。这意味着一个人拥有的货币量主要与他的劳动能力和资产的多少有关，而劳动能力和资产的占有量正是一个人现实本质的重要体现。根据个人的劳动能力和资产进行分配，并且以货币为支付手段，货币的拥有量便成为一个人劳动能力、支配社会资源的能力甚至个人社会价值的标识器。在市场化的消费活动中，货币几乎是人们获得消费品的唯一手段，而货币对于个人的最重要用处也是用于消费。于是借助于市场和货币，人的消费水平与人的类别之间产生了逻辑关联：你消费什么，你就是什么样的人；你是什么样的人，你就消费什么。人们透视到这一逻辑关联并沉淀为思维的逻辑，消费的意义必然超越消费品的使用价值而上升到存在的层面，由此消费成为对人进行价值评价的重要标准。以消费为标准对人进行价值评价并表现为种种态

① 《马克思恩格斯全集》第30卷，第107、108页。

度——人或被尊重或被鄙视，或被赞美或被贬低，或被羡慕或被嫉妒恨，或被接纳亲近或被排斥疏远，等等，因此，在消费市场化条件下，人消费的过程也是人被社会、他人评价和感受、体验这种评价的过程。通过对这种社会评价的反思性理解，消费转化为个人自我评价的重要标准，对个人自我概念和自尊产生重要影响，并因此成为个人主动追求或在意的自我表达形式。

总之，消费是人生产自身的对象性活动，既生产人的身体，也生产人的社会关系和精神品质，人在消费中直观生命，也在消费中获得社会标识，因此，消费从来都具有认同价值①。消费的认同价值在现代社会得到了前所未有的提升：一方面，消费成为一种比工作更能体现自主性的主体性能力，“这种能力是一种个人才能的发展，生产力的发展”②；另一方面资本的逻辑和活力与市场的效率导致的消费的高度社会化和市场化，把消费变成了意义更加丰富而广泛的社会意义系统。消费不仅关联着个体能否活着，而且关联着他怎样活着以及活得怎么样。在个人生活史中，消费先于生产，不仅是说，消费在人一出生就开始了，更是说，消费生产出的人的身体、社会性和精神品质日后成为生产的主体性要素。对个人而言，消费比生产具有更大的自由和更多的自主性，更能体现个人的本质及力量、内在尺度以及生活的意义，一定质量、种类及数量的、与生命契合的、充满社会信任的消费活动能够使人安身立命，体验生活的幸福与美满和享有人之为人的尊严。现代社会消费的特有性质、内容、地位和作用赋予消费以丰富的社会内容和人性内涵，以至于人在消费活动中有了深刻的存在感。人在消费中不仅能安身立命，而且还能找到自由、幸福、公平、审美等人生最高价值，这使得消费与自我和自我实现之间有了内在的联系，这必然导致人对生命意义的追求表现为对消费的追求，对于自我的把握表现为对消费生活的定位，最终使消费活动成为人反思自我的最丰富的原材料，因而合乎逻辑地成为个体认同的基本方式。

---

① 尹岩：《对于现代社会中个体消费认同的哲学反思》，《马克思主义哲学研究》2013 年第 1 期。

② 《马克思恩格斯全集》第 31 卷，第 107 页。

（三）消费认同的异化：现代性的隐忧

一些激烈批判消费主义文化的人对现代社会人们热衷于表明个人身份、地位的消费行为表达了反感的态度，认为它会导致过分追求物的消费而造成社会资源的浪费，滋生和助长人在消费活动中的贪图享受、好逸恶劳、对物的膜拜等不良思想和占有性的生活态度，还会导致人生活在因虚幻的想象带来的自我困境之中以及因陷入某种控制而失去自由的状态。人们对消费认同的隐忧并非杞人忧天。消费认同的本意是人通过消费来定位、体认和确证自己是什么人、想要成为什么人，从中获得存在感和归属感。但是，消费认同有时并不那么可靠，甚至与人的认同初衷相悖，表现为消费认同的异化。每个人都是消费者，只要反身自问，就会承认消费认同异化这一事实的存在。

任何事物都是通过其内、外部的矛盾关系走向自我否定的。消费认同的异化在现代社会的发生，主要是因为现代社会的本质和性质以及个人存在特性使得消费过程存在着与个体认同方向相反的性质或内容。

1. 消费中的“非我”性

市场经济条件下的个人消费是有史以来最自主的消费，这种自主成为个人产生自我意识和塑造自我的主导力量，但是，它又是时刻处于社会强制之下的消费，这种强制成为自主的最大障碍，这一点正应了卢梭的名言——“人生而自由，却无不生活在枷锁中”。“毫无疑问，在个人创造出他们自己的社会联系之前，他们不可能把这种社会联系置于自己支配之下。”[①] 个人作为由社会决定的存在，作为生活在“物的依赖关系”“市民社会”之中的一员，他在总体上是不能决定自己不消费商品的，因而他也不能从独立的、与商品生产者即他人“毫不相干”的“纯粹的自我”出发从事消费活动。鲍德里亚在他的《消费社会》中也提出，现代社会消费正使人们陷入社会控制之中[②]。

个人消费的社会强制来自三个方面。一是现代市场经济的逻辑和原则。购买的工具是一般等价物货币，因而消费的自由不是人的自由而是

① 《马克思恩格斯全集》第30卷，第111页。

② 参见［法］让·鲍德里亚《消费社会》，南京大学出版社2008年版，刘成富等译。

货币的自由。一个人的消费取决于他拥有货币的多少而不是他的需要或他的能力，处于分工体系中的个人能否实现交换价值，取决于他的产品能否达到同行业的平均水平且是否满足社会的实际需要，而这却是他难以控制和把握的，于是能否赚取货币进而成为消费者是由不得自己的事，即使拥有货币，消费者的购买力也不能由自己说了算，而由货币的实际价值来决定。二是生产者及其产品。现代市场经济条件下的生产与消费是分离的，生产者并不消费自己生产的产品，消费者也不生产自己消费的产品，每个人需要的消费品都由他人、社会来提供。而高度理性化的社会生产、无利不取和利润最大化原则支配下的商品体系对于人的规定，注定了消费者的自由不在消费过程之中。消费过程一旦启动，对于生产者和商家提供的消费模式的拒绝，让消费者感受到的是失去的远比得到的多。比如，买了私家车，就要买车险，给车办理美容卡，等等，否则就面临着失去车或损坏车的危险，虽然车险、美容卡价格不低，但仍然无法与车的价格相比。三是物质需要体系中的社会交往模式。在现代社会中，生产者和消费者互相作用构成某种社会交往模式，这一社会交往模式在消费者对于消费品的消费过程中体现出来。尽管生产者根据消费需要进行消费品生产，但是最终决定消费品生产的是生产者的生产能力、水平、生产条件以及所获利润的多少。每一种消费品都有由消费品的属性限定或指定的消费方式，这其中就包括社会交往模式。比如，公共汽车就是一种社会交往模式。乘客、司机是这一交往模式的基本要素，公共汽车的内部构造包括乘客座椅和司机座位的安排，由公共汽车公司制定的乘车和行车规则等，构成了公共汽车这个场景内的人们的社会交往关系。一个人成了公共汽车的消费者，他就成了乘客，随之就进入到了与公共汽车公司、司机和其他乘客的社会交往模式中。这一社会交往模式显然不是由乘客主导的。

现代社会消费对于人的强制性造成了消费认同中“非我”对于“自我”的僭越，人从消费的自由进入到不自由，当人无法适应社会的强制性时，自我将被解构，人格将被分裂，人就陷入自我迷失之中。

2. 消费的虚幻性

由他人的产品来满足自己需要的消费方式存在的基础是社会信任。信任的前提是对实际发生的价值关系的了解或预见，即对“价值真相”

的觉知。市场经济条件下，“每个人都以他人为手段”的物质需要体系中的消费是最需要知道“价值真相”的，但是，消费活动中“每个人都以自己为目的”的本质却经常使人身陷价值“幻象”或“假象”之中。消费行为发生与否，取决于消费者对消费价值的评价，而这又基于消费者对消费的价值真相的了解。当人对自己的需要有比较明确了解的时候，知道了事物有什么属性，就可以判断事物有什么价值，所以，人对消费的“价值真相”的了解，既包括对消费意义的了解，也包括对消费对象属性的了解。消费对象的属性与消费的意义具有内在的一致性，人一般把它直接纳入到消费的意义系统中。因此，消费的价值真相大致就是消费的“意义系统”。消费对象是人的活动的产物，消费活动也是一定历史条件下的活动，因而消费的意义系统因社会历史条件的不同而有很大差别。传统社会中个人对于社会共同体的人身依附、个人生活对于群体生活的皈依、特权阶级对消费活动及行为的控制以及消费品的匮缺，使得消费的意义系统不仅是绝对确定的而且是贫乏的。而在现代社会，“物的依赖关系”的建立，自由的商品生产和商品交换，科学技术在消费品生产中的巨大作用，丰盛的消费品世界，自主的个人消费生活，无所不在的大众媒介，这些因素联合创造了消费品的高超功用及文化意蕴，其结果是消费意义系统的无限丰富和发展。

与此同时，现代社会的分工体系造成了行业间的分离以及人的知识的片面化，这使得消费者并不具备直接感知消费意义系统的能力和可能性。消费者对于意义系统的觉知主要依靠经由广告商精心策划和现代传媒技术操作的广告。但广告并不能提供给消费者一个真实的意义系统。在广告中，意义系统是被“建构”的。“成功的广告商是一门新艺术的大师：这一艺术即是通过对真实事物本身进行确认以表现它们。他是一位自我实现预言技术的行家”①，“真相是广告（及其他大众传媒）并不欺骗我们：它是超越真和伪的”，“广告既不让人们去理解，也不让人们去学习，而是让人去希望，在此意义上，它是一种预言性话语。它所说的并不代表先天的真相（物品使用价值的真相），由它表明的预言性符号所代表的现实推动人们在日后加以证实”，“消费者通过其购物所作的只是

① 转引自［法］鲍德里亚《消费社会》，刘成富等译，第119页。

使神话事件神圣化”[1]。意义系统不仅被“建构”而且被“优选”。生产者最清楚消费品的属性及其对于消费者的可能价值后果，承担着让消费者知情的责任。但是受利益的驱使，生产者会最大限度地发布对自身有利的信息，隐瞒和遮蔽对自身不利的信息。因此，即使广告中的信息全部是真实的，它仍然不能反映对象的“现实”。广告中的意义系统也常常被广告商和生产者伪造。一个事物的意义系统并不能被直观，而是以某种形式被表征，因而人们总是要透过某种形式去理解它，这使得它能够被伪造而成为“伪意义系统”，而人们的“无知”正是“伪意义系统”存在的土壤。只要一个社会欺骗和诈骗能够带来利益，“伪意义系统”就会成为一些生产者和广告商获取不义之财的手段。意义系统的被构建、被优化和被伪造的结果是价值“幻象”和“假象”的生成。

现代社会个体认同的成功构建以个体本体性安全感的建立为基础，而个体本体性安全感来自个人对社会的基本信任。吉登斯指出，“基本信任的建立是自我认同的精致化”，“信任他人就是体验稳定的外在世界和完善自我认同感的源泉”[2]。价值“真相”被“隐去”“遮蔽”，“幻象”和“假象”成为消费的基础，消费者与生产者、经营者的基本信任关系的坚实基础就被抽离了，个人信任社会的纽带就变得十分脆弱。一旦“幻象”破灭，真相昭然于世，建立在价值“幻象”和“假象”之上的“自我”必定“流离失所”“无家可归”。

3. 消费的否定性

消费的本性是人通过所得生产和创造自身。但是人的生物性、社会性和精神性为人自身的生产和创造活动提供了可能的范围，也为人的消费活动划定了界限。在这一界限之内，消费对于人的价值才是肯定性的，这是消费的合理性问题。消费合理性即消费的合规律性和合目的性，建立在人对自己需要、利益、规定性和现实消费能力的把握与所处社会对于人们消费需要回应，以及消费活动与人存在和发展的内在尺度统一的基础上。但是，人并不总能正确地把握自己，消费活动也不能自然而然

---

① ［法］让·鲍德里亚：《消费社会》，刘成富等译，第118、119、120页。

② ［英］安东尼·吉登斯：《现代性与自我认同：现代晚期的自我与社会》，赵旭东等译，第46、57页。

地与人的内在尺度相统一。人对自己内在尺度把握的偏差，对价值关系及其价值后果认识的不清、不实、混乱和非理性，致使消费活动对人产生否定性价值。现代社会的消费并没有因为人的自我意识水平和人对于外部世界的能动性的普遍提高而趋向更为自觉的合理性，反倒由于内在于现代社会本质和特征的一些特性而大大增加了不合理的可能性。

消费对于生产的依赖在现代社会不仅是人类生存意义上的，也是个人生活意义上的。市场经济条件下消费对于交换价值的依赖，决定了消费者对于自己生产的依赖。这意味着，个人越是想要通过消费表明自己的身份、地位，标明自己的存在价值，他就越要努力把自己当作客体；个人越是要在消费活动中享有自由，他就越是要在生产活动中创造更多的价值，把自己更多地交给社会，他因此就要失去更多的意志自由、人身自由和自我实现的自由。在一个以“物的依赖关系”为基础分配社会资源、自己为自己的人生承担责任的社会里，对于“普遍的社会物质变换、全面的关系、多方面的需要以及全面的能力的体系”① 而言，个人资源是绝对有限的，更多地满足一个方面的消费需要或满足消耗较多资源的消费需要，就意味着更多地失去满足其他消费需要的机会。无论是“捉襟见肘”还是借助于信贷制度“寅吃卯粮”，都将大大降低自我实现感，前者排斥了人的丰富性，后者是对自我的绑架。科技的力量造就的无限丰富的满足人各种消费需要的高超手段和产品，对现实的人构成了严重的威胁，凸显了消费的“药品效应”。“是药三分毒”，药品对于人作用的这种特性即“药品效应”。药品针对某种病状具有疗效，这是它对于病人的“效益”，是病人需要和目的的现实外化，与此同时，药品也对病人肌体产生不良影响，这是药品自在规定性的显现。尽管人的一种消费活动只与人的一种或某些需要相联系，但是它却对由身心综合而成的生命整体——“现实的人”起作用，比如，美容的同时肌肤吸收重金属元素，长时间看书同时损害眼睛，手机通讯方便的同时身体接受辐射。消费的“药品效应”产生于身体对于消费的限制，并非消费的必然特性，在合乎人的内在尺度或“不足”消费中很少普遍存在。但是由现代科学技术创造出来的满足人某种需要的巨大能力、丰盛的消费品世界、广告

① 《马克思恩格斯全集》第30卷，第107页。

的“完美诱惑”以及个人自由消费的权利，极大地挑战了“现实的人”在消费活动中自我限制的能力。消费在人的欲望的“尽兴”满足中必然产生“药品效应”。消费认同是人的消费对人的本质力量的确证，其现实基础是消费对于人存在和发展的肯定作用。现代社会消费的否定性无疑肢解、破坏了这一基础。

从以上分析不难看出，现代社会存在着消费认同异化的广泛的社会基础，但是消费认同异化的发生是有条件的，因而人在消费认同的异化面前是能够和应该有所作为的。消费的社会强制性是个人不能改变的，但是个人如果能够按照社会的需要发展自己的知识、素养和能力以提高自身的社会价值、保持清醒而正确的自我意识和社会适应性，便能够把消费的社会强制性转变为追求自我和实现自我的条件，确证自己的本质力量。一个人接受社会影响是不能避免的，但是对具体社会影响的态度是可以选择的。认清广告的“意义系统”的特性并对其持批判和反思的态度，增长知识和经验以及把握自我，便可以避免或防止落入价值幻象和假象之中。有利于自身的价值选择往往取决于正确的价值意识，以自身的存在和发展为本树立正确的人生观、价值观和消费观，摒弃物质至上主义、极端享乐主义的生活态度，就能够使消费成为确证自身本质力量的活动。人成为人不在于人不受环境的限制，也不在于人受环境的限制，而在于人有一种能动力量使世界“为我而在”，只要人拥有选择的权利和能力，就能够实现自我。人以主体身份消费，保持自觉的主体意识，确立与自己本性和发展要求相契合的消费观念，在自主消费的时代选择有利于自身全面发展和自由个性的消费方式，不仅可以避免消费认同的异化，而且会使消费成为个体认同的有效方式。

三　社会交往:个体认同的决定性力量

个体是现代社会的结构性要素，本质上是一种社会角色，因而在社会交往中才具有现实意义。社会交往是人与人之间的相互联系、交流和交换关系。普遍的社会交往是个体存在的基本形式，深入到个体生活的全部内容中。马克思、恩格斯指出，“物的依赖关系”形成了“市民社会”，“包括各个人在生产力发展的一定阶段上的一切物质交往”和“该阶段的整个商业生活和工业生活”①。现实社会中个人的活动受自己的生产力和社会交往关系的制约。随着普遍的物质交换关系的确立，个体与他者（包括社会共同体、群体、个人等各种主体形式）在主客体关系的基础上，在以自己为主体以他者为客体的同时也把他者当作主体，建立全面的主体间的交往。现代社会以高度分化、功能专一、地位不一、彼此相互依赖和相互作用的各种社会组织形成基本社会结构，个体不仅是一名公民，而且也是某些组织的成员，因而，个体在社会交往中工作和消费，也在社会交往中满足各种需要，创造社会本质和实现各种社会权利。个体所从事的社会交往活动，既包含个体实现、确证自己身份的内容和意向，也体现他人、群体和社会对于这一内容和意向的回应，这就使得社会交往在个体认同实现的过程中具有举足轻重的作用。

（一）社会交往的内涵、特性以及对于个人的意义

社会交往是社会和个人存在和发展的基本需要之一，因而也是人的本性的内容，发生在人们满足需要的实践活动中，包括人们在政治、经济、文化、社会和日常生活领域的所有交往活动。社会交往的内涵非常丰富，是多学科研究的对象。心理学的社会交往指的是“人们运用语言或非语言符号系统相互交流信号、沟通情感、交换物品的过程”；社会学的社会交往指的是社会互动或人际关系；语言学的社会交往一般是指“信息交流”。我们这里所说的社会交往是哲学意义上的，指的是“人类特有的存在方式”“一定历史条件下人与人之间的相互往来”“人与人之间物质的和精神的相互联系和相互作用”，因而具有文化性、中介性和相互性等特性。

1. 社会交往的文化性

社会交往是人的社会性的表现和内容，而人的社会性是有文化内容的社会性，这一点决定了社会交往的文化性。“文化是历史上所创造的生存式样的系统，……它具有为整个群体共享的倾向，或是在一定时期中

① 马克思、恩格斯：《德意志意识形态》（节选本），中共中央马克思恩格斯列宁斯大林著作编译局编译，第75页。

为群体的特定部分所共享”①。从哲学上说，文化即“人化”，人们按照自己的内在尺度去改变环境创造一个“为己而在”的价值世界，满足自身存在和发展的需要，这样的存在方式及其成果就是文化。社会交往是人从自己的本质力量和现实性出发创造出来的存在方式。人在社会交往中追求和享有一定的价值成果，并通过实现这些价值来更新和发展自己，因而具有文化性。社会交往的文化性表现在两个方面。其一，人们的社会交往同“自然状态”相揖别，体现规范化的特点和发展趋势。社会交往建立在物质生产活动的基础之上，同时也是物质生产活动的社会条件，社会只有在某种相对稳定的状态下才能保障物质生产活动的顺利进行，这就要求人们的交往活动遵守确定的秩序，人与人之间的社会交往关系形成稳定的结构，这一要求的现实性体现在社会交往中，就是社会组织这一实体及其规则，以及按照“善”“恶”标准建立起来的行为规范的存在。其二，个人摆脱蒙昧的状态，“向文而化”而成人，即“通过教化、教育，获得社会认可的社会角色、知识系统、价值标准、行为模式等等，发展起自己的文化性格和价值系统，从而被‘化’为现实的、完整意义上的人”②。

2. 社会交往的中介性

人与人之间的相互作用总是凭借一定的中介来实现的。社会交往的中介即社会交往所需要的手段、工具，包括语言、动作、表情、活动、社会关系、制度、规则、交通工具、通讯工具、生产生活的环境、场所，等等，社会交往的中介具有承载、表达、体现、传递意义，把人和人在时空上联系起来发生作用，确立、维持、保证人与人之间相互联系、相互影响。社会交往往往由多种中介综合作用才能实现，正是多种中介共同发挥作用，人与人之间才有错综复杂、多种多样、多层次、多方位的社会交往。社会交往的中介是人类的本质力量对象化、现实化的成果，是人类文明进化的产物和智慧的结晶，其本身就是人们的认识和实践活动或者由这些活动创造出来的，对社会交往的内容、形式、性质、规则、

---

① ［美］克莱德·克鲁克洪等：《文化与个人》，高佳等译，浙江人民出版社1986年版，第6页。

② 李德顺、孙伟平、孙美堂：《家园——文化建设论纲》，第13页。

时空特性、界限等发生重要影响。首先，人们根据社会交往的需要和现实能力发现、创造各种中介，中介处于历史变迁中，社会交往则在不断发展着的中介的推动下而丰富和拓展。人超越自身的本领在于它制造和使用中介与自身以及外部世界发生各种关系，中介创造了社会交往的可能性和实现方式。高等动物有社会交往，但是它们没有根据自己的需要创造交往中介的能力，因而，也就永远发展不出超越自身的社会交往。中介一旦被创造出来就成为一个具有独立形态的存在而对人的存在和发展起规定作用，它们现实的特质、结构、规定性、发展规律、存在形式、功能等，制约、创造着社会交往的内容、形式及时空特性。一些具有最大普遍性、最广泛意义和最能反映社会本质的中介的作用更大，它们虽然是工具、手段、媒介，但是往往能够给人们的社会生活带来巨大的变化，比如知识、制度、生产工具等。有些中介甚至在人们的观念中直接上升为目的，在社会生活中具有本位价值，如现代社会中的货币。中介还使社会交往具有社会整合的作用。中介作为人的活动的产物，处于某种社会关系之中，受社会关系的调控、约束和支配，具有社会的形式和意义。人们通过中介交往，中介与社会交往的双方发生关系，意味着它把他们结合进了某种社会关系框架中，表明他们已经在社会结构、社会制度和社会运行机制中生存和发展。

3. 社会交往的相互性

社会交往是人与人之间的交互作用过程，社会交往的各方有意识地作用于对方，对方接受并意识到了这一作用且针对作用有意识地做出反应，因而社会交往具有相互性的特点。相互性是社会交往的本质规定性，没有相互性即不存在社会交往。社会交往的相互性首先反映了个人的社会适应性：一个人有能力作用于他人或有能力对他人的作用做出回应，表明他已经在某种程度上进入到了社会生活之中，把他人的存在变成了自己生活的社会环境和条件，为其社会生命增加了内涵，从而在社会关系中占有一席之地，成为社会结构的构成成分。其次，社会交往的相互性体现了交往活动的主体性。交往活动是人的有目的的对象性活动，主客体关系是其基本关系，在这一关系中存在着主体的地位和作用，因而社会交往的相互性包含着主体性的内容。社会交往中的社会适应性和主体性都表明，社会交往的相互性也是人的生命的社会活力的体现：在交往中，人们从社会中获得资源，支配、使用社会资源，将本质力量对象化和现实化，表达其社会本质和意义。因此，社会交往有多发展，社会就有多开化，人的社会生命力就有多强，人的生命的社会意义就有多丰富。

社会交往的性质、内涵和基本特性对个人的存在势必产生深刻的影响。“交往始终是人作为群居动物重要的生活方式和生活内容”①，总是与人的需要紧密联系在一起，或是为了满足人们的需要，才产生了社会交往，或是有了社会交往，人才有了诸多需要的满足以及更多需要的生成，从而在社会交往中存在和发展。社会关系是社会交往的实质性内容，因而社会交往关乎人的本质。人在社会交往中生成各种社会关系，亦在社会关系中产生各种社会交往，从而在社会交往中成为现实的人；社会交往是人社会化的内容和形式，是人获得社会角色、接受“意义系统”、成为社会结构性要素、承载社会价值的根本方式，人在社会交往中亦是在社会秩序、社会规范中，从而是被社会塑造的、有着确定思想和行为模式的人。彼特·布劳指出，“人们的交往（相互之间反复进行的社会互动和信息传播）表现出的规则是人们的角色关系和社会位置的分化”，“人们可以根据社会中盛行的交往和交往者的角色关系将社会位置区分开来”②。人身处各种社会关系之中，归属于不同的群体，社会地位上的差异本身就意味着他们有着独特的角色关系和社会交往模式。

（二）现代社会交往的独特本质和内容

社会交往即社会活动，具有社会历史性。受现代社会物质生活、生产条件的制约，现代社会交往在其文化性、中介性和相互性等方面具有独特性。

1. 现代社会交往体现在文化性上的特殊性

现代社会发展、创造了社会交往的新的文化内涵和形式。首先表现为社会交往的高度组织化。现代社会交往的文化特质之一是与现代社会

---

① 李泽厚：《李泽厚哲学文存》（下编），第467页。

② ［美］彼特·布劳：《不平等和异质性》，王春光等译，中国社会科学出版社1991年版，第5页。

的本质、运行机制相一致的社会组织结构的形成。一是工业化生产、复杂的劳动分工、市场经济共同促成的非全能型的社会共同体的普遍存在，包括家庭在内的所有共同体只有一种或几种社会功能，这势必在全社会形成无数多的作用各异的社会共同体以满足人们多方面需求，而且每个人与任何社会共同体都不形成“人的依赖关系”，既可以随时进出某个社会共同体，又可以同时是若干社会共同体的成员。二是市民社会的全面发展。每个人都处于社会劳动交换关系体系中，既是商品生产者同时也是商品交换者，人与人之间形成了以利益关系为原则的普遍的、全面的物质交往关系，即所谓的“市民社会”。市民社会包括了个人基本的社会生活。三是民族—国家的形成及其权威作用。“为了解释现代社会的性质，我们必须抓住民族国家的具体特征”①。吉登斯指出，“现代性产生明显不同的社会形式，其中最为显著的就是民族—国家”，“社会学家的‘社会’，至少在现代性的时代就是指民族—国家”，“作为社会实体”，民族—国家“具有特定形式的领土性（territoriality）和监控能力，并对暴力手段的有效控制实行垄断”，这是“现代性的更为普遍的特征”②。几乎所有现代社会都是民族—国家，即“有着被明确界定了的边界”，“被一些纽带和联系交织在一起”，“这些纽带和联系贯穿于国家的社会政治体系和‘民族’的文化秩序之中”③。在民族—国家中，政府在有着至高无上的权威，对社会关系有着广泛的权力，对整个社会进行统治。

其次表现为法治精神和单纯的道德良心的精神特质。随着新型社会共同体的形成，现代社会交往确立了它的精神特质。一是法治精神。每个人并不与任何共同体发生全面的“人的依赖关系”，但是又要与许多共同体发生实质性交往，调整个人与他人、个人与共同体的关系的任务就最终落实到了国家的身上。国家的法律在所有社会关系中发挥作用，其结果势必在人们的意识中确立国家法律在维护、保障、发展自身权益的权威地位，由此形成了人们社会生活中的法治精神：越来越要求法律公

① ［英］安东尼·吉登斯：《现代性的后果》，田禾译，第 11 页。

② ［英］安东尼·吉登斯：《现代性与自我认同：现代晚期的自我与社会》，赵旭东等译，第 16、17 页。

③ ［英］安东尼·吉登斯：《现代性的后果》，田禾译，第 12 页。

正和以法律标准规范自己的社会行为、评价他人和共同体。二是单纯的道德良心。在一个根据法律就可以获得社会行为合理性的社会里，社会道德成为人们的精神境界而非社会强求，人们的道德生活“只剩下了一个抽象的、单纯的道德良心”，以这种道德良心而“行事”，“自行规范”，就是一种“单纯的道德生活”，“这种道德生活由于不存在共同体成员之间的相互评价”，因而是“纯粹的内心生活”①。但是这些单纯的道德良心、纯粹的内心生活并非是个人主观喜好、伦理审美的产物，而是社会秩序中的价值及其意蕴在人们社会意识中的反映，因此，个人社会交往中的道德除了依据自己尺度形成的个人生活的私德，还包括以“尽职尽责”为主旨的职业道德和以“人格平等、诚实守信、尊重他人”为核心的社会公德。

2. 现代社会交往体现在中介性上的特殊性

现代社会创造了高度发达的中介系统，这些中介系统使社会交往呈现三个特点。首先，社会交往对于高科技化的通讯工具和交通运输工具的广泛、高度依赖。第三、第四次工业革命使现代社会交往的中介发生了根本性变革，实现了交流工具的信息化、数字化、网络化以及交通运输工具的现代化，计算机、智能手机、互联网、移动互联网、EMAIL BOX、微信、skype、QQ 等即时通讯软件以及高铁、动车、飞机、汽车等高科技产品组成了现代社会的信息交流和交通运输的中介系统，高科技化的中介系统在社会交往中的全面应用，使得人们的社会交往能力和水平空前提高。其次，商品作为最重要的中介使社会交往具有了普遍、平等、自由的性质。现代社会人们生产和生活所需的各种产品都要通过市场交换才能获得，这些产品在市场上首先成为商品才能通过交换成为物质生产和生活资料，因此，借助于商品生产、商品交换和商品消费，人们形成社会交往关系。作为特殊商品的货币，更是在社会交往中充当了“硬中介”的作用，尽可能地扩大了交往的社会普遍性。货币这种特殊中介，还代表着一种通用的社会权力、广泛的平等关系乃至人的尊严以及相互尊重。更重要的是，货币这一“硬中介”还赋予了社会交往以个人自由——“货币使任何交往形式和交往本身成为对个人来说是偶然的东

---

① 王南湜：《从领域合一到领域分离》，第 239 页。

西”，使“迄今为止的一切交往都只是在一定条件下个人的交往，而不是作为个人的个人的交往”①。最后，社会规则作为中介在社会交往活动中起着导向、规定、决定的作用。高度组织化的社会关系中，社会规则是内在于社会交往的内容，但是，人们按照规则行事，就是与确定的人发生确定的关系，在这个意义上，社会规则是社会交往的中介。例如，违法要受到惩罚这一社会规则，注定了一个违法的人要和警察、法官、监狱等发生交往关系；儿童要在学校接受义务教育的社会规则，决定了学龄儿童与学校、老师、同学发生社会交往关系，等等。现代社会交往关系中，没有各种各样的社会规则，人与人之间只会发生偶尔的联系，难以形成稳定的社会交往活动，而有什么样的社会规则，将会引导人们与什么人打交道以及发生什么样的社会关系。

3. 现代社会交往体现在相互性上的特殊性

现代社会交往的相互性表现为由主体间性决定的公共性。社会交往中的个人主体性因受社会关系的性质、人与人之间社会联结方式的制约，在不同的历史发展阶段具有不同的性质和特点。传统社会的“人的依赖关系”下，“虽然个人之间的关系表现为较明显的人的关系，但他们只是作为具有某种规定性的个人而互相发生关系”②，因而一般不具有由个人尺度所决定的主体性。现代社会“物的依赖关系”使个人获得了主体的身份和地位，社会交往中的个人有了主体的本质和属性，个人与社会、群体、他人之间的社会交往普遍地存在着主体与主体之间的关系，社会交往中的主体性发展为主体间性，主体之间相互承认和相互尊重彼此的主体地位和主体性。

主体间性是主体性的新形态，“是更多主体形成的增加了某种新质的共同主体性”，“主体间性对于每一主体而言，是共同、共有和共享的，因而已经具有一定的公共性”③。个人成为主体，作为主体同社会、群体、他人交往，社会必然呈现公共领域日益发展的趋势，公共性因此成为社

---

① 马克思、恩格斯：《德意志意识形态》（节选本），中共中央马克思恩格斯列宁斯大林著作编译局编译，第71页。

② 《马克思恩格斯全集》第30卷，第113页。

③ 参见郭湛主编《社会公共性研究》，人民出版社2009年版，第13页。

会交往相互性的最重要内容。在这里，公共性是哲学意义上的，指的是“公共领域的性质”[①]。现代社会特有的人与人之间的社会联结方式和社会关系结构构建了现代国家。现代国家在政治领域的权威地位和作用将社会整合成为统一体——社会共同体[②]，形成了普遍的主体间关系和主体间性，发展出了最大的公共领域及公共性。社会共同体具有不同于其他人群共同体的公共性。从系统论的角度看，社会共同体是最大的社会组织系统，国家是其权威机构。国家为了维持社会共同体的存在，为了保障每个社会成员的主体本质及其主体间性，制定统一的政治、经济、社会制度，发展法律、道德等社会意识形态，为全体社会成员的社会生活提供思想和行为规范。社会成员统一的思想和行为规范的形成，正是社会共同体公共性的表现。公共性在社会共同体中的确立，意味着全体社会成员的社会交往在公共性的基础上和前提下进行，受社会共同体的公共性的制约，同时也意味着社会交往关系中互惠互利的主体间性向社会共同体的公共性转化，因此，社会交往的相互性实质上就是社会共同体以主体间性为基础的公共性。

（三）现代社会交往对于个体认同的意义

马克思、恩格斯指出：“一个人的发展取决于和他直接或间接进行交往的其他一切人的发展；彼此发生关系的个人的世世代代是相互联系的，后代的肉体的存在是由他们的前代决定的，后代继承着前代积累起来的生产力和交往形式，从而决定他们这一代的相互关系。……单个人的历史决不能脱离他以前的或同时代的个人的历史，而是由这种历史决定的。”[③] 现代社会交往所具有的特殊性决定了它对于个体认同的特别意义。

1. 现代社会交往向人们提供了理解个体本质、属性和现实性的唯一方式

我们应该以何种方式存在于社会？人们最先是从他人那里获得该问

---

① 张康之：《论“公共性”及其在公共行政中的实现》，《东南学术》2005 年第 1 期。

② 指“民族—国家”意义上的社会，亦即“现代社会”。

③ 马克思、恩格斯：《德意志意识形态》（节选本），中共中央马克思恩格斯列宁斯大林著作编译局编译，第 99 页。

题的答案，但是只有实际地进入到社会交往中才能真正回答这个问题。我们试图寻找个人存在于社会的方式时，切实的方法是诉诸于社会交往活动，找到大多数人社会行为和思想的特质，通过对他们的思想、行为的归因来揭示那些使大多数人如此这样的社会本质和属性。米德等社会学家早就指出社会交互作用对于自我认识是至关重要的。与他人交往，每个人必须遭遇到的问题是：我是谁？你是谁？他是谁？我们是谁？你们是谁？他们是谁？其中最重要的问题是“我是谁?”通常人们是在对上述问题的回答中弄清“我是谁”的，也就是说，社会交往是个人理解自我的最根本方式和方法。现代社会中的个人只要进入到社会交往中，就会发现人们共同的存在特性、本质，从而发现“个体”这一个人存在的社会样式——现代生产方式、制度和现代组织的性质等使之必然如此的活法。在深入而持续的自我反思中，个人不仅会在现代社会交往的特殊性中发现个人的“个体”存在方式，还会理解这一存在方式的社会合理性、历史必然性以及个体的丰富内涵，把个人变成个体的方式和个体在现代社会关系中的合理性与存在条件，进而去发现个人成为个体的本体力量、个体与社会的根本关系，发展出与个体一致的生活品质、社会信念和公共精神。这将使个体具备一种精神气质和能力：思考如何使社会为个体更高程度的发展提供条件，并自觉意识到“个体应该如何生活在社会中”。

2. 现代社会交往是个人最深刻的、成为现实的人的社会活动形式

现代社会交往把个人置于现代社会的组织结构、人际关系和公共性中，从而使个人在社会交往活动中获得个体的属性。个体不是一个独立自存的实体，而是一个在社会关系中具有主体地位和主体性质及作用的关系存在，个体本身就意味着他存在于社会交往活动中，是一个只有在社会交往活动中才存在、才具有现实本质规定性的社会实体。现代社会以高度分化、功能专一、地位不一、彼此相互依赖和相互作用的各种社会组织形成基本结构，个体不仅是政治体制中的公民，而且是各种社会组织的成员，更是市民社会中的市民。也就是说，个体的社会交往同时也是他在各种社会关系中满足需要、创造社会本质和实现社会权利。因此，个体所从事的社会交往活动，既包含个体实现、确证自己身份的内容和意向，也体现他人、群体和社会对于这一内容和意向的回应。这表

明，个体存在于广泛的社会交往活动中，个体在其社会交往活动中进入到个体化的社会条件中，个人确证自己是个体的活动就是他的社会交往活动。现代社会交往的丰富内涵和意义决定了个体在社会交往中，将确立与他者之间普遍的物质交换关系，把社会交往的文化特性内化、转化为自己的社会本质，在与他者形成主客体关系的基础上发生主体间的关系，以自己为主体以他者为客体的同时也把他者当作主体，进行主体间的交往。这就是现代社会交往对个体认同的最重要的意义。

3. 社会交往活动以社会评价的方式引导个体认同

现代社会交往的内涵、本质和特性表明它蕴含着特定的社会价值观念，从而具有对所有社会成员进行社会评价的作用。社会评价对于个人在社会生活和社会活动中选择存在方式具有决定性作用。在社会生活中，决定一个人同什么人发生交往关系，以什么方式和在什么意义上与他人交往的是社会评价。个体是现代社会对于个人社会身份的规定，现代社会以个体为标准评价个人，这一社会评价标准也会转化为社会交往活动中个人对他人的评价标准。一个人成为个体意味着他实现了自己的社会价值，因此就会得到社会的肯定性评价，从而在社会交往中被尊重，甚至获得更多的交往机会和发展更深层次的交往关系。一个身心正常、有劳动能力的人如果不能作为个体而存在，他实际上违背了社会的基本价值观念，甚至都不能赢得人们的同情，更多得到的是社会的否定性评价，不仅不被社会、他人尊重，而且将失去与更多人交往的机会和可能性，其结果是在社会生活中遇到更多的麻烦和障碍。一个人在肯定的社会评价中，会感到自身的存在价值和意义，增强自豪感、自信心，从而可能强化他在某些方面的行为和思想特征，形成某种人格；对一个人的否定的社会评价，往往会降低他的自我评价、自信心和自我认同感。无论是肯定的社会评价还是否定的社会评价都将引起个人反思性的自我意识，这最终使人更倾向于选择为社会所肯定的存在方式，因为，社会评价最终以物质的和精神的奖赏和惩罚表达对一个人的肯定和否定，而人是趋利避害的存在。一个人在社会交往中因其是个体而获得的肯定性评价将强化他的个体意识和个体认同，而一个人在社会交往中因其不是个体而获得的否定性评价，将动摇他的原有自我，从而有可能形成以个体为内容的自我意识和价值追求。在这个意义上，现代社会交往具有对个人进行个体意识、个体价值观的规范、教育的功能，对个人的个体认同具有巨大的推动作用。

（四）现代社会交往异化及个体认同困境

现代社会交往对于个体认同具有重要的意义，但是，现代社会自身特有的组织方式、运行机制的缺陷和内在矛盾导致的交往异化，也给个体认同带来了困境，人作为主体在社会交往活动中不能确证他是主体，交往的结果却成了危害主体的异己力量，主体处于自我否定的境地或失去主体性，这就是社会交往异化现象。社会交往异化现象在传统社会和现代社会中都存在着，马克思、海德格尔等哲学家对此都揭示、批判过。马克思指出："人同自己的劳动产品、自己的生命活动、自己的类本质相异化的直接结果就是人同人相异化。当人同自身相对立的时候，他也同他人相对立。"① 海德格尔把人的本真存在被遮蔽的情形——人在交往中失去主体性的状态称为"异化"，即"人们在日常生活中往往把此在当做与其他存在者类似的存在者。以致此在失去了自己独特的个性，不再独立自主地存在，而受到其他存在者（自然环境）和他人（社会环境）的约束，甚至被后者所吞没。这样此在就成了非本真的存在"②。海德格尔把处于异化状态中的人称为"常人"，常人"不是他自己存在"，"他人从它身上把存在拿去了"，"庸庸碌碌，平均状态、平整作用"是"常人的存在方式"，"常人到处在场，但却是这样：凡是此在挺身出来决断之处，常人却也总已经溜走了"，"因为常人预订了一切判断与决定，他就从每一个此在身上把责任拿走了"，以这种办法去"迎合此在"，因而"每人都是他人，而没有一个人是他人本身"，"这个常人却是无此人"，一切此在都"听任这个无此人摆布"③。现实生活中交往异化现象使个体认同陷入种种困境，如何应对交往异化是个体认同的关键所在。

① 马克思：《1844 年经济学哲学手稿》，中共中央马克思恩格斯列宁斯大林著作编译局译，第 59 页。

② 参见刘放桐等编著《新编现代西方哲学》，第 346 页。

③ ［德］马丁·海德格尔：《存在与时间》，陈嘉映等译，第 147、148、149 页。

1. 现代社会交往异化的主要表现

现代社会交往异化从社会交往的文化性、中介性和公共性这三个独特本质和内容中体现出来，表现为三种性质的异化。

（1）文化性异化。现代社会交往的文化性表现为高度的组织化与个体化共同支配人们的社会交往活动引起的结果，一是人们的社会交往受总体社会关系、科层制的组织形式的支配，法律是社会交往的基本行为准则和依据；二是社会交往与个人能力紧密联系在一起，社会交往关系由个人创造出来，受个人道德观念的引导，两者统一起来相互促进的关系是最好的社会交往状态，但这只能在成熟、完备的社会条件下实现。法律作用于人的社会交往活动是有缺陷的。法律作为一种抽象的国家强制力量，为社会整体服务，保障社会交往的秩序和效率，它要求社会交往“合理”但不必一定合情。法律无论多么发达，也只能保障个体在社会交往中的“合法需要”和“合法利益”而不是全部的人性。然而，法律自身并不能保证自身的公平、正义，因为法律反映社会关系的状况，不平等的社会关系体现在法律上就是法律的不平等，法律虽然铁面，但不是“公意”的必然代表。与法律相比，道德是内化为人们精神的行为规范，体现道德者的意志，因而“有情”，这正所谓“法律无诗意，道德有情怀”。但是，在现代社会交往的文化特质中，法律优先于道德，法律起作用不需要具体的条件，道德只是因为有益于人自身，使人有尊严才被人坚持，而两者冲突的情况下，道德无疑要服从法律。因此，在只有法律起作用的社会交往中，人情冷漠、互不关心、麻木不仁等“非人情化”的交往异化现象在所难免。

（2）中介性异化。现代社会通过中介而进行的社会交往受三种意义的理性支配：高科技的交流手段、交通运输工具是现代科学技术、生产一体化的产物，是遵照科学技术理性创造出来的专业化的物质系统，它们被人们使用时，对人们的交往行为有着绝对的规定性和约束力，也就是说，现代社会交往活动受科技理性的支配；商品、货币以及商品交换既是社会意义系统，承载着社会价值体系，又与人的目的相联系，具有价值理性，因此，以商品为中介发生的社会交往，受市场价值理性的支配；人们依据规则发生社会交往，规则代表社会秩序、规范，是整体社会关系的制度化，体现社会是什么和应该是什么的理念，因此，以规则为中介的社会交往，受社会核心理性的支配。这三种理性，是中介自身的、服务于个体社会交往目的的理性，因而是工具理性。合理的社会交往是工具理性和价值理性的统一，即工具理性在社会交往中体现工具价值，确证人在社会交往中的主体地位和主体性。但是工具理性过于膨胀和强大，容易陷入科技至上主义、教条主义以及工具主义对社会交往的控制，从而蜕变成为对人专制、奴役的工具，表现为社会交往的“物化”、工具化、“货币本位”等异化的特征。

（3）公共性异化。现代社会交往建立在主体间性基础上的公共性是在国家和民众相互作用中存在和发展的，现代国家是社会共同体的最高权力机构，对内的重要职能是体现统治阶级的意志，维护社会秩序，服务于公共利益，为社会存在发展的基本和重大问题做决策。在社会共同体内，“在政治制度边界内生活的大多数人都是公民。他们具有共同的权利和责任，……几乎每个人都是固定的国家秩序中的一员”①，每个公民同时也是民众中的一份子，接受国家的统治和社会管理，服从国家的权威。由此，在社会共同体中存在着两个公共性问题：国家如何体现和代表公共意志？民众如何具有公共精神？但是，这两个问题在现实社会交往中面临着严峻的挑战。其一，国家权力如何获得合法性？国家权力的合法性指的是服从政府权威的人对权威的认同。国家权力在下列情况下具有合法性：基本能够满足社会成员对公共秩序、公共产品和服务的需要，为民众提供本体性安全；国家权力从其他群体独立出来，代表公共利益，秉公执法；权力界限明确。如果国家权力在满足公共需要和维护公共利益方面提供的物品、服务不足，或者公共权力私有化、徇私枉法，或者权力超越它的界限滥用或在权限之内不作为、不给力，就有可能引发社会腐败、苛政、强权、社会凝聚力涣散、公共利益受损，导致国家与社会公共性、与民众的高度对立，从而使国家权力遭遇合法性危机。其二，民众如何具有公共精神？公共精神指的是基于社会共同体的公共性实践的理性而形成的公共文化，表现为对公共利益、公共生活、公共秩序、公共环境、公共安全、公共财富、公共事业和公益事业的权利和责任意识以及实践意识。公共精神的培养建立在高度社会认同的基础上，

---

① ［英］安东尼·吉登斯：《社会学》，赵旭东等译，第403页。

而社会认同又以社会价值共识为基础。但是在个体化、多元化的现代社会中，个体往往基于可以预见的个人利益而确定自己的社会交往原则，更容易发展出个人主义、实用理性、功利主义的社会价值观念，在“人人为自己”的情况下“如何为他人”成为社会价值共识形成过程中必须解决的问题。这意味着在现代社会，社会价值共识达成的基本条件是：人们在社会生活中能够直观、感性地感受和体会到个人利益与公共利益的因果联系。这一因果联系将在民众中建立一种基于个人发展原则的“个人利益——公共利益”的归因机制。这一归因机制建立不起来，社会价值共识就难以实现，社会认同就难上加难，其恶果是发生公共精神困境。

国家权力合法化危机和公共精神困境具有互相强化甚至互为因果的趋势或效应。国家权力的合法性危机是国家权力的民众基础危机，国家权威无法形成，社会将分崩离析，无法进入到社会交往的良性循环，社会共同体将面临解体，更谈不上公共精神的形成和发展；而公共精神的困境一方面直接影响国家公务人员的职业道德和个人素养的养成，从而为公共权力的异化提供土壤，另一方面不利于社会主导价值观向民众的转化和社会核心价值体系的确立，这使国家公共行政的成本大大增加，国家权力难以得到民众的支持。国家权力合法化危机和公共精神困境是同一个本质，即社会共同体的危机。在这种危机中，社会交往主体的权益不能得到保障，难以形成相互支持的社会交往制度和道德规范，从而把人与人之间的交往关系置于“交相害”的危险境地。

2. 现代社会交往异化中的个体认同困境

现代社会交往异化的结果是个体认同困境的发生，每一个方面的交往异化都会把个体认同引向某个困境。

（1）自由的困境。法律的绝对作用以及社会道德的衰弱形成现代社会交往中的人情冷漠、互不关心、麻木不仁等交往异化现象，个体不得不面对自由的困境。现代社会中的法律是保障社会成员的社会自由的。弗洛姆具体分析了资本主义制度给人们的心理需求带来的变化——“自由问题的两重性”：“这个制度，其实践及源于它的精神遍及生活的各个方面，塑造了人的整个人格”，“它使人越来越独立自主、富有批判精神，同时又使他越来越孤立、孤独、恐惧”①。其实这种自由问题的两重性并不为资本主义社会所独有，而是普遍存在于现代化国家。个体认同本质上是个人对于其社会自由的确证、把握和运用，他所追求的是自由的一个方面——独立、自主、创造和个性的发展，以及对自己命运的把握。但是自由的另一个方面——孤立、孤独却是对前一个方面的否定，它使之远离人性的另一种需求——社会存在意义上的目的价值。一个人在别人那里永远是手段而绝不是目的时，人性在社会关系中必定是缺位的。个体享有自由，但是他的自由否定了人性，这种社会交往中的异化就是个体的自我否定。

（2）生活意义和存在价值困境。工具理性因过于膨胀和对于目的理性的僭越陷入科技至上主义、教条主义和工具主义而蜕变成为社会交往中对人统治、奴役的工具，产生社会交往的“物化”、工具化、“货币本位”等异化现象，使个体陷入存在主义危机——生活意义和存在价值困境。个体的最终目的是对个人的生命意义、价值——自由自觉的活动、个性的自由发展承担责任。投射在现代社会交往中介上的工具理性本质上是群体主体性的尺度，与交往活动中体现个体主体性尺度的目的理性处在一种“紧张关系”中。工具理性是现代社会在打破了传统社会人对人的强制后取而代之的强制力量，是现代社会交往中的逻辑，因而群体主体性相对于个体主体性永远是强大的。两者紧张关系的缓解甚至消除，在于社会发展工具理性的人本取向的充分实现。但是，在现代社会发展的相当长的历史时期内，个体主体性如何从群体主体性中解放出来将一直是社会交往的尖锐问题。如果工具理性把个体变成了机器、机器中的部件，个体只是现代社会结构中的一份子，仅仅是现代社会运行机制中一个不可或缺的元素，那么，社会交往在事实上是由工具理性所主宰的。马克思的异化劳动理论、西美尔的货币哲学、卢卡奇的物化理论、霍克海默和阿多诺的启蒙辩证法以及马尔库塞的“单向度的人”等现代社会理论都揭示了这种异化现象。个体要成为自身必须进入到社会交往活动中，但是一旦进入到交往活动中，就不可避免地陷入工具理性的各种“套路”中，这些套路设定了个人的活动方式、内容。在这种情况下，个

① ［德］艾里希·弗洛姆：《逃避自由》，刘林海译，第69页。

体自身的交往活动作为受工具理性支配的对象开始与个体相对立，成为控制个体的外在力量。在个体交往活动面前矗立的是一个由技术世界、商品世界和科层体制共同构成的“合理化”世界，个体发挥主体性并非表明他的社会交往活动是自由自觉的，而是要服从合理化要求的。个体受分工劳动支配，从事商品生产和商品交换活动，他的社会交往就要合乎“经济理性”；个体依靠高科技的交往手段，就要服从技术理性；而在科层制世界，个体受“形式理性”的支配。在这些理性的束缚下，个体社会交往的内容趋于片面化、功利化和形式化，非人格的交往更为普遍。在强大的工具理性面前，个体易形成压抑、逃避、顺从的心理机制，而失去批判性、否定性的思维品质，这必将导致个体主体性衰弱和主体间性困境，以及个体对于个人生命的意义和价值的扭曲性认识，进而陷入个体主体性危机。

（3）本体性安全困境。国家合法性危机和公共精神困境引发社会交往主体的权益不能得到保障，因难以形成相互支持的社会交往制度和道德规范而陷入“交相害”的“危险关系”，个体无法获得本体性安全。个体是关系实体，只有依靠他人对他的主体地位的支持和尊重，依靠互惠互利的交往关系才能成为自身。人在社会中才成其为人，需要并因此产生了社会价值观念、是非善恶标准，是因为社会有规则，这些规则有权威。依靠法律和道德等社会规则的权威性，人对人的主体地位的支持和尊重、互惠互利的交往关系才能确立，一旦国家合法性陷入危机和公共精神陷入困境，社会交往就将处于“自然状态”，“唯利是图”“弱肉强食”将成为生存法则。随着社会交往中“潘多拉魔盒”的打开，人之“恶”与“害”将膨胀开来。人对人的主体地位的相互支持和尊重、互惠互利的社会交往关系的确立，国家的作用是不可替代的，而民众的同心协力亦是不能缺少的，国家权力的合法性危机和公共精神的困境将大大削弱公共事业的发展和公共利益的实现，从而在根本上危害个体实现其权益。事实证明，个体没有可能只依靠自身，仅依靠市场规则就能生存和发展，因此，国家合法性危机和公共精神困境必将是个体本体性安全困境。

（五）如何使社会交往成为个体认同的条件？

马克思、恩格斯说："在现代，物的关系对个人的统治、偶然性对个性的压抑，已具有最尖锐最普遍的形式，这样就给现有的个人提出了十分明确的任务。这种情况向他们提出了这样的任务：以个人对偶然性和关系的统治来代替关系和偶然性对个人的统治。"[①] 社会交往异化产生了个体认同困境，消除社会交往异化，就会消除由社会交往异化引发的个体认同困境，从而使现代社会的个体认同危机有所缓解。这就需要我们去建构那些可以避免社会交往异化发生、能够消除社会交往异化现象的根本性的东西，即对社会价值选择和人们的精神世界起根本作用的社会核心价值取向、社会制度和社会运行机制。避免或消除社会交往异化从而为个体认同的实现创造有利条件，应该从三个方面入手：

1. 在现代社会发展中坚持"人民主体"的社会核心价值观

人民主体的社会核心价值观，"即以最广大的人民群众为最高的价值主体和评价主体，以人民群众的利益、要求和实践为最高价值标准和评价标准的观念体系"[②]。这一条原则是避免或消除上述社会交往异化的根本原则。首先，现代国家在公共权力中的绝对地位和公共精神反映公共生活状况的特点表明，解决国家合法性危机和公共精神困境问题的关键是国家在社会发展的制度和决策中坚持人民主体的价值取向和导向。国家的合法性以社会最广大成员的支持为基础，根源于国家代表人民的根本利益、以为人民服务为宗旨、以人民的根本需要为社会发展的价值选择，即人民当家做主。在"人民主体"原则基础上确立国家合法性，国家、人民群众和社会在根本利益上实现统一一致，社会公共事业就将进一步发展，社会向心力就会增强，社会认同就会提高，进而为公共精神的发展提供最有力的支持。其次，依法治国是现代社会的基本治理方式，道德的发展方向取决于法治发展的状况。法律（包括宪法）作用于人们的社会生活一般有两种情况：一是作为外在力量约束人们的行为，在这

---

① 马克思、恩格斯：《德意志意识形态》（节选本），中共中央马克思恩格斯列宁斯大林著作编译局编译，第99页。

② 李德顺：《邓小平的人民主体价值观思想》，《前线》2004年第8期。

种情况下，人们遵守法律是为了避免法律的惩罚、获得社会自由；二是内化为人们的道德良知而规范人们的行为，在这种情况下，人们遵守法律是自觉自愿、满足内心的道德需要。后一种情况发生的前提是人们从法律中直接受益、发展其根本权益。坚持以人民为主体的社会核心价值观，在法律（尤其是宪法）中体现民众的根本利益，法律就会向内转化为人们精神世界的内容，从而深刻地影响、塑造人们的社会道德意识。

2. 在现代社会发展中构建激发人文精神的社会教育体制和机制

信念和信仰是个体主体性的灵魂，在个体的一切价值选择中起决定作用，是个体行为的精神支撑力量。社会交往异化在现代社会有着广泛的基础，但是使其变为现实的却是人们的信念、信仰。个体的信念和信仰产生于现实的物质生活条件，既可以根据经验自然地生成，也可以由社会按照一定的主体尺度通过教育体制和机制塑造和培养出来。教育的本质是社会的、现实的和未来的人的生产与再生产，其成果是未来的主体人本身。教育总是与社会的和个人的理想追求相联系，是一个社会实现系统性教化的根本方式，在塑造人的信念和信仰方面“大有用武之地”。在社会交往中使人陷入异化状态的精神条件是与人的本性、人的目的相异化的“人只是手段”“人只是客体”的信念和信仰，而避免和克服社会交往异化的则是“以人为本”“人是目的”“人是人的最高价值”的信念和信仰。这就意味着社会需要构建激发个体人文精神的教育体制与机制，使个体成为一个真正的人：一个对自己、对社会以及两者间的关系有完整理解和把握的人，一个健全的人，一个全面发展的人，一个有社会公德、悲悯情怀的人。只有这样，消除社会交往异化顺利实现个体认同才有可能。

3. 构建以形成社会价值共识为核心的“制度化的民主机制”

要在社会交往中实现每个人的自由发展是其他人自由发展的条件，就要形成彼此相互尊重、相互承认和相互认同的社会关系体系。相互尊重、相互承认和相互认同是指社会交往双方彼此承认对方在价值、尊严、人格等方面的平等地位，彼此把对方作为有思想感情、内心体验、生活追求和独特性与自主性的活生生的人去对待，体现为对他人现状、价值观、人格和权益的接纳、关注和爱护。社会关系中任何主体对他人的尊重、承认和认同都是这一主体的自尊在他人身上的外化、对象化，尊重、承认和认同他人就是尊重、承认和认同自己，尊重、承认和认同自己也必将体现为尊重、承认和认同他人。从价值评价的角度，个人自尊被理解为“以自我评价为中介的个体对自己‘成为人’的意识”，“个体较高层次的精神需要”，“是个体处理自己与他物、他人关系的基本标准”①，因此，相互尊重、相互承认和相互认同是社会交往各方价值观达成共识的精神表现形式，是个体主体性与群体主体性的统一性在社会价值观念上的表现形式。也就是说，要在社会交往中实现人与人之间的相互尊重、相互承认和相互认同，就要在对人们交往起作用的社会规范中包含人们共同的社会价值观，即社会价值共识。达成社会价值共识并使其成为社会规范的内容，在现代社会个体化的前提下，制度化的民主是最好的机制。

上述三个方面是相辅相成、互相支撑和相互促进的关系。没有人民主体的社会核心价值观，既不会形成体现人文精神的教育体制和机制，也不会形成制度化的民主机制；人民主体社会核心价值观不以人文精神为核心的系统化的社会教育和已达成社会价值共识为目的的制度化的民主机制作保障和支持，也仅仅是“虚假的意识形态”；而缺少了以人文精神为核心的系统化的社会教育，包括人民主体在内的社会价值共识、制度化的民主机制就难以形成。在三者中，以达成社会价值共识为目的的制度化的民主机制最为关键，这一机制能否建立，决定着人民主体的社会核心价值观能否确立和现实化，更直接关系到社会教育能否坚持人文精神的价值取向。

四 身体：个体认同的目的与手段

克里斯·希林指出：“在高度现代性的境况下，身体会越来越成为现代人的自我认同感中的核心要素。”② 以身体进行个体认同正在成为现代社会的普遍现象，这意味着个体以身体为视角对自己、周围世界以及与它们的关系新的理解方式的确立，以及这一认同方式对个体的存在和发

① 陈新汉：《自我评价论》，第202、204、206页。

② ［英］克里斯·希林：《身体与社会理论》，李康译，北京大学出版社2010年版，第1页。

展产生深刻影响。以身体进行个体认同，身体必然被关注、被“善待”、被建构、被消费、被规制，身体的标准会变成个体生活的重要尺度，身体与社会的互构也会凸显。身体对于个人的存在具有目的和手段双重价值，以身体进行的个体认同是一个复杂而重要的社会问题，对这一社会现象应持何种态度，需要我们从哲学的高度对其进行审视。

（一）个体与其身体的关系

个体认同最终要指向身体这一形式。身体与意识本是个人生命体不可分割的两个部分，但历史上一些意识形态常常割裂两者的关系，而且以神或理性的名义漠视或蔑视、否定身体，这实质上是社会对个人的独立地位与权利的否定，是社会专制的体现。个人获得解放的历史是身体摆脱诸神、理性压制的历史。当马克思从“现实的人”出发，揭示意识的物质基础，提出满足吃穿住行的需要的生产活动是社会发展根本动力的时候，“身体和历史第一次形成了政治经济关系”[①]。身体作为个人生命的实存形式、本质力量的源泉和基础以及感受器，既是个体满足需要的工具，也是其存在和发展的目的。个体要以来自身体的情感、需求以及能力面对世界，要以身体来接受社会的规训和各种作用力，个体的尺度必然包含身体的尺度，如个体享有的身体所有权、使用权、支配权以及体现在身体上的丰衣足食、愉悦幸福、舒适自由、健康长寿、免于辛劳疾苦困顿等权利。因此，个体认同不能缺少身体的维度和意义，这不仅表现为以工作、消费和社会交往为形式的个体认同中身体的本体意义，而且也表现为身体自身足以成为个体认同的独立形式。以身体进行个体认同是现代社会最普遍的个体认同现象。身体对于个体的本体作用以及与个体的对象性关系使身体在个体的自我确证和体认中处于重要地位。个体认同对于“安身立命”的意义，身体在社会生活中的符号化和资本化，使身体成为个体“自我”的核心要素。以身体进行个体认同使个体意识发展和完善，但是现代社会的历史局限性以及个体的有限性也使这种认同形式可能对个体产生负面作用。

---

① 汪民安、陈永国编：《后身体：文化、权力和生命政治学》，吉林人民出版社 2011 年版，“编者前言”，第 5 页。

个体不是指单个的人或生物，也不是指具有社会的、精神的和自然的特征的单个存在物，而是指独立为自己生活负责、自主把握人生命运的个人。个体本质上是主体性实体。个体要通过某个事物确证自己的主体地位和主体性质，这个事物与个体之间至少存在两种关系中的一种。其一是主客体关系。主体即对象性活动的行为者，是与客体相对应的实体性要素。人的对象性活动是主客体相互作用的过程。在这一过程中，人以主体的身份根据自己的尺度，从物质和概念上接触、影响和改造客体，在客体身上体现自己的本质力量，客体因此成为映现主体自身的存在。这就是马克思在《1844 年经济学哲学手稿》中阐释的道理："随着对象性的现实在社会中对人来说到处成为人的本质力量的现实，成为人的现实，因而成为人自己的本质力量的现实，一切对象对他来说也就成为他自身的对象化，成为确证和实现他的个性的对象，成为他的对象，这就是说，对象成为他自身。"① 个体是关系性存在，个体作用的客体具有确证个体的意义和作用，也只有在与客体的关系中，个体才成其为个体。其二是本体关系。个体作为主体性的实体，有它实际的物质存在形式。个体与其物质存在形式之间的关系就形成了本体关系。个体具有主体性，即在对象性关系中自主、有目的、能动、自由地活动的特性，个体的主体性要通过个体的物质存在形式的确定性运动才能传达和体现出来。因此，与个体具有本体关系的事物也可以确证个体。

通过身体进行个体认同，说明个体与其身体之间存在着上述关系。主客体关系是个体与其身体之间的最重要关系。人是通过身体和身体的活动存在着的，身体从来都是受人支配、被人改造和塑造的对象。虽然身体是个人的身体，但这不意味着对于身体的权利和责任属于或者完全属于个人。因为个人是社会性存在，身体的权益是社会关系的内容之一。传统社会的"人的依赖关系"下，没有属于个人的独立、完整的身体权益。个体的实质意义之一是个人享有人身自由，现代社会法律中的身体权、健康权和生命权就是明证。人身自由是个体对待自己身体的自由，即个体在法律的界限内按照自己的尺度把身体作为客体自由地对其施加

① 马克思：《1844 年经济学哲学手稿》，中共中央马克思恩格斯列宁斯大林著作编译局译，第 86 页。

作用。本体关系是个体与其身体之间的基本关系。身体是个体的物质存在形式，这把身体和个体紧密联系在了一起。一方面，个体以身体存在于世，身体为其存在和发展提供目的；个体以身体面对和作用于世界，身体为其提供意识、行为、活动的能力；身体是个体巨大的感受器官，以各种体验为其选择提供依据；身体是一个开放系统，具有以自身的变化适应环境的巨大潜力，这使个体的存在和发展成为可能。另一方面，个体以自己本质力量作用于身体，满足身体存在和发展的各种需要使其更享受、更愉悦；积极地发展身体的品质使其更健康、更长久、更有活力；努力地改变身体的外观和约束其活动使其更符合真善美的标准。

个体与其身体之间的这两种关系确立了身体在个体生活中的根本地位以及身体在个体认同中的核心地位。个人成为个体意味着个人的实存方式发生了两个根本改变：一是个体享有自由，同时失去共同体对其生活的直接义务，劳动的社会联系和物质生产的总过程成为个体命运之神，它们用看不见的手分配着世俗的福祸，使个体生活在充满风险的境况之中；二是个体自己确立生活的意义和生活方式，按照"为我"原则构建生活价值体系，生活的直接和最终的目的是使自己"活着"并且"活得好"。这两个根本变化把身体在个体生活中的地位凸显出来。个体生活在一个充满不确定性的世界，这个世界没有什么是确定不变的。相比其他事物，身体是个体唯一能够直接确定和把握的存在。如克里斯·希林所言："有些人丧失了对宗教权威和宏大政治叙事的信仰，不再从这些超人身的意义结构那里得到清晰的世界观或自我认同。对这些人来说，身体至少开始像是能够提供一个牢靠的基础，在现代世界中重新构建一种可以仰赖的自我感。"① 个体生活的"为我"原则即以个体内在尺度为尺度生活的原则，"为我"必然"贵身"，由于人与其身体之间的关联方式越来越具有反思性，在身体被赋予本体意义的时代，"自我"中必然融进更多身体的内容。

（二）个体认同中的"安身立命"与身体

个人成为个体，倚赖于精神上对于个体的"自觉"，也就是说，为了

---

① ［英］克里斯·希林：《身体与社会理论》，李康译，第3页。

保持个体的独立性和自由意识，个体需要一种明晰和强烈的个体认同意识。个体认同本质上是个体的自我定位、归类或体认，形成个体的历史方位感；对于生命和存在、权利和责任、归属和独立、角色与社会地位等关系问题有系统的观念，形成个体的现实方位感。这种方位感成为个体评价社会和他人，对自己人生做出选择的根本出发点，因此具有维系人格的统一性和一贯性的作用，它们给个体存在以稳固的核心和定力，帮助个体在生活世界找到“立足之地”、生存之路。个体身份和地位的确立意味着个人把自己与现实世界区别开来，把各种事物当作自己的对象与之建立主客体关系，使自己“活着”即“安身”，而且要“活得好”即“立命”。因此说，个体认同的真正意义就是个体实现在现实世界“安身立命”的目的。

“安身”即使身体“安在”，既是指满足身体的基本需要以维持个体的生命存在，也是指使身体的行为、活动以及存在方式社会化以实现身体的社会认同。“立命”即确立人生意义和目的，体现为人以身体的力量创造价值、发展身体的素质和能力，同时满足身体存在和发展的需要。身体对于个体的“安身立命”具有根本的意义，这一意义突出地表现为身体给个体以存在感、安全感和归属感。个体的存在感是个体对自身存在价值的肯定性评价，体现为个体对自己存在状态的满意和社会对个体的尊重。“物的依赖关系”下，社会的价值标准、宗教权威不再对个体人生普遍起作用，个体对自身存在状态的满意，一定和身体基本需要的满足、身体的美好感受联系在一起。而社会对个体的尊重、承认和认同一定是对包括身体权、健康权和生命权在内的个人身体权益的维护和保障。个体的安全感是个体对其重要权益得到保证或保障的精神反映，最深刻的、最基本的安全是人的生命安全，其中身体安全是个体的本体安全。生活无忧以身体无虑为基础，身体安然无恙、丰衣足食、病有所医、老有所养、身体不被伤害、拥有自由是人生最踏实的幸福；身体健康是自主生活的条件，只要身体安好，就可以对美好生活有所期待；身体是力量之源，即使失去一切，只要身体在，人生就有希望。因此，身体安全是个体最原初的和最后的安全感来源，剥夺身体存在和自由的权利，才是对个体的真正惩罚。个体的归属感是个体在精神上产生的从属感和依赖感，它来自于个体对其存在和发展至关重要的事物或关系的把握。对于个体而言，除了他的身体没有什么是绝对确实可靠、可以托付的，即使他失去了所有的财富，他的精神仍能保持着对其身体的拥有和支配；即使他被全世界嫌弃和抛弃，其身体也还是会欢迎精神回家与之同甘共苦，有朝一日若精神重振，也一定是身体的鼎力支持。正是身体给个体带来的这种存在感、安全感和归属感，才建立了身体与个体认同之间的关系。

（三）身体的社会属性对于个体认同的意义

个体是现实的个人，也是构成社会有机体的细胞。个体作为“现实的个人”，既从现实的生产、社会关系中获得具体的规定性，也是社会有机体得以存在和发展的基本前提。身体作为个体的物质存在形式与个体一道从社会的生产和生活以及整个社会关系中获得各种社会规定性，同时参与到社会有机体的构建中。社会是社会成员通过社会关系构成的人群共同体，社会关系既是社会结构也是社会规范。每个人一降生就进入到确定的社会关系中，是这个社会关系中的一员，有特定的人格、身份、地位和社会角色。个体存在于社会中，就要被社会关系规训和塑造。社会为了自身的存在和发展，创造了把握世界和自己的独特方式，这些方式通常表现为一整套符号系统、话语系统和解释系统，它们一同构成了社会文化体系的核心内容。每个个体都面临着进入社会文化体系，接受社会的知识、价值观、行为模式、习惯传统、社会角色，进而发展自己的社会本质，按照社会的标准成为现实的个人的任务。个体进入到社会关系之中，接受社会的同化和教化是其在思想上和行为上“向社会而化”的成人过程，也是社会对其身体及其行为、活动进行干预和赋予意义的过程。福柯就研究了“支配身体的那些制度/机构”和“话语”对身体的“生成”作用。戈夫曼则发现，“对于维护日常接触、社会角色和社会关系来说，对于身体的管理至关重要”①。个体以其身体进入到社会生活和社会生产活动中，既为社会关系的构筑奠定了基础，也直接构筑了诸多社会关系。比如，父母与子女的关系、夫妻关系、家庭关系要仰仗身体之间各种照看和互赖关系；男女的身体结构、功能、特性的差异产生了两性的基本关系，其中也包括两性之间的不平等关系；语言能力、工具

① ［英］克里斯·希林：《身体与社会理论》，李康译，第72页。

使用能力、性别、年龄、相貌等身体状况直接影响到社会分工、社会地位等，某些社会区分或定位就以身体的状况为标准，直接把具有某种身体特征的人划归到某种社会关系中；身体的行为方式也会对社会阶层的流动产生作用。

身体与社会的互构、互动关系表明：社会必须要对个体的身体进行规划，社会关系、社会文化必然对个体的身体产生影响；个体对身体有意识、有目的的改造和规划，有助于个体改变自己的社会关系、社会地位和社会价值。这两种力量使个体的身体向着现代社会的本质发生变化，主要体现为身体的符号化和资本化。

身体的符号化是指身体“向符号而化”的趋势。符号是指包含或表示某种意义的可感形式。这里的意义包括个人的、社会的全部精神内容。符号是人的精神外化的呈现，它的生成在于人是受意识支配改造对象的存在。接受人的意识的作用的事物是“意识化”的事物，因而是承载意义的符号。人的意识最直接最经常支配的对象是人的身体。身体是人类社会的主要符号之一，人的体质、面部表情、动作、行为等都是人的精神的代表或表达。现代社会，个体社会关系多方位展开且更加复杂化，个体自由、生活自主、身体权益向个体回归，个体意识全面发展，社会文化日益丰富，它们使身体在更大范围内、更广泛意义上成为社会和个体作用的对象，这提高了身体的符号化程度。随着个体社会生活的展开，其身体成为社会作用的对象。个体进入社会都要被社会定位、归类和赋予角色，这是社会意识对个体施加作用、对个体赋予意义的过程。这一过程要通过个体的身体来加以实体化、有形化和可视化，个体身体由此成为社会符号，在社会意义坐标系中占有一席之地。身体作为个体的物质存在形式、生理组织，既是个体满足自己需要的工具，也是生活活动的目的，因此身体也是个体意识作用的对象。个体的身体不仅承担着使个体成为主体的任务，而且还承担着把个体与他者区别开来、表达个体意志、体现个体人生价值的任务，这使得个体更加重视和致力于身体的符号化。现代社会高度配合了身体的符号化需要。吉登斯指出，“自我的反思性，连同抽象系统的影响，对身体以及心理过程产生广泛的影响。身体的外在‘给予’，即在现代性的内在参照系统之外发挥作用变得越来越少，而是成为借助反思来加以自我动员的实体”，“对体形大规模自恋式的保养运动所表达的，就是一种深埋于内心的，对身体加以‘建构’和控制的主动关怀的表达”[①]。首先，正如一些西方社会学家指出的那样，“各种美容术和移植技术的发展，DNA 复制术的发展，以及‘电脑技术’的突飞猛进，都促进了个体选择和社会技术对身体的殖民化”[②]，“从生物繁殖、基因工程、整形手术到运动科学，在五花八门的领域的发展趋势作用之下，身体正越来越成为一种包含诸多选择可能和选择权利的现象。”[③] 其次，现代消费文化动用了现代视觉和传播技术制作的广告和创造的时尚，制造了统一的身体美学标准，引诱人们进入到身体创造之中，总是让人们产生一种信念和信心，即每个人都可以通过身体对于某些产品或服务的消费而变得更加赏心悦目。

身体的资本化是指身体变成了换取利益的资本，标志着身体的普遍商品化趋势。市场经济条件下个体的生存法则是，要实现自己的目的价值，就要同时把自己作为手段实现交换价值，这其中就包括以身体为手段实现交换价值的各种情形。身体因能够满足人的诸多需要而具有诸多价值，这使身体有可能成为其所有者在商品交换关系中获利的资本，包括个体支配其身体创造产品或提供服务通过市场实现交换价值，身体以附带价值的形式为个体获得利益和身体直接作为商品用于获得各种好处。择偶、婚姻关系、友情、交际活动，虽然本质上不是身体之间的关系，但是身体的状况却对这些关系产生极大影响，符合审美标准的身材和相貌、气质、行为对人的吸引是不言而喻的，它们给拥有者带来更多的机遇、机会以及好处，卖淫、性贿赂、代孕、器官买卖就是以身体交换利益的表现，由此身体被称为个体的第二竞争力。

身体的符号化和资本化对个体认同产生了深刻影响。意识对身体的支配作用使身体不再是一个自然而然的生命存在，而是具有意义的符号，一个与人的“想要”“意志”相关的“为我”之物。身体的符号化在身体与“自我”之间建立了关联：身体在意识的支配下发生的变化是“自

① ［英］安东尼·吉登斯：《现代性与自我认同：现代晚期的自我与社会》，赵旭东等译，第 8 页。

② 参见［英］克里斯·希林《文化、技术与社会中的身体》，李康译，北京大学出版社 2011 年版，第 70—71 页。

③ ［英］克里斯·希林：《身体与社会理论》，李康译，第 3 页。

我”的对象化；身体对意识支配自己的活动的感受是生命状态的“自我”的体验。身体在社会生活中的资本化是人与人之间建立社会关系的反映，体现的是身体的所有者对于他人的占有和支配关系。因此，在身体符号化和资本化的境况下，个体必然以身体作为确证和体认自我的“材料”，个体认同就会越来越联系着身体、联系着社会和他人对身体的价值判断来确立标准和价值取向。

（四）通过身体进行个体认同的双重效应

如同尼采的身体哲学给整个现代哲学带来人文主义气息一样，个体认同在身体维度上展开，把身体作为自我的构成要素的状况带来了个体从身体角度对个体及其生活意义的理解。与身体相关的感受，由身体形成的态度，与身体的改变联系在一起的体验，与身体的面貌、特性、行为、活动相关的奖赏或惩罚，都会使个体把“我是谁”“人生的意义是什么”的问题置于醒目位置，引发个体对其存在状况的“人道主义”反思：衣不遮体、食不裹腹算不算人？生活不能自理是不是人？被规训、虐待是不是人？笑贫不笑娼说明了什么？除了工作没有任何享乐的人生值不值得过？吃喝玩乐是否是真正的人生幸福？等等。

把身体放到个体认同的核心位置，把身体作为自我的要素，使个体把身体与他“成为什么样人”紧密联系起来，将推动个体意识在三个方面的进步。其一，“身体意识”。以身体实现个体认同，身体就要具备确证个体、表征自我所需要的各种素质、规定性、现实能力和外貌等，为此，个体就会自觉地把身体当作对象，在观念中形成关于身体的“理想图景”，并制定实施方案，对其进行有意识、有目的的塑造、改造和规制，使其成为“为我而在”的身体。对身体的塑造、改造和规制会使身体受益和精神面貌改善，比如适当的控制体重，既可以避免与肥胖相关的疾病的发生，也可使身体看起来更有美感，这无疑会提高个体的自我评价、自信心和对美好生活的感受力，促进个体身体意识的发展。其二，“生命意识”“人权意识”。个体从身体的角度理解自己，重构了生命意识的核心。身体的屈从性是人类文明在相当长时期的一个特性。在个人成为个体之前，身体中几乎只有大脑的机能——理性被赋予人之为人的地位和意义。在崇拜理性的社会里，理性是人之为人的标准，不受理性约束的身体冲动是动物性而非人性，是罪恶之源，是通达美德和真理的障碍，如果说身体还有一席之地，只是因为人活着和被惩罚时需要身体，生产的活动需要身体。在现代社会，与身体在个体认同中的醒目地位相对应，对个体的尊重延伸或具体到对个体身体的尊重，个体的生命意识加进了与身体相关的内容，如安全意识、死亡意识、健康意识、幸福意识，等等。与此同时，个体的人权意识开始觉醒，生命权、身体权、健康权等各项人身权受到关注。这标志着个体开始了真正意义上的自我认识。其三，生活价值意识。个体生活价值意识是个体以自己的需要、规定性和现实能力在满足自己生活需要的过程中建立起来的价值意识，包括生活价值心理和生活价值观念。个体从身体出发，身体成为个体从事生活活动的尺度、标准和出发点，这使得个体生活人性化。“生活以身体为目标，身体的力量和意志创造了生活，生活与身体的关系就此发生了置换：生活成为身体的结果，生活被身体的权力意志锻造和锤炼，在身体的激发下，生活成为一件艺术品。这样，生活、身体、自我处于无限的可能性之中，它们永远处于即刻性状态，永远在创造、永远在无休止地进行艺术生产。”① 不仅身体的需要成为个体需要的重要内容，满足身体需要的活动也成为个体生活的基本的和主要的活动。这些活动改变和塑造了个体的生活理念、生活规划、生活制度和生活风格等生活价值意识的核心内容，不仅使个体生活价值意识向着人本化的方向发展，还推动了个体对与身体相关的社会性价值的追求，如健康、运动、休闲、爱情、友谊、卫生、舒适，高雅、享乐、仪表、风度、气质，等等。

以身体进行个体认同也存在着否定个体自身的倾向。这一倾向首先产生于个体与身体的主客体关系中身体的客体性对个体认同的限制。个体以身体认同自我，必然把身体当作客体，与之构成主客体关系。身体成为客体，其自身的结构和规律对于个体来说具有外在独立性，身体的存在和变化对于个体的“为我”和“自为”的活动保持异向的趋势，即身体不是这一主客体关系中与个体天然一致的力量，而是个体所要驾驭

① 汪民安：《尼采与身体》，汪民安主编：《身体的文化政治学》，河南大学出版社 2004 年版，第 125 页。

和改造的对象。身体不满足个体，个体才决心以自己的行动来改变身体，这表明在个体与身体的主客体关系中存在着主观化和随意性的可能，存在着个体对身体的作用超越身体限度的可能性。身体的符号化、资本化以及消费社会的性质大大增加了这个可能性。在利益面前和“无知”的状态下，恰当地对待身体已是困难的事情。身体自身的结构和规律不能给个体的行为划定界限，它就以否定自身的方式回应个体的不当行为。其次，这一倾向来自身体的必然性对个体认同的约束。身体的必然性是指由身体的自然特性和社会特性决定的确定不移的性质和发展趋势。身体的自然特性决定了人生注定要经历几个以身体的生理性变化为标志的阶段，这将使以每一个阶段的身体为基础建立起来的个体认同最终要面临困境，比如，个体在青春期发生的认同危机，生养和哺育期、更年期、衰老期发生的个体认同危机。而死亡的前景又何尝不让个体陷入生存悖论的困扰之中。个体身体的社会特性决定了身体必定要接受和承受社会以自身为目的以及个体以社会生命为目的对它的各种作用。倘若个体的身体始终不能产生对于某种社会关系的适应性，他便无法找到自我和确证自我。最后，这一倾向来自现代社会个体存在特性对个体认同的制约。个体存在的基本特性之一是个体以“物的依赖关系”为基础自己养活自己，必须以自己为目的的同时以自己为工具，这有可能使个体陷入两难境地。以身体为目的，满足身体的一切需求，个体就要更加努力地工作，把个体劳动更多地转化为社会劳动以换取更多的货币。在以劳动为谋生手段的现代社会里，劳动不仅损耗身体，占用身体的休息时间，还对身体具有强制性，对身体产生各种不良后果。在一个“自力更生”的社会里，人失去身体健康，就是失去“安身立命”之本。个体存在的基本特性之二是个体获得了人身自由，但是比任何时代都更加依赖社会。“物质交换体系”形成了人与人之间根本利益基础上的依赖关系，没有个体能把自己、自己的生活置于这个体系之外。社会分工和身体技术的专业化使任何个体不可能具备自己重构身体和赋予身体意义的能力，个体必须借助现代科技的力量和专门生产部门以及专家提供的技术及产品来实现对于身体的真正改造。希林指出，五花八门的领域的发展趋势“增进了许多人控制自己身体的潜力，但也加剧了他们的身体受别人控制的可能”①。此外，对身体真正有效的改造本质上是由市场化的消费控制的。个体对身体的改造本身是要实现个体对身体的美好期待，但是，这一改造一旦进入到技术和消费领域，这一期待能否如愿以偿就由不得自己了。

从以上的分析可以看出，以身体进行个体认同需要处理好三个基本关系：其一，身体的合目的性和合规律性的关系。个体以身体确证和体认自我，通过有意识的自觉活动对身体进行改造，这是身体的合目的性。身体无论是作为自然存在还是社会存在，它的存在和发展总是受一定社会历史条件的制约，受各种规律的支配，这是身体的合规律性。因此，以认同为目的对身体随心所欲的改造或者以消极的态度对待身体，都将不利于个体认同的实现，只有在身体的规律性所提供的可能的范围内对身体进行合目的的改造，才会使身体在个体认同活动中发挥作用。其二，身体的工具性和目的性的关系。身体是个体认识世界和改造世界、满足个体存在和发展需要的最重要手段，这是身体的工具性。身体的工具价值几乎在个体生活的所有方面表现出来，个体的日常生活、社会生活、劳动活动、交往活动、娱乐活动等都离不开身体的作用。但是身体并非外在于个体，身体对于个体的意义还有内在的方面，比如，身体的存在和发展本身就是个体存在和发展的一个标志，身体既是“真、善、美”的载体，也是个体自由全面发展的一种形式，这是身体的目的性。身体的目的性和工具性都可以成为个体认同的依据，但是，对一方的过度依赖而对另一方的不以为然，都将引起个体认同的困境。其三，身体的社会性和自然性的关系。身体进入社会关系、参与社会生活必然受到社会关系的制约和社会文化的同化而获得社会性，与此同时，身体作为生命有机系统具有自然性。身体的社会性是从个体社会生活中生成的必然性，身体的自然性是个体生命有机体固有的必然性。“物的依赖关系”下，社会对于高效率和不断进步有巨大的需求，劳动力是生产要素，社会以能力为本位，这些社会条件使身体社会性中的大多数内容是对身体自然性的限制，而身体的自然性同样也对身体社会性起限制作用。因此，在以身体进行的个体认同中，对身体的自然性与身体的社会性及其关系持何

---

① ［英］克里斯·希林：《身体与社会理论》，李康译，第3页。

种态度直接关系到个体对生活活动、生存方式和人生意义的选择，进而关系到个体认同的性质和内容以及个体认同的状况。

总之，只有从个体的本质、特性、现实能力和认同需要出发，以个体自身的存在和发展为目的，正确处理好上述三种关系，恰当地对待自己的身体，摆正身体在个体认同中的位置，才能使以身体进行的个体认同成为促进和推动个体存在、发展的力量，从而避免由这一认同导致的自我否定。

第四章 个体认同与个体生活、个人自我认同的一致性

个体这一存在方式的出现标志着现代社会个人生活价值体系的历史性变革，其中包括个体生活的确立、自我认同新质和新内容的形成。个体与个体生活的互致，个体认同与个人自我认同的共通，把个体认同与个体生活和个人自我认同紧密联系在一起，使之与个体生活和个人自我认同保持了协调一致的关系。个体认同、个体生活、个人自我认同三者之间的制约关系形成了个体认同一般机制的重要内容，因此，对于个体认同一般机制的研究，必须关照个体认同与个体生活和个人自我认同的统一关系。本章研究个体生活及其个体认同价值，在个人与个体既相互联系又相互区别的基础上分析个体认同与个人自我认同的关系，着重探讨如何通过个体生活和个人自我认同实现个体认同。

一 个体生活及其个体认同价值

个人作为个体而存在，他的生活性质、内容、方式发生了根本性的变革，个人生活转化为个体生活。个体生活不仅是个体的存在形式，也是个体存在和发展、个体认同的现实基础和条件，个体在自我认同中创造了个体生活和个体生活世界，个体生活、个体生活世界则创造了个体，影响了个体认同。

（一）个人生活的本质、基本内容及特征

生活是人特有的存在形式和状态，指的是人从事满足自己需要的各

种活动创造其生命意义，展现其生命本质的过程及其境况的总和。人的生命活动之所以是生活，在于人“使自己的生命活动本身变成自己意志的和自己意识的对象”，“懂得按照任何一个种的尺度来进行生产，并且懂得处处把内在的尺度运用于对象；因此，人也按照美的规律来构造”①。于是，马克思又称人的生命活动是“有意识的生命活动”，“自由的活动”。

人的生活活动是创造历史的活动，从而创造了人自身。“人在自己的生命活动中，是按照‘任何物种的尺度’与人的‘内在固有的尺度’的统一来进行生产，也就是以‘合规律性’和‘合目的性’的统一来进行生产，因而人的生命活动不仅仅是改造环境的过程，也是改造人本身的过程。在这个双重性的改造过程中，人类的生命延续超越了非历史的生命个体的‘复制’，从而实现了人所特有的‘历史’”②。“历史不过是追求着自己目的的人的活动而已”③。在历史进程中，人在现实的物质生活条件下，以生活活动把外在于人的世界变成“为我而在”的价值形态世界，不断超越自身，实现新的发展，获得新的存在意义。这就是人特有的“历史”的存在方式：人的生活就是人本身；人是自己生活的前提，也是自己生活的结果；人只有在生活的过程中，才成为人。人作为历史的存在，人以自己为前提创造历史，又在创造历史的过程中成为人自己，人是这个历史过程的结果，这一结果又成为人创造历史从而创造人自己的新的前提。这种前提和结果之间持续不断的相互转化，表现为历史的发展和人自身的发展的统一，因此，生活就是人创造历史、创造人自己。

现实个人的生活首先创造个人自己的历史，即“通过劳动而达到的自己生命的生产，或是通过生育而达到的他人生命的生产”④。个人生活在创造个人历史的同时也创造社会的历史，但归根结底是为了创造个人

---

① 马克思：《1844 年经济学哲学手稿》，中共中央马克思恩格斯列宁斯大林著作编译局译，第 57、58 页。

② 孙正聿：《哲学修养十五讲》，北京大学出版社 2004 年版，第 70—71 页。

③ 《马克思恩格斯文集》第 1 卷，人民出版社 2009 年版，第 295 页。

④ 马克思、恩格斯：《德意志意识形态》（节选本），中共中央马克思恩格斯列宁斯大林著作编译局编译，第 24 页。

自己的历史，因为，“人们的社会历史始终只是他们的个体发展的历史”[①]。作为生命的生产者，个人生活的根本意义是使自己活出他想要的样态，创造他自己的人生价值。而这个根本意义实现的首要前提是个人肉体生命的存在，为此个人需要生产各种物质生活资料，满足衣食住行的需要。因此，个人生活需要确定的第一个历史活动是物质的生产和消费。个人生活从一开始就是社会性的，而且一直以社会的方式进行，两性关系、家庭、社群始终是个人生命的存在形式，保持和发展同他人的联系，在任何时代都是个人生命活动的基本内容。因此，个人生活需要确定的第二个历史活动是社会关系的建立和发展。个人生活是有目的的个人的活动，个人的历史是追求着自己目的的个人的活动，始终受自己意识的支配并不断产生新的意识。然而，“意识在任何时候都只能是被意识到了的存在，而人们的存在就是他们的现实生活过程”[②]，因此，个人生活需要确定的第三个历史活动是精神的生产和消费。上述所有的事实体现了个人生活的基本内容：物质生活、社会生活和精神生活。

个人生活的本质和基本内容决定和反映了它的三个特征。其一，个人生活是一种人生的在世结构。人生在世，即是与各种人和事物打交道、发生各种关系，因而一定有一个样式——“在世的结构”[③]。“凡是有某种关系存在的地方，这种关系都是为我而存在的”[④]，个人在世界中存在形成的基本在世结构是“主体—客体”关系结构，在这个结构中，个人自己是主体，他以外的人、事物是客体，个人认识、改造客体满足自己的生存、发展需要，因此这是一个“为我而在”的关系结构。在这个在世结构中存在着另一个在世结构——个人与世界的关系结构，即个人是这个世界的一个组成部分，个人与他以外的人和事物融为一体。人与世界的关系在逻辑上先于和制约着“主客体关系”，因而，个人—世界的在

---

① 《马克思恩格斯文集》第10卷，人民出版社2009年版，第43页。

② 马克思、恩格斯：《德意志意识形态》（节选本），中共中央马克思恩格斯列宁斯大林著作编译局编译，第16页。

③ 张世英：《新哲学讲演录》，广西师范大学出版社2004年版，第23页。

④ 马克思、恩格斯：《德意志意识形态》（节选本），中共中央马克思恩格斯列宁斯大林著作编译局编译，第25页。

世结构是主体—客体在世结构的前提和基础，后者总是在前者之前和之中；正是因为如此，前者亦成为后者的逻辑结果，因为主体—客体关系，人与世界的关系发生“合乎逻辑”的变化，其结果即在人与世界的在世结构中。其二，个人生活在本质上是人在社会中存在。个人在一定的社会物质生活条件下从事各种活动，这些活动本身就是个人生活的有机组成部分，而社会之外没有个人存在的可能性。个人生活在社会中，就是在社会提供的环境和规则中生活，他的生活受社会的政治条件、经济条件、精神条件的制约，由此成为社会存在物。在个人的全部生活内容中，生产物质生产资料的活动是决定物质生活进而是决定个人社会生活和精神生活的根本力量。马克思、恩格斯指出，“人们生产自己的生活资料，同时间接地生产着自己的物质生活本身”，“人们用以生产自己的生活资料的方式”，“是他们表现自己生活的一定的方式、他们的一定的生活方式”，因此，“个人怎样表现自己的生活”，“这同他们的生产是一致的”①。也就是说，现实的个人依据一定的社会物质条件从事物质生活资料的生产，他们的生活是怎么样的，这取决于他们进行物质生活资料生产的物质条件，即现实社会生产力的状况以及与此相适应的生产关系的状况。因而，在不同的社会形式下，个人生活的方式及其境况是不同的。其三，个人生活的根本问题是如何活、活得好，其主题是把握自己的命运。人生在世的双重结构表明，人总要有个活法、活路，找到这个活法、活路才能活着。人活着是一个生命的事实，是一个在主客体关系中完成的价值事实和在人与世界关系中存在的社会事实。人的生命活动使其自身和世界发生变化，这种变化了的人和世界作为人生命存在的环境和条件对生命产生意义，于是就有了人活得好与不好的价值问题。世界并非为“我”而在，“我”又必定存在于这个世界中，于是人不得不开始“认识”“利用”“改造”这个世界，展开自己创造历史的活动。创造历史的活动同时创造了人的“活法”，使人找到了“活路”，于是个人生活就有了“命”与“运”这一主题，如何在历史的必然性中实现个人的生存和发展，如何过更幸福、更有意义的生活，是个人把握命运的

① 马克思、恩格斯：《德意志意识形态》（节选本），中共中央马克思恩格斯列宁斯大林著作编译局编译，第11、12页。

主旋律。

（二）现代社会个人生活特有的形式——个体生活

在现代社会，随着个人成为个体，个人生活转化为个体生活。“个人生活”是以个人为实际承担者的生活，它并不说明个人是怎样生活、以什么方式生活着的。凡是以满足个人需要为目的的生活，都是个人生活，因此，任何社会中都存在着个人生活。个体是现代社会现实生活关系中的个人主体——“为自己生活做主、独立承担责任”“具有合法自主性”的个人，个体生活并不能等同于个人生活。个人不是个体，个人生活就不是个体生活。只有个人成为了个体，个人生活才与个体生活产生联系。个体不是一般意义上的“个人主体”，因而，个体生活并不是指以个人为主体的活动。“个人主体”只是在个人具体的活动中作用于客体的行为者，相对于客体，他具有主动性、能动性和创造性。因此，“以个人为主体的活动”并不是直接体现为个人整个人生过程主体性质和特征的活动，它仅仅是个人生活活动中一个或一部分活动，只能说明某个人在某一个具体的主客体关系中处于主体的地位，但是不能确定他在自己整个的社会关系中也有主体的地位。

个人成为个体是人类历史个人存在方式的伟大变革，表现为个人首次以独立主体的身份生活于世界中。在个体产生之前，个人只是社会系统的结构性要素、社会群体主体的有机组成部分，个人的本位意义仅在于他的社会价值，个人生活以各种社会群体的尺度为尺度，不包含以自己为主体尺度的价值选择。个体形成之后，个人生活不再受其所在群体的主体性支配而由个体的主体性支配，社会成为个人存在的环境和背景，为个人生活提供资源和秩序，个人有按照自己对生活的理解、规划、设计和能力与外界建立对象性关系、追求自己喜欢的生活的权利，并为此承担责任。个人作为个体仍然依赖社会、具有社会的属性，但他绝不接受他人的强制和摆布，即使被奴役，那也是他自己的选择。这种被赋予了主体性质的个人生活就是个体生活。

由于个体摆脱了对群体的“人的依赖关系”，以自己的活动来满足自己需要，所以，个体生活是“敞开”的，在可能性上没有绝对的界限，可以延伸到满足个体各种需要的各个领域，但是在现实性上，某个具体个体的生活范围是有限的，除了社会物质生活条件的制约，主要受主体自身的能力、素质、本质力量等的限制。个体生活涵盖了个体满足自身生存和发展需要的所有活动。按照生活活动所属领域的属性划分，个体生活包括个体的政治生活、经济生活、文化生活、宗教生活、休闲生活、消费生活、家庭生活、社会交往，等等；按照生活活动所满足的个体需要的性质划分，个体生活包括个体的物质生活、精神生活和物质—精神生活；按照生活需要的具体内容划分，个体生活包括满足个体的生理需要、安全需要、归属与爱的需要、尊重的需要、认知的需要、审美的需要和自我实现的需要的各种活动；按照生活活动与他者关系的性质划分，个体生活包括私人生活和公共生活；等等。在个体生活中，满足个体对衣、食、住、行等物质生活需要的活动是最基本的活动，这种活动是其他一切活动的基础和条件，决定个体生活的基本状况。在个体满足其基本生存需要的基础上，精神生活、精神和物质相统一的生活在个体生活中占有越来越重要的地位，其中自我实现的活动贯穿个体生活的全部。

由个体和个体生活的具体意义所决定，个体生活的主要形式是社会交往活动。个体与个人主体的区别主要在于，个体在整个社会关系中的独立性和对自己具体的社会关系的可选择性、创造性。个人从“人的依赖关系”中解放出来，进入到“物的依赖关系”中，说明个体与他者处于最广泛的社会交往之中。社会化的大生产、社会分工基础上的私人劳动与社会劳动的间接联结方式、生产与消费的分离、个人所有权等，共同决定了个体生活纳入到全社会的生产和分工、交换体系的状况。在上述条件下，个体生活活动所需要的对象大都要通过交换的形式从别人那里获得，并因此成为他者生活的相关内容，所以，个体生活普遍地表现为社会交往活动，在各种交往活动中包含着个体与其他主体间的交往关系。个体的社会交往活动对个体的存在和发展产生深刻的影响，不仅在个体与社会、与群体、与他人之间关系中加进了主体间的关系，而且改变了个体处理与社会、与群体、与他人之间关系的态度，即对其他主体权利的尊重及对自己主体权利的主张，由此形成了个体存在的新性质、新样态。

个体生活是个体存在的方式。个体的产生意味着社会将个人生活的权利交给了个人自己，即个人要以而且只能以个体的方式生存和发展。这一点不仅是对人类发展历史进程中的个人而言的，也是对个人在成长的过程中由最初的非个体形态（指没有独立人格和独立生活的能力、依靠他人生活的人）向个体形态的转变而言的。个人成为个体，他的个体生活就开始了，个体与个体生活是统一的。现代社会向个人生活提供的条件就是个人独立自主生活的路径和方式，即过个体生活，不能成为个体，个人就难以找到保证自身权益、个人尊严和个人自主的生活道路。就像人类离开了劳动就不成其为人类一样，个体离开了个体生活就不能成为真正的个体。马克思指出："活动和享受，无论就其内容或就其存在方式来说，都是社会的活动和社会的享受。自然界的人的本质只有对社会的人来说才是存在的；因为只有在社会中，自然界对人来说才是人与人联系的纽带，才是他为别人的存在和别人为他的存在，只有在社会中，自然界才是人自己的人的存在的基础，才是人的现实的生活要素。只有在社会中，人的自然的存在对他来说才是自己的人的存在，并且自然界对他来说才成为人。"① 个体生活作为个体存在的方式，并不能与社会生活割裂开来，更不是否定个体生活的社会性质。恰恰相反，关注个体生活就是在社会意义上把握个体生活，因为，个体是现实的人，是只有与他人结成一定的社会关系、从事各种社会实践活动才能生存和发展的社会存在物，个体的一切素质、能力、本质力量都是社会化的产物，个体生活的目的都是在社会生活中实现的。人类社会从来没有像现在这样把个人与社会、个人生活与社会生活如此紧密地联系在一起。提出和关注个体生活的意义在于，强调在社会关系、社会生活中把个人看作是具有独立人格和个性的、自己把握自己、自己决定自己命运的主体，充分重视个体生命的意义和价值。这实质上也是从社会整体的意义上对个人存在命运的普遍关照。

与"个人生活"以及"个人主体活动"相比，个体生活有三个基本的特征：其一，个体生活以满足个人自己的生存和发展需要为目的。随着个体从群体中分化出来，个体生活成为满足个人自己生存和发展需要

---

① 马克思：《1844 年经济学哲学手稿》，中共中央马克思恩格斯列宁斯大林著作编译局译，第 83 页。

的基本形式，个人如何生存、怎样发展成了个体的权利和责任。一方面，个体的生活活动是在个人生存和发展需要的驱动下产生的，是个人生存压力和生活旨趣共同作用的结果，其成果总是与个人需要的满足相关；另一方面，个体有什么样的素质、能力、本质，就会产生什么样的生活活动，就会在什么程度上、以什么形式来满足自己的生活需求，个体是怎样生活的，主要取决于自己，别人没有权利当然也没有义务支配或替代个体自己的生活。其二，个体生活是有目的的对象性活动。个体生活总是指向一定对象的活动，这些对象包括自然界的存在，社会的存在和个人、个体自身，它们是个体表现和确证其内在本质和现实能力所不可缺少的、重要的对象，因此，个体是对象性存在，个体生活是对象性活动，在个体生活的任何领域，个体都要作用于能够满足自己需要的对象，使它们变为自己生活的一部分、满足自己的生活需要。个体生活指向的对象也包括个体、个人自身，认识、改造和完善自己，以确保自己的主体地位和形成主体力量，以及在新的生活中成为主体，是个体生活的重要内容。其三，个体生活是个体的自我创造活动。个体生活的本质就是通过个体有目的的对象性活动获得生存和发展所需要的物质财富、精神财富和各种社会关系。在个体真正进入到个体生活之前，一切都是外在于他的，但个体以自己人生主体的身份开始生活的时候，个体就把社会的物质生活条件纳入到自己的生活中来，成为内在于他的生活内容，这些内容是他生活的有机组成部分和某种生活方式的相关因素。表面看起来，个体是在接受社会的生活条件和生活秩序或者是社会确定了的生活方式，但是本质上，个体是在众多的可能性中选择了他所愿意接受的东西，并在他所接受的东西中加进了自己的理解、赋予了自己的意义。所以说，个体是在个体生活中选择了自己，在选择中创造了一个独特的属己的意义世界，个体不仅创造了满足自己生存和发展需要的条件，同时也创造了自己的本质、生活境界和走向未来生活的基础。

个体生活是个体满足自己生存和发展需要的活动的总和，固然与群体生活、社会生活、人类生活不同，但它不是人的生活以外的某种特殊本质的生活。个体生活在本质上仍然是实践的。实践是表现人的特殊生存本质和力量的生命活动。人正是通过这种特殊的生存本质和力量来掌握外部世界、把握自己命运的。人只有在实践中并且通过实践活动才能显示自己的生命本质，正是在这个意义上，马克思说：“全部社会生活在本质上是实践的”①。生活的实践本质，不仅是对人类生活而言，也是对个体生活而言的。马克思指出：“个体是社会存在物。因此，他的生命表现，即使不采取共同的、同他人一起完成的生命表现这种直接形式，也是社会生活的表现和确证。……个体生活的存在方式是——必然是——类生活的较为特殊的或者较为普遍的方式，而类生活是较为特殊的或者较为普遍的个体生活。”② 马克思、恩格斯主张“从现实的个人”出发理解社会历史的发展，并指出“在思辨终止的地方，在现实生活面前，正是描述人们实践活动和实际发展过程的真正的实证科学开始的地方”③，生活的实践本质使人与动物区别开来，实现了人的生命的自我超越，也正是生活的实践本质使人能够不断改变自己的生活方式，成为现实的人。因此，理解人的生活，一定要理解实践，理解个体生活，也一定要理解现代社会新的实践形式和内容。

现实的个人“是从事活动的，进行物质生产的，因而是在一定的物质的、不受他们任意支配的界限、前提和条件下活动着的”④，因此，必须强调的是，个体生活是现代社会中个人生活的基本样式，它的主体性、社会性、实践性受现代社会的物质生活条件的制约，受现代性的规定和限制，体现现代社会在生产方式、社会组织方式、社会结构以及意识形态对于个人的强制。现代社会和个体生活是互构的，现代社会把个人变成个体，从而把个人生活变成了个体生活，个人成为个体，个人生活转化为个体生活，现代社会实现其个体化的结构，才构建了它的社会关系系统和框架以及整个现代性。因此，现代社会的历史先进性也体现在个体生活上，也是个体生活的历史先进性，现代社会的历史局限性也体现在个体生活上，也是个体生活的历史局限性；而个体生活自身的状况同

---

① 《马克思恩格斯文集》第1卷，第501页。

② 马克思：《1844年经济学哲学手稿》，中共中央马克思恩格斯列宁斯大林著作编译局译，第84页。

③ 马克思、恩格斯：《德意志意识形态》（节选本），中共中央马克思恩格斯列宁斯大林著作编译局编译，第17页。

④ 马克思、恩格斯：《德意志意识形态》（节选本），中共中央马克思恩格斯列宁斯大林著作编译局编译，第16页。

样关联着现代社会的整体存在状况，它的每一个实质性的进步，将促进现代社会的更高发展，而它的停滞不前或倒退，也将使现代社会停滞不前或倒退。

（三）个体生活的现实形态——个体生活世界

个体生活作为个人的生命活动及其过程，必然现实化为个体生活世界。“生活”是属人的，“生活世界”即“人的世界”，是人存在于其中、与人有着各种联系的世界，它既是一个人生活于其中的“场所”，也是一个人的日常生活活动中的全部关系质态——这种关系是为个体而存在的。生活世界是以主体为尺度的价值世界，其前提和根据是主体，依主体的不同而不同。最大的生活世界属于人类这个主体，人类始终是主体，因而这个生活世界与人类共始终。最小的生活世界属于个体，它在现代社会才开始普遍地出现。在个体生活世界中，个人以主体的身份和地位展开自己的生活，个体因素成为个人生活最能动、最活跃和最重要的主导要素，诸如“怎样生活”“为什么而生活”“怎样对待生活”等个人生活意义的核心问题要个体自己去思考和选择，个人命运不再由社会群体规定、支配和主宰，而是由个体自己决定和把握。与此同时，个体意识在个人自我意识中占据重要地位，个人意识到自己是一个独立的个体，必须依靠自己的能力、素质等主体因素才能有尊严地在社会中生活，生活理想、人生意义必须由自己设定，并且只有依靠自己自强不息的努力才能实现。现代社会改变了传统社会主导、计划、控制个人生活的状况，社会核心价值观念体系由以否定个人价值或牺牲个人利益为特征的“整体本位”“集体本位”转向了肯定、认可个人主体地位、需要和利益，把个人带进了精神自立、生活自主、以自己的能力“安身立命”、自己把握自己命运、追求自己人生幸福的个体生活时代。在这个时代里，每个个体都有一个由自己选择和创造的生活世界，并在这个世界中独自体味生活的酸甜苦辣，领悟和感受人生意义以及评判和追求自我；每个个体的意识中都有一个自己生活世界的“图景”，并且经常因为个体生活的反思性、批判性而处于不断建构中。

个体生活世界是个体以其主体性原则创造的个人生活价值体系——个体生活价值体系。生活价值体系由生活自身的基本的价值关系构成，基本的价值关系则以生活的基本价值为核心形成和展开其内容，而作为对基本价值关系以及基本价值的观念反映并能动地作用于它们的生活意识则是生活价值体系的意识形态。不同主体的生活世界在基本价值关系、基本价值和生活意识上有本质的差别。个体生活价值体系与现代社会的结构和性质相适应，与现代社会个人的存在特性相一致，在基本价值关系、重要价值和生活意识等三个方面呈现了全新的特质。

（1）个体生活世界特有的基本价值关系。基本价值关系是价值体系的构架和支撑力量，内生于人的生命活动。个体生活价值体系的基本价值关系是指贯穿个人生命活动始终、关系到个人能否作为个体以及作为何种个体而存在的价值关系。个体的本意是具有独立利益、独立人格与自主意识，以自己的意志和能力独立生活、创造自我的个人，因此个体是在个体生活中成为自身和确证自己的主体地位和主体性质的。然而，个人是在“物的依赖关系”下才成为个体的，其生活中最基本的价值关系只能是这一关系之中决定个人能否成为个体的具体社会关系。

首先是个人劳动与社会劳动的关系。“物的依赖关系”下，个人以劳动为生存手段，通过工作参与社会生产，通过市场交换获得物质生活条件、满足生活需要实现自身存在和发展。因此，个体生活的关键是个人劳动转化为社会劳动。个人劳动能否转化为社会劳动以及在多大程度上转化为社会劳动，决定一个人是否进入到了社会生产体系，能否把个人劳动成果转化为交换价值——货币（这是他的物质生活条件的代表），这直接关系到他的人生意义、社会地位和个人自由的物质基础。个人劳动与社会劳动的关系的状况，决定着个体的物质生活、社会关系和社会地位的状况以及他的生活意识，从而架构、组织和主导了个体生活及其变化。一个人不能把个人劳动不断地转化为社会劳动，他就不能自己养活自己，更是无法将自己的人生命运掌握在手中而成为个体。因此，个人劳动和社会劳动的关系是个体生活的基本价值关系之一。

其次是权利与义务的关系。市场经济社会通过法治整合和管理社会、规范个人的行为，每个个体都是公民，享有公民的权利和义务。公民身份是现代社会个人最重要和最基本的身份，“表达参与公共生活的观念（这比政治生活更广泛）”，不仅“强调他或她与国家的联系”，还表明

“更为重视公民与作为一个整体的社会之间的关系”①。公民身份“取决于人们是否被其所在共同体看作是其中的平等成员”，“是人们在该共同体中地位的标志和他们拥有的尊重”。“公民身份地位的前提是，人们被看作自主的、有自我意识的人，其计划和信仰需要得到尊重”，因此，“公民是平等的个体”。“对于公民的关系的另一个面——责任，主体间性是必不可少的”，“要成为一个公民，就需要把他人看作自主的、有自我意识的人。与之相伴的是，公民承担起对自己共同体的责任，给予其他公民同样的尊重，因为，他们也希望以获得尊重作为回报”，也就是说，“公民只能以权利的形式从共同体中拿走他们以责任形式置入其中的东西，因为任何一个公民的权利都是由其他人的责任所构成的”②。从现代公民身份的上述文化内涵可以看出，个体的对象性活动受公民的权利和义务的规定，包括对个人的社会权利主张什么、保障什么，也包括对个人的社会义务要求什么。公民身份具有质和量的特征。前者是指公民的权利和义务对于个体的肯定或否定作用，后者是指这种肯定或否定的作用的界限、范围、大小。在现实生活中，公民身份的质和量影响着个体生活的质和量，即个体生活对于个人的肯定或否定作用以及这种肯定或否定的作用的界限、范围、大小。公民身份的质和量反映个体在社会生活中的自由程度，个体生活的质和量反映个人的自我实现程度，而自由是自我实现的前提也是自我实现的目标。因此，权利与义务的关系是个体生活的又一基本价值关系。

最后是自我与非我的关系。个人成为个体，就是个人按照自己对生活和人生的理解定位自我、塑造自我和实现自我，但是，“物的依赖关系”下，个人的生活目的与他人及社会的价值目标只是相关、互为前提和条件，却不能同一，人们只是由于相互需要才互为所用。个人“我”为了实现自己的生活目的，不可避免地要与他人形成互为主客体的关系，同时形成“我”对于“我”的关系，即个人生活对于个人自己的价值关

① ［英］巴特·范·斯廷博根编:《公民身份的条件》，郭台辉译，吉林出版集团有限责任公司2007年版，第2页。

② ［英］尼克·史蒂文森编:《文化与公民身份》，陈志杰译，吉林出版集团有限责任公司2007年版，第48—49页。

系。作为个体，个人在自身的生存和发展过程中，不仅在把自己作为目的的时候必须把自己作为手段，而且在把自己作为手段的时候也必须把自己作为目的，就是说，个人的自我要通过非我来实现。在“物的依赖关系”下，无论是个人劳动和社会劳动的关系，还是权利和义务的关系，都贯穿着自我和非我的关系，自我是个体的主体尺度，非我是他人、群体、社会的尺度，两个尺度的统一才是个体存在和发展的体现和实现，因此自我与非我的关系也是个体生活的基本价值关系。

（2）个体生活世界特有的重要价值。价值体系由诸多价值关联而成，其中有些价值对于基本价值关系、其他价值的形成有基础作用，它们被称为重要价值。个体生活的重要价值是指对个体生活基本价值关系起主要作用、主导其他价值的价值，包括基本价值、核心价值和目的价值。

个体生活的基本价值，即对个体生活基本价值关系起决定作用的价值，在现实生活中，这些价值是个人的生存能力、个人财富和个人尊严。价值关系是以主体尺度为尺度的主客体关系，对价值关系起决定作用的因素是主体的本质力量。对于个体生活而言，这一本质力量就是个人的生存能力。一个人能否成为现实的劳动者，其个人劳动能否转化为社会劳动，个人作为公民能否充分地实现各种权利和履行各种义务，个人作为自我的实现者和创造者能否实现自己的人生价值，取决于个人由各种具体能力综合而成的生存能力。个人财富是由个人拥有和自主支配的、能够满足个人各种生活需要的资源，既包括物质财富也包括精神财富，既包括可交换资源也包括无法交换的资源。“物的依赖关系”下，不仅个人生活能力的形成和增长、基本价值关系的建立和实现以及改变，依赖个人财富的性质和数量，这些财富本身也是个人生存结构的有机内容。个人财富不仅是个人生存能力的对象化、现实化，也是个人“安身立命”的坚实基础，更是个人实现自身价值的资源，既是个体创造自己历史的前提，也是个体创造自己历史的结果。现代社会个人致力于财富的积累和增长，正反映了财富对于个体的绝对作用。个人尊严是个人“对人的身份、地位等的认同”，产生于个人“对自己身份、地位等的认同”，实现于他人、社会“对个人的身份、地位等的认同”，前者是自尊，是一种自觉的主体意识，代表着个人对自己人生的担当；后者是他尊，代表着他人、社会对个人权利、责任的理解和对个人生活的肯定性评价，这两者的一致即人的尊严。个体生活是个人满足自己生活需要的活动，最终意义是使人成为人，即实现个人尊严。个人在社会中有一份工作做，自己养活自己，个人的权利和义务不被侵犯，不断把非我转化为自我，这一切既体现了个人对自己的尊重，也体现了他人和社会对个人的尊重。因此，个人尊严代表着个体和个体生活的实现。

个体生活的核心价值是指对个体生活基本价值的创造起主导作用的价值。在个体化时代，个体是自己生活的主导因素，怎样生活、为什么而生活是个体自己去选择、决定的事情，不再受外界力量的支配和规定。在开放的、流动的社会里，在一个享有自由的环境中，个体生活的本质差异并不取决于他生活的环境，而取决于个体在生活中的主体地位和主体性质即个体主体性。个体主体性是个体自己生活活动和整个人生的“自由意志”及能动力量，对个体生活的选择起主导作用，既是个人作为自己生活主体的最显著标志，也是现代社会个人生活的最显著特征之一，与个人生存能力的培养、财富的创造以及对尊严的维护和坚持密切相关，因此它是个体生活价值体系的核心价值。

个体生活的目的价值即个人人生意义的实现。个人依附于群体、不为自己而只为他人或群体存在时，个人生活对于个人自己是没有目的价值的。当个人转化为个体，可以且必须自己决定“为什么而活着”这个问题时，个人生活对于个人自己才有了真正的意义。确立人生意义是个体的生存需要，满足这种需要则成为对个人的目的价值。个体生活如果推动和促成个人实现人生意义就具有目的价值。在这个意义上说，个体生活的目的价值是个人人生意义的实现。个体作为自己生活的主体，一方面通过生活活动与客体建立现实的价值关系满足自己的各种需要，表现出价值主体的性质和特征；另一方面，在创造各种价值的生活活动中，个体作用于客体的各种素质、能力、属性、本质、身体等，随着个体与客体价值关系的展开而得到巩固、完善和发展，从而实现对个体自身的改造和创造，体现个体是自己生活活动的价值客体，即个体每一个具体的生活活动都会对他成为什么样的人产生实际的价值后果。在个人没有“自我主客体”意识时，他只是具体活动的主体，还不是真正意义上的个体。个人一旦作为个体而存在，就会认识到自己创造价值的任何活动，同时也是他的存在本质和生活样式不可缺少的表现形式，就会有意识地把每一项生活活动与他成为什么样的人联系起来加以思考，在观念中自觉地形成关于人生意义的价值意识。人生意义的价值意识一旦确定，个体生活就在它的支配下全面展开。每个人的人生有它的必然性，但是在自由的前提下，每一个必然性都是经由选择才成为现实的。个人选择过什么样的生活，包括工作、婚姻、生育等人生重大问题的选择以及衣食住行、生老病死等日常生活的选择，一般基于他对人生的理解、对人生意义的把握。因此说，个体生活就是个体所理解的人生意义的对象化、现实化，即个体实现自己确定的人生意义。

（3）个体生活世界所特有的价值意识——生活意识。价值意识作为“价值关系在精神上的反映和表现”“一种主体性的、体现着主体内在尺度的意识”①，是价值体系的有机内容和能动因素。在个体生活价值体系中，价值意识以生活意识的形式存在着。随着个体生活基本价值关系、重要价值的确立，个人对自己与社会、与他人、与自身关系的认识图景与认知模式的视角、出发点、价值诉求发生了根本转换，这带来了个人生活意识的根本变化，即从以依附性意识、共同体成员意识、群体意识为核心的群体化生活意识转化为以个体意识、公民意识和“自我”意识为核心的个体生活意识。

个体意识即个人在生命展开过程中自觉到“我是主体”，确认和肯定“我”的主体地位的意识。“物的依赖关系”下个人成为自己生活的主体这一事实反映到个人的意识中就是个体意识的形成。个体意识即个人自强、自立、自为、自律、自主的生活意识，是个体的精神标志。个体意识是个人意识的组成部分，并且在个人意识中居于核心地位，是个人的自我意识、社会意识形成和发展的主导力量，支配个人在“私领域”和“公领域”的思想和行为，因而也是他人、社会评价个人的重要价值标准。

公民意识是市场经济社会个人的社会生活意识，它表现为个人对自己公民身份、公民的权利和义务的心理认同和理性自觉。在我国社会主义制度下，公民意识主要体现为个人维护、保障和实现自身权利的意识、对他人权利尊重的民主意识、对公共生活的自觉监督意识、对社会公正

① 李德顺：《价值论》，第185、181页。

的信念和信仰，以及对社会公共责任的担当意识等。公民意识的形成是个人成为个体的社会标志。

“自我”意识即个体对于“自我”的意识。个人成为自己的人生主体，就是“我”以“我”为对象创造一个“我”，这个“我”就是“自我”。“自我”反映到个体的意识中，就是“自我”意识。“自我”意识是个人对自己在一定社会历史条件下生命存在的自主状态的总体性理解和诠释，它是个体人生价值的自我肯定，是个人选择现实生活方式、人生道路的内在标准和尺度，因此是个体生活意识的核心内容。“自我”意识的形成，是个体存在和发展的综合性标志。

个体生活价值体系体现了个人在现代社会存在和发展的现实性，它的形成既是个人成为个体的标志，也是个体生活状况的标志，最终是个人之为人的标志。

（四）个体生活对于个体认同的作用

个体生活本质上是个体以自己为尺度通过对象性活动构建“属己世界”的过程，由个体、个体活动指向的对象以及个体与对象之间的关系建构而成。个体即个体生活本身。在个体生活中，个体是核心和动力，财产是基础，能力是资本，身体是关键，个人是目的，生活观念是灵魂，尊严和幸福是根本，个体生活世界是其全部的现实内容。个体生活不仅有稳定的结构、确定的内容及特定的逻辑，而且所有的要素、活动都具有“为我”的性质，它以个人满足各种生存需要为目的和核心，以知识、思想、素质、意志、技能等为力量，以法律为界限，按照社会的体制、制度、规范获得社会资源和生活保障，以市场原则与他人建立劳动关系、交换劳动产品、服务和资源来满足个人存在和发展的需要。因此，个体生活既是个体的存在形式，也是个体的创造成果，两者具有内在的、本质上的直接同一性。基于个体在对象性关系中的主体性，个体生活的性质和状况以及对于个人自我创造的价值，更主要地取决于个体的本质力量及其活动的性质、类型和社会性。个体创造了个体生活，个体生活成就了个体，没有个体就没有个体生活，没有个体生活也就没有个体。

个体与个体生活的互致关系凸显了个体认同对于个体生活的特别重要性，也把个体认同建立在了个体生活的基础之上。阿皮亚指出：“采取一种认同，让它成为我的，就是让认同去构造我的生活方式。”① 个体认同不仅是个体生活的逻辑起点，也是个体生活的目的。个体认同主导了个体生活的状况，个体生活则决定了个体认同的现实性程度。个体作为生存论意义上的个人主体，不仅以他以外的事物为客体、与社会和他人互为主客体，而且也与他的本质、需要和意识等现实结构、规定性以及他的思想和行为构成主客关系，在个人生命过程中发挥自我实现、自我建构、自我满足和自我意识的作用。个体是现代社会对于个人的规定，但在始源上是个人自我选择和自我塑造的成果。个体的意义在于使个人在现代社会条件下生存和发展、实现个人的生活意义和生命价值；个体是进入到现代社会物质生活关系中的个人存在形式，个人不仅是个体的实体性载体，个人的实体性性状和需要更是个体作用于客体、发挥主体性的基础、根据、目的和限度。

二 个体认同与个人自我认同

个体和个人的紧密关系把个体认同与自我认同紧紧联系在一起。个体认同不仅是个人自我认同的有机内容，而且是个人自我认同的核心，深刻地影响、主导着自我认同的建构与性质；个人自我认同也参与到个体认同的形成和发展中，是个体认同的基础和资源。个体认同与个人自我认同的相互作用也具有两重性：个体认同可以提高个人自我认同境界，促进社会共识的达成，也可能使个人与社会的矛盾更加凸显，产生个人自我同一性困境；个人自我认同可以推动个体认同的实现，但是在与社会认同冲突的情况下也会导致个体认同危机的发生。

（一）个人自我认同的涵义及本质

个人自我认同是个人独有的精神现象和个人自我意识的主要内容，是个人关于“我是谁”的反思性理解的自我，有着独特的认识结构与丰富而复杂的社会性本质和内容。

---

① ［美］夸梅·安东尼·阿皮亚：《认同伦理学》，张容南译，译林出版社 2013 年版，第 42 页。

1. 个人自我认同是个人肯定性的自我评价

个人的自我认同，通常直接称为个人认同或自我认同。心理学对个人自我认同的解释是："个体把自己对自我现状、生理自我、社会期待、过去经验、现时经验、未来希望等多个层面的觉知统合成完整和谐的结构，形成人格发展中臻于社会成熟和自我肯定的状态。"① 社会学所说的个人自我认同，指的是"个人自我发展的过程，通过这一过程，我们形成了对自身以及对我们同周围世界的关系的独特感觉"②。在哲学的意义上，个人自我认同是指"一个人描述其本质自我的方式"③。"本质自我"被认为是规定了一个特殊个体的基本特征，不因背景而改变的真正的自我。对于"本质自我"，哲学家给出了多种理解。笛卡尔的"我思故我在"表明他把本质自我看作"自我意识"，他说："那么我究竟是什么呢？是一个在思维的东西。什么是一个在思维的东西呢？那就是说，一个在怀疑，在领会，在肯定，在否定，在愿意，在不愿意，也在想像，在感觉的东西。"④ 洛克进一步强调本质自我是自我意识的观点，而且认为记忆的作用非常重要："只有凭借意识，人人才对自己是他所谓自我。……人格同一性（或有理性的存在物底同一性）就只在于意识。而且这个意识在回忆过去的行动或思想时，它追忆到多远程度，人格同一性亦就达到多远程度。"⑤ 但是，"如果我们不把自我看作内在于我们的与生俱来的灵魂，而是把它看作我们思想和行动的产物，那么自我认同就是某种获得的东西，而不是一个需要去发现的事实"，"自我并不只是思想，也不是关于过去的记忆"，而是"我们试图把自己变成某种东西时的目标所向"⑥，这意味着"本质自我"的两重意义：存在于未来的"应然之我"——一种价值，即自己想要成为的人，以及赋予自己意义的超越性，即自我造就。尼采、萨特就是这一主张的哲学家代表。尼采认为，"生命

---

① 杨治良、郝兴昌主编：《心理学辞典》，第570页。

② ［英］安东尼·吉登斯：《社会学》，赵旭东等译，第28页。

③ ［美］罗伯特·所罗门：《大问题：简明哲学导论》，张卜天译，第218页。

④ ［法］笛卡尔：《第一哲学沉思集：反驳和答辩》，庞景仁译，商务印书馆1986年版，第27页。

⑤ ［英］洛克：《人类理解论》（上册），关文运译，商务印书馆1959年版，第310页。

⑥ ［美］罗伯特·所罗门：《大问题：简明哲学导论》，张卜天译，第236页。

本身是求权力的意志”——生命体“释放它的力量”[①]，他的超人哲学把人的自我本质理解为人不断表现自己、扩张自己、创造自己，把充实、旺盛的生命力发挥出来的权力。萨特与尼采不同的是，他认为自我是一种选择，是自由意志的体现：“人首先是存在——人在谈得上别的一切之前，首先是一个把自己推向未来的东西，并且感觉到自己在这样做。”他还指出，“人除了自己认为的那样以外，什么都不是”，“人就要对自己是怎样的人负责”[②]。对本质自我的不同观点，导致了对于自我认同的不同理解：把本质自我看作是自我意识或者自我意识的某种形式，个人自我认同就是“我”在“我”的意识中的同一；在主张本质自我是自我创造、超越的哲学家那里，个人自我认同不是简单的个人自我意识，而是个人自我意志及其对象化——自我价值创造的始终如一的贯彻和体现。

个人自我认同是现实的个人“描述其本质自我的一种方式”[③]。现实的个人，即存在于现实世界，在现实的社会关系中从事着创造自己生命及其本质活动的活生生的个人，他不是抽象的人——既不是纯粹的自我意识、自我意志，也不是身体各个部分及其特性、机能构成的统一体，而是一个满足生存和发展需要，创造了自己的本质和自己的历史、现实以及未来的人，以实践为存在方式的社会生命、精神生命和自然生命的有机统一体。由此，我们说的个人自我认同，指的是个人在具体生活基础上形成的对自己的身心状态、存在价值与意义以及自己与外部世界的关系的肯定性态度，是一个人关于“我是谁”的自我认可。

2. 个人自我认同的认识结构

个人自我认同本质上是肯定性的自我评价，但是因为它与自我认知同是自涉的主客体关系，有着共同的根据、基础和内容上的紧密关系，因而两者是相互贯通的——你中有我，我中有你。“在人们的现实精神活动中，这两者的区别往往是极其细微的、短暂的。这是因为，只要有可能，人们总是在非价值意识中贯以价值意识，或把非价值意识迅速地转化为价值意识。因此在实际的思想、观念、感觉中，它们总是自觉不自

① ［德］尼采：《善恶的彼岸》，赵千帆译，商务印书馆2015年版，第26页。

② ［法］萨特：《存在主义是一种人道主义》，周煦良、汤永宽译，第8页。

③ ［美］罗伯特·所罗门：《大问题：简明哲学导论》，张卜天译，第218页。

觉地结合在一起。"[①] 自我认同是肯定性的自我评价，属于价值意识，自我认知是关于自我的事实性描述，属于非价值意识，因此，人们并不能把自我认同与自我认知截然分开。"我是公民"这一判断就包含两层意义：首先，它是一个自我的事实判断，描述了我是一个有什么权利和义务的人；同时它也被当成一个价值判断，包含着我作为一个公民，我承认、接受、认可公民的权利和义务，愿意做一个公民。因此，在对个人自我认同的理解中也应该充分关注个人自我认知的问题。

个人自我认同是自我意识的一部分，其认识结构包括三个阶段或内容：

①认知结构：主我——客我，其意义是："我"以"我"为对象形成自我认知，在观念中回答了"我是谁"这个问题，其成果是"自我"。

②评价结构：主我——自我，其意义是："我"对"自我"进行评价，通过"我"对于"自我"的肯定，形成"被认可的'我'"的意识。

③自我的确证：主我——对象，其意义是："我"以"被认可的'我'"的意识作用于对象，在对象身上体现"我"的观念。

上述个人自我认同认识结构的具体阶段或内容反映了个人自我认同的具体过程：从个人自我认知开始，经过我对于"我"的肯定性评价，接受、承认、认可事实上的"我"以及形成"理想之我"。

从个人自我认同的认识结构看，个人自我认同的核心"我"——"主我""客我"，以及"主我""客我"相互作用形成的"自我"，都是现实中的"我"，而对象也是满足"我"的需要、"我"作用的对象，因而，个人自我认同不是个人封闭的自我冥想，而是诸多因素共同作用的结果。这些因素包括作为"主我"的各种内在因素，也包括作为"客我"的现实内容，以及作为"我"身处于其中的社会环境等。现代社会心理学支持了这一结论，指出个人自我认同受到"个人的内在因素、团体因素和人际因素的影响"，个人自我认同的确立"是这三个方面达成动态平衡的过程"[②]。首先，个人内在因素主要是指个人的自我认知能力、自主性、人格和社会化程度等，它们作为个人自我认同的主体尺度，在自我

① 李德顺：《价值论》，第182页。

② 沙莲香主编：《社会心理学》，第106页。

认知和自我评价中发挥主导作用；其次，团体因素主要是指团体中人与人之间关系的性质和状况，包括道德、法律、精神开化的水平，个人在团体中的地位和作用及个体在团体中的社会联系发展的程度，以及家庭等亲密关系的状况，它们是自我认同的社会基础；最后，人际关系是指个人是否是集体的成员、集体中的成员对于集体的认同和意义。埃里克森提出，个人自我认同成功的时候，在这三个方面表现出独有的特征：一是个人感知到作为独特个体的自我概念，不与团体在一起时仍具有积极的情感，依据自我兴趣和力求积极的人格而行动；洞察自身与他人的关系，对自我去人格化的感觉。二是在与他人交往中表现为：积极的自尊、对他人的信任以及心情愉快；行动中考虑到他人的利益、行为素质高；感知到自尊并加入到人际关系中，和他人具有联系和角色上的关系，形成交往频率。三是在集体中具有良好共存关系：感知到作为集体成员的集体自我；在人际关系中以最大的利益和最小的伤害来处理情感；依集体中的自我兴趣而行动和获得职业发展；与他人深入交流，形成共同的团体认定①。

3. 个人自我认同的社会本质

从个人自我认同成功的个人特质可以发现，个人自我认同的本质是个人对其社会本质、社会性的认同。首先它主要体现为个人的角色认同。在现实性上，人的本质是一切社会关系的总和，个人以角色的方式参与社会生活，与他人、群体和社会形成各种社会关系，现实中的个人是各种角色的承担者、行为者，因此个人自我认同的具体内容就是各种角色认同的统一。“所谓角色认同，是指人们在社会中必须在不同的时间和空间扮演不同的角色，各种不同的角色都有一种约定俗成的行为标准，一个人如果能够赞同社会为某个角色设定的行为标准，并按这个标准行事，就是角色认同”②。角色认同是个人对社会、群体所赋予的权利和责任的认同，即个人对社会身份的认同。因此，个人自我认同不能被理解为与社会认同截然对立、割裂开来的认同形式，它的内容是社会的，只是相对于认同的主体而言，我们称之为个人自我认同。其次，个人自我认同

---

① 参见沙莲香主编《社会心理学》，第 107 页。

② 沙莲香主编：《社会心理学》，第 127 页。

作为“个人在具体生活基础上形成的对自己的身心状态、存在价值与意义以及自己与外部世界的关系的肯定性态度”，是一种以个人为主体的自我评价活动，私人利益是其最重要的评价标准。利益是社会生活中的价值关系，显示、体现客体对于主体的肯定的意义，因而，人们“总是把利益作为衡量自己与事物或他人关系的一个尺度”①。私人利益是满足个人需要的价值，具有“私属”的性质，既是个人自我认同的出发点，也是自我认同的归宿。但是，正如个人不是孤立的存在一样，私人利益具有社会的客观性。马克思深刻地指出了这一点：“私人利益本身已经是社会所决定的利益，而且只有在社会所设定的条件下并使用社会所提供的手段，才能达到；也就是说，私人利益是与这些条件和手段的再生产相联系的。这是私人利益；但它的内容以及实现的形式和手段则是由不以任何人为转移的社会条件决定的。”② 最后，在个人自我认同中处于核心地位的“自我”也不是“私我”，而是接受了社会教化的社会性自我。每个人都有一个专属于自己的自我，并由此形成自我观念。长期以来，包括哲学家在内的许多人只承认个人自我的“私人性”而否定其社会性。但是，“这个自我藏于我们在工作和社会中不得不承担的角色和摆出的姿态背后，那些东西有时会使我们感觉不舒服，感到‘不是我们自己’。然而，说真正的自我是个体的自我，我们所扮演的社会角色和我们在社会中学到的习俗是对我们真实自我的扭曲和遮蔽，这个结论下得过于仓促了。”③ 事实上，个人生活在社会中，也只有在社会中才能存在和发展，他的自我形成于社会的背景之下、与他人的交往活动中，是社会化的结果。也就是说，个人的自我在他的社会关系之外以及意识到他人的存在之前是不可能存在的，自我的根源在社会中。米德的符号互动理论和库利的“镜中我”理论对个人自我与社会的关系都做了深入的论证，现实生活的经验事实也说明，个人自我认同中的同一性，不是个人同自己的同一性，而是个人与社会的同一性，个人自我同一性建立在个人与社会统一的基础上，个人自我认同的形成和成功，是个人对于社会的认可与

① 李德顺：《价值论》，第 99 页。

② 《马克思恩格斯全集》第 30 卷，第 106 页。

③ ［美］罗伯特·所罗门：《大问题：简明哲学导论》，张卜天译，第 242—243 页。

社会对于个人的肯定、接纳的一致。

（二）现代社会个人自我认同的特殊性

个人自我认同是人与人、人与社会关系中的普遍现象，凡是在“为我（个人）而在”的关系中，都关涉个人自我认同问题。因个人的社会生活、社会关系以及它们的反映社会意识形式的丰富、复杂性，在不同社会形式下，个人自我认同具有不同的特性。在现代社会，个人自我认同具有由与现代社会的本质属性、特征所决定的基本特性。

1. 以个人的内在要素为尺度的建构性

查尔斯·泰勒指出：“现代认同并不关乎能否与宇宙哲学的秩序相匹配，而在乎能否回应自我内心的需要和欲望。……现代认同的起点就是内在自我的起点。”① 自我既是自我概念，也是自我价值。自我概念包含自我定位、自我评价和自我期许；自我价值是主体的自我意义——客体对于主体的价值关系及其结果。这两种意义上的自我都是自我主客体相互作用的产物，是主体我（我们）认识和改造客体我（我们）的现实结果，同时也是主客体关系中主体尺度的内容。个人自我依据不同的标准被个人有意识地建立起来。这些标准大体有三种类型：个人之内的标准；社会的标准；个人、社会之外的标准（自然的或超自然的力量）。现代社会大多数个人的自我标准是个人之内的标准，一是因为社会不再为个人自我提供统一的标准，而且把选择自我标准的权利给予了个人自己，它只为个人选择自我的标准提供条件；二是个人生活在现实世界，吃穿住行的生活需要只能以现实的方式和现实的手段来满足，个人、社会之外的标准的非现实性无法使个人存在和发展，因而也就无法成为个人自我的标准。个人自身的任何要素，如需要、欲望、情感、信念、理想、信仰等等，都可以成为个人自我的标准。个人以其内在要素为标准形成自我，这个自我就成为个人自我认同的主体尺度。现代社会赋予了个人自主权和存在的独立空间，个人的存在和自我有了选择的特点。个人在不断变化的生活世界安身立命需要不断地重新定位自我、评价自我，并要

① ［加］查尔斯·泰勒：《现代认同：在自我中寻找人的本性》，陶庆译，《求是学刊》2005 年第 5 期。

经常返回到从前的历史中培养、形成新的“自我感”，这就是自我的反思性。吉登斯指出了这一点，他认为，“现代性的反思性已经延伸到自我的核心部位”，“在现代性的情境下，变化的自我作为联结个人改变和社会变迁的反思过程的一部分，被探索和建构”①。吉登斯进一步指出：“追踪自我认同从传统到现代社会的变化，可以看到，从前主导认同形成的固定的、继承性的因素不再起作用。如果说人们的认同曾经主要是通过更大范围内的社会群体的成员身份而被感知到的，受制于阶级和国民性，那么现在则更富于多面性和流动性。……这已经为其他意义渠道——如性别和性别倾向——在个人的自我认同感中发挥更大的作用开辟了空间。”②

2. 具有多角色认同的丰富性和复杂性

与传统社会不同的是，现代社会中个人不只是承担一种或几种角色，而是承担多种角色，各种角色相联系形成一个角色系统，这些角色呈现多元多样性和错综关系。一是角色很少是先赋角色而主要是后致角色，这是因为“人的依赖关系”的解体和“物的依赖关系”的普遍形成，以及科学技术（如基因工程、变性技术、现代医学等）对于人的自然生命性状的改造等。二是个人是众多角色的主体，不同角色涉及不同主体的利益，具有多元主体性特征。个人是个体，但也是社会、群体中的一份子，在社会、群体中担当某个角色，这些角色的主体是社会、群体，而不是个人，个人只是社会、群体主体的现实形式，只能从社会、群体的尺度而不能从个人的直接利益和原则出发，其角色的主体性不是个人的主体性而是社会、群体的主体性。三是角色间相互关联形成的角色系统呈现社会价值次序，其中社会公民具有最高的价值位置，比如，在生产活动中，个人的角色是劳动者，同时也是社会公民，在社会价值次序上，社会公民高于劳动者，这不仅意味着劳动者的权益包含在社会公民的权益之中，也意味着作为劳动者，他的其他公民权益不得被侵犯。四是除了强制性、惩罚性的角色，绝大多数角色加进了个人对角色的理解，这

---

① ［英］安东尼·吉登斯：《现代性与自我认同：现代晚期的自我与社会》，赵旭东等译，第35页。

② ［英］安东尼·吉登斯：《社会学》，赵旭东等译，第28页。

是因为，现代社会的法律是一个公共空间，它为人们的社会生活划定一个界限，人们在这个界限内享有自由，比如，父母是一种角色，法律规定了父母的权利和义务，但是个人在承担父母角色时，在怎么做父母和做什么样父母的问题上有自己的理解和意志。五是在个人所有承担的角色中，与根本利益、现实利益相关的角色在个人的角色意识中处于更为重要的价值位次，更具持续性，在角色矛盾、冲突中具有优势价值。个人角色的多元性、多样性和角色间的错综关系决定了个人自我认同多角色认同的统一，也是多种社会关系的同一性认同，体现自我的和社会的、群体的多重维度。因为个体的主体尺度的作用，个人对自我的理解和价值选择在多角色认同的统一中成为最重要的维度。

3. 个人自我认同危机可能发生的普遍性

个人自我认同是个人现实生活的需要，也是目的，每个人都有自我认同的追求。在以农业生产为主导产业的传统社会，受土地和人身依附关系的束缚，个人自我认同受社会的控制，没有以自己为尺度的自我选择和自我塑造，其标准是社会、群体统一、一致的标准，社会关系稳定、封闭、单调，社会生活极少发生变化，社会角色单一而具有绝对的确定性，因而，个人在追求自我认同的过程中极少发生普遍的危机。但是，在现代社会，自我认同危机是一种几乎会发生在每一个人身上、在个人成人之后的每一个人生阶段都有可能存在的社会现象，每个人都难免遭遇到自我认同困境的困扰，如：个体不能形成统一的、连续的、整合起来的自我而表现为人格分裂；个体失去对自我价值、自我意义的积极感受和认可，否定生命存在的意义；等等。个人自我认同危机的发生有几个原因：一是自我意识的觉醒与不断增强，现实生活中充满了诱惑和选择，但是在一个以能力和才能评价个人的社会里，一个人无论怎样，总是有他不能企及的地位、作用和想要的生活，在社会比较中，他常常发现自己不够好、不够强大，由此就有可能否定自己的人生价值；二是在多元化社会中，人人为自己，但是每个人的需要都要通过他人、群体、社会来满足，每个人的目的都需要充分的社会条件才能达到，这就决定了人与人之间的交往首要的是遵循功利原则，也使许多人在他人身上找到、实现和确证自我的活动难度大大增加；三是由于现代社会分工的发展，在个人身上容易出现角色冲突和角色相互否定的状况，每个角色对于个人要求单一，从而对于个人的回报亦单一，这就使得任何一个角色都不能满足个人存在和发展的全部需要，但是个人却不得不以自己的整个生命内容去承担、面对各种角色，他需要每一个角色即使不能满足他的所有需要，至少不要因为承担这个角色满足了他的某个方面的需要而妨碍或者否定了其他方面的需要和利益；四是个人对于自己的评价往往基于自己的标准，但是社会、群体、他人对于他的评价却基于他们各自的标准，而决定个人利益实现的是两个标准的统一，这种统一，因为群体、社会相对于个人的强势，在现实中，个人的自我评价不可避免地深受他人和社会评价的影响，这样就会出现不能在社会生活中认同自己的情况；五是个人在现代社会角色不断变更以及每一个角色面对经常变化的对象和社会环境时，其自我处于不断的心理建构中，这个过程的综合性、内外矛盾的复杂性加大，由此增加了自我在时空上的连续与整合的难度，个人自我同一性的困境就会出现。但是，个人自我认同危机的根源在于，现代社会“物的依赖关系”对个人的强制、个人受物化的社会关系、抽象力量——货币的统治与个人创造自身的社会关系、享有社会自由、个性成长、个人能力发展之间的内在矛盾。马克思深刻地揭示了这一点：“毫无疑问，这种物的联系比单个人之间没有联系要好，或者比只是以自然血缘关系和统治从属关系为基础的地方性联系要好。同样毫无疑问，在个人创造出他们自己的社会联系之前，他们不可能把这种社会联系置于自己支配之下。……这种联系是各个人的产物。它是历史的产物。它属于个人发展的一定阶段。这种联系借以同个人相对立而存在的异己性和独立性只是证明，个人还处于创造自己的社会生活条件的过程中，而不是从这种条件出发去开始他们的社会生活。……全面发展的个人——他们的社会关系作为他们自己的共同的关系，也是服从于他们自己的共同的控制的——不是自然的产物，而是历史的产物。要使这种个性成为可能，能力的发展就要达到一定的程度和全面性，这正是以建立在交换价值基础上的生产为前提的，这种生产才在产生出个人同自己和同别人相异化的普遍性的同时，也产生出个人关系和个人能力的普遍性和全面性。”① 这种内在矛盾同时表明，一方面，个人自我认同危机只

① 《马克思恩格斯全集》第 30 卷，第 111、112 页。

是一定历史阶段的产物，随着社会发展、“物的依赖关系”的解体，这种现象终将不再具有社会普遍性；另一方面，个人自我认同危机是否发生或发生的程度，主要取决于具体个人自身精神发展的状况。

（三）个人自我认同与个体认同之间的关系

个人不同于个体，因而个人自我认同不同于个体认同，但是，在社会学、心理学或社会心理学中，常常把个人自我认同等同于个体认同，这主要是因为没有把个体与个人区别开来。但是只有看到个人与个体的区别，才能真正理解个体以及个体认同的意义，从而把握住个人自我认同在传统社会与现代社会中的本质不同，避免在谈论个人存在和发展问题上的两种极端理论——要么个人本位，要么社会、集体本位。如果把个体认同湮灭在个人自我认同中，无视这一独特的认同内容，就不会对现代社会个人应该具有的精神品质有自觉意识；如果以个体认同代替个人自我认同，就会失去对个人存在特性丰富的社会内容和全面性的把握，最终也将无法准确把握个体认同的精髓。当然，如果把个体认同与个人自我认同截然割裂开来，既不能理解个人自我认同历史内容的时代特色，也不能理解个体认同对于个人存在和发展的独特意义。

前文比较详细地阐释了个体认同和个人自我认同的内涵，从中可以看出两者的区别。首先，两者的现实性不同。个人自我认同是个人自我意识的有机内容（我们无法想象一个人完全否定自身的时候他的自我意识还存在着），是与自我意识一同产生的意识。任何时代的个人，只要他有自我意识，他就有自我认同。即使一个人认为自己活着没有任何价值，只要他知道自己是谁，比如，他承认自己的性别、国籍、是某种人，他的自我认同就存在。个体是个体化时代个人的社会存在形式，因而个体认同只是现代社会独有的认同形式。个体的内涵意味着一个人即使有自我认同，也不一定有个体认同，即使一个人在某个阶段有个体认同，也不意味着他之后的人生始终都有个体认同，在现实意义上，一个人在成人之前和老年后期无法独立生活时，一般是没有个体认同的（个体认同是一个完整的体系——承认、认可和确证）。其次，两者所涉内容和机制不同。个人自我认同的内容非常广泛，包括个人的所有性质、状况、（与自己、与他人）关系、行为、思想，等等，身体的、社会的、精神的全部的内容、属性、特质都可以成为自我认同的内容。但是个体认同仅是对个体的认同，属于对自我的一个社会身份和性质——社会关系中的独立主体及其主体性的认同。两者内容上的不同决定了它们的形成和发展机制的不同：只要一个人在社会中占有一席之地，形成了现实的依存关系，接受了社会的价值关系、价值观念，他就会有诸多方面的自我认同；而个体认同的获得，必须依据现代化的充分发展，依托现代民主法治、社会保障制度、个人意识的发育成熟和三者之间平衡、协调的关系，以及个体对于个人存在和发展肯定性作用的突出优势。最后，两者对于个人的意义不同。个人自我认同在于认同“我”是一个什么样的人，更多的意义在于一个人对于自己的存在状态的接受、认可，即承认一种价值事实——既包括自己对于社会、他人以及对于自己的意义，也包括社会、他人对于自己的规定，因而，它的实现实质上是个人在现实社会的适应性的表现，对于有些自我认同，个人可以不做选择，但这一般不影响一个人是否是一个现实的人，只影响到他的个人生命结构和生活方式。个体认同在于一个人接受、认可他对于自我的权利和责任，即自己把握自己的命运、选择自己想过的生活，并为此承担责任。个人作为个体而存在，就是在他所有的价值选择中，直接或间接地以个人自己的需要、现实规定性和能力作为根据，贯穿个人的利益尺度，因此个体认同的意义在于把个人存在和发展的权利还给人自己，并由此与社会政治的、经济的、文化的制度紧密联系在一起，在社会的整体建构中发挥主体性，由此，个体认同是关于一个人能否成为现实的人、是否是具有社会合理性的人，关乎他在社会中的地位和作用的认同，也正是在这个意义上，个体认同对于个人而言是不能不选择的认同。

如同个人与个体不可分割一样，个体认同与个人自我认同有着紧密的联系。一方面，个人自我认同是个体认同形成和发展的基础、动力和资源。在现实性上，个人自我认同先于个体认同形成和发展，综合地反映个人存在的整体状况，因而是个体认同形成的客观基础，个体认同能否产生，取决于个人自我认同的发展水平。个人自我认同作为个人存在的适应性表现，是个人社会存在特质的表征指标。如果个人的社会化程度比较高，其社会意识发展更完善，他的自我认同就会朝着个体认同的方向发展，并以个体认同为核心展开自我认同；如果一个人的社会化程度比较低，他的社会意识处于社会生活的浅表水平，不能反映个人存在的时代本质和特征，他的自我认同就无法深入到个体层面，因而也就无法发展出个体认同。促使个体认同发生的因素很多，而发育良好的个人自我认同是个体认同最具能动性的动力：一个有积极自我认同的人，会深入到生活的本质、方式之中寻找那个真正的自我，在社会的必然性、现实性面前，他就会发现个体的现实意蕴及其优势价值，从而主动地认同个体这一存在方式。此外，个人自我认同参与到个体认同中，是个体认同最重要的个人资源，对个人选择做什么样的个体起着重要作用。作为个人自我认同结果的“个人自我”，反映个人的社会地位、社会关系、社会价值等社会特性，具有境界上的差异。“个人自我”回答了“我是谁”这个问题，“一旦人们形成了一个相当稳定的自我感受，就开始用这种感受去评价其他事件和客体”，它“决定了我们如何接触和评价这个世界”以及“让他人知道我们是谁，可以对我们产生怎样的期待”①。个人自我是人们解释周围事物、事件的出发点，只有一个按照生活本质、人的本性现实地发展出了“健全的我”的人，才有可能在他的社会生活所能达到的范围内持久地成为个体。在这个意义上，个人自我认同好比土壤，它自身的状况决定了能否孕育、产生个体认同以及在什么程度上实现个体认同。

另一方面，个体认同是个人自我认同的有机内容，一旦形成，便成为个人自我认同的核心，深刻地影响、主导着个人自我认同系统的建构与性质。个体是个人在现代社会的一种存在形式，虽然是现代社会对于个人的规定，但不是外在于个人的强制，而是一种由社会规定的个人身份，因此个体认同是个人的角色、身份认同，在本质上是个人自我认同。与个人自我认同中其他角色认同不同的是，个体认同并不是一个孤立的、特别有限的自我认同。“我是大学生”这一认同发生在学校或者与这一身份相关的空间、接受大学教育这一时间内，而学校、上大学只是个人生活空间的一部分、生命的一个阶段，因此，这一认同是阶段性的、有限的认同。“我是个体”这一认同，不仅在个人所有的生活活动中体现出

① ［美］兰迪·拉森、［美］戴维·巴斯：《人格心理学——人性的科学探索》，郭永玉等译，第404页。

来，而且在他生命的相当长的时间内存在着，因而是个人最基本的自我认同。个人自我认同在结构上是一个系统，由各种角色认同的综合而成，每一种角色认同都是个人自我认同系统的有机内容，它们相互联系、相互作用而具有整体性，但是在这个自我认同系统中，每一个角色认同的地位、作用是不同的，个体认同的独特内容、根据、机制以及对于个人的意义，使之成为个人自我认同系统中最重要的自我认同，个体认同一经产生、进入到个人自我认同系统中，就会对个人业已形成的和将要形成的自我认同产生深刻影响，它不仅摒弃、拒绝、改造与个体认同不一致的个人自我认同，也将进一步完善、强化、发展与个体认同一致的个人自我认同，同时在基本的和重要的个人自我认同中贯彻个体原则、统合个人自我认同，构建一个以个体认同为核心的个人自我认同系统。

三 通过个体生活和个人自我认同实现个体认同

个体生活、个人自我认同与个体认同之间的内在关系表明，存在着由个体生活、个人自我认同通向个体认同的逻辑路径，即通过个体生活、个人自我认同可以实现个体认同。但是，不是任何个体生活、个人自我认同都可以建立和促进个体认同，只有与个体认同具有本质统一性的个体生活和个人自我认同才能形成、推动个体认同。因而个体认同需要特别思考的问题是：如何通过个体生活、个人自我认同实现个体认同？即，怎样的个体生活、个人自我认同才必然地通向个体认同？为了实现个体生活、个人自我认同与个体认同的统一性，社会和个人应当何为？

（一）何种个体生活是个体认同的根据？

个体生活是个体认同的对象化、现实化，也是持续发展着的个体认同的起点和基础，个人在个体生活中确证个体的本质和力量，也通过个体生活为自身的生存和发展创造条件，更是以个体生活这一方式安身立命。如果人们以个体的方式生活着，却不能满足人们生存和发展的需要，不能实现美好生活愿望，或者个体生活不能为其现实地成为个体提供基本支持，不能使个人获得本体性安全以及对于社会的归属感，那么，个体生活对个体认同就不具有支撑、推动作用。个体生活是一种价值选择，只有这种生活对个人存在和发展产生更多、更大的肯定价值且能够使个人生活达到比较理想的水平，才有指向个体认同的逻辑必然性。

生活水平是指在某一社会生产发展阶段中，居民用以满足物质、文化生活需要的社会产品和劳务的消费程度。国际通用的生活水平指标包括居民的实际收入水平、消费水平和消费结构、劳动的社会条件和生产条件、社会服务的发达程度、闲暇时间的占有量和结构、卫生保健和教育普及程度，等等。1978 年联合国修订的《社会和人口统计体系》（SS-DS）文件专辑提出了测定一个社会生活水平的 12 类指标：

①出生率、死亡率及其他人口学特征

②医疗卫生条件

③食品消费

④居住条件

⑤教育和文化

⑥劳动条件和就业率

⑦居民的收入和支出

⑧生活费用和消费价格

⑨运输工具

⑩休息的安排

⑪社会保障

⑫人的自由

可以看出，这个指标体系体现了个人四个方面的生活需要：衣、食、住、行等基本物质生活需要；健康、医疗、卫生、就业、养老等安全保障需要；达到与社会生产力发展水平相一致的基础文化教育、职业培训教育等发展的精神需要；自由支配的休闲时间和自我发展的需要，等等。我国测量居民生活水平的指标也大体在上述四个方面体现出来。国家统计局 2018 年 8 月发布的“居民生活水平不断提高消费质量明显改善——改革开放 40 年经济社会发展成就系列报告之四”指出：“改革开放 40 年来，随着我国经济社会的快速发展和综合国力的显著增强，城乡居民生活水平显著提高，居民收入持续快速增长，收入来源明显多元化，分配差距持续缩小，消费质量明显改善，食品支出比重持续下降，居住面积提高明显。特别是党的十八大以来，居民收入继续快速增长，分配差距进一步缩小，消费结构继续改善，生活质量继续提高，为全面实现小康社会奠定了坚实的基础。”①

认同发生的根本原因在于认同活动给认同主体带来利益，或者认同主体通过认同而满足其需要。人在某种认同中获得的利益越多，这些利益越是根本，满足的需要越多，这些需要越是根本，认同就越是容易发生。因而，个体生活能够满足个人存在和发展基本需要是个体认同的前提条件。个人以个体的方式存在，生活水平如果达到上述生活指标体系的标准，个人对自己的生活总体感到比较满意，感受到了生活的美好和幸福，就能够产生个体认同。个体生活越是能够满足个人的多方面的、根本的、更高层次的需要，越是能够满足个人过美好生活、全面发展、自我实现的需求，对个人就越具有吸引力，就越容易产生深刻而持久的个体认同。也就是说，只有个体生活对个人存在和发展产生更多、更大的肯定价值且能够使个人达到比较理想的生活水平，才有指向个体认同的逻辑必然性。

（二）反思：个人自我认同通向个体认同的桥梁

如何从个人自我认同发展到个体认同？黑格尔指出：“凡是有理性的，都是现实的；凡是现实的都是有理性的。”② 个体是现代社会对于个人的规定，具有社会的合理性，这一合理性最终将把个人变成个体，实现它的现实性。如果个体是个人存在的现实形式，那么只要个人能够深入把握自己存在的真正本质和形式，那么他将认识到个体存在的必然性、不能逃避的现实性，最终将承认、接受和认可个体，实现个体认同。也就是说，反思的个人自我认同将使个人达到个体认同。

反思的个人自我认同就是个人把他已经形成的自我认同当作对象反过来思之，并体现合理的、批判的和自觉的思维特质。反思是哲学思维的特质，是主体性的本质之一，也是推动思想达到本质的精神动力。反

① 国家统计局：《居民生活水平不断提高消费质量明显改善——改革开放40年经济社会发展成就系列报告之四》，2018年8月31日，http：//www. stats. gov. cn/ztjc/ztfx/ggkf40n/201808/t20180831_1620079. html. 2018年12月30日。

② ［德］黑格尔：《法哲学原理》，邓安庆译，“序言”，第12页。

思的任务，一是追问思想是否合乎理性，即是否合乎现实的逻辑和思维的逻辑以及社会的理性，从而判断思想是否合乎逻辑地揭示了事物发展的规律、必然性，以及是否揭示了事物在社会中的发展趋势；二是追问思想是否体现了人的价值选择的主体尺度与客体尺度的统一，从而判断思想是否合于人存在、发展的本性和社会理想图景而具有推动人性进步和社会发展的意义，并不断根据有益于自身的、反映理想目标这一尺度修正、完善、发展其思想。人们总是积极地、主动深入地、持久地把思想作为对象思考之，追求它的合理性和进步特质，就体现了反思的自觉性。反思的个人自我认同，就是个人自觉地把其自我意识作为对象与个人存在的现实性相对应，追问它是否反映了自我的本来面目和全面内容，是否反映了个人的存在本质和属性以及发展的社会历史趋势，是否确立了个人在社会合法地位，是否使个人处于持续的自我价值的肯定中，通过评价与甄别，选择最能反映个人生存本质和发展趋势，帮助个人实现其生活理想的、适合于个人自身的自我，并认同之。

个人自我认同的反思性在现代社会已经成为个人自我认同的特质。吉登斯指出："怀疑，即现代批判理性的普遍性的特征，充斥在日常生活和哲学意识当中，并形成当代社会世界的一种一般的存在性维度。……自我，如同自我在其中存在的更为广泛的制度场景一样，必定是反思性地产生出来的。"① "现代性的反思性已延伸到自我的核心部位"，"自我成为反思性投射"，但是，反思的自我认同，不仅仅是说，自我认同要"在令人困惑的多样性选择和可能性中才能得以完成"、"变化的自我作为联结个人改变和社会变迁的反思过程的一部分，被探索和建构"，不断地培育"新的自我感"②，而是在现代社会的制度、组织方式、运行机制的基础上理性地思考自我的应然状态，并与自我的实然状态相对比，按照应然自我对实然自我进行重新塑造，培养新的个人自我认同。

如何使人们的自我具有这一意义的反思性？一般说来，生活是真正的导师，现实的生存逻辑从来都是自我意识的深刻基础和决定力量。只要现实的生存逻辑形成，受根本利益的驱动和生存法则的规定，人们必

---

① ［英］安东尼·吉登斯：《现代性与自我认同：现代晚期的自我与社会》，第3页。
② ［英］安东尼·吉登斯：《现代性与自我认同：现代晚期的自我与社会》，第35页。

将对于应然的自我产生反思。因此，问题的关键集中在个人自我意识的能力上。一定水平的自我意识才能达到对实然自我和应然自我的正确认知和理解。人总是通过他所处的社会环境，通过他人来认识自我的，人的自我认识能力的提升归根结底来自于深入的生活实践。生活实践以其自身的逻辑和法则在人和世界之间建立的因果机制，以肯定或否定的方式告知人们“你是谁”“你应该如何生活”“怎样生活才更好”，也将驱动人去自我认知和自我评价，从而塑造人的自我认同。除了生活实践的绝对性作用，个人的自觉意识也将在反思性的自我认同中发挥积极作用。倘若一个人把反思性作为个人自我认同的目标，他就会使个人自我认同具有反思性，而要做到这一点，就必须意识到，个人自我认同在现代社会是反思性的，这依赖于现代社会文化氛围促使人们不断地反思自我。

无论是使个人对人生充满希望的个体生活还是反思性的自我认同，最终都将与现代社会、个人的全面发展紧密联系在一起。个体生活满足个人生活需要的深度和广度，个人自我认同的实现，在总体上依靠社会生产力的发展和以社会公正为核心，以社会保障为根本的社会进步等社会环境的形成，在根本意义上则依靠个体本质力量的成长，而这就回到了问题的根本——现代社会、个人的全面发展。

第五章 个体认同与社会认同、社会共识和社会信任的统一性

个体是由现代社会结构建构出来、在与他人的交互作用中生成的主体性存在，因此个体化就是个人的社会化。个体是现代社会结构体系中的一个社会角色，不仅有个人与社会关系中可以预见的互动模式、行为规范，而且有确定的权利和责任，包含着现代社会对于个人的期待。个体认同作为个人对这一现实的事实性和意向性反映，既是具有独特内容的社会认同形式，也是社会认同体系的有机组成部分，从而与社会共识和社会信任紧密联系在一起。

一 社会认同是个体认同的根本条件和推动力量

个体认同本质上是社会认同。个体化使个体成为现代社会在结构上对个人存在方式的规定，个体认同是个人对这一规定的回应。个体认同表明，个人接受现代社会的基本价值关系和价值取向，认可现代社会制度对于个人的这一存在方式的安排，愿意把自己的生活建构在现代社会基本结构和运行机制中，以个体的方式与他者共在和交往。在个体认同中，发生着诸如个人劳动与社会劳动的关系、权利和义务的关系和自我与非我的关系等个人与社会最现实的关系，这些社会关系进入到个体认同的核心结构中，它们之间巨大的张力塑造了个体认同的社会性内容和实现方式，对个体认同产生决定性作用。由于社会对于个体的结构性优

势，个体认同最终取决于个体的社会化程度，尤其取决于个体对于其人生价值社会定位的状况，即个体确定的人生意义和自我价值在多大程度上获得社会的支持。个体认同也是个人整个社会认同体系的有机组成部分，与其他社会认同处在相互作用之中。由于个体的存在论意义，个体认同与其他社会认同相比，在价值上具有优先性，这使得个体认同进入到社会认同系统中就处于主导地位，不仅是其他社会认同的基础，而且在其他社会认同的过程和结果中加进了个体的维度，使个人的各种社会关系具有主体尺度；因为社会对于个体的先在性、决定性和个体对于社会的依赖，个体认同不可避免地建立在个人的各种社会认同的基础之上，尤其是个人的国家认同、社会制度认同、社会结构和运行机制认同以及社会价值观念认同对个体认同的影响极为突出，没有这些社会认同，就不可能有个体认同，但决定个体认同能否发生以及实现程度的不是这些社会认同，而是个体在这些社会认同中是否获得支持以及支持的程度。

（一）社会认同：个人与社会的统合机制

社会认同是近些年“经久不衰”的学术“热词”，这从学术上反映出社会认同是这个时代的最重要的社会问题之一。由于社会认同本身的多方面性和复杂性，各种社会认同概念不仅内涵不同，外延也有很大差别。我们所说的社会认同是对个人的存在和发展具有普遍意义，反映个人与社会最基本关系的社会性事实。对这样的涵盖性很高的社会认同还需要进一步说明它的所指，揭示它的本质属性和内在结构特征。

1. 作为现代社会一种普遍的社会性事实的社会认同活动

社会认同是多学科研究对象，社会学、社会心理学对它有更深入的研究。心理学将社会认同解释为“社会同一性”，指的是“个体因认同于所属群体而获得的统合感和归属感”①。社会认同理论的创立者社会心理学家泰费尔（Tajfel）把社会认同定义为：在“个体知晓他/她归属于特定的社会群体，而且他/她所获得的群体资格（group membership）会赋予

① 杨治良、郝兴昌主编：《心理学辞典》，第 78 页。

其某种情感和价值意义”[①]。沙莲香将“个体认同自己归属哪个群体、哪个社会位置、哪种文化的过程”称为社会认同，并指出，“社会认同不是一个固定的或单一的实体，而是一种认识、一种态度、一种趋势、一个过程”，“是个人通过自己（或他人）在某社群的成员资格把自己（或他人）与其他人区分开来，并将该社群内典型成员的特征冠于自己（或他人）身上，让自己（或他人）的特性等同于社群内典型成员的特性”，包括“社会认同（狭义）、群体认同、文化认同、民族认同等”[②]。张春兴所说的社会认同，指的是“个人的行为思想与社会规范或社会期待趋于一致”的社会现象，包括“价值认同”“工作或职业认同”和“角色认同”[③]。在社会心理学学者那里，社会认同“在很大程度上是一种心理状态”，“归属于一个群体就会获得一种社会认同（social identity），或者说是一种共享的/集体的表征（representation），它关乎的是‘你是谁’，‘你应该怎样行事才是恰当的’。与社会认同相关联的心理过程会生产明显的‘群体’（groupy）行为，例如，群体内部的团结，对群体规范的遵从，以及对外群的歧视”[④]。社会学学者眼中的社会认同则另有所指。吉登斯的社会认同指的是：“别人赋予某个人的属性，基本上可被看做是表明一个人是谁的标志。同时，社会认同也将该人与具有相同属性的其他人联系起来”，“因而社会认同包括一个集体的维度。这些认同标示出个人是如何与其他人‘相同’的”[⑤]。郑杭生把社会认同界定为：“以利益为基点，以文化为纽带，以组织为归属，在多种社会关系网络中，个人和群体对其社会身份和社会角色的自我认定和他者认可。”[⑥]

上述社会学或社会心理学关于社会认同这一社会现象的不同方面、不同视角的具体内容的描述，尽管其内容表述各不一，但大多共同指向

① 转引自［澳］迈克尔·A. 豪格、［英］多米尼克·阿布拉姆斯《社会认同过程》，高明华译，中国人民大学出版社 2011 年版，第 9 页。

② 沙莲香主编：《社会心理学》，第 122、123、125 页。

③ 张春兴：《青年的认同与迷失》，东华书局 1993 年版，第 27 页。

④ ［澳］迈克尔·A. 豪格、［英］多米尼克·阿布拉姆斯：《社会认同过程》，高明华译，第 4 页。

⑤ ［英］安东尼·吉登斯：《社会学》，赵旭东等译，第 27、28 页。

⑥ 郑杭生主编：《中国人民大学中国社会发展研究报告 2009：走向更有共识的社会：社会认同的挑战及其应对》，中国人民大学出版社 2009 年版，第 5 页。

和反映了同一个社会性事实，即：个人认同群体而成为群体的一员。在本质上，这是个人与群体关系中的一种特定的内容或关系质态——个人对于群体的认同。这种社会性事实是以个人为主体的个人认同活动，认同客体是群体，认同的结果是个人归属于群体。因而这种社会认同具有一般意义：个人给予群体肯定性评价，从而与之形成、发展紧密的结构性关系，并由此获得某种存在与发展的形式和意义。社会认同的客体——“群体”指的是现实的各种人群共同体，依据群体的不同，社会认同分为不同的层次和类型；社会认同的内容包括人群共同体整体以及构成这一整体的各个要素，依据内容的不同，社会认同分为不同的形式。本章所论及的社会认同有三个特点：它是发生在现代社会中的社会认同；它的客体是由全体社会成员结合而成的社会有机体——民族—国家意义上的社会（以下简称“社会”）；它的主体是作为社会成员的个人。

社会认同本质上是个人自我向“社会的延伸”或“社会化”，是个人“从对自身的行为、语言和每日实践与社会情境和环境相互关系的解释和归因中引发的自己与环境之间复杂的动态平衡的过程”①，因而是个人以社会的境界“思考”自身存在和发展的积极成果，如米勒所言：“认同的本质不但是‘心理’的，它也包含着‘群体’的概念，是一项‘自我的延伸，是将自我视为群体的一部分’，这是认同的核心。”② 而这一认同发生的动机，正是社会学的社会认同理论所揭示的——“提高自尊”“减低无常感和提高认知安全感”“满足归属感与个性的需要”以及“找寻存在的意义”：（1）“社会认同与社会比较有非常密切的关系：人们会评价和比较各社群的优劣、社会地位和声誉，争取把自己编入较优越的社群，并觉得自己拥有该社群一般成员具有的良好特征”，以此“抬高自己的身价和自尊”；（2）“社会认同让人们觉得自己清楚自己是谁，自己和自己认同的社群的成员有哪些特征，其他人或社群又有哪些特征”，从而“在社会生活中从各人的社会身份预测各人的行为，并懂得如何与这些人交往”，“降低在社会生活中的无常感，赋予人们一种在社会认知上的安全感”；（3）“在社会生活中，人们一方面希望保存个性，一方面

① 沙莲香主编：《社会心理学》，第123页。

② 转引自沙莲香主编《社会心理学》，第123页。

想通过依附群体取得归属感”，两者“在逻辑上”“是两种独立的心理需要”，但是，“当它们落实在社会认同上时，彼此便会呈现出一种紧张关系”，当人“满足归属感的需要越大”，或“保存个性的需要越小”时，“人们倾向认同能容纳越多成员的社群”，而“当人们觉得个人改变不了社会制度时，便会迎合社会和群体对于个人的要求，需要较强的归属感”；（4）“死亡”是人不能避免的命运，而且人能意识到这一点，这使人们产生存在的恐惧，“对一般人来说，当存在的恐惧被启动后，若能相信自己死后仍会长久地活在自己认同的社群的记忆中，存在的恐惧便会暂时得到舒解。因此，在想到自己的死亡时，人们便会更认同自己的社会身份”①。社会认同的上述四个动机表明，社会认同是个人存在和发展的基本需要，也是个人社会本质在社会生活中的反映，因此，本质上是个人自我认同，是回答“我是谁”问题的基本结论。

2. 现代社会认同的基本特征

在现代社会，个人、群体和社会是有着自身的结构、规定性和规律（包括需要、目的及其现实能力）、独立人格和存在意义，追求和从事着有目的的活动的主体性存在。作为社会性存在，它们相互依赖、互相支撑，在与对方的关系中彼此成为对方的客体，与此同时，个体、群体结合起来形成社会主体，共同面对各种客体，形成主体间关系。主体间关系是人与人之间相互尊重和相互承认其主体地位、主体身份的关系，在这种关系中，每个主体以自己为目的的同时成为其他主体达到目的的手段。个人成为个体，主体间关系普遍社会化，几乎在所有的社会关系中都涉及主体间关系。社会认同中个人与社会的关系更是贯穿了主体间关系，而且，这一关系决定着社会认同的实现。主体间关系通过社会对个人权益的肯定、承认、认可在社会认同中的决定作用体现其重要地位。认同的基础和根据是客体对于主体的肯定意义。社会认同的发生建立在社会对于个人的肯定的价值关系或者对这种价值关系的预见的基础上。主体间关系是对主体的地位和作用的肯定关系，这一关系意味着主体间的相互认同。社会是一个主体，个人是这个主体的有机构成单位，但是这不否认两者同时也是独立的主体，它们之间形成主体间的关系是因为

① 沙莲香主编：《社会心理学》，第129、130、131页。

彼此相互依赖、存在着共同利益，但是，它们的主体尺度的根据、内容等各不相同，甚至存在利益上的对立和冲突。现实社会存在着社会在整体上不能满足大多数社会成员需要，不能保障其权益的可能性，存在着代表社会进行权威评价的国家机构“公权”“私用”、损害社会成员利益、否定社会成员意志、不能尽到管理社会的责任的可能性，存在着不能依法执政、维护社会公平、促进社会进步的可能性。如果一个社会不认同其社会成员的基本需要、根本利益和意志，不能为人民当家做主、过上幸福生活和实现自由的发展创造更好的条件，不能为每个人成为主体而提供社会保障、制度安排，社会认同就难以实现。因而，社会认同的实现，既说明社会对于个人主体性的肯定，也说明个人对于社会主体地位和性质的肯定，即个人与社会之间的主体间关系的成立。在这个意义上，主体间的关系是内在于社会认同的基本关系，社会认同在本质上是主体间关系的认同。

3. 现代社会认同中的两种主体性

主体性是主体的表征，一切主体的活动都是主体发挥其主体性的过程，主体性的内容因主体的不同而不同。社会认同的主体是个人，但是其中包含着各种主体间的关系，因而是主体间关系的认同。这一本质决定了社会认同中的两种主体性。（1）交互主体性。交互主体性是发生在独立主体相互关系中的人的主体性，是“人的主体性在主体间的延伸”，“其‘交互’的特征”，“即主体与主体相互承认、相互沟通、相互影响”①。与一般主体性不同的是，交互主体性存在于人与人之间互为主客体的关系中。由于人与人之间彼此都是主体的关系，都有主体的规定性，因而在彼此的主客体关系中，主体除了把对方作为客体对待，也需要按照主体的形式，在坚持自己的主体性时，也把对方当做主体来对待，体现交互主体性的特点。在社会认同中，个人与社会相互依存的现实关系决定了双方在把自己当主体、把对方当客体的同时，还需要把对方当主体来对待，只有这样，彼此之间肯定的价值关系才能确立和得到保障，社会认同的基本条件才由此具备，也就是说，社会认同中的主体性只能是交互主体性。（2）共同主体性。“具有交互主体性的主体和主体共同面

① 郭湛：《主体性哲学——人的存在及其意义》，第250、251页。

对特定的客体或客体世界，成为某种共同主体”，“由若干‘我’结合而成的‘我们’就是共同主体”；共同主体中的所有主体之间具有紧密关系，“只有在它的成员都意识到自己的主体身份，都能够相互尊重、相互协调、共同行动、共同面对相应的客体世界之时，才真正称得上是一个共同主体”；“共同主体的主体性是一种共同主体性”，“在共同主体性中，主体不仅有与客体相对而言的主体性，而且有与其他主体相对而言的交互主体性”，在这个意义上，“共同主体性是包含着交互主体性的主体性”①。社会认同的核心是个人认同社会，成为社会成员、社会共同体的有机部分，一方面意味着个体承认、尊重社会的主体地位和主体性，另一方面说明社会也承认、尊重个体的主体地位和主体性，因而在社会认同中必然体现共同主体性的内容，即：尊重个人、社会的主体尺度，体现全体社会成员和社会共同体根本的和基本的利益、意志，保障所有主体的平等地位和权益。

社会认同的交互主体性、共同主体性，意味着社会成员对社会的认同与社会对社会成员的认同的统一，即个人与社会的相互认同。一个人如果真正理解了自身作为主体的意义，就会理解他人、群体作为主体的意义，当然他也会由此理解自己和他人、群体作为客体的真正目的。“每个人在从自我出发思考和行动时，必定是以自身为主体的，因而其思考和行动的对象无论是他人或他物，就都成了客体。但他人同样可以是从自我出发思考和行动的主体，并不仅仅是作为思考和行动的对象的客体。如果我们仅仅把别人当作客体，就会受到对方的抵制和反抗，使自己陷入尴尬的乃至困难的处境。这是任何一个以自我为主体的人随时都会遇到的问题。”② 现实中无数事实说明，主体间以“主体—客体”模式中的单纯主体性处理各种社会关系，只把自己当主体，把他者仅仅当作客体，不仅自己难以实现主体地位、发挥主体性，还会造成严重的社会秩序混乱、社会不公和人道主义危机，加深各种社会矛盾，最终谁都难以成为主体，陷入“主体性”困境，出现萨特所说的“他人是地狱”的状况。在现代社会，主体性困境是社会认同的最大障碍。社会成员把社会只当

---

① 郭湛：《主体性哲学——人的存在及其意义》，第254、255、256、257页。

② 郭湛：《主体性哲学——人的存在及其意义》，第214页。

做实现个人目的的手段，就不会满足社会对于社会成员的需要。在这种情况下，社会难以把社会成员整合起来形成统一意志和统一行动，社会成员不能从社会那里得到的生存发展条件和本体性安全；同样，社会把社会成员只当做实现目的的手段，社会成员异化为“会说话的工具”“庞大社会机器中的一个螺丝钉”，没有人的尊严和价值，社会最终也将在社会成员的自我觉醒和对异化的反抗中被否定。因此，社会成员对于社会的认同，本身就包含着社会对社会成员的认同，这一点是不言而喻的，而且，社会对于社会成员具有本体性、先在性，相对于社会成员具有优势地位，社会对于社会成员的认同对于社会成员的社会认同具有基础的、主导的和支配的作用。

（二）社会认同系统的结构

社会认同是认同主体和认同客体相互作用而形成的关系系统，包括认同主体、认同客体和认同的条件等三个元素，每一个元素都有自身的性质、特征和规定性，彼此之间相对稳定的，有一定规则的联系方式形成了社会认同系统的结构①。

1. 社会认同的主体及其主体性、主体尺度

我们所说的社会认同指的是个人对社会的认同，因此，社会认同的主体是个人，但是不是一般的个人，而是作为社会成员的个人。即使个人的本质在现实性上是社会关系的总和，也不能把个人与社会成员等同起来。社会成员，除了个人，还有各种群体。因此，我们所说的社会认同的主体是狭义的社会成员，即组成社会的要素、隶属于社会的个人，我们直接称之为社会成员。社会成员具有独特的社会性：处在受国家权力调控的社会关系体系中，承担各种社会角色；享有社会的宪法和法律所规定的权利和义务；所从事的生活活动是这个社会总的生产、消费体系的有机内容、组成部分；在社会的政治、经济、文化制度中存在和发展，是社会物质生活、精神生活的承载者、体现者和创造者；具有与现实社会的物质活动相一致的社会意识；等等。

---

① 系统的结构是“元素之间相对稳定的、有一定规则的联系方式的总和”。苗东升：《系统科学精要》，第23页。

社会成员作为社会关系中的个人主体、共同主体的有机内容，在社会内部与其他社会成员、群体和社会建立以及推进对象性关系时表现出来的主体性具有特殊性。首先，社会成员根据自己的需要、规定性和现实能力，在社会化过程中形成关于社会如何存在、怎样发展等信念和理想，在社会关系中自我认知和自我定位，形成“社会自我”，在社会活动中发展自我的社会属性、精神特质和社会能力，以使自己具有建立社会关系、承担更多社会角色，将自己的社会主体性对象化而成为“现实的个人”的现实规定性。其次，社会成员按照“社会自我”原则建立和推进“为我”的社会关系。“为我”是主体性和主体意识的根本标志，一切主客体关系都具有对于主体来说的“为我”性质。社会成员建立和推进“为我”的社会关系，这个“我”不是一般意义上的“自我”，而是“社会之我”。“社会之我”是个人的自我尺度与社会尺度相一致的成果，既体现社会对于社会成员的规定和要求，又符合个人需要、利益和能力。因而按照“社会之我”原则建立的“为我”的社会关系是个人的“社会合理性”和个人的自我价值与社会价值相统一的自我实现。最后，社会成员充分认识自己的社会角色、地位和使命，自觉意识到自己的社会权利和责任，承担和衡量社会关系中自己思想和行为的社会后果，并调节自己的社会需要、目的、思想、道德和行为，自我约束和自我调控，在社会生产和生活中积极主张和实现自己社会权利和责任的对象化，用各种方式确保自己在社会关系中的主体地位，通过积极的思想和行为改变不合理的社会现实从而改造社会，实现“社会自我”，推动和促进社会的进步和发展。

对社会成员主体性的形成和对象化起主导作用的主体因素是社会成员的主体尺度。实践唯物主义的价值学说认为，由人的“本质力量的性质所规定的尺度”——“人的内在尺度”在主客体关系中就是“主体尺度”，具体指“作为主体的人的自身结构、规定性和规律，包括主体的需要、目的性及其现实能力等”①。社会认同就是社会成员以他的主体尺度对社会这一客体与社会成员之间的价值关系及其后果（即价值事实）所做出的肯定的价值评价的体现，也就是说，社会成员的主体尺度是社会

① 参见李德顺《价值论》，第75—76页。

认同的根本尺度。从这一观点出发，我们认为，社会成员的主体尺度就是由社会成员的本质力量所决定的尺度体现在他与社会的关系中的内容，具体指社会成员的社会规定性、社会需要和现实的社会能力等。社会成员的社会规定性指的是由社会成员的社会关系所规定的性质、规律性等，包括他在整体社会关系中的角色、地位、作用等。社会成员作为现实社会的有机组成部分存在于现实社会的结构、活动与历史进程中，其特有的规定性是作为公民享有社会权利和责任与义务，是社会经济活动、政治活动、文化活动、交往活动的承担者、实现者，既是社会历史的主体也是社会历史的客体，在社会关系中担任各种角色、处于某种社会地位、起着具体的作用，具有与之相适应的社会意识等，这些规定性和规律性在社会成员认识社会、改造社会的具体内容、方式、方法和水平中体现出来。社会成员在追求自己目的、创造历史的过程中，在总体上，受现实社会具体历史环境的制约，受社会发展水平的限制，受社会历史规律的支配，在现实性上，受其角色定位、社会地位和生活条件的规定。这些社会成员自身的规定性和规律是社会成员主体尺度的基本内容以及其他内容的基础。社会成员的社会需要是社会成员对于社会的依赖关系的反映，交往的需要、受教育的需要、对于伦理道德规范的需要、自由的需要、公平的需要、工作的需要、本体性安全的需要、参政议政的需要、创造和享受社会财富的需要，等等，都是社会成员的社会需要。社会成员的社会需要产生于社会成员自身的规定性和与他人、群体、社会不可分割的社会联系。社会成员自身的规定性和与他人、群体和社会的联系是在社会生活和社会的发展变化中历史地形成的，社会成员有什么社会规定性和社会联系，就有什么样的需要，每一个社会规定性和社会联系的内容和环节都形成、产生一定的需要，而社会成员的需要是否为他所意识到，都将成为他的社会生活活动的真实目的，因而，是社会成员之主体尺度的重要内容。社会成员的现实的社会能力是社会成员参加社会劳动的能力、认识和感知社会的能力、支配和占有及享用社会资源的能力、社会学习与创新能力、社会交往能力等。社会成员现实的社会能力是他的主体尺度不可或缺的基本方面，显示着、实现着社会成员主体性，从主体方面规定着社会成员的社会活动范围、方向和方式。社会成员以其现实的社会能力面向整个社会，创造“为我而在”的社会生活世界，显示自己的社会本质力量，使其内在的“社会自我”外在地成为其社会关系变化、社会发展的尺度。

2. 社会认同的客体、客体性及对社会认同的作用

社会认同是个人对社会的认同，其客体是社会。作为客观存在，社会是“以共同的物质生产活动为基础而相互联系的个体和群体所组成的总体”，“各种社会要素的集合”，以及“具有多方面、多环节、多层次的复杂结构的活的有机系统”[①]。社会作为有意识、有目的、从事实践活动的人群共同体，是人的一种存在形式，具有特殊性：作为社会成员的个人是它的基本构成单位，被称为社会的细胞；具有不同结构、属性和功能的群体是社会生产和生活的组织形式，好比社会的“器官”；“生产关系的总和构成社会的经济结构，即有法律的和政治的上层建筑竖立其上并有一定的社会意识形式与之相适应的现实基础”[②]；人们在社会生产中发生一定的、必然的、不以他们的意志为转移的关系，即同他们的物质生产力的一定发展阶段相适合的生产关系的总和是社会的“骨骼”[③]；国家作为最高的权力机关，在组织社会生产生活、发展科学文化事业、管理公共事务、调整社会关系、生产和维持社会秩序、维护社会安全和主权方面具有绝对权威，是社会的“中枢神经系统”；在社会生产和生活中形成的，把社会成员组织起来一同行动的意志、理想、信念和信仰，构成社会意识的核心内容，是社会的灵魂。

社会认同客体的整体性、系统性使得社会认同体现为多样性和复杂性，比如，社会认同并非一定来自严密的逻辑推理，尽管社会是一个系统性存在，但是可能不需要社会成员对社会的所有方面、所有行为、所有领域做出肯定性评价才产生社会认同；社会认同往往通过对最能代表社会的人、群体及其思想以及思想和行为的对象化结果——物质环境、规范系统、公共品提供、公共服务、人文环境等的认同来实现，比如文化认同、国家认同、领袖认同、社会核心价值选择认同、社会物质环境认同、政治认同、外交认同，等等，但是有时会因为一件事或者一个人

---

① 黄楠森、夏甄陶、陈志尚主编：《人学词典》，第17页。

② 《马克思恩格斯全集》第31卷，第412页。

③ 《列宁选集》第1卷，人民出版社2012年版，第9页。

就产生社会认同，这件事或许非常大，或许微不足道，这个人或许是个重要的社会人物、明星，或许只是一个普通的人。社会认同的理由的性质、层次、意义也有很大的差别：一般而言，社会成员往往在社会中被尊重、有尊严、有地位、生活无忧、基本社会需要得到满足的情况下产生社会认同，也容易在深陷困境或紧急状况下得到社会救助、关怀而产生社会认同，但是也有人出于最朴素的经验、社会教化、舆论引导、说服感化或社会比较而产生社会认同。社会认同的内容、程度也有所不同，有人基于对社会自由、公平、正义状况的良好评价和对社会进步态势的认可而产生深沉而长情的社会认同，即使其社会不那么如意、人生不怎么顺利甚至遭遇重大挫折，对社会的认同也不曾动摇过；但是也有人实际的生活很好、社会地位不低，但是仅仅因为某个方面、某种需要没有得到社会支持，或者认为社会不民主、存在差强人意的地方，就不能认同社会。

社会作为社会认同的客体具有客体性。客体性即对象性。当一个事物成为主体活动的对象时，就具有与主体相对立的特性，因为这一特性是客体的属性，而且无论客体是什么，它总是具有这一属性，因而被称为客体性。客体性包括三个方面的内容："与主体对立的自身规定性"、"客体对于主体来说的自在性"以及"客体对主体来说的他律性"①。社会的客体性是社会作为客体相对于主体具有的特性，表现为三个方面的内容。（1）社会不同于社会成员的自身规定性。这是指社会自身存在和发展的特性、规律性，包括社会的多方面需要、利益、目的、现实能力、本质、属性，社会各领域的结构和制度、社会运行机制、社会发展的动力机制、社会进步的程度，以及社会的物质生产和消费活动、社会管理和治理活动、精神生产和消费活动及其发展规律，等等。这些规定性是社会成员社会活动的前提和基础，确定或限制社会成员的社会活动、需要、目的和所追求的利益与效益。（2）社会相对于社会成员的自在性与内在性。社会是一个独立的整体性存在，社会成员与社会之间有着复杂的双重关系，即部分和整体的关系以及主体间关系。这些关系决定了社会对于社会成员的自在性和内在性。社会对于社会成员的自在性是社会

① 李德顺：《价值论》，第55、56页。

本身的规定性对于社会成员来说具有外在的、独立的性质，社会的存在、发展和变化对于社会成员的“为我”和“自为”活动保持着异向的趋势，比如社会需要是社会整体性需要，以社会成员的需要为基础，但不等同于社会成员的需要，也不是社会成员需要的总和，而有自己的特质和特殊规定性。但是，社会成员是社会的组成部分，社会自身的规定性中一定有内在于社会成员的性质和内容，社会存在和发展的目标中包含着使社会成员的社会需要得到满足的各种条件和社会成员的利益等，社会需要中包含社会成员的某些共同需要或体现社会成员各种需要的共同性。社会对于社会成员在多大程度上是自在的，在多大程度上是内在的，取决于社会成员在社会关系中的地位和作用、社会政治制度的性质以及与生产力的发展水平相一致的社会进步程度的综合状况。（3）社会对于社会成员的他律性。这表现在社会以自身的规定性、规律和本质力量对社会成员起着制约作用。社会是不以社会成员意志为转移的客观存在，社会的存在和发展受其规定性、规律和本质力量的支配，它们作为一种外在的力量对社会成员的存在和发展起着规定、限制作用。社会的历史、社会的现实结构、规定性和能力形成于社会成员的有目的活动，但是又反过来作为既定的、独立的力量制约和支配着社会成员的活动。社会成员处于主体地位时，只有在社会身上才能直观自身的本质力量及其后果，社会也将以自己的客观作用和强大惩罚力量直接给社会成员带来实际的后果，迫使社会成员调控自己的思想和行为。

社会作为客体对于社会认同在三个方面发挥作用：（1）社会一旦成为社会成员满足需要的条件，它就以自己的自在规定性规定着社会成员——作为公民、商品生产者、商品交换者以及其他各种社会角色，社会本身有许多方面的自在规定性，这些规定性是社会成员存在和发展的前提，确定着社会成员的存在方式和本质属性，规定着社会成员的权利和责任，制约着社会成员的活动、需要、目的和所追求的效益；（2）社会的存在、属性和发展规律在社会成员有目的的社会活动中，向社会成员发生转化，成为社会成员物质的、精神的、生活逻辑的内容和社会成员之社会活动的主体性条件，包括社会成员的经验、社会知识、社会价值观念、社会活动的思想原则、行为规则、技术程序等等的内容，而这正是社会对于社会成员改造的结果，亦即社会成员社会化的表现；（3）社会存在和发展的规律也是对社会成员起作用的规律，对社会成员的生存和发展具有外部强制性。社会成员要把握社会规律，顺应社会规律才能实现生存于社会、改造社会，使社会为自己存在和发展服务，如果违背社会规律，社会成员将受到社会规律的惩罚。社会对于社会成员的上述作用有一个总体的性质和趋势，就是社会成员生活于社会中，要受社会本性、规定性、规律等等的制约，必须承认社会，尊重社会，理解和服从社会的规定、规范和规律，其结果是社会以其确定不移的强大力量不断地使社会成员向其接近，从而走向与社会的一致和统一。这进一步说明，社会成员是社会的产物，他的本质属性不是他的个性自由，而是其社会性。即使社会成员是独立的主体，在主客体关系中具有主体地位和主体作用，但是他受社会的规定和制约，他的本质中包含着由现实社会的本质、结构、运行机制、组织方式、规定性和规律等所规定、确定的内容。

社会作为认同客体对于社会认同的作用揭示了一个道理：既然社会是社会认同的重要而深刻的影响因素，那么它对于社会认同的实现是能够发挥作用的，也就是说，社会可以通过调整和改造自身，自觉地为社会认同的实现创造条件。

3. 社会认同所需要的重要社会条件

社会认同的形成和发展需要各种条件，其中一些条件对社会认同起决定作用，关乎社会认同能否实现和怎样实现以及实现的程度。

（1）社会的存在和发展合乎社会成员的理性化需要。这是指社会的存在和发展状况合乎社会成员对于它的“合规律性”“合目的性”的需要。人对于“合规律性”的追求来自于人的活动对于真理的需要。真理是人的有目的的对象性活动必须遵循的尺度。人要想在主体性活动中达到所期望的目的，必须尊重主体自身和客体存在、发展的规律，否则，将受到客观规律的惩罚，事与愿违，因此人们产生了对于真理的需要。追求“合目的性”是人的活动的价值原则，有目的地改造客体、改造客观世界使之满足主体的需要是人的活动的本质，通过有目的的对象性活动满足自己需要来实现主体自身的存在和发展是人的“合目的性”这一存在本质的反映，也是人的根本需要。“合规律性”和“合目的性”是社会成员对于社会的基本要求。社会历史不仅存在着因果性、必然性，而且存在着目的性，两者在社会的存在和发展中紧密联系在一起。社会规律形成并实现于人的活动之中，是“人们自己的社会行动的规律”①，始终与这种活动及其社会历史条件的具体性联系在一起，支配和制约人的活动。社会历史运动规律与社会的价值追求、目标、选择和实现的条件、方式、结构以及它们的联系方式相关，包含着人的活动必须遵循人的主体尺度和客体尺度的必然性。社会历史作为人的活动过程，本身是追求一定的目的的，这个目的就是社会的价值选择。社会认同以肯定性的评价为根据或基础，只有社会成员对社会与自己的价值关系的评价是肯定性的，他才有可能认同社会，这就要求社会要满足社会成员对于社会的理性化需要，即社会的存在和发展要体现社会历史进步趋势，尊重社会发展的规律，不断满足社会成员需要，促进其自由而全面的发展；而不能满足社会成员的需要、不能维护和促进社会成员利益发展的社会将不会为社会成员所认同。

（2）社会成员对社会关联性要素的认同。社会关联性要素是与社会的存在发展有着内在或密切关系的要素的总称。社会是一个系统，组成这个系统的各个要素以及各个要素之间的关系，如生产力，以生产关系为核心的社会关系的状况，政治的、思想的上层建筑，等等，都是社会的关联性要素。这些关联性要素本身也是一个系统，它们自身也有关联性要素（为了区别，称它们为子关联性要素），这些子关联性要素总能与人们对于社会的认识联系在一起，因而也是社会的关联性要素。例如，一个国家是社会的权威机构，负责对社会的整合和管理，国家的行政人员是国家的构成要素，代表国家行使国家权力；国家的行政人员有自己的社会关系，比如直系亲属、亲朋好友，他们所代表的社会权力与这些社会关系发生联系，就形成了一个前后相继的链条：社会—国家—国家行政机关—公务员—公务员的亲密关系……。社会成员认识社会的活动，往往从这个链条的某一个环节开始，通达到每个环节。一个社会成员对一个国家机构的公务人员在其职位、日常社会关系中使用其社会权力形成的肯定的评价，常常延伸、扩展到他对这个公务人员所在的国家机构的肯定的评价性想像、联想中，这种评价性想像、联想再进一步延伸、扩展到他对国家的肯定的评价性想像、联想之中，最终形成了他对社会

① 《马克思恩格斯文集》第9卷，人民出版社2009年版，第300页。

的肯定性评价，因此，国家、国家行政机关、公务员及其连带关系等是社会的关联性要素。一个社会成员对社会的关联性要素的认同对于他的社会认同具有直接的意义。这是因为，这些要素与社会具有结构性的关系，既是社会不可分割的有机组成部分和内容，社会主体意志对象化的产物，也是使社会成其为自身的因素和力量。这些要素是社会成员存在和发展的基础、前提和条件，对社会成员的生活状况产生根本的作用。因此，社会成员对这些要素的认同一旦形成，就会作为对社会的良好情感、经验、体验、态度等成为社会成员精神世界的有机内容。社会成员是以其精神内容和结构进行社会认同的，他的社会的知识、经验、情感、态度等“先在之见”以及他的认知结构，作为主体性因素不可避免地渗透、参与到他的社会认同活动中，给他的社会认同留下明显的印记。一个社会成员对社会的关联性要素的认同越多、层次越高、越深刻，他的社会认同就越容易产生。社会成员对社会的信任、良好的社会情感、社会地位、社会待遇、社会印象等都有助于他的社会认同的实现，这是“爱屋及乌”的心理效应、“蝴蝶效应”在社会认同中的反映。

（3）社会合于社会成员的价值意识。社会成员的价值意识是体现着社会成员的主体尺度，以价值判断和评价为主要形式的意识，包括社会成员的欲望、动机、兴趣、趣味、情绪、情感、意志、信念、信仰和理想等，社会成员的本位意识、主体意识、社会结构和秩序意识、社会规范意识和实践行为的心理模式①等是其基本的、核心的内容。价值意识作为人评价事物的标准，决定了评价的结果，具有“顺我者昌逆我者亡”的筛选功能。个人的价值意识是一种体现个人的主体尺度，以个人之“我”为中心的主体性意识，也是个人作为主体“欲使对象如何如何、觉得对象应该如何如何、最好如何如何的意识”和“关于对象的意义的意识”②，产生于个人的生活过程，其最重要的功能是作为个人内心深处的评价标准对个人的评价活动起决定作用，为个人的价值选择服务。个人的价值意识是个人评价活动的评价标准，也必然是个人是否认同社会的标准。社会认同在本质上是社会成员在对社会的肯定性评价基础上对于

---

① 参见李德顺《价值论》，第211—215页。

② 李德顺、马俊峰：《价值论原理》，第197页。

社会的归属，因而取决于社会合于社会成员的价值意识。社会合于社会成员的价值意识，意味着社会存在和发展包含着以社会成员的需要、利益为目标的价值选择和价值追求，包含着社会对于社会成员的人文关照，反映社会成员主体地位以及与社会成员之间的和谐关系。社会合于社会成员的价值意识，就会产生社会成员对社会的肯定的评价的根据，以这个根据为基础将产生社会成员对社会的“一见如故”“亲切”“温暖”“惬意”“安全”“家园”等美好情感，而这正是社会认同的心理基础。

（4）肯定性的社会影响。这是指他人对社会的肯定性态度和评价对社会成员评价社会产生的积极效果。社会认同发生在个人与他人、群体、社会的各种互动、交往活动中，必然受到他人、群体、社会对于社会的认知、思想、观点、态度的影响。在现代社会，人们生活在来自于人际交往、说服和大众媒体等情境的社会影响之中，没有谁能够完全不受他人、群体、社会的影响而独立地做出属于自己的决断。“物的依赖关系”、全球化、信息社会、互联网时代将这一特征推向了极致。“我们每个人自然有做决定的自主权，但是，生活在这样的社会环境中，每个人都会或多或少地被他人的观点所左右。”① 肯定性的社会影响之所以对社会认同产生作用，在于人们有确认自己观念和态度正确性的需要。菲利普·津巴多和迈克尔·利佩在论述“社会奖赏的力量”时陈述了美国心理学家利昂·费斯汀格的社会比较理论中的有关论点：“人们有评价自己的观念和态度进而确认它们正确性的基本需要。坚信自己行为和信念的正确性或适当性，会使人们获得能对自我命运进行自主控制的可靠感和对自身能力的满意感”；“他人的想法和行为常常是我们衡量社会方面正确性的标准。也正是这种对正确性的需要的推动，人们开始去注意他人的信念和行为”②。在肯定性的社会影响中，从众心理和服从权威是社会认同最重要的心理机制。社会心理学指出，个体在群体中常常会不知不觉地受到群体的压力，从而在知觉、判断、信仰及行为上表现出与群体中多数人一致的行为，这就是从众行为或现象。从众是人们的心理需要，反映

① ［美］菲利普·津巴多、迈克尔·利佩：《态度改变与社会影响》，邓羽等译，第2页。
② ［美］菲利普·津巴多、迈克尔·利佩：《态度改变与社会影响》，邓羽等译，第48页。

了个人对于来自群体的安全感的依赖。服从权威是人的心理需要。人们获得的知识和态度，一方面来自于直接经验，另一方面来自于人们的间接经验。权威就是间接经验的一种形式。权威之所以是权威，就在于在人们的经验中，他一般都是正确的，久而久之就形成了他“一贯正确”或“基本正确”的印象或观念。当人们对客体的信息不足或其判断力不足时，权威就转化为“标准”和“尺度”。服从权威反映了个人生活对于社会确定性的依赖。事实说明，很多人认同社会将使更多的人认同社会，有影响力的人的社会认同可以带动许多人的社会认同。

（三）社会认同对于个体认同的作用

在现代社会中，社会认同的内涵、系统结构特征与现代社会是一体化的，具有内在的关系。在一定意义上说，现代社会认同是现代社会的特征之一，是现代性的有机内容，现代社会塑造、决定了社会认同的本质特征和内在机制，社会认同也成就了现代社会自身。正因为如此，社会认同必然与个体认同紧密联系在一起，对个体认同产生根本的、实质性的作用。

1. 社会认同是个体认同的前提和基础

社会认同对于个体认同具有“先在”优势。在产生的顺序上，社会认同先于个体认同。一个人一出生就生活在社会中，而在其身心发育以及社会化达到相当程度即“成人”之后才真正能够成为个体。“成人”意味着一个人成为社会所需要的人，与社会本质相一致的人和真正地进入到了社会生活体系中的人，即成为一个具有现实性的人。“成人”是内在于社会认同的活动，“成人”的过程是社会认同的过程，从社会认同开始，并以此为基础发展更多的社会认同，最终形成社会认同的更高成果——成为具有社会合理性的某种人。个体认同是生存意义上的认同，牵扯到整个社会的方方面面，因而，只有在更高阶段上实现了社会认同，才能产生个体认同。不仅如此，从个体认同的本质来看，社会认同也是实现个体认同不可缺少的。个体是现代社会的结构性要素、个人在现代社会的存在样式，因而个体认同是社会认同不可分割的内容、社会认同系统中居于主导地位的认同形式。社会认同中必然包含着对个体认同产生根本作用的内容、个体认同所需要的基本社会条件。现代社会条件下，社会成员之所以认同社会，必然是因为这个社会为其存在和发展提供了基本的条件，一定程度地满足了其存在和发展的需要，其实质是个体这一存在形式满足了个人的基本生活需要，而这正是个体认同最深刻的社会基础和根据所在。个体不是抽象的思维存在、抽象的个人，而是具有社会现实内容和本质的个人存在形式，是现代社会中的“现实的个人”。一个认同社会的人，是接受了社会所提供的生活条件的人，而只有依靠这些社会条件，个体认同才是可能的。一个在精神上与社会格格不入、否定社会现实状况的人，往往是不能在现实中正常生活的人，这样的人，即便在思想上承认个体这一存在形式的“正当性”，也不能在现实中将其对象化，使之成为自己的存在形式。在实质上，社会认同高于个体认同。社会认同作为社会成员对于社会的认同，往往是总体性的、概括性的。社会认同依据社会成员的经验在良好体验、肯定性评价、社会信任的基础上产生，它可能依据严谨的逻辑思维，也可能更多地基于情感，但是它总是带有总体性和概括性：据于具体的事实，但不局限于具体的事实；基于现实，却又超越于现实；表现于对社会各种现象的认同，但触及社会的本质和核心。因而，社会认同一旦形成，将在一定的时间之内维持、发展社会成员对于社会的信心和肯定性的情感，即使社会成员在生活中遇到了困难，对于社会上发生的事件、存在的现象评价不高，他也能够对社会的基本价值及其价值观念持有坚定的信念，以积极的心态对待社会、社会生活，与社会融为一体，接受社会对他的规定和安排，这种积极的精神状态将促进个体认同的发生和发展。从内容上，社会认同比个体认同具有更大的涵盖性。社会是一个巨大的共同体，是由多个要素及其相互关系构成的有机整体。社会成员意识中的社会是一个抽象的、整体性的概念，社会成员所认同的社会主要是以国家、民族文化为核心的人群共同体的本质属性和特征。社会认同作为社会成员对于社会有机整体的认同，包含着社会成员对社会的各个组成要素、要素之间关系的认同，具有整体性。一方面，社会成员对社会的基本制度及其发展状况、对社会进步的状况、对其社会生活尤其是公共生活的状况满意的情况下才能产生社会认同，表现为民族认同、文化认同等；另一方面，社会认同表现为各种社会性认同，如社会成员对社会价值的认同（包括各种制度的、社会价值观念的认同等）、工作或职业认同、角色认同，以及对社会组织结构、社区生活和管理体制、社会地位、社会意识形态的认同，等等。这些社会性认同对个体认同具有肯定价值，个体认同通过各种社会性认同来实现。

2. 社会认同为个体认同提供动力、设定界限

社会认同是社会成员对于社会的认同，但是其内容并不仅仅止于此。从社会认同建立的基础、发生的条件和机制来看，它还包括社会对于社会成员的认同。社会认同是人对人的认同，具有相互性的特点，即社会认同建立在社会对于社会成员认同的基础上。社会成员这一称谓本身就意味着社会是把他作为自己的构成要素、组成部分即“自己人”的，社会与社会成员之间互相承担义务，同时享有权利。社会认同发生在这一前提之下，并且在其发展过程和结果中确认、发展这一关系。因此，社会认同与社会对于社会成员的认同不可分割地联系在一起，各自成为彼此的内容。这一点与社会认同的主体间性是一致的。社会成员认同社会同时意味着社会、群体、他人对于社会成员的肯定、接纳。人是趋利避害、互相依赖的存在，一般情况下，社会认同不可能发生在社会成员被社会排斥、否定的情况下，也不可能在其结果中出现被社会进一步排斥、否定的情形。因此，社会、群体、他人认同社会成员是社会认同“不言而喻”的内容、应有之义。社会认同这两个方面的内容表明，社会认同意味着“社会”和“社会成员”之间依赖关系的形成。社会成员对于社会的认同，使个人生活呈现积极而自觉的社会意义，体现个人“向他人、群体、社会而化”“为他人、群体、社会而在”的社会性；社会对社会成员的认同体现了他人、群体、社会对于个人的某个或某些方面的接受、承认和认可，使他人、群体、社会与个人形成某种意义、某个方面的共存、共生关系，使个人的需要和利益从他人、群体、社会那里得到满足、发展，使个人在与他人、群体、社会的关系中享有权利和责任，获得社会地位、角色和荣誉，或者使个人不被他人、群体、社会排斥，其意向、意志、行为不被他人、群体、社会惩罚，体现他人、群体、社会的“向他而化”“为他而在”。这两种不同的内容构成了社会认同的实质和核心——社会成员与社会在共在的前提下存在和发展。个体是现代社会价值体系、现代性的内容和支撑条件，社会需要和要求个人实现个体认同并为此提供政治的、经济的和精神的条件；与此同时，社会成员也需要

在社会中获得存在和发展的政治的、经济的和精神的条件。随着社会认同的实现，社会对于社会成员成为个体的需要转化为社会成员的需要和自我要求，社会认同成为个体认同的内在驱动力。社会认同在本质上是社会成员对于社会的肯定性评价，通过社会认同，社会的价值观念内化为社会成员的价值意识，成为社会成员社会生活价值评价和价值选择的标准、尺度，个体认同将在社会认同的作用下成为社会成员自我认同的价值选择。不仅如此，社会认同作为社会成员对于社会的肯定性评价，还限制了个体认同的发展水平。个体认同从社会中获得存在和发展的条件，必须经过社会评价这一环节，而它所能利用的社会条件不会超过社会认同的界限。社会成员对社会认同了什么，他的个体认同就发生在他所认同的社会关系、社会领域中，他的个体认同所达到的程度则取决于他的社会认同达到的程度。

3. 社会认同塑造了个体认同的一般特性

社会认同对于个体认同一般特性的塑造明显地表现在社会对社会成员的认同对于个体认同的作用上。首先，这一认同为个体的某些社会性提供可能。个体通过有目的的对象性活动满足自身生存、发展需要，他必须与自然界发生关系，也必须与社会、群体、他人发生关系。个体这一存在方式的基础，一是自然界中有与人的需要、本性相契合的各种存在，人有能力使其成为现实的价值存在，二是社会中的个人、群体、社会认同个体的需要、现实性和意志，为个体提供支持、保障。个体以社会的方式面对整个自然界，个体与自然界的关系在社会关系中实现，因而，个体合法性的基础是个体为个人、群体、社会所认同。个体寻找对象满足自己的需要，最先进入其视野的是对他认同的他人、群体和社会。这一认同对于人们呈现的“好意”，将成为人们满足需要、实现目的率先考虑的因素，这为个体选择社会关系、成为某种意义上的人创造了社会条件：被他人认同，使个体具备了同他人发展关系的基础，有可能生成更亲近、更深层的关系，比如，朋友、爱人、伙伴等；为群体认同，使个体有可能成为群体的一员而享有群体成员的权利，或者位居群体中的更高地位和获得尊贵身份，也由此因为群体的强大力量而在心理上趋向于选择成为群体对其定位的某种意义上的人，比如英雄、成功人士、榜样、明星等；为社会认同，个体将接受社会的价值观和基本制度安排，爱祖国、爱社会，行使社会权力，承担社会责任，成为一个合格的公民。其次，这一认同使个体发展出某种社会人格。社会人格是个人处理社会关系，在社会生活中表现的惯常的思想和行为模式。人格是在确定的价值肯定和否定中确立的。个体被他人、群体、社会认同，会强化他在某个方面的情趣、思想或行为，影响他看待世界、看待自我以及看待自己与周围世界关系的方式和信念。只要在社会关系中、社会环境下，个体能从他的某种思想、行为中获得利益，这种思想和行为有极大可能被维持和发展下去成为他的思想和行为模式；如果个体的自我不能与社会达成一致、不为社会所肯定，他就会发展出双面人格或人格分裂；如果个体总是在某种思想和行为的方式中吃亏，他就极有可能发展出与之相反的思想和行为模式。最后，这一认同是个体精神品质、结构、能力发展的重要因素，影响个体的社会认知、社会情感和社会态度。世界呈现给个人的，便是个人经验的生活世界。社会以什么方式对待个人，往往使个人以什么方式对待社会。个体获得的社会、群体、他人所给予的精神荣誉、物质奖赏、社会地位等将鼓励、促进提升其在某一方向上的价值感、自我成就感和自豪感，个体得到的来自社会、群体、他人的爱护（爱戴）、关爱、帮助、救助、善意将增强其存在感、安全感、自信心和归属感，形成其特有的价值观、人生观，在这个意义上，社会认同是个体精神稳固的源泉之一。

深入而正确地理解社会认同对于个体认同的作用，对于推动个体认同的发展具有重要的意义。作为个体认同的基础、前提、动力、限制条件以及塑造力量，社会认同对于个体认同的价值取向、实现路径和发展水平具有重要的调节作用。一个社会可以通过改变、改善社会认同来使个体认同按照其意愿、意志而发生变化，促进个体认同在更高程度上的发展。

二 社会共识是个体认同的前提、条件和成果

对个体认同与社会认同紧密关系的领悟使我们意识到一个重要问题，这就是社会共识对于个体认同的特别意义。社会共识是多元主体就共同的社会问题达成的一致性认识，是人们对彼此之间互惠互利、同舟共济

的价值关系的理性反映。从个体认同发生、实现的具体过程来看，社会共识贯穿其始终。无论出于什么心理动机，一个人只有赞同社会为个体设定的社会互动模式和行为规范，认可个体的社会权利和责任，才会选择个体认同。个体对自身的依赖本质上是对现代社会的依赖，现代社会对于自身结构与运行机制的依赖其中包括对个体的依赖。因此，个体与社会之间达成的社会共识越高越说明社会与个体的契合度和相互支持的力度越大，个体认同所需要的社会建制、社会福利系统、社会意义系统、社会组织方式以及公共道德和法治等社会条件越成熟，个体认同实现的可能性就越大。

（一）什么是社会共识？

无论在日常生活中还是在学术研究中，社会共识都具有复杂而多重的意义，甚至许多解释之间存在着明显的分歧，而且不是所有的社会共识都对个体认同产生必然的、深刻的作用。因此，有必要阐明本书中社会共识的含义、本质和特性。

1. 社会共识的内涵

社会共识的核心词是“共识”。《现代汉语词典》对共识的解释是：“共同的认识”[①]。学界在语词意义的基础上，从各个方面诠释了共识的内涵，主要有四个观点：①“在一定的时代生活在一定地理环境中的人们共有的一系列信念、价值观念和规范准则”[②]；②“经过同意而来的社会和文化的统一，特别是在社会整体和社会集团中的人们，彼此之间透过竞争和协商出来的集体性同意”[③]；③“一个社会不同阶层、不同利益的人所寻求的共同认识、价值、理性、想法”[④]；④“从广义上说，‘共识’内含着社会意识形式层面的各种知识体系和思想学说的理论解释框架，如宗教、道德、政治、法律、科学等。从狭义上说，‘共识’一般指人们

① 中国社会科学院语言研究所词典研究室编：《现代汉语词典》，第479页。

② ［英］戴维·米勒、韦农·波各丹诺编：《布莱克维尔政治学百科全书》，中国问题研究所等组织翻译，邓正来主编，中国政法大学出版社1992年版，第155页。

③ 何玉兴：《价值差异与价值共识》，《河北师范大学学报》2000年第2期。

④ 王飞：《2011年大学校长全球峰会达成之“清华共识”启示录》，《现代教育管理》2011年第11期。

对某一事物的认识形成一致的意见、达成共同的理解或普遍认同"①；等等。上述各种不同的"共识"观念都表明一个观点，即"不同的人就相同的对象形成的一致的或相同的认识"，这应该是"共识"的本质特征。在共识前面加上不同的名词形成新的概念，如价值共识、伦理共识、思想共识、权利责任共识、社会共识、政治共识，等等，一般是从认识客体的角度对共识所做的具体划分，指的是"不同的人对于某种性质或某个领域、某种类别的具体对象达成的共识"，分别属于哲学以及各种社会科学的研究对象。

社会共识是具有特定主体、客体和特定形成机制及内容的共识。社会共识在西方社会学、哲学中指的是"社会的普遍同意"或"指集体、社会共同持有的某种心态或观点"②。在我国学界，社会共识也有多种意义：①"社会主体间在共同实践基础上达成的一致性认识"③；②"社会成员对社会事物及其相互关系的大体一致或相近的看法"④；③"在生活实践中，社会成员通过日常交往、心理沟通、舆论传播、理论教育等途径，在情感体验、道德规范、价值评价、理想信念、理论观点等方面达成的共同意识"⑤；④"从广义上说"，社会共识"是共识在一般意义上的具体指称，特指人们对社会基本价值的普遍性看法"，"从狭义上说，社会共识是特定社会历史条件下，人们对政治、经济、文化、道德等社会问题通过沟通、协商、理解、认同而达成的一致意见或共同看法"，是"社会经济、政治、文化等共识的统称"⑥；等等。上述关于"社会共识"的种种理解、定义表明，社会共识指的是"不同的人（个人、群体）在共同的社会生活、实践中对同一或某些社会事物、社会现象、社会关系、社会问题等达成的共识"。

本书所论及的社会共识，指的是民族—国家意义上的社会及其成员——构成社会的个人和群体，对于普遍的、一般性的、公共性的社会

① 王志红：《差异性社会共识理论研究》，社会科学文献出版社2016年版，第42—43页。
② 刘少杰：《发展的社会意识前提——社会共识初探》，《天津社会科学》1991年第6期。
③ 张洪兴：《社会共识论》，旅游教育出版社2014年版，第1页。
④ 王锁明：《凝聚社会共识的重要性及路径思考》，《人民论坛》2014年第11期。
⑤ 刘少杰：《发展的社会意识前提——社会共识初探》，《天津社会科学》1991年第6期。
⑥ 王志红：《差异性社会共识理论研究》，第44页。

问题达成的一致的、共同的认识。民族—国家意义上的社会及其构成要素——个人、群体分别是人存在的三种基本形式。为了把三种形式的人区别开来，我们把民族—国家意义上的社会称为社会共同体，把构成社会共同体的个人和群体统称为社会成员①。三者也是社会主体的三种形式和社会共识主体。这一意义的社会共识主要有三个特性：（1）社会共识的客体是与社会共同体及其成员的生存和发展、利益相关的存在和社会意识。社会共识产生的重要前提是社会认识的主体指向的客体是同一个事物。认识的客体是进入人的现实活动领域、与人发生实际联系的事物，因此，社会共识的客体一定是社会共同体中的、与所有社会成员相关的事物。认识主体在认识客体的选择上具有主体性，一个事物在同一时空中成为不同认识主体的客体，只能是因为这个客体是对认识主体的存在和发展产生影响，而且事关认识主体基本的和根本的利益的事物。因此，社会共识的客体主要是这样的事物或事件：社会存在和发展整体的状况、文明的程度、社会理想、社会信念等；使社会成其为自身的各种要素、规定性、结构、基本制度、行为规范、组织方式、运行机制等；社会物质的、精神的、制度的生产和生活活动中具有公共意义的各种事物、事件和现象；公共领域的各种事物和公共事业、公共安全、公共品、公共事件；社会公平的状况、自由、人权、民主、社会保障、社会福利等。（2）社会共识产生于社会共同体成员“共在”的生存结构。人们实际生活过程的一个基本本质是“共在”：基于相同的社会历史条件共同面对整个世界；必须共同生活、相互交往；共处于一个社会共同体中。“共在”的生存结构使社会共同体的成员一同从事社会生产活动，在共同的规范、社会秩序下存在和发展，社会共同体成员彼此之间的相互联系、相互作用、相互交往要求他们彼此之间协调、协商、交流和合作，这必然产生社会共识。“共在”的生存结构还需要社会整合、社会团结和有效解决社会对立与冲突，从而需要相同的社会知识和共同的社会规范即社会共识。没有社会共识，就没有社会成员的“共存”，而社会共识所产生的社会效益，将使社会及其成员越来越意识到社会共识的极其重要性，从而更加有意识地、积极地建构社会共识。社会共识一旦生成，将会产生更多、

① 在这里，社会成员是广义的，不仅仅指组成社会有机体的个人（主体）。

更深入的社会认同和社会互动，进而将社会成员更加深入、紧密地联系起来，形成更多、更大、更全面的依赖性，进一步促进新的社会共识的产生和发展。(3) 由人的存在本性和社会复杂性所决定，社会共识包括“相同的社会认识”“同一的社会认识”和“共享的社会认识”。不同的主体生活在同一国度中，在同一社会生产体系中工作，在同一个社会关系中生活，处于相同的物质需要和交换体系中，必然产生一致的、相同的、共享的社会认识。这种一致的、相同的社会认识在一定的条件下成为新的社会认识的逻辑前提。不同社会认识主体依这种逻辑前提以及共同的利益形成的新的社会认识，极有可能具有“相容的”“相通的”“一致的”等“同一”的性质。“同一”的社会认识是社会共同体内部多元主体共同生活不可缺少的，只有在这种社会认识的支配下，共同生活着的人们才能和而不同、求同存异、和谐相处、相得益彰。社会共同体中不同主体共同生活，还需要共享的社会认识。共享即共同分享，强调社会资源的使用权而非所有权、权利与责任、义务的共同承担。各种社会资源为社会成员共享是现代社会的一个基本特征。共享的社会生活即公共生活，公共生活的基础即共享资源、共同的权利和责任、义务。人们生活在公共领域，既产生共享的社会认识也需要共享的社会认识。无法想象，没有共享的社会认识能够产生全面的、普遍的社会联系和社会交往关系以及公共生活。共享的社会认识是把社会联系为一个相互支撑的整体的中介、环节，社会共同体及其社会成员等主体只有在共享的社会认识达到一定水平、一定程度时才能实现共存。

2. 社会共识的本质特征

社会共识是一种特殊的社会认识形式，与其他社会认识有着质的差别。阐释社会共识的本质特征是把握社会共识，从而正确揭示社会共识对个体认同作用的关键。

(1) 社会共识是社会主体间的共同认识。认识主体是认识活动的能动力量，也是把各种认识区别开来的重要因素。社会共识作为一种共同的社会认识，不是哪个社会成员自己的社会认识，在理论上，至少是两个以上社会成员之间共同的社会认识。在现代社会，社会共同体以及它的成员分别是独立的主体，个人、群体作为社会成员，既作为社会主体的组成部分也作为独立的主体从事社会认识活动。因此，社会共识在本质上是社会各个主体间一致的、共同的认识，其中，社会各个主体指的是社会共同体主体和作为社会共同体成员的个体和群体主体。社会共识依据社会共识的主体状况具有两种涵义：社会共识是社会各个主体关于社会存在、发展和社会生活等问题的共同认识；大多数社会成员形成社会共识，这种社会共识得到了社会权威机构国家的认同，从而上升到社会共同体主体层面，成为社会共同体主体的社会认识。社会共识作为社会主体间一致的、共同的社会认识，一方面反映了多元社会主体“共存”的本质特征，另一方面体现着多元社会主体之尺度的共同性和相互依赖关系。

（2）社会共识是社会各个主体的自我认识。社会共识是一种特殊的社会认识，即社会主体的自我认识。社会共识的客体是与社会共同体及其成员的生存和发展、利益相关的社会存在和社会意识，它们无论是什么、表现形式如何，都涉及社会各个主体的需要和利益以及社会各个主体间的关系。社会共识产生于社会各个主体“共在”的生存结构，来自于并对社会各个主体的现实生活发挥作用，是社会各个主体以自己为尺度认识社会，处理各种社会关系的思想前提和基础。社会共识作为“相同的社会认识”“同一的社会认识”“共享的社会认识”，是社会各个主体在社会生活中形成的社会心理和社会意识形式。社会共识的客体是与社会主体“相关涉”的事物，社会共识不是社会各个主体关于外在于其自身的客观事物的纯粹的“客观知识”，而是社会各个主体反映自身本质力量、内在尺度以及存在和发展的状况及未来发展需要、利益，总有“我”“我们”在其中的自我认识。

（3）社会共识包括社会认知共识和社会价值共识两种形式。自我认识作为“主体我”对“客体我”的认识，一般包括两个方面的内容：一是作为主体的“我”关于作为“客体”我的知识性认识，以事实判断的形式表现出来；二是作为主体的“我”关于客体“我”的价值性认识，这种认识与“我具有何种意义”“我应该成为何种人”相联系，以价值判断或评价的形式表现出来。社会认识亦是如此，包括社会知识性认识和社会价值性认识。社会知识性认识指的是认识者对于社会各种事物本身的情况的了解和反映，即关于某种社会事物“是什么”的认识，这是一种以社会事物为尺度的客体性认识，反映社会事物的本来状况；社会价值性认识指的是认识者对于社会各种事物、与社会各种事物的关系以及认识者社会行为的选择的认识，这是一种以主体为尺度的主体性认识。社会共识作为一种特殊的社会认识，也包括两个方面的内容，即社会认知性共识和社会价值性共识，前者是指不同的社会主体之间形成的一致的、相同的社会事实性认识，后者是指不同社会主体之间达成的一致的、相同的社会价值性认识。社会是人的存在形式，由现实的人构成的有机整体，社会生活在本质上是实践的，是社会成员追求自己目的，不断超越自己的现实活动过程，社会共同体，构成社会共同体的社会成员，在实践活动中创造了世界的同时也创造了他们自己，社会性事实是社会主体创造的事物，因而不是自然事实而是价值事实，这一价值事实本质上是社会主体本质力量的对象化，人对社会性事实的认识只能在对人的本质力量的对象化的事实的"解释"中达到，这种解释并不只受客体本身的规定，也与解释者的主体性因素"难舍难分"，解释的结果并非是唯一的，而是具有"仁者见仁智者见智"的特点。社会知识性认识是社会主体关于社会价值事实的认识，这种社会认识为社会主体创造自我的价值选择提供社会客体尺度，而决定社会主体自我价值选择的是社会主体的价值性认识。社会认知共识和社会价值共识是社会实践、社会生活的产物和不可或缺的认识，它们虽然不同，但紧密联系在一起，现实生活中人们很难将两种社会共识截然分别开来。某种社会认知共识与主体的尺度结合起来，可以产生某种社会价值共识；某种社会价值共识在现实化和对象化的过程中，也将使人产生各种社会认知共识。两种社会共识的作用也难以分出伯仲。无知、愚昧与错误的社会价值观念都会使人们无法满足需要，实现人生价值，在社会和个人存在与发展的意义上谈论社会共识，绝不能认为它只包括社会价值共识而无视社会认知共识，或只重视社会价值共识而忽略社会认知共识，反之亦是如此。

（4）社会共识是社会"善"的实践理性。现代社会条件下，个体化时代多元主体达成的社会共识是社会成员共同生活过程中形成的理性化的社会认识。社会共识作为社会共同体及其成员对于关系到社会共同体及其社会成员存在、发展的需要和根本利益的社会事物所达成的一致的、共同的、理性化的社会认识，主要是指社会的"善"的实践理性。"所谓实践理性，主要是指为维持社会群体生存延续所要求、所需要对个体的约束、规范、要求和命令”，“这种理性主要表现为理性对感性的控制、支配、管辖、主宰”①。实践理性有“善”“恶”之分，是否有利于社会成员存在和发展，是判断实践理性“善”“恶”的根本标准。社会共识是大多数社会成员共同的、一致的社会认识，其特点是大多数人“同意”或“认可”，因而是体现社会“善”的实践理性。不同主体在彼此隔绝、相互孤立的状态下既不需要也不可能达成任何社会共识。人作为社会性存在，为了能够与他人、群体共同生活，社会作为由各个成员组成的共同体，为了把所有成员整合起来，需要社会共识。社会共识可以直接表现为社会道德，也可以由国家力量保障上升为宪法和法律。社会道德是内化为社会成员观念的普遍的、共同的行为规范，其本身的存在就意味着社会共同体与社会成员之间以及各个社会成员之间社会共识的达成；宪法和法律作为社会对社会成员具有强制力量的规范，建立在社会共识的基础上才会成为社会成员自觉遵守的行为准则，乃至内化为普遍性的社会道德。社会道德的良好发展以及社会成员自觉依法行为，是社会共识普遍达成的体现。社会共识的基础是社会共同体、社会成员普遍利益、社会共同利益的兼顾，因此，在本质上是体现了社会“善”的实践理性。康德把实践理性看作是必须服从的绝对命令、善良意志，这种实践理性只有被理解为社会共识才是合理的。只有社会共识才能把人结合成为一个整体而共存，因为只有达成社会共识才会有真正的社会秩序，才有人与人之间协调一致的社会关系。社会共识是人与人共存这一生存特征在人意识中的反映，也是为人与人的共存而服务的实践理性，因而体现了一种社会“善”。作为社会“善”的实践理性，社会共识的核心是“社会共同体以合于大多数社会成员共同利益的方式存在发展”，“每个社会成员以有利于社会整体的方式实现自身的存在和发展”，即主体间性、相互主体性的实现。

（二）社会共识对于个体认同的意义

认同产生共识，同样，共识也产生认同。个体认同的形成和发展依赖社会共识的形成和发展，基于普遍的社会共识，个体认同才能形成。

---

① 李泽厚：《李泽厚哲学文存》（下编），第479页。

1. 社会共识是个体认同“合法性”的思想基础

“合法性”是一个属人概念，用来描述人基于其内在规定性、本质力量、本性而“就该如此”“必须如此”的存在方式的性质，即人的存在方式与人的存在的质的同一性——人的存在方式合于人的存在，比如工作、交往秩序等具有合法性，吸毒、绝食等不具有合法性。

存在方式的合法性规定了人“就该如此”“必须如此”的存在方式的必然性，但是一种存在方式的合法性只有在这种存在方式为人所认同，才具有现实性。“合法性”的现实性即具有合法性的人的存在方式对于人的存在的肯定意义的展开与实现。人是在其意识支配下思想和行为的能动性存在，合法的存在方式不为人所认同，它只能以否定人存在的方式体现它的权威性，而它以这种方式否定了人的存在的同时也否定了自身，即否定了自身的现实性。在这个意义上说，认同是存在方式实现自身合法性的思想条件。

个体的合法性来自两个方面：一方面，它是社会的结构性要素，社会运行机制、组织方式的承载者、体现者和实现者，具有为社会所规定的性质和特征；另一方面，它是人求得自身生存发展、实现人生意义的能动性存在，具有为个人所规定的本质和内容。因为社会与个人的统一性，个体的这两个方面的合法性具有一致性：因为具有个人的合法性，才具有社会合法性；因为具有社会合法性，才有了个人的合法性。因此，个体的合法性要实现它的现实性，就既要得到个人的认同，也要得到社会的认同。因为，个体是社会有机体的结构性要素，也是个人存在和发展的基本方式，个体合法性所需要的认同并不仅仅是社会对于个体的认同或者仅仅是个人对于社会规定个人成为个体的认同，而是社会对于个人的认同以及个人对于社会的认同，即个人与社会的彼此认同。

如果个体要实现其合法性，那么就必须基于一个必要的前提——社会共识。这一点通过社会共识对于个人与社会的彼此认同的意义体现出来。个人与社会的彼此认同是它们存在和发展的客观需要。社会对于个人的依赖以及个人对于社会的依赖，使得社会与个人在存在的意义上分别具有使对方得以存在和发展并通过这一点使自身得以存在和发展的性质和特点。这一性质和特点决定了个人与社会的彼此认同。个人认同社会，是个人自我向社会的延伸，社会认同个人同样也是社会自我向个人的延伸，两者在本质上是个人与社会分别在对方身上映现、实现自我。在这个过程中，社会共识具有极其重要的作用。首先，社会共识是个人与社会彼此认同的基础。个人自我向社会延伸、社会自我向个人延伸的现实基础是两者“你中有我”“我中有你”的依赖关系。这种依赖关系反映到个人或社会的意识中成为彼此认同的依据。个人与社会的依赖关系是在理性的支配下建构起来的社会关系，因而，体现了各关系方共同的认知、意见和意志，即社会共识的达成。个人对社会的认同或社会对个人的认同以彼此的依赖关系为基础，必然体现为对社会共识的依赖，没有社会共识，就没有个人对社会的认同以及社会对个人的认同。其次，社会共识的发展是推动个人与社会彼此认同发展的精神力量。多种因素共同作用产生了个人与社会的彼此认同，并与之形成稳定的对应性关系。社会共识作为对应性关系中的一个“自变量”，它的变化和发展将引起个人与社会彼此认同的变化和发展。当社会共识增加或提高时，个人与社会的彼此认同的范围就扩大、程度就加深、水平就上升，反之，则退化、消失。最后，社会共识为个人与社会的彼此认同创造良好的社会环境。认同发生在个人与社会良好、和谐的社会关系中，而社会共识作为社会主体间的共同认识或一致性认识，是实现社会整合、社会团结、社会民主、社会公平和解决社会冲突不可缺少的条件。

既然个人与社会的彼此认同是个体合法性的来源，社会共识对于个人与社会的彼此认同又有着极为重要的意义，那么，社会共识就应该是个体的合法性的思想基础。

2. 社会共识是个体认同的“合理性”根据

在这里，“合理性”是指合乎人的理性，理性则指理论逻辑上的必然性和社会规范。人是追求自己目的的存在，每个人的认同都需要理由，合乎逻辑的认同需要充足的理由，在思维中完成一个完整的、合乎逻辑规律的推理过程，因而认同应合于理论逻辑上的必然性；人是社会性存在，每个人的认同都需要社会确定无疑的肯定、支持，因而要合于社会规范。个体认同作为现代社会的一个基本认同，同样需要“合理性”，而社会共识正为这一合理性提供了根据。

首先，社会共识是个体认同的思维逻辑前提。每个人认同个体都需要理由，这些理由是个人思维推理的前提，这些前提中一定包含某种或某些社会认识。个体化是现代社会的基本特征，把个人塑造成为个体是现代社会的一个使命，而成为个体是现代社会对于个人存在方式的规定，个体认同则是现代社会的自身结构、组织方式、运行机制对于个人存在和发展的要求。因此，在个体认同思维推理的逻辑前提中，一定包含着反映个体社会必然性的社会认识。这些社会认识不可能为个人所独有，而应为社会共同体主体、群体主体和所有个体认同的主体所具有，因而必然是社会共识。如果在个体认同的思维逻辑推理中不包含社会共识，就意味着成为个体不是社会对个人的规定，或者个体由于不被承认、支持和没有获得制度保障而不具现实性。从另一个方面说，一个人如果没有关于现代社会以及现代社会个人存在本质、存在方式等方面的社会共识，他将不会产生个体认同。

其次，社会共识为个体认同提供社会规范的合理性。在这里，“社会规范”即对社会成员的社会行为和社会生活具有强制性的标准、范式或规定，包括法律规范、技术规范以及各种规章制度等。社会规范是社会主体的强力意志，个人只要进入社会生活，从事社会活动，就必须了解、遵守社会规范。社会规范具有强制性，因而几乎不存在一个人不知道、不遵守社会规范可以有正常的社会生活、社会活动的情况。这说明，社会规范是一种社会共识。虽然社会共识不一定是社会规范，但是成为人们思想和行为准则的社会规范一定是社会共识。

3. 社会共识对个体认同产生有利的社会影响

社会共识不仅为个体的合法性和合理性提供前提、基础，还为个体认同提供有利的社会影响，这表现为各种社会共识对个体共识的支持。

社会是一个有机整体，社会与它的构成要素之间以及社会的各个构成要素之间相互联系和相互作用。因此，一种社会共识常常关联着其他社会共识，众多的社会共识综合起来往往指向更重要、更基本、更核心的社会共识，而一种重要的、根本的、核心的社会共识往往关联着更多的社会共识，也就是说，一个社会人们的社会共识越多，人们越是可能就重要的、基本的、核心的社会问题达成社会共识，与此同时，人们越是在重要的、根本的、核心的社会问题形成广泛的社会共识，也就越是容易形成更多的社会共识。个体是一个重要的社会构成要素，是个人在现代社会的存在方式和社会规定性，与现代性紧密联系在一起，关联着现代社会的核心价值、运行机制、组织方式、各种制度以及社会的生产方式和生活方式，也关联着现代社会的各个方面，因此，对于上述现代性要素的社会共识以及更多方面、更多数量的社会共识会导致对个体的社会共识即个体共识的形成和发展。

个体的本质说明个体共识是社会共识。作为社会共识的个体共识对于个人形成和深化个体意识具有重要作用。首先，个体共识向个人转化使之产生个体意识。个人生活在人群中，个体共识作为一种社会意识弥漫于社会之中成为一种社会氛围，个人的社会认识活动受这种社会氛围的影响，不可避免地接受、承认、认可这种共识，进而产生个体意识。个体共识对于个人个体意识的作用表现在三个方面：其一，个人在社会生活中，社会组织方式、运行机制及其核心价值、社会评价体系、人们的思想和行为准则都在告知一个人应该成为个体，社会主导价值观教化和主流社会舆论一再向一个人传递只有成为个体才有活路和好的生活的信息；其二，当个人与个体共识相遇时，基于本体安全而产生的认识上的趋同、从众行为，也将促使个人产生个体意识；其三，与多数人保持相同的认识将使个人获得精神上的归属感，追求归属感使个人愿意接受个体共识而具有个体意识。

人们的社会共识越多，或越是能在根本的、基本的社会问题上达成共识，就越是易于共存。个体是现代社会对于个人存在方式的规定，但它的本质却是个人以自己的尺度在现实社会条件下展开和创造自己的独特性、丰富性。个体实现自己的本性便是个体的对象化。个体对象化的核心是与社会中的人和事物建立“为我”的价值关系，个体要在社会中实现对象化需要社会空间，这个空间由各种社会要素构成，个体与各种社会要素形成、发展对象性关系就是建立、开辟个体对象化的社会空间。社会空间中的各种活动、制度、物、意识、关系等等归属于社会以及社会成员，个体与它们建立对象性关系，就要与社会以及社会中的各种主体达成社会共识。在这个意义上，社会共识是个体对象化社会空间的基础，社会共识的多少以及社会共识的深度与广度，就是个体对象化社会空间的界限。

（三）对个体认同具有根本意义的三种社会共识

人们在社会生活中会形成许多社会共识，这些社会共识与社会的本质、发展规律和根本要求，或者相一致、相适应，或者相违背、相排斥。个体认同是现代社会所需要的，对其有根本作用和积极意义的社会共识具有与现代社会的本质、发展规律和根本要求相一致、相适应的性质和特点。要推动个体认同的发展，应该首先弄清楚哪些社会共识是个体认同所需要的从而是应该大力发展的。社会共识本质上是社会认识，不同的认识主体形成一致的或相同的社会认识，要有与社会历史存在发展过程相一致的社会历史观、社会主体意识和社会价值观念。因此，个体认同所需要的社会共识主要有三个。

1. 唯物史观共识

个体认同所需要的社会共识首先是唯物史观共识。历史是人的真实存在方式，如何看待现实的人及其历史的历史观为社会存在和发展以及人们的社会生活提供总体性的社会知识、基本理念和方法。作为“人类对自身内部结构、相互交往、活动条件、历史过程及结果等的哲学反思”① 的历史观，是一切具体社会认识的思想前提，其意义在于：作为最一般的总体性知识，历史观所展现的哲学意义上的社会图景，为社会、个人处理和思考社会关系提供一般的理论和思维基础；作为基本的社会理念，历史观引导着人们对社会的历史和现实进行审视和批判，激励着人们追求与创造理想的社会和社会生活；作为最高层次的社会方法论，历史观是社会、群体和个人自我认识、价值选择的基本原则。

凡是能达到正确社会共识的思维活动一定是建立在科学的历史观的基础之上的。科学的历史观如实反映社会本质、规律和历史发展趋势，而且把人们引向如实反映现实的人及其现实生活。唯物史观是关于现实的人及其历史发展的科学，它认为，社会是由人组成的，因而考察社会历史不能离开人及其活动。马克思、恩格斯指出，“在思辨终止的地方，在现实生活面前，正是描述人们实践活动和实际发展过程的真正的实证科学开始的地方”；“符合现实生活的考察方法”是“从现实的、有生命

---

① 黄楠森、夏甄陶、陈志尚主编：《人学词典》，第528页。

的个人本身出发，把意识仅仅看作是他们的意识”；现实的个人“不是处在某种虚幻的离群索居和固定不变状态中的人，而是处在现实的、可以通过经验观察到的、在一定条件下进行的发展过程中的人”；从“现实的个人”出发，“从他们的现实生活过程中还可以描绘出这一生活过程在意识形态上的反射和反响的发展”①。

从现代社会的内部结构、组织方式和运行机制中“生长”出来的个体，是现代社会个人存在的基本方式，个体认同需要人们认识现代社会的本质、规律和特性，了解个人作为个体而存在的社会现实性、合理性和社会本质，把握个人成为个体以及个体自我完善、自我发展、自我实现和自我超越的社会基础和个人条件，深入地思考现代社会的本质与社会关系，全方位地审视和批判现代社会的历史和现实，深刻地体察时代精神、社会进步和人的发展需要。只有这样，才能产生个体认同所需要的社会共识。为此，需要人们认同唯物史观，最终使之转化为社会共识而成为人们共同的社会信念和分析、解决社会历史问题的一般世界观和方法论，即从现实的生活出发，“在实践中证明自己思维的真理性，即自己思维的现实性和力量，自己思维的此岸性”②。只有整个社会就唯物史观的基本原则、方法论达成社会共识，在社会存在和发展的根本问题上坚持唯物史观，才能就各种具体的社会历史问题形成科学的认识，达成社会共识，个体认同才具备了实现的精神条件，个体认同所需要的社会规范才具备了思想基础。

2. 主体共识

个体是反映现代社会个人存在方式一般普遍性的范畴，现代社会要把每个人都塑造成为个体，每个人都要成为个体。这样，个体认同不得不面对一个问题，即：每个人如何在成为个体、作为个体而存在的同时亦是其他主体存在的条件？而对这个问题的思考必将深入到“多元主体在社会共同体中共存需要怎样的社会共识”这个问题上。既然是主体共存，那么使主体共存的社会共识中必然包括主体共识。所谓主体共识，

---

① 马克思、恩格斯：《德意志意识形态》（节选本），中共中央马克思恩格斯列宁斯大林著作编译局编译，第17页。

② 《马克思恩格斯文集》第1卷，第500页。

指的是价值关系中不同主体之间就自身、他者的内在规定性、规律和现实能力、主体性等形成或达成的共识，或者构成社会共同体的成员之间就社会共同体以及社会成员的主体规定性、规律和现实能力、主体性等形成或达成的共识。

主体共识意味着人的自我认识的思维方式的重大变革——从“实体型思维”走向“关系型思维”。实体型思维方式的特点是以“实体”或“实体型”对象为认识的目标或中心，或者把存在者当作孤立的、抽象的实物来认识。主体以这种思维模式认识“自我”，主体“我”是“实体之我”，充其量是具有主动性、能动性、创造性之“我”，而并不能把“我”理解为“关系”，把“我”的本质理解为“现实性上的一切关系的总和”，其结果是，仅仅把“我”的存在理解为“自存”，其自我的表述中，“我”的历史与现实只是“我的独白”，“我”的社会关系只是“我”的社会属性，社会在“我”之外不在“我”之中，“我”在社会历史之外而不在社会历史之中。关系型思维的特点是作为主体的人从关系状态来把握存在者，即从运动、相互作用、联系和关系等存在方式的意义来理解存在者的丰富内涵。主体以这种思维方式思考“自我”，“我”是关系，在现实的社会关系中获得本质，“我”与他人不同，但相通、融合、“共在”，“我”是“社会之我”，社会在“我”之外但又在“我”之内，“我”在社会之中而不在社会之外，“我”在社会历史之中而不在社会历史之外。

主体的自我认识从“实体型思维”向“关系型思维”的转变使主体的社会认识结构从“主体—客体”转向“主体—客体”与“主体—主体”相统一，这意味着主体共识的思维基础的确立。“主体”“客体”这对范畴的特殊规定性和意义在于表示双方各自在有目的的对象性活动中的不同地位、独立的本质以及现实性和完整性，因而“主体—客体”的思维结构中，主、客体是彼此外在的关系。主体在对象性关系和行为中的“为我”倾向、主动自为性、自律与他律的统一以及客体与主体相对立的自身规定性、对于主体来说的自在性、“他律性”等，都表明主、客体双方彼此在对方身上实现自己的本质，表现自己的特性，即：主体在思想或现实中要把客体变成自己现在和未来结构中的成分，在客体身上显现和直观自己的本质，实现自我的发展，在客体身上表达主体性；客体以其自在规定性影响、制约、限制和改变主体，使主体越来越带有客体所赋予的特征，在主体身上显现客体性。“主体—客体”与“主体—主体”相统一的思维模式是理解人与人之间关系的新型思维模式。“主体”与“主体”之间的关系，形成于人与人之间“互为主客体”的关系。现实生活中，随着个人之个体地位的确立，在现实的社会关系中，社会、群体、个人都有一个主体的身份，从而产生了各个主体的全面依赖关系。这种关系不是“主客体之间的关系”，而是“互为主客体的关系”。为了阐述方便，我们把互为主客体关系的两个人分别称为A、B。在以A（B）为主体B（A）为客体的主客体关系中，B（A）作为客体对A（B）形成了制约关系，这种制约关系与其他客体对于主体的制约关系不同的是，它受同时亦是主体的B（A）的支配。这样就在A和B之间产生了“你如何对待我，我将如何对待你”的关系，博弈的结果便是主体间共识的达成：主体在把对方当客体的同时也把他当主体，这标志着社会关系中主体间关系以及交互主体性的产生。主体间关系和交互主体性具有内在于主体的目的性：只有每个主体把自己当主体的同时也把其他人当主体，其他主体才能成为他的客体，他也才由此成为主体；每个主体在与人形成的对象性关系中，他的主体尺度中必须包含其他主体的内在尺度的内容，才能成为现实的主体。这一生活的逻辑沉淀形成“主体—主体”的思维结构。“主体—主体”思维结构的特点在于它的“双主体化”——由一个主体指向了另一个主体，从而指涉了社会规范。为了保证每一个主体都被他人当主体来对待，社会必须确定强制性的社会规范以确保所有主体在社会关系中实现自身权益和本质力量，这种意义的社会规范就是主体共识。

主体共识在本质上是整个社会、全体社会成员对于每一个主体的权利和地位的尊重、认同，对于个体认同的实现具有优先地位。个体认同需要社会的支持和保障，主体共识是其形成和发展不可缺少的精神条件、思想基础。一个社会如果不能达成主体共识，或者主体共识不能切实地反映在社会制度、规范、价值体系中，个体认同就不可能产生和实现。

3. 民主共识

个体认同自身存在着一个张力，那就是个体具有内在于社会和个人的双重目的性，既要作为现代社会的结构性要素使现代社会存在和发展，又要作为现代社会个人的存在方式实现自己的人生意义和目的。因此，个体认同总要面对两个问题：如何在社会主体的意志中反映个体对于个人的目的性价值？如何在个人主体的社会意志中体现个体对于社会主体的目的性价值？这两个问题关涉着一个问题：不同主体怎样才能形成的统一的社会意志？一个社会不能形成解决这一问题的内在机制，便不能为形成统一的社会意志提供任何基本的社会条件。这个内在机制只能是民主，只有在民主政体、民主社会中才能解决不同主体形成统一社会意志的问题，因为这个问题的关键和核心是主体权利。主体权利从何而来？只能来自于社会秩序。“社会秩序乃是为其他一切权利提供了基础的一项神圣权利。然而这项权利决不是出自于自然”，也不能产生于“强力”，因为，“即使是最强者也不会强得足以永远做主人”，“除非他把自己的强力转化为权利，把服从转化为义务”，“于是便只剩下来约定才可以成为人间一切合法权威的基础”①。卢梭在他的《社会契约论》中提问：“既然每个人的力量和自由是他生存的主要手段，他又如何能致身于力量的总和，而同时既不至于妨害自己，又不至于忽略对自己所应有的关怀呢？”卢梭给出的答案是：“要寻找出一种结合的形式，使它能以全部共同的力量来卫护和保障每个结合者的人身和财富，并且由于这一结合而使得每一个人与全体相联合的个人又只不过是在服从其本人，并且仍然像以往一样地自由。”这就是订立“社会公约”所要解决的根本问题：“我们每个人都以其自身及其全部的力量共同置于公意的最高指导之下，并且我们在共同体中接纳每一个成员作为全体之不可分割的一部分”。根据社会公约人们结合起来，“每个结合者及其自身的一切权利全部都转让给整个集体”，“这一结合行为就产生了一个道德的与集体的共同体”，“这一由全体个人的结合所形成的公共人格”就是“共和国或政治体”，亦即我们所说的民主政体。卢梭还指出：“结合的行为包含着一项公众与个人之间的相互规约；每个个人在可以说是与自己缔约时，都被两重关系所制约着：即对于个人，他就是主权者的一个成员；而对于主权者，他就是国家的一个成员”；“一旦人群这样地结成了一个共同体之后，侵犯其中的任何一个成员就不能不是在攻击整个的共同体；而侵犯共同体

---

① ［法］卢梭：《社会契约论》，何兆武译，商务印书馆2003年版，第4、9、10页。

就更不能不使得它的成员同仇敌忾。这样，义务和利害关系就迫使缔约者双方同样地要彼此互助，而同是这些人也就应该力求在这种双重关系之下把一切有系于此的利益都结合在一起”；“为了使社会公约不至于成为一纸空文，它就默契地包含着这样一种规定——唯有这一规定才能使得其他规定具有力量——即任何人拒不服从公意的，全体就要迫使他服从公意”①。历史发展和合乎逻辑的理性思维告诉人们，只有民主才能形成社会统一意志，这里所说的民主指的是“在社会共同体或群体内部，人们之间平等地结合，享有共同的权利和义务，并进行公共性的价值选择、决策和评议的社会生活方式”②。

既然民主是形成社会统一意志的根本方式，那么民主就理所当然地成为将个体认同的双重目的性统一起来的内在机制，因而是个体认同实现的重要条件。在这一前提下，民主共识对个体认同就具有特别重要的意义。民主共识就是所有社会主体就民主的基本理论问题和实践问题取得或达成的社会共识，具体内容包括：承认“人民当家做主”这一民主的本质和民主的合法性，认同民主是政治或社会组织的最高形式以及现代民主的“多数人决定”“保护少数人”和程序化的三个规则；就“人民”的规定性、所指以及社会在民主政体类型、民主的实现方式、民主制度、民主的原则的选择上取得一致性意见；就民主的实施、民主的法治化以及民主的保障和发展机制等达成共识。民主的涵义并不复杂，但是民主的问题却异常复杂。一方面，“人民”是一个历史范畴，具有历史的多样性，“人民当家做主”的具体样态、发展水平、现实实现受到各种因素的影响和制约，这使得民主从来都是一个非常复杂的问题；另一方面，每一种民主的形式、实现的方式、原则、民主的具体实践都牵扯到人们的现实利益、需要和现实能力、思想和知识水平等，这就使民主共识的达成更加困难。

但是，“不论其具体层次多么复杂，其现实形式如何多样，民主归根

① ［法］卢梭：《社会契约论》，何兆武译，商务印书馆2003年版，第18—19、20、19、21、22、23、24页。

② 李德顺：《走向民主法治：当代中国政治文明的价值体系初探》，法律出版社2011年版，第13页。

到底不过是各种利益的相互关系在政治上和法律上的表现，其本质要求只有一个：'人（公）民当家做主'"①，无论人民的意义如何，它都与大多数人相关、与少数人的专制相对立，所肯定、认同的社会权利是法定的与义务相联系的人民大众的权利。因此，民主共识对个体认同的重要意义，在三个层面上体现出来：一是前提意义上的。民主共识对于民主法治国家的形成和发展至关重要。社会成员不在民主问题上达成一致，没有具体民主的统一信念，就产生不了"社会公约"，形成不了一个民主国家的社会蓝图，更何谈建立一个民主国家？即使在一个民主国家里，社会成员没有就具体民主达成一致的、统一的信念，还在为民主的各种问题争论不休，他们就不会在思想和行为中坚持民主的原则，也不会有支持和捍卫民主的有效行动，因为他们不认为自己身处于一个民主的国度里。二是现实意义上的。民主共识体现为社会主体的意志而使社会秩序具有合法性，社会规范的内容中自然会体现社会现实的平等和公平，每个个人因此获得各种社会权利，即他人不得侵犯的各种自由以及社会、国家对于个人的责任，而这正是个体认同所真正依靠的。三是社会管理意义上的。民主共识将确立共同体内部以交流、沟通、协商的方式处理各种关涉每个成员利益问题的绝对地位，不仅使所有人在社会生活中恪守上述原则，而且保证共同体在决定大家共同利益和需要的事情上尊重每个成员的权利，避免专制对个人利益和需要的否定、僭越，在关乎共同体的价值判断和价值选择问题上作出保证多数当事人认可的决定。民主共识的这一作用将使个体认同因其社会合理性而获得社会的普遍支持。

三 社会信任是个体认同的社会基础和一般机制

对个体认同起更根本作用的社会因素当属个体社会信任。个体认同是在个体的社会化中实现的。个体在社会认同中，理解了角色和角色期待，用角色规范来指导自己的行为，进入到个体及其生活价值体系的自我建构中。在这个过程中，个体与他者（指他人、群体、社会，下同）

---

① 李德顺：《走向民主法治：当代中国政治文明的价值体系初探》，法律出版社 2011 年版，第 13 页。

达成社会共识，创造个体及其生活价值体系的社会本质和内容。但是，这个过程只有个体在内心深处建立起对社会的信任才是现实的。福山指出，信任是“能产生社会资本的规范”所必须包括的美德，信任的作用“像一种润滑剂，它使一个群体或组织的运作更有效率”①。在现代社会为个体认同提供的条件中，社会信任是不能缺少的，而且是极其重要的。吉登斯指出：“自我建构作为一种反思性的‘项目’，是现代性的反思性的一个基本部分；个人必须在抽象体系所提供的策略和选择中找到她或他的身份认同。”② 我们完全可以把吉登斯的思想理解为：“个人必须在对抽象体系所提供的策略和选择的信任中构建他的认同”，因为，“抽象体系”可资利用的话，它必须是对个人有所承诺，是“可信赖的”“可以托付的”。如何通过现代社会信任体系的建构推动个体认同的实现是一个值得深入探讨的问题。

（一）个体社会信任是个体认同的基本需要

个体依靠自己的力量生存和发展，他必须把握他生存和发展的各种条件，只有这样他才能掌握命运。这就使得个体认同需要确信两件事情：其一是他本质力量的对象化具有确定无疑的现实性，其二是由社会、群体、他人提供的生活条件确实可靠。但是这两件事情恰恰是个体自身无法把握而由社会确定的。在这种情况下，对于社会的信任就变得极为重要。个体认同的关键在于个人以主体的身份与现实世界、与自己建立起对象性关系，这需要个体确信个体的对象性活动对于个体产生肯定性的价值关系和价值事实。个体对象性活动的客体不管是不是人，它都是社会交往活动，体现着人与人之间的现实关系，因此，这一“确信”并非一般意义上的“信以为真”，而是个体对于社会的“相信而敢于托付”，即“个体对他者的品质、属性、现实规定性、能力及其向个体提供的产

---

① ［美］弗朗西斯·福山：《社会资本》，［美］塞缪尔·亨廷顿、［美］劳伦斯·哈里森主编：《文化的重要作用：价值观如何影响人类进步》，程克雄译，新华出版社 2010 年版，第 144、143 页。

② ［英］安东尼·吉登斯：《现代性的后果》，田禾译，第 108 页。

品的相信而产生依赖”①，也就是个体社会信任。个体社会信任对于个体认同是不可或缺的，它不仅意味着个体在“非确定性”中把握“确定性”，在“流动的”生活环境中得以生存和发展，更意味着个体可以相信自己，对自己持有信心。这是个体对社会既信赖又独立的经验感受，而这正是个体整合自我、维持认同连续性所特别需要的。个体在社会信任基础上开始独立生活，感受生活的真实性，发现生活的意义，与此同时，社会凭借个体对它的信任，参与构建个体与社会关系的一般模式、个体的思想行为方式和心理特质。

成为个体并非是个人的自我选择，而是现代社会对于个人的规定，是“把社会内成员的典型特征冠于自己身上，让自己的特性等同于社会成员的特性”②，在这个意义上，个体认同也是社会认同，代表着个人社会本质的实现。个体是一个主体性存在，这使得个体认同与个体社会信任紧密相关。个人成为个体，在于他以自己的尺度与客体发生对象性关系，与自身形成对象性关系，从而对自己进行塑造。因此，成为个体以及个体认同的关键在于个人以主体的身份与现实世界、与自己建立起对象性关系。有目的的对象性关系建立的前提是主体对于主客体关系所产生的肯定性的价值事实的确信。“确信”即“确实相信”“不怀疑”，是“确定性”的主观反映形式。“确定性”是事物、现象、关系等各种存在稳定的呈现形式和质态。个体通过有目的的对象性活动满足自己的需要，首要的条件是他的生活世界、对象世界对于他的“确定性”，没有“确定性”，就不会形成任何主体性行为，也就没有个体认同的发生。但真正决定个人成为个体和个体认同发生的是个体对这一“确定性”的意识，即对“确定性”的确信。没有“确信”，就不会有确实可靠的价值判断，也不会有“趋利避害”的价值选择，也就形不成有目的的对象性关系，个体及其认同便无从谈起。个体认同中的“确信”并非一般意义上的“信以为真”，而是个体对于社会的信任。吉登斯把信任界定为“对一个人和一个系统之可依赖性所持有的信心，在一系列给定的后果或事件中，这

---

① 尹岩：《信任社会：个体认同的社会基础、机制及其启示》，《中共浙江省委党校学报》2015 年第 3 期。

② 参见沙莲香主编《社会心理学》，第 125 页。

种信心表达了对诚实或他人的爱的信念，或者，对抽象原则（技术性知识）之正确性的信念”[①]，这一思想把握住了信任的本质规定性。借鉴吉登斯的信任定义，“社会信任”可以被理解为“人们对他者（各种意义上的人）之可信赖性所持有的信心”，“个体社会信任”可以被界定为“个体对他者的品质、属性、现实规定性、能力及其向个体提供的产品可依赖性所持有的信心”。

个体社会信任为个体与他者建立对象性关系提供确定性。首先，个体只能与他信任的人和物发生现实的对象性关系。在享有“选择权利”的社会关系中，个体社会信任好比过滤器，为个体构建对象性关系选择客体把关，决定个体与何人何物建立对象性关系，与他人、某物建立何种社会关系。其次，个体社会信任为个体在充满不确定性的生活世界中建立一个稳固的生存结构，个体以此为参照系定位自我、选择自我，这个生存结构中可以信赖的一切，往往成为个体的价值诉求、价值目标以及人生观和价值观的基础，在个体如何存在和怎样发展方面起定向作用。最后，个体社会信任是个体较长时期生存和发展得到社会支持的结果，个体与他所信任的人或物稳固的对象性关系，使得这些人或物参与构建个体与社会关系的一般模式、个体的思想行为方式和心理特质。

（二）个体社会信任对个体认同的影响

个体社会信任犹如粘合剂，将个体与现实社会连结起来，将个体生活与现实社会的体制与运行机制联系起来，把个体的存在和发展与现实社会的命运结合在一起，由此对个体认同产生深刻影响。

1. 个体社会信任使个体认同实现于社会认同之中

货币、法律、社会角色和专家系统作为现代性的核心要素是体现现代社会核心价值的价值体系，个体是这些价值体系的关系者项。现代社会通过这四者与个体建立现实的联系，把个体整合到社会结构中，个体的思想和行为由此受到社会的约束。当个体通过社会信任与这四者建立起对象性关系时，就把自我认同的活动投射到它们身上，个体认同的内容和机制由此转向社会认同。在这个过程中，货币、法律、社会角色和

① ［英］安东尼·吉登斯：《现代性的后果》，田禾译，第30页。

专家系统所承载的社会价值向个体自我发生转化，成为个体确立人生意义、价值追求和自我实现的目标或根据以及思想和行为的价值标准，从而构成个体认同的基础。货币、法律、社会角色和专家系统是现代社会最具确定性的事物，这一确定性必须反映到个体生活以及个体意识中，才能使个人进入到现代社会所设定的生活逻辑之中。货币、法律、社会角色和专家系统一旦被确定为可信任的对象，就将成为个体认同的内在要素和最可靠的中介或环境。这些具有绝对确定性的因素依照其在社会价值体系中的次序，不同程度地对个体的本体性安全、心理安全感和归属感产生深刻作用，成为个体“自我”的资源和个体自我成就的标尺，同时否定了职业、道德、血亲关系等对个体认同起绝对作用的可能性，最终把个体认同问题与现代社会的本质联系起来变成一个现代性问题。

2. 个体社会信任把个体认同建立在国家认同的基础上，并使国家认同成为个体认同的核心

既然个体社会信任本质上是对国家的信任，经由社会信任完成个体认同，个体认同首先或者同时也是国家认同。随着个人成为个体，国家成为保障个体利益和社会权益、维护和推进社会整合和发展的主体力量。个体对国家的认同是现代性本身的逻辑。在现代性逻辑的作用下，个体处于国家力量的整合之下，其自由通过国家赋予其公民身份而获得，其生存保障由政府负责提供，这决定了个体必须有国家的所属和归宿以及对国家的认同。个体的国家认同最根本的是对国家制度体系的认同。现代国家制度体系负责对社会的组织和管理，个体存在所需要的秩序和生活保障通过国家制度体系安排来实现。这种安排的实质是对个人与社会关系的再组织，它直接触及到个体的生存与发展条件，关乎个体的自由和发展空间。因此，个体认同必然包括对国家制度给予个体的自由与发展空间的认同。

3. 个体社会信任使个体认同与社会先进性紧密联系在一起

个体社会信任的置信对象是货币、法律、社会角色和专家系统，这使个体认同在社会整体发展状况上展开，与社会的先进程度保持正相关。货币、法律、社会角色和专家系统是现代性的核心要素，现代社会的总体品质既决定了它们的品质也通过它们的品质体现出来。首先，它们是

社会主体建构的，用来体现和维护社会关系，为整个社会服务的工具，社会主体以自身的结构、规定性和规律等总体品质作用于它们，它们必然带有社会主体的总体品质所赋予的性质和特征；其次，它们的建立和发展受现实的政治、经济、文化、社会状况的制约，它们的社会内容、内在结构和机制以及它们的工具价值等深深地打上时代的烙印而成为具体的、历史的存在，从而显现与社会总体品质的内在契合；最后，它们是现代社会复杂系统的基本构成要素，在彼此互构的关系中，现代社会要经常对货币、法律、社会角色和专家系统施加作用使之与社会整体协调一致、与社会的总体品质保持一致。货币、法律、社会角色和专家系统的总体品质由现代社会的总体品质决定，这使个体对它们的信任往往关联着对社会总体品质的信任，进而上升到对社会总体品质的评价层面，深入到对个体与社会的关系评价。社会的总体品质的核心是个人在社会中的自由发展和价值。个体是否信任社会、在什么程度上信任社会，依据个体对个人在社会中发展和自我实现的状况的评价结果。这一评价关联了一个重要范畴——社会的先进性。社会有先进落后之分，衡量社会是否先进，就看社会是否有利于个人的发展，能否为个人满足生活需要提供更多的条件。对于个体而言，这一评价标准具体化为自由、发展和幸福等。个体以自由、发展和幸福为标准评价现实社会产生了社会是否先进以及先进程度的评价结果。一般而言，个体越自由、发展和幸福，就会认为社会越先进，反之亦然。自由、发展和幸福也是个体认同的基础、核心内容和最高指标，个体越是自由、发展和幸福，自我评价就越高，自我认同的程度也就越高。因此，社会越先进，越容易产生个体认同。

（三）中国现实社会的重要任务：构建新型社会信任推动个体认同

我国正处于向现代社会转型的关键时期，个人正逐步从传统的“人的依赖关系”解放出来进入到个体的存在状态。实现这一存在特性的转变对于有着几千年集体本位文化传统的中国社会而言，是一个巨大的历史性挑战。如何实现个体认同成为我国社会转型期个人存在和发展的最重要问题和我国社会实现现代化的焦点问题和难题之一。现代社会信任与个体认同的关系，对个体认同的作用机理以及影响为我们解决这一问题提供了重要启示。

1. 建立与现代性相契合的现代社会信任体系

现代社会信任是个体认同不可或缺的条件，也是现代社会的基础和根本。转型期个体与社会之间新型社会信任关系的确立和深化是个体认同的关键。中国社会传统的信任关系建立在个人对于群体的依赖关系的基础上，个人对社会的信任基于个人与群体、社会的同构关系，主要依据血缘关系和归属关系而确立，良好的情感关系、亲密关系起着实质性作用，其中人际信任和道德性信任占主导地位。信任与社会结构、制度的变迁存在着明确的关联，社会形式发生变化，信任的内涵、方式、价值也随之发生改变。传统社会信任的性质、特征和类型与现代性的内容、个体的本性是格格不入的。中国现实社会需要建立与现代性相契合的社会信任，即个体对货币、法律、社会角色和专家系统的信任关系，任何脱离现代性的社会信任只能使个体认同陷入困境。

2. 以提高政府公信力为核心构建国家认同

由立法机关、行政机关和司法机关等公共机关共同构成的政府代表着社会行使公共权力，是国家权威的表现形式和实现国家意志的现实形式。现代国家是基于现代社会发展需要而建立的用于保障个体与社会权益、维护和推进整个社会发展的工具，政府的公信力直接关系到个体对国家的信任，关系到个体对国家的认同，是个体认同的重要影响因素。中国社会现代转型也包括政府的现代转型，即从生产者、监督者、控制者“三位一体”的全能型政府向保障个体与社会权益、维护和推进整个社会发展的服务型政府的转变。为此，政府自身的建设最为重要。以“为人民服务”为宗旨，保障民主法治的健全和发展，保证公权力为公共利益和公共事业服务，维护社会的长治久安，这些目标的实现能够更大限度地保障个体的根本利益及其存在和发展所需要的社会环境和条件，必定能够提高政府公信力，推动个体对国家的认同，从而为个体认同创造良好的社会条件。

3. 在现代社会信任体系构建中要充分体现“以人为本”的价值取向

现代性体现的是现代社会关系的特点和属性，确定了个体社会信任的对象、本质和特征，但是并不能决定它的人文本质即对于作为个体的个人的价值的肯定。现代社会信任的建构包含着社会、国家、个体主体性的作用，这是决定现代社会信任“以人为本”价值取向的能动力量。现代社会信任的建构如果忽视了“人文”维度，个体就仅仅是现代社会结构中的一个构成要素，自身的异化就在所难免，社会与自我就会陷入不可调和的矛盾中，从而引发个体认同危机。因此，我国现代社会信任体系的构建必须体现“以人为本”的价值取向。一是增加个体的收入水平。社会要致力于促进社会财富的持续增长，增加就业机会，完善国民收入分配体系，尤其注重提高个体的劳动技能以增加其劳动性收入，同时提高货币的实际购买力，抑制通货膨胀。二是提高民主法治社会的发展水平。在一个每个人都以自己为目的但必须通过他人才能实现自己目的的社会中，个人权益只能依靠对全体社会成员具有绝对约束力的法律来实现，这意味着民主法治社会是唯一保障个体地位和性质的社会治理方式，因此致力于民主法治社会建设是提高个体对制度信任的重要保障。三是增强社会成员的社会角色意识。社会通过法律的权利与义务的对等关系来确定社会秩序、调整社会关系，社会角色是其承载者，要使他人的行为成为个人实现个体地位和权益的条件，就要实现每个人的社会角色认同。四是构建完善的“专家系统”的社会责任机制。“专家系统”要取得个体的基本信任，就要成为社会的良心和良知，而“专家系统”社会责任的国家建制是达到这一目标的唯一有效的途径，尤其是针对公众利益的安全审查制度的完善和发展至关重要。

上述任务的完成、目标的实现，以国家为核心的社会担负着主要责任。成为个体是我国社会现代化进程中对于个人存在特性的规定，国家、社会有责任为个人成为个体创造良好的社会环境，因此，为个体认同提供可靠的条件应是我国现代社会信任构建的基本价值维度。从根本上来说，一个人的个体性活动乃是他个人的社会性联系，一个人越是自由就越是依赖社会，但是，“决定他们的生活手段和社会地位以及两者未来前景的最为重要的因素不在自己的掌握之中；而且他们几乎不可能或者丝毫没有可能把这些因素夺回自己的控制之下，无论他们是单枪匹马还是拉帮结伙”①。个体没有能力和办法离开国家、社会的力量独自建构符合自身利益，为认同服务的现代社会信任体系，尽管个体独自为自己的生

① ［英］齐格蒙特·鲍曼：《个体化社会》，范祥涛译，第30—31页。

存和发展负责，但是只有社会能为其存在和发展提供基本条件，个体生活意识的最深刻根源是现代社会的存在状态，因此，只要一个社会选择的个体化制度和道路，能够尽力满足人们的美好生活需要，为个人提供可信赖的东西，足以促使人们去做出努力让生活充满意义，人们都会把个体认同作为追求的目标，形成基本生活意识。

个体认同是个体的人生责任，构建符合自身利益，促进个体认同实现的现代社会信任体系也是个体的社会责任。这不仅因为个体是社会主体的有机组成部分、社会成员，而且在于个体既是社会信任关系的主体同时也是客体，既是个体社会信任的形成和发展的能动力量，也是他人社会信任确立的支持条件。我国是人民民主专政的社会主义国家，社会对于个体的责任归根结底是个体对于自己的责任，只不过以社会成员、公民、各种社会角色的身份来实现。个人要实现个体认同，就要积极参与到符合自身利益的现代社会信任体系的建构中来，发挥主动性、能动性和自觉性。为此，个体首先需要培养和确立自觉的劳动意识，做一个能够为社会创造更大价值的劳动者，因为，国家为个体增加收入创造社会条件，个体只有提高自己的劳动技能、端正工作态度，才能不断提高自己的收入水平和分配社会资源的能力。其次，个体还要培养自觉的公民意识，做合格的社会公民，因为民主法治社会对每个社会成员的要求是社会生活中权利和义务的统一，个体作为社会成员对民主法治社会的回应就是成为它的基本价值的建设者、实践者和维护者，行使公民的权利和承担公民的义务。再次，个体更要自觉地把自己当作社会的一员，以社会整体的立场、利益和标准确立社会理想和信仰以及行为准则，为现代社会信任体系的建立承担责任，为社会和他人提供信任。最后，现实生活中个体特别需要恪守职业道德，做有良知和良能的职业者，因为个体作为社会分工体系中的一个“从业者”在可能的意义上是“专家系统”的一员及其社会责任的实际承担者，其职业道德的水准直接影响到“专家系统”社会责任的实现程度。

在实现上述目标的过程中，社会和个体的作用是不同的，但又是相辅相成的。社会建构现代社会信任体系加进促进个体认同的内容，才有可能获得个体的认可和支持，而个体将其认同置于现代社会的信任关系中，积极参与到社会的现代化进程中，才能获得国家和社会的认可和支持；国家的现代社会信任体系建构目标的实现，只有在个体的积极参与下才能实现，而个体认同只有在社会全面建立起符合个体发展需要和自身利益的现代社会信任体系的基础上才能具备实现的现实条件。因此，构建现代社会信任体系促进个体认同是社会和个体的共同使命。

第六章

现代性在个体认同中的建构作用

现代性作为现代社会的内在本质、制度层面的规定性，“完全改变了日常社会生活的实质，影响到了我们的经历中最为个人化的那些方面”，“从而与个体生活进而也与自我以一种直接的方式交织在一起”，塑造了“自我认同的新机制”①。个体认同是个人自我认同的有机组成部分、核心，现代性也塑造了它的机制，这在现代社会的基本制度对于个体认同的规定、制约乃至决定作用中体现出来。现代性“所呈现的社会秩序”②，“对社会关系进行的规则化的控制”以及所特有的“极度推动力”③，无论是作为宏大的社会背景还是作为系统的内在要素，都对于个体认同的形成和发展产生了根本性的意义。本章围绕着什么是现代性、现代性与个体认同的内在关联以及如何通过现代性推动个体认同的确立和发展等问题展开讨论，系统分析现代性的内涵、现代性与个体认同之间紧密关联的原因，探究如何保障现代性的核心要素成为个体认同最为信任的对象。

一　现代性:现代社会的生活或组织模式

“现代性”一词的广泛使用，与人们对现代社会及其各种现象的理解

① ［英］安东尼·吉登斯:《现代性与自我认同：现代晚期的自我与社会》，赵旭东等译，第1、2页。

② ［英］安东尼·吉登斯:《现代性的后果》，田禾译，第9页。

③ ［英］安东尼·吉登斯:《现代性与自我认同：现代晚期的自我与社会》，赵旭东等译，第17页。

和把握紧密联系在一起。学者们从不同学科、不同角度、不同层次、不同立场、不同视野以不同方式对“现代性”进行理解和描述，形成了各种含义不同的“现代性”观念。我们所说的现代性是哲学层面的，具有社会整体意义上的总括性、抽象性，只有这种意义的现代性才是塑造个体认同的基本力量。

（一）现代性的内在规定性

现代性是一个表达现代社会最基本特质的范畴，反映现代社会独特的观念和原则、制度、运行机制、组织方式、行动模式、精神气质等。20世纪以来被学术界广泛运用于阐释和描述现代社会那些在技术、政治、经济和社会发展诸方面的本质、结构和特征。关于现代性，西方学者提出了三个著名的界说。哈贝马斯把现代性视为“一项未完成的设计”①，一种以“属于自己的模式和标准”建构的“新的社会知识与时代”，“这一时代深深地打上了个人自由的烙印”，表现为“作为科学的自由”，“作为自我决定的自由”以及“作为自我实现的自由”②；“由于现代已经意识到自身，所以它会产生自我确证的要求”，因而“自我理解”和“确证其自我”③成为现代性最为核心的问题。福柯尝试着将现代性理解为“一种态度”——“与当代现实相联系的模式”，“一种由特定人民所作的志愿的选择”，“一种思想和感觉的方式，也就是一种行为和举止的方式”，“它有点像希腊人所称的社会的精神气质（ethos）”④。吉登斯把现代性看作是“现代社会或工业文明的缩略语”，包括从世界观、经济制度到政治制度的一套架构，即“现代社会的生活或组织模式”，“大约十七世纪出现在欧洲，并且在不同的岁月里，程度不同地在世界范围内产生着影响”⑤。我国学术界对现代性有三种哲学层面上的重要观点。吴晓明认为，

---

① ［德］哈贝马斯：《现代性的哲学话语》，曹卫东译，“作者前言”，第1页。

② 包亚明主编：《现代性的地平线——哈贝马斯访谈录》，李安东等译，上海人民出版社1997年版，第122页。

③ ［德］哈贝马斯：《现代性的哲学话语》，曹卫东译，第19、8页。

④ ［法］米歇尔·福柯：《什么是启蒙?》，汪晖等主编：《文化与公共性》，生活·读书·新知三联书店1998年版，第430页。

⑤ ［英］安东尼·吉登斯：《现代性的后果》，田禾译，第1页。

现代性就是“作为现代世界之本质的根据”，“包括两个基本支柱，即资本和现代形而上学”[①]。丰子义提出，“现代性是现代文明的一种深蕴和表征”、“特质与标志”，“现代性固然可以从不同角度、不同层面加以描述和解释，但它最终还是不能靠某一方面的理解所能概括得了的。现代性作为现代社会发展过程的基本特征与表现，体现在社会生活的方方面面，因而是一个涉及经济、政治、文化、社会等多方面的总体性概念”，与“现代社会所倡导和弘扬的科学、理性精神，民主、自由、平等的精神，追求个性解放和人的自由全面发展的精神”相关[②]。衣俊卿指出，“现代性从本质上是文化存在，是理性化和个体化时代的主导性的文化模式或文化精神”，可以理解为“非中心的、弥散的、微观的、内在机理性的存在现象”以及“内在差异的、非连续性的、异质的、层积性的、断裂性的微观存在现象”，具有“精神性维度”和“制度性维度”[③]。对于现代性的理解上的多样性、各种分歧反映了现代性的复杂性。

我们所说的现代性是社会总体意义上的，在具体内容上是吉登斯所说的“现代社会的生活或组织模式”。需要强调的是，现代性作为社会历史的发展成果，包含了普遍性和特殊性的统一，它既具有新社会关系形态的共同性和发展趋向，又有根源于各个不同国家、民族自身历史条件的个性化的形式和内容。在一般意义上，现代性并非仅局限于资本主义，或者是“资本主义的一个名称”[④]，而是用于表述那些走向或达到了相当于现代工业文明的总体水平的国家所共有的社会生活或组织模式。它主要有四个方面的品性。

1. 由工业化生产的特点决定

马克思、恩格斯在《德意志意识形态》中指出：“个人是什么样的，这取决于他们进行生产的物质条件。……而生产本身又是以个人彼此之间的交往［Verkehr］为前提的。这种交往的形式又是由生产决定的。”

---

① 吴晓明：《论马克思对现代性的双重批判》，《学术月刊》2006 年第 2 期。

② 丰子义：《马克思现代性思想的当代解读》，《中国社会科学》2005 年第 4 期。

③ 衣俊卿：《现代性的维度》，黑龙江大学出版社、中央编译出版社 2011 年版，第 19、18—19、109、143 页。

④ 利奥塔认为：“资本主义是现代性的名称之一”。包亚明主编：《后现代性与公正游戏——利奥塔访谈、书信录》，谈瀛洲译，上海人民出版社 1997 年版，第 147 页。

“事情是这样的：以一定的方式进行生产活动的一定的个人，发生一定的社会关系和政治关系。……社会结构和国家总是从一定的个人的生活过程中产生的。”① 社会生产的状况即生产力和生产关系的性质和水平，决定社会的生活或组织方式，这是人类社会发展的一般规律。现代社会的生产状况从根本上决定了现代性。人类社会由于工业革命而进入到现代社会形式。第一次工业革命以机器取代人力，以大规模工厂化生产取代个体工场手工业生产，劳动生产力提高到了前所未有的发展水平，工业从而超越农业成为社会的主导性产业，工业技术成为社会生产的主导成分，社会由此朝着工业化的方向发展，形成了以工业文明为基础的现代文明形态。继以蒸汽机的改良为标志的第一次革命，现代社会历史进程中相继发生了第二、第三、第四次工业革命，从机械化时代依此进入电气化时代、自动化和信息化时代，智能化时代正扑面而来。工业化给现代社会带来了社会层面上的种种变化：具有“跨越无限的时空距离而对社会关系进行规则化的控制”的能力，作为“反思性的监控体系”的民族—国家的形成②；竞争性的产品市场和劳动力的商品化过程中的商品生产体系；社会组织形式的多样化、专门化；社会的城市化和较高的社会流动；等等。现代性作为现代社会的生活或组织模式，必然包含着与上述社会状况相配套的内容和形式，正是在这个意义上，吉登斯说现代性即“现代社会或工业文明的缩略语”③。

2. 以现代劳动分工为基础

劳动分工是社会分工的一种特殊形式，指的是“在社会生产劳动体系中各种不同而又相互联系的具体劳动形式的划分，由于这种划分，社会成员在不同生产领域或非生产领域，专门从事不同的活动，它把各种特殊劳动过程逐渐从生产某一产品的总劳动过程中分离出来，成为具有相对独立部门的趋势”；作为“劳动的组织形式”，劳动分工“既包括生

① 马克思、恩格斯：《德意志意识形态》（节选本），中共中央马克思恩格斯列宁斯大林著作编译局编译，第12、15—16页。

② ［英］安东尼·吉登斯：《现代性与自我认同：现代晚期的自我与社会》，赵旭东等译，第17页。

③ ［英］安东尼·吉登斯、克里斯多弗·皮尔森：《现代性：吉登斯访谈录》，尹宏毅译，新华出版社2001年版，第69页。

产力的内容，与生产力的发展和状况相互促进和制约；也包含生产关系的内容，是生产关系的某种特殊表现形式”，“整个社会内部，因分工而造成了错综支蔓的庞大体系”①，因此，劳动分工深刻地影响一个社会的生活或组织模式。现代社会的劳动分工是以工业化生产为主导从而以社会化和专业化生产为基础的分工。由日新月异的科技革命支撑着的现代工业化生产，一方面社会化趋势越来越突出、程度越来越高，更加专业化；另一方面，作为专业化生产的必然产物，整个社会为交换价值、外在的抽象财富而进行生产，社会生产更加商品化。其结果是，满足个人生产和生活需要的劳动越来越多地成为社会化生产的内容，新的社会性需要被不断创造出来，新的生产领域和社会活动领域不断被拓展和分化出来，整个社会处于普遍的依赖关系之中。现代社会劳动分工一方面产生了异质化的社会成员和社会组织，另一方面把这些异质化的社会成员和社会组织紧密地联系在了一起。现代性作为现代社会生活或组织模式，所有异质化的社会成员和各种社会组织是它的基本构成要素和作用对象。现代社会劳动分工对于社会成员和社会组织以及彼此之间关系产生的影响必将反映在现代性上，这样，现代性必须面对由现代社会生产分工带来的两个问题：如何确保异质化的社会成员和社会组织的存在和发展？又如何把异质化的社会成员和社会组织整合起来使之相互依存形成稳定的社会结构？这两个问题是关系到现代社会能否以及怎样存在和发展的根本问题，因而是现代性的核心。

3. 落实为基本社会制度的内容并为社会制度所维护

吉登斯认为，“制度是现代性的固有特质”，“我们必须从制度层面上来对现代性加以理解”②，并阐释了现代性的几个制度特质：“（1）对世界的一系列态度、关于实现世界向人类干预所造成的转变开放的想法；（2）复杂的经济制度，特别是工业生产和市场经济；（3）一系列政治制度，包括民族国家和民主”③。衣俊卿指出，“现代性体现为社会各主要层

① 黄楠森、夏甄陶、陈志尚主编：《人学词典》，第264、265页。

② ［英］安东尼·吉登斯：《现代性与自我认同：现代晚期的自我与社会》，赵旭东等译，第3、1页。

③ ［英］安东尼·吉登斯、克里斯多弗·皮尔森：《现代性：吉登斯访谈录》，尹宏毅译，第69页。

面和主要领域的内在机理和活动图式的内在性维度”这一“制度性维度”[①]。社会的生活或组织模式是人们社会交往和公共行为法定化、形式化的结构和规则，这种所指包含着对它的制度特质的把握。社会的生活或组织模式代表着人人遵守的、稳定的、深入到社会生活全部实质性关系内部的社会秩序，因而必然体现为社会生活中的各种规范。一定的社会规范代表一定的社会价值体系，反映社会价值主体一定的权利和责任与义务，其作用是约束人们的社会行为，形成社会秩序。“这用以约束人们行为的规范在其有效地发生作用的范围内便是一种普遍的东西，是保持这一范围内人们有序存在的一种同一性。这一定范围便是一定数量的人群，当有某种作为普遍的东西或同一性的规范使一定的人群统一在一种秩序之下时，该人群便成为了一个社会组织”，但是，“规范作为整体之根据、之代表，只是一种抽象的存在，它必须体现于各个个体的身上才成为现实的”[②]。然而，社会的生活或组织模式是已经对象化的、现实的规范，因而，使其成为自身的社会规范不可能是道德规范，而只能是具有合法性和权威性的规则与程序即制度。社会的生活或组织模式由制度所形成并体现为制度，它本质上是落实为制度，为制度所维护的总体性的社会关系结构和规则体系，因此，现代性也可以认为是“为现代制度、为现代制度所维护的现代社会总体性的社会关系结构和规则体系”。

4. 基于现代理性的“向理而化”

在社会历史上，现代性与资本主义经济秩序一同出现和发展起来。韦伯把理性化视为现代性的观念与精神方面的特征，指出：“资本主义精神的发展完全可以理解为理性主义整体发展的一部分，而且可以从理性主义对于生活基本问题的根本立场中演绎出来。”[③] 韦伯所说的资本主义精神，指的是在新教伦理与理性主义影响下的现代资本主义社会的价值观念与行为方式，即我们所说的一种现代理性。现代理性首先指现代科

① 衣俊卿：《现代性的维度》，黑龙江大学出版社、中央编译出版社 2011 年版，第 145 页。

② 王南湜：《从领域合一到领域分离》，第 28—29 页。

③ ［德］马克斯·韦伯：《新教伦理与资本主义精神》，于晓等译，生活·读书·新知三联书店 1987 年版，第 56 页。

学知识体系，包括所有自然科学知识、社会科学知识、人文知识等等，这些知识体系支撑了现代化的社会生产方式。现代科学知识体系对于现代社会的发展至关重要，被认为是现代性的一个重要支柱。现代理性还包括现代社会价值理性，即体现现代社会本质力量、尺度的“主体意识”，是现代社会的“时代精神”。现代科学知识体系和现代社会价值理性共同构成现代理性，两者相辅相承，为现代社会的发展提供精神条件。价值理性能够在知识达不到的地方，在知识的范围之外存在和作用着，但是知识一定会在它能够达到的界限内参与到价值理性的形成、完善和修正过程中，主体知识的增加、深化都将对主体的价值理性产生影响。知识的增加是主体存在和发展的特征，只要实践活动、社会生活增添了新的内容、有了新的形式，主体的知识就会增长，而且主体意识到了知识的作用，也会为了做出正确的价值选择而有意识地学习、掌握各种知识，这更加促进主体知识的增长，并使价值理性越来越受到知识的作用和影响。现代科学知识体系的作用在于指明现代社会发展的原因、条件和可能，为社会主体提供选择的外部根据，特别是客体方面的根据；现代社会价值理性指导社会主体根据自己的需要、规定性和现实性进行价值选择、定位和定向。现代理性对于现代社会的根本作用必然使现代性日趋“合理化”：一方面，现代科学知识的快速增长促使社会不断地反思现代性，促使其不断完善、发展；另一方面，现代社会价值理性付诸于实践的迫切需要，驱动现代社会创造条件，促进现代性的不断进步。现代制度的理性化表现为经济、文化，政治和社会的理性化以及世俗伦理的理性化，现代知识对于现代社会的巨大的推动作用。现代性的合理化在于现代性的反思性、制度的反思性，即“多数社会活动以及人与自然的现实关系依据新的知识信息而对之作出的阶段性修正的那种敏感性”，“定期地把知识应用到社会生活的情景上，并把这作为制度组织和转型中的一种建构要素”①。“由传统的、天然的共同体生存状态向现代的理性社会状态的转变，代表着现代性的一个重要的精神维度”，即“自觉的、理

① ［英］安东尼·吉登斯：《现代性与自我认同：现代晚期的自我与社会》，赵旭东等译，第22页。

性化的、契约化的现代文化精神”的形成[①]。显然，理性化作为现代社会的本质必然体现为现代性的理性化，看不到现代性的理性化特征，就不能理解现代性。

（二）现代性：现代社会关系系统的多重内容

现代性作为现代社会生活或组织模式，是一个巨大的社会关系系统。在这个系统中存在着由现代社会的本质、生产方式、社会结构的特性所规定的基本关系，这些关系决定着现代性的框架、逻辑、样式，支撑和推动着现代性的存在和发展以及对于现代社会的作用。

1. 普遍的、多方面的物质交换关系

由现代社会生产力的状况所决定，劳动是社会财富的源泉和社会成员的谋生手段，社会成员是社会生产力系统中的劳动者，人与人之间最重要的关系是在社会生产体系中发生的社会关系。而工业化的、专业化的社会分工劳动把社会成员之间的联系发展成为普遍的、多方面的物质交换关系，每个人不能依靠自己生产的产品生存和发展，而必须从他人那里获得物质生活资料，这就形成了每个人对他人的“物的依赖关系”。同自给自足的生活方式不同，每个人对自己生活需要的满足，都要通过对他人的需要的满足来实现，在这个意义上，一个人满足自己的需要所达到的程度，几乎就是他与他人关系发展的广度和深度。现实生活中，一个人满足自己需要的能力有多强，满足自己需要的现实活动就有多广泛和多深入，他与他人的联系就有多丰富、多全面、多深刻。这就是现代社会新型社会关系的最基本内容——普遍的、多方面的物质关系。这种关系与每个人的需要的满足直接联系在一起，关系到个人生活和个性发展的状况，它依赖于个人劳动的社会价值及其实现程度，是个人社会关系中的根本内容，不仅决定了个人的社会地位、社会权利的实现，也深刻地影响了个人的婚姻关系、血缘关系、朋友关系等亲密关系的状况。

2. 普遍而全面的主体间关系

工业化生产条件下，普遍的、多方面的物质关系的必然选择是商品经济的发展乃至市场机制的形成。普遍的、多方面的物质关系的关键是

---

① 衣俊卿：《现代性的维度》，第 123 页。

生产、分配和交换，生产什么、怎样生产和为谁生产？以什么原则分配产品和社会资源？如何进行产品交换？在理论上这些问题的解决有两种方法：一是实现计划经济体制，由国家的权威力量掌控社会资源，通过指令性计划对整个社会的生产、分配、交换进行统一的计划安排和管控、调节；二是实行市场经济体制，即以市场机制作为配置社会资源的基本手段，经济资源商品化、经济关系货币化、市场价格自由化和经济系统开放化，国家的作用依国情的不同而不同。在实践中，由于计划经济体制确立和更好地发挥作用的条件要求更高、更复杂、难度更大，不容易产生比市场经济体制更优越的活力、效率和可持续性，因而，在现代社会的发展历史上，绝大多数国家选择了市场经济体制。由于市场经济体制与计划经济体制的核心价值、运作机制等迥然不同，不同经济体制的国家之间不易进行多方面的、深入的经济交往。在世界大多数国家实行市场经济体制、经济全球化的背景下，一般的国家在通常的社会条件下更加趋向选择市场经济体制。市场经济的核心之一是商品，生产的目的是交换价值，人与人之间的劳动关系体现为商品交换关系，社会成员（包括个人、各种生产组织）在社会生活中的人格规定性是商品生产者和商品交换者；作为商品生产者，人们的各种劳动、从而由劳动职能形成的社会地位的区分已经没有经济意义；作为商品交换者，人们获得了经济活动中行为与意志的自由。

经济地位是人的最重要的社会地位，经济的独立带来人格上的独立，经济关系中的主体性决定了现实生活中的主体性。在市场经济体制的现代国家中，所有社会成员、生产组织作为现实生产关系的独立主体而存在，这确立了社会成员、生产组织在社会关系中的主体地位和权益以及“物的依赖关系”中普遍且全面的主体间关系，这种主体间关系是现代性的最基本关系和根本价值原则。

3. 高度组织化的社会联系

组织是社会的基本结构。作为“结构性和整体性的活动，即在相互依存的关系中人们共同工作或协作”，组织是“（1）有目标的，即怀有某种目的的人群；（2）心理系统，即群体中相互作用的人；（3）技术系统，即运用知识和技能的人群；（4）有结构的活动的整体，即在特定关系模式中一起工作的人群”[①]。人类社会的产生和发展与社会组织紧密联系在一起，“组织化程度的高低是社会复杂性与进步性的标志”，“工业化革命之后，出现了大量的专门化的组织形式”，“在社会中扮演了重要的角色”，因而“现代社会是组织化的社会”[②]。现代社会由高度分化、功能专一、地位不同、彼此相互依赖和相互作用的各种组织构成，所有的组织既是社会结构的细胞，又是社会活动的普遍形式，它们在国家这个最权威的社会组织的组织和管理下，统一为一个更大的组织——民族—国家意义上的社会共同体。“现代城市工业化社会的显著特征就是大量规模巨大的、极其复杂的组织渗透到了社会生活的方方面面”[③]，形成了现代社会组织化的社会联系。现代社会中的个人、群体都是民族—国家意义上的社会共同体这个社会组织的成员，而且百分之九十以上的社会成员生活在各类组织中，否则就可能一无所有或寸步难行。不仅如此，每个人甚至不可能逃避组织的影响，学校、医院、政府机关、生产企业、商业公司、金融机构等等各类组织全方位覆盖人们的社会生活，没有谁能够离开这些组织提供的产品和服务可以生活，更谈不上生活得更好。此外，绝大多数组织同时也是更大组织的成员，它们之间以一种确定的、有规律的方式互动着，就像个人之间的互动一样。因而，包括组织在内的所有社会成员满足自身需要的社会活动，要么是在组织内部，要么是在与其他组织的交往中。卡斯特和罗森茨韦克说：“我们对现代科学技术的巨大成就无不大为惊异（或许未能完全理解）。但是仔细想来，我们会认识到，获得这些成就的主要因素却是我们为达到各种目的而建立、发展各种社会组织的能力。这些组织及其有效的管理工作的发展才真正是我们的巨大成就之一。”[④] 现代社会依靠庞大而复杂的组织来达到目的、实现目标，组织成为社会成员存在和活动的基本的、普遍的方式。现代社会中的组织是被正式组织起来的人群共同体，组织的活动是一种整体

---

① ［美］弗莱蒙特·E. 卡斯特、詹姆斯·E. 罗森茨韦克：《组织与管理：系统方法与权变方法》，傅严等译，中国社会科学出版社 2000 年版，第 4—5 页。

② 于显洋：《组织社会学》，中国人民大学出版社 2001 年版，第 20、21 页。

③ ［美］戴维·波普诺：《社会学》，李强等译，中国人民大学出版社 1999 年版，第 190 页。

④ ［美］弗莱蒙特·E. 卡斯特、詹姆斯·E. 罗森茨韦克：《组织与管理：系统方法与权变方法》，傅严等译，第 3—4 页。

性的和结构性的活动，组织内部有一套正式的管理机器和一支专门化的管理队伍，组织通过各种标准和正式程序预订所有成员的互动方式及其联系，负责保证组织形成稳定的关系结构和协调其成员的多样化活动[①]。组织由一组或一系列的角色构成，每个成员都依据各自的角色期待扮演着一个或几个角色，享有权利和承担责任、义务，组织成员之间的关系是角色关系，彼此之间的交往按照组织制定的行为准则进行，提高组织功能上的合理性和社会活动效率。现代社会，“组织中通常有对工作和权力的精细划分，还有对每一个成员的角色和身份的精确定义”，意味着“组织中的行为较之其他社会群体具有高度模式化特征”[②]。现代社会也正是依靠组织对人的行为和关系的这种作用实现社会整合的，这也是吉登斯所说的现代性的重要特点——民族国家的出现和现代社会生活的组织化权力的大量增长[③]。

4. 以高科技为基础的中介化的社会交往

社会交往即人与人之间的相互联系和相互作用，是社会生活活动中的人际关系。社会交往是人们有意识、有目的的社会活动，“由于这种活动的自觉性，人类的交往方式便能够适应不同的物质生产实践状况而作相应的改变，并由这种改变而构成交往方式变化的历史”[④]。社会交往方式的历史性变化，是生产方式伟大变革的产物，其中科学技术的作用是根本的、第一位的。现代社会极大地拉动、促进了高新科技的发展及其在社会生产和生活中的全面应用，推动了那些与满足人们需要紧密相关的中介系统的变革。以生物科学与技术、信息科学与技术、人工智能、航天技术和海洋技术、新材料和新能源为代表的现代高新科学技术作为第一生产力，创造了自动化、信息化、数字化的现代中介系统，彻底改变了传统的社会交往方式。现代高科技制造了更方便、快捷、远距离的交通工具——飞机、高铁、汽车、轮船，建立起四通八达的交通运输网络，不断地把人们想去哪里就能去哪里、想把东西运到哪里就能运到哪

① 参见于显洋《组织社会学》，第 14 页。

② ［美］戴维·波普诺：《社会学》，李强等译，第 101 页。

③ 参见［英］安东尼·吉登斯《现代性与自我认同：现代晚期的自我与社会》，赵旭东等译，第 16 页。

④ 陈晏清等：《现代唯物主义导引》，南开大学出版社 1996 年版，第 274 页。

里、“朝发夕至”的愿望变成现实；现代高新科技创造了人作用于人的更深入、更切近、更精准的方式和手段，比如定位系统、多媒体数字监控系统、现代武器、医疗器械、精密仪器，等等；新媒体——以数字技术为基础，以网络为载体进行信息传播的媒介形态，跨越时空距离，把传播者和接受者变成对等的交流者，使无数人相互间同时进行个性化交流，以及满足随时随地的互动性表达、娱乐与获取信息的需要，人类社会被联结成为一个传播与交流的共同体；电子商务——以信息网络技术为手段，使用互联网等电子工具，以商品交换为中心、买卖双方不谋面进行的商务活动，将生产企业、流通企业以及消费者和政府带入了一个网络经济、数字化生存的新天地，消费者网上购物，商户之间网上交易和在线电子支付以及依据互联网从事其他商务、交易、金融、综合服务等活动；等等。依据现代中介系统，社会交往呈现新的样态：超越受地点牵绊的时空条件，形成跨越时空的社会共同体；不再局限于血亲关系而扩展到陌生人（陌生人社会），所有人面对所有人；受技术设备和技术理性的支配，遵守统一的规则；在场与缺场、虚与实纠缠在一起，远距离的人与事也可能影响到具体场景中的个人化事件；信息资源是最丰富的社会资源，利用信息资源的程度决定了人的社会交往的水平；等等。总之，离开了高科技化的现代中介系统，人们难以深入地展开其社会生活和形成、实现其社会本质。

（三）现代性的核心要素：货币、法律、社会角色和专家系统

现代性作为社会关系系统，由上述四个方面的社会关系形成其基本的结构，而每一方面的社会关系各自有一个决定其自身本质的核心——货币、法律、社会角色和专家系统。现代社会依据它们把个人、组织联结起来形成现代性的整体结构和运行机制，因而它们是现代性的核心要素。

1. 货币：普遍的、多方面的物质交往关系的核心要素

普遍的物质交往关系是人与人之间依靠物的交换实现的劳动关系，这一关系需要借助于具有通用性质、普遍约束力的媒介来确立和实现。具有这种性质和作用的媒介是各种社会价值的通项，其他社会价值都可以与它联系起来、与它换算，并且与其他社会价值冲突时，最终也要服

从于它。货币这个用来充当一般等价物的特殊商品便是普遍的物质交往关系中最重要的媒介。货币本身是商品经济发展的产物，尤其在市场经济中取得了绝对的地位，被抽象为一种社会符号，从而获得了各种普遍的社会意义，有了越来越多的价值。货币是现代社会财富和具体劳动的共同代表，具有交换媒介、价值尺度、支付手段、价值储藏等多种功能。货币在国家权力的作用之下，作为“最不可质疑”，被“普遍认可的”社会价值和力量，拥有一种普遍的社会权力，在现代社会交换制度中的神奇功能和不受限制的能力，使之几乎成为世俗的神明和最具现实性的抽象物，充分地表达着人的意志和想象力。现代社会中普遍的物质交换关系在现实中是从货币开始的，也是以货币为核心展开的。买方以用更少的货币换取更多、更高的价值为目标，卖方以用更少、更低的价值换取更多的货币为目的，买卖双方在价格上达成一致，物质交换关系才成立；货币在物质交换关系中的媒介作用，使之成为一种不受限制的目标，推动着商品生产，创造丰盛的商品世界，形成普遍的物质交换关系；借助于货币这一媒介，社会分工劳动条件下人们的多方面需求才能得到普遍的满足。货币也使物质交换关系有了自由的性质：一方面，“在货币关系中，在发达的交换制度中（而这种表面现象使民主主义受到迷惑），人的依赖纽带、血统差别、教养差别等等事实上都被打破了，被粉碎了（一切人身纽带至少都表现为人的关系）；各个人看起来似乎独立地（这种独立一般只不过是错觉，确切些说，可叫作——在彼此关系冷漠的意义上——彼此漠不关心）自由地互相接触并在这种自由中互相交换”①；另一方面，货币作为一种特殊机制使物质交换关系具有跨越时空的能力，吉登斯把这一机制称为“脱域机制”，指出“货币是时-空伸延的工具”，“将交易从具体的交换环境中抽脱出来的手段”，“它使在时间和空间中分隔开来的商人之间的交易成为现实”②。货币还使物质交换关系深入到人的社会本质。物质交换关系看起来交换的是物，但是货币的本质不是一般物的本质——“物的货币形式是物本身以外的东西，它只是隐藏在物

① 《马克思恩格斯全集》第30卷，第113页。

② ［英］安东尼·吉登斯：《现代性的后果》，田禾译，第23、21页。

后面的人的关系的表现形式”①，货币所有者“在衣袋里装着自己的社会权力和自己同社会的联系”②，因此，货币的本质是人的社会本质，现代社会的货币集中地体现了人的社会性的本质内容。

2. 法律：普遍而全面的主体间关系的核心要素

社会生产、生活的主体是对象性的社会活动的行为者，即社会关系中享有权利、承担责任与义务的社会、群体和个人。每个主体拥有平等的社会权利以及对于其他主体权利的尊重、承认、认可，是主体间关系的实质性内容和原则，因此，法律对于确立、实现主体间关系具有极其重要的作用。主体间关系的现实性取决于法律的主体定位、法律在社会关系中的地位以及法律对它的支持程度。运用法律整合和管理社会，实现社会的各种价值目标是人类社会的一种普遍现象，但是法律发挥作用的根本问题不是法律自身的具体内容，而是法律的主体定位，即确定谁是法律的主体。如果法律仅仅是统治者进行阶级统治的工具，只是少数人的意志体现，就根本谈不上全体社会成员的主体地位和主体权益；只有法律的主体定位中包括所有社会成员，公民成为国家法律的主体，而不仅仅是它的对象，公民之间才是平等的，在共同的或公共事务中才有平等的权利、责任和义务，才能确立社会成员之间的主体间关系。法律在社会关系中的地位，涉及法律是治理国家的根本原则还是次要的原则这个原则问题。法律的主体定位包括全体公民，只是主体间关系实现的一个重要前提条件，主体间关系能否实现，还涉及一个国家是否选择依法治国、建设民主法治国家。法律和道德是人类社会生活的两种基本规范，在国家治理中各自发挥着不可替代的重要作用，但是两者谁为主导？谁更为根本？两者发生冲突时，谁服从谁？这一点对于主体间关系极其重要。法律与道德相比，对于社会秩序的作用具有三个优势：法律如果给人们的社会生活带来更大的利益，在长时间的社会实践中赢得社会共识和认同，将深入人心、内化为社会道德；道德只有与统治阶级、社会共同利益相一致，满足社会存在和发展的现实需要，而且通过国家程序，才能成为法律的内容；法律是以国家力量制定和实施的强制性力量，具

① 《马克思恩格斯全集》第44卷，第110页。

② 《马克思恩格斯全集》第30卷，第106页。

有现实的确定性、可靠性和威慑力，所有成员享有法律赋予的权利，任何人不得侵犯，任何成员一旦被追究法律责任，将受到法律的惩罚。与此相反，道德不具强制性，违背道德不必然付出代价，甚至可获得更多利益，而摒弃那些与社会发展方向相悖的道德，将促进社会的进步。因此，以法律为根本、为主导和最终原则，主体间关系的确立才有现实的保障。主体间关系是主体之间相互需要与相互满足的互惠互利的价值关系，其核心是主体的共同利益。尽管个体在与他人、群体和社会建立关系的过程中总是确保自身利益的实现，但是共同利益往往使个体建构社会关系的行为限制在社会允许的界限之内，在有益于自己的同时有益于他人、群体和社会。"人人为己"同时又要确保他者利益的主体间关系，需要强制性的社会规范作为保障，法治必然是社会管理和国家治理的不二选择。从通常的角度看，权利是法律赋予权利主体作为或不作为的许可、认定及保障。主体作为有目的的对象性关系中的行为者，以自己的尺度作用于客体，使客体为自己服务，其主体性行为只会产生"为我"的目的性，不会产生"为他"的普遍性。因此，主体间关系只存在于法律的界限及效力之中。"这不只是因为与道德相比，法律是国家人民意志的更直接、更充分的体现，而且还因为法律在规范的明确性、统一性、稳定性、强制性和可操作性、切实可行性等方面，都是道德所不能及的"，因此，"可以认为，假若治国是以维护一定的社会秩序、捍卫某种正义原则，抑或是追求特定的道德理想为目标，那么法治是达到这一目标的最基本和最有效的方式"①。但是，即使法律的人民、公民主体定位和依法治国问题解决了，主体间关系的实现还要依赖法律对于主体间关系的最大程度的支持。主体间关系是一个历史范畴，其内容丰富且处于不断发展中，现实的法律只能有限度地支持它。主体间关系的发展水平、实现程度与法律支持它的程度正相关，因此，普遍而全面的主体间关系取决于法律在人文本质上的高度发展和与时俱进。

3. 社会角色：高度组织化的社会联系的核心要素

高度组织化的社会联系是一种高度结构化的社会关系，人与人之间模式化的相互影响和相互作用，社会成员在高度组织化的社会联系中作

---

① 李德顺：《走向民主法治：当代中国政治文明的价值体系初探》，第152页。

为社会角色而存在。社会角色是个人在社会关系中的身份、地位、权利和责任的总称，角色行为的特点是它受社会组织的规定和约束，即“在每一次高度结构化的社会互动中，社会都为其提供了一个‘剧本’，用以指导分配给不同社会成员的不同角色的扮演”[①]。高度组织化的社会联系使规范人们行为的方式趋向制度化。制度是社会组织为了维护组织的正常运行和保障组织效率依照法律、法令、政策而制订的，要求全体成员共同遵守的办事规程或行动准则的总称，其作用是使社会整合起来形成组织结构和运行机制。现代社会中的个人、群体是以社会角色身份进入和参与社会生活的，制度发挥作用的方式是将其内容内化为社会角色的权利和责任，在角色期待中集中体现指导组织成员活动的规定、纪律和程序，这意味着社会角色对于高度组织化的社会联系具有特别的意义。首先，社会角色是社会组织中具有特定价值和功能的基本结构要素。社会成员依据一定的关系形成社会组织，他们在社会组织中的身份是社会角色。社会组织的运行机制是，以社会角色为基本要素形成它的整体结构框架，以各种制度严格而明确地规定社会角色在社会组织中的地位、权利和责任，使每一种社会角色具有确定的功能、明确的分工以及形成角色间的联结与协作；每个社会成员被安排到某个角色上发挥作用，而他们只能按照社会组织的一整套规则行动。如果社会角色的定位不清，组织成员对社会角色期望理解不到位，角色扮演及其配合不当，无法成功地“扮演角色”，社会组织将处于瘫痪状态甚至解体。其次，高度组织化的社会联系表现为社会角色之间的关系。社会组织为了富有效率地达成目标，要向它的每个成员分派不同的任务，而它的每个成员必须承担起他的任务，与此相应的，每个成员必须清楚自己与承担其他角色任务的成员的关系，确切知道他们的权利以及成员之间交流与协作的期望模式，必须知道何时、何地，由谁通过何种方式来进行决策以及每个成员在组织中的位置[②]。社会组织为了维持其结构，实现其目标，总是要通过有效的组织管理以及相应的制度、制约机制，使每个成员服从社会组织结构化的要求以及自觉认同自己的社会角色，这意味着，社会组织内各

---

① ［美］戴维·波普诺：《社会学》，李强等译，第97页。

② 参见［美］戴维·波普诺《社会学》，李强等译，第190页。

成员之间的关系是一种普遍性的关系，它围绕着社会角色而展开，体现为某种确定的行为模式，所有成员依据角色在组织中行使权力和承担责任。最后，各种角色间的相互关联形成社会组织的整体结构和价值。社会组织是由人们为达到某种目标而被精心设计出来的，具有正式结构的人群共同体。“正式结构是每一个组织的普遍特性”，“是在组织中确定的各种活动关系的蓝图”，是“组织内部正式规定的，比较稳定的相互关系形式”①，也是一张纵横交错的“关系网”，社会角色作为其基本构成要素是这张“网”上的纽结。因此，社会组织的基本结构在本质上是角色间的关系形式，角色间的关系共同形成了社会结构的基本框架；每一种角色间关系的整体性调整和变化，都将引起组织结构的变迁，以及社会组织功能、地位的改变。

4. 专家系统：以现代高新技术为基础的中介化的社会交往的核心要素

专家系统是指由熟练掌握专业知识，具备精湛技能并在实践中有效解决问题的专业技术人员及其成就所组成的体系。现代中介系统是现代高新科技应用于现实生产和生活的结果，而创造现代高新技术以及推动其发展的则是高度发达的社会分工体系造就的专家系统。专家系统对于现代中介系统的极端重要性决定了它在现代社会交往中的“至高”地位和作用。知识经济时代，掌握现代专业知识和技术是成为劳动者的必要条件。专家系统是最主要、最重要的社会劳动者，他们运用高新知识和专业技术，在一定的价值理念支配下，创造了现代高技术含量的中介系统，而任何高技术含量的中介系统的面世，几乎都要通过专家系统的论证和审查，因而，高新技术化的中介系统对于社会交往的主导作用中包含着专家系统的绝对地位。这一地位决定了专家系统与人们的社会生活的密切关系。吉登斯认同埃利奥特·弗赖森关于专家系统对于现代社会重要影响的观点：“正是这些体系编织着我们生活于其中的物质与社会环境的博大范围。”并描述了人们的社会生活对于专家系统普遍依赖的情形：“绝大多数非专业外行仅以不定期的间断方式去咨询律师、建筑师、医生以及其他‘专业人士’。但是融专业知识于其中的这些体系（指专家系统——笔

① 郑杭生主编：《社会学概论新修》，中国人民大学出版社 1998 年版，第 267、265 页。

者注）却以连续不断的方式影响着我们行动的方方面面。仅仅坐在家中，我就已经被卷进了我所依赖的一种或一系列专家系统之中。……我走出家门，坐上一辆汽车，我就进入了一系列完全充斥着专门知识的环境之中，包括汽车的设计和制造，高速公路，交叉路口，交通信号，以及其他许多相关的知识。”吉登斯进一步指出，专家系统“与象征标志一样”，“也是一种脱域机制，因为它把社会关系从具体情境中直接分离出来”；专家系统“通过跨越伸延时－空来提供预期的‘保障’”，“社会系统的‘延伸’，是通过应用于估算技术知识的测试的非人格性质以及用来控制其形式的公众批评来实现的，而这种公众批评正是技术性知识产品存在的基础”①。正是基于对专家系统的信任，才产生了各种各样的社会交往关系，以至于专家系统成为社会交往关系的核心要素。

二　为什么现代性与个体认同之间紧密关联?

以工业化、社会分工劳动为基础的市场机制，依法治国、结构化的组织方式以及现代科学技术，建构了现代性的四个价值关系系统——普遍的物质交换关系、全面的主体间关系、高度组织化的社会联系和以现代高新技术为基础的社会交往中介，把它们的四个核心——货币、法律、社会角色和专家系统置于现代社会结构的核心位置，建构了整个社会关系的性质和现实形态，为个体的存在和发展奠定了社会基础，从而创造了个体认同的现实逻辑。

（一）对于确定性的追求把现代性与个体认同紧密联系在一起

追求确定性是人的本性之一。确定性是描述人与周围世界之间以及人与自己之间的对象性关系之确切、稳定状态的概念，知识和价值是确定性的两种形态。追求确定性就是人在思维和行为中力求建立和实现与周围世界、与自己的稳定的和确切的对象性关系，意味着人想要知道生活中的事物是什么、怎么样、与自己的关系如何，从而知道自己是谁、从哪来、到哪里去，表达着人要在其对象性活动中将其理想现实化，把

① ［英］安东尼·吉登斯：《现代性的后果》，田禾译，第24、25页。

握其命运的意志和愿望。确定性的负概念是非确定性，意指人与事物、对象关系的偶然、暂时、多变的状态，表明人不能确定地把握这些事物、对象从而与自己和周围世界建立稳定的、确定不移的关系。从确定性概念的内涵可以看出，对象性关系中的主体、客体以及把主客体联系起来的中介及其所处的环境是确定性的影响因素，任何一个影响因素的变化，都将使它们之间关系的状态发生变化，从而使原有的确定性改变。确定性变化的结果是怎样的，取决于各个影响因素之间关系的状况如何。如果各个影响因素的变化是协调一致的，所有影响因素之间仍维持着整体性的结构关系，人与周围世界之间以及人与自己之间的对象性关系的确切、稳定状态仍然存在，确定性就存在着；如果某个或某些影响因素的变化破坏了各个影响因素之间整体性的结构关系，或者使这种关系难以形成，那么人与周围世界之间以及人与自己之间对象性关系的确切、稳定、持久的状态就消失，确定性就不复存在了。确定性的对立面非确定性，既给人希望，但也容易使人焦虑、缺少安全感。在非确定性的状况下寻求确定性，对个人、群体和社会的主体能力要求更高，也使个人、群体与社会处于无止境的自我发展和自我完善之中，以便在变化多端、充满“风险”的世界中生存下来。

确定性是人所依赖的，必然是人在现实中所追求的。人与周围世界、与自己的对象性关系处于稳定的和确切的状态，表明人是对象性关系的主体，客体在主体的把握、掌控之中。在存在的意义上，确定性意味着人的本体安全，失去确定性或确定性不充分，人即陷入生存性迷茫和焦虑之中。鲍曼把充满不确定性或没有确定性的生活称为“流动的生活”即“永不确定环境下的、缺乏稳定性的生活”，这种生活使人处于“一种最具挑战性的时刻”——“持续不断的新的开端”、“迅速而自然的终结”，“这种生活挥之不去的严重焦虑在于，人们害怕被弄得措手不及，害怕没能赶上迅速变化的潮流，害怕被抛在了别人后面，害怕没留意‘保质期’，害怕死抱着已经不再被看好的东西，害怕错过了调转方向的良机而最终走向死胡同”①。正是如此，杜威指出：“确定性的寻求是寻求

① ［英］齐格蒙特·鲍曼：《流动的生活》，徐朝友译，江苏人民出版社 2012 年版，第 2 页。

可靠的和平，……人们所不喜欢的不是不确定性的本身而是由于不确定性使我们有陷入恶果的危险。”① 但世界之于人是非确定性的，人努力做的就是创造条件按照自己的意志在非确定性世界实现确定性，在“流动的世界”中“安身立命”。

每个人所追求的确定性是在社会中以社会的方式获得的。不同的社会形式，社会关系不同，人拥有确定性的方式、状况亦不相同。传统社会中，个人依附于群体，生活在一个没有非确定性的确定性社会关系中，每个人所要把握的是社会的确定性，所实现的是社会、群体对于他的规定性。现代社会，“一旦单个个人在日益分化的国家社会这个环境中，作为个体从那些较小的、联系密切的前国家的血缘和庇护集体中脱离出来，他们就把自己置于数量激增的各种不确定性面前”②。现代社会中的个人生活在对他而言的非确定性的社会环境中，除了现代社会质的规定性、现代性，对于个人，工作、职位、生活、社会关系、社会地位、亲密关系、财富及其价值、知识等，没有什么是长久不变、一劳永逸的。正是在这个意义上，鲍曼指出，现代社会是“流动的社会”——“在其中，社会成员开展活动时所处的环境，在活动模式尚不及巩固成为习惯和常规之前便已经发生变化”，“个人的成就无法固化为永久的成就”，“才能很快就会变成无能”，“客观环境以及就此制定的战术，在人们根本还没有机会熟悉把握之前，就已经时过境迁”，如果人们“根据往事”推断或预测未来，就会“更加冒险”，“而且常常给人以误导”③。现代社会中的个人经常处于非确定性中的生存性质是由现代社会特有的社会关系的状况决定的。首先，工业化、专业化和社会化的社会生产使得所有人依赖许多人提供的产品和服务才能满足自己的需要，“物的依赖关系”及其所形成的市民社会，注定了每个人必须同数量众多的陌生人交往，而且即使交往的对象是熟悉的人甚至是亲人，由于他们是独立的主体，要从自己的利益出发同人打交道，在涉及利益问题时，他们和陌生人并没有实

① ［美］约翰·杜威：《确定性的寻求：关于知行关系的研究》，傅统先译，上海人民出版社2005年版，第5页。

② ［德］诺贝特·埃利亚斯：《个体的社会》，翟三江等译，第140页。

③ ［英］齐格蒙特·鲍曼：《流动的生活》，徐朝友译，第1、2页。

质性区别。所有人以自我为核心、以利益为转移，与人发生社会关系，注定了社会交往中的诸多变数。其次，现代社会以实现交换价值为目的的社会生产，极大地促进了科学技术的发展和运用。现代科学技术作为“第一生产力”的无限创造力使整个社会全面处于持续的快速发展和变化之中，把人们置于“反思”的活动中，社会和个体的“理性能动性”经常处于“自我”的建构之中，因而，“作为现代人，我们注定要陷入问题定位、分离以及问题确定、解决的循环”① 之中。最后，现代社会的市场经济中，商品交换者自由地交换商品、多种多样的价值选择以及货币的作用，使人们并不确定与什么人、什么群体必然地发生什么样的关系，而市场经济特有的资本逻辑以及优胜劣汰的竞争关系驱使社会不断变化的态势，淘汰着一切不能适应新的条件的群体、个人，同时创造着新的类型的组织、个人以及供给社会的产品，因而，市场经济条件下，普遍而不断的选择中，对于具体的人及其现实生活而言，能确定的就是“不能确定”。

在一个充满非确定性的社会环境中寻找和实现确定性，是个体认同的一个基本场景和内容。个体认同是个人与个体之间对象性关系的统一，本质上是个人在现代社会对一种社会确定性的追求和实现，即个人依靠现代社会的确定本质、内容、结构和运行机制而把握的一种社会确定性。个体认同所需要的确定性包含很多内容，现代性就是其中之一，而且是最重要的确定性。现代性作为现代社会结构中人与人之间的实质性关系，为个体如何生活提供策略和方案以及可以依靠的力量。现代性是现代社会成其为自身的最本质内容和实现形式，两者具有内在的、直接的同一性。现代社会对于个人存在形式的规定，必然要体现在现代性之中；现代性作为现代社会生活或组织的模式，它的各种基本关系以及它们核心价值以及它们确定不移的权威性，既是对个人成为个体的规定，也是使个人成为个体的条件和机制。吉登斯对现代性与个人认同的相关性进行了深刻的阐释：“在高度现代性的境况下，众多因素直接影响到自我认同和现代制度之间的关系”，“现代性在人类事务中导入了基本的动力，这

---

① ［英］齐格蒙特·鲍曼：《流动的恐惧》，谷蕾等译，江苏人民出版社 2012 年版，第 83 页。

些动力伴随的是信任机制和风险环境的变迁”，“现代性的反思性已延伸到自我的核心部位”，“在现代性的情境下，变化的自我作为联结个人改变和社会变迁的反思过程的一部分，被探索和建构”[①]。吉登斯所说的个人认同即个人的自我认同，其中包括个体认同，因而他的上述观点也适用于现代性与个体认同的关系，亦是对个体认同与现代性关系的论述。

（二）现代性的核心要素为个体生存和发展提供基本的确定性

现代社会中的个人摆脱了各种自然发生的和传统的社会联系，以及对直接共同体的隶属关系即“人的依赖关系”，与他人、群体和社会之间形成了“物的依赖关系”。“人的依赖关系”带有宿命性，血缘联系、种姓制度、身份规定、政治等级的划分等等，都不是由个人能力决定的，而是由各种外在的因素决定的。在“物的依赖关系”中，“在个人创造出他们自己的社会联系之前，他们不可能把这种社会联系置于自己支配之下”[②]，这其中就包含着现代性对于个体存在和发展的决定作用，体现为现代性的核心价值要素对于个体的主导和支配作用。

1. 货币作为现代社会普遍的商品交换关系的一般等价物，在个体满足生活需要、利益实现、资源分配、支配他人从而在全面的社会交往中发挥着根本作用

货币是个体生存发展过程中绝对不能缺少的，货币所具有的社会属性、符号意义、各种功能使之成为个体生存的基本依靠。货币对于个体最能确定、最可预期的价值有三个。（1）货币为它的所有者在任何时候在其流通的地域以最直接、最畅通和最便捷的方式换来商品，这些商品是个体生存和发展的条件，满足个体的物质需要、精神需要、社会交往需要等；货币随时可以兑现人们所需商品和购买劳务的特性，使个体保障本体性安全的活动变得更加简单——不需要为未来生活准备各种物品，只需要准备足够的货币即可；货币指向未来的特点[③]使货币成为个人生活

① ［英］安东尼·吉登斯：《现代性与自我认同：现代晚期的自我与社会》，赵旭东等译，第35页。

② 《马克思恩格斯全集》第30卷，第111页。

③ “货币指向未来”的意义是，货币对所有者而言，它的意义在未来。

的确切保障，个体不能准确预知生活在未来某时某刻的状况，但是拥有足够的“存款”将使之衣食无忧，应对各种生活变故，获得本体性安全。（2）在以实现交换价值为目的的商品生产和交换中，货币作为一种社会权力具有调配社会资源、整合社会关系、社会生活准入的作用。货币所具有的社会权力为货币所有者拥有，货币所有者通过购买他人的劳动产品、生产生活资料、知识、信息、能力、时间、空间等所有，实现对于他人的支配，使他人为自己服务，从而把对自己的依赖转化为对社会的依赖，实现对自己有限能力的超越和把握自己命运的目的。（3）货币为个体的个性发展创造条件。货币自由购买商品的特权，可以实现人们自己的生活理想和愿望，货币能够买到各种生活消费品和劳务的特点，把个体从自给自足的各种劳动中解放出来，增加了个体自由支配的时间，这使个体有精力和有时间发展自己的个人空间、自我、能力以及多方面的人性。

2. 主体间的关系需要高于任何组织和个人且延伸到社会生活的全部领域，具有普遍意义与效力的法律来维护和保障

法律作为由立法机关行使国家立法权，依照法定程序制定、修改和颁布，并由国家强制力保证实施的基本法律和普通法律的总称，体现了统治阶级的意志，是治理国家、管理社会和维持社会秩序的核心所在。法律对于个体的确定价值是：（1）法律是国家权威评价之一——法律评价活动的标准，是以国家强制力为后盾的社会行为规范，法律的不断发展，尤其是私法，特别是民法的高度发展，既能够对所有处于法律关系中的人具有同等的约束力，实行“法律面前人人平等”，法律的全面现实性又可以把社会生活的方方面面不断纳入到它的管辖、调节范围，发挥整合社会的强大作用。（2）法律是体现权利与义务关系的社会规范，由法律确定的权利是受国家保护的权利，有法律权利的人有权做出一定的行为，或要求他人做出一定的行为或者停止一定的行为，当权利受到损害时，可以申请国家机关依法采取必要的强制措施给予保护；由法律规定的义务是人们所承担的某种必须履行的责任，负有法律义务的人必须按照权利享有者的要求做出一定的行为或抑制一定的行为，否则将受到法律的制裁、惩罚。（3）法律的确立和变化不是随意的，法律一旦确立，就会在一定的时间内发挥作用，法律只是在它失去了合理性、有效性的

情况下才有改变的可能性，而且法律的改变需要经过一系列的法定程序才能完成，新的法律的产生亦是如此。

3. 高度组织化的社会关系网络由社会角色编织而成，社会角色所提供的权利、义务与行为模式，是社会评价个人的标准，也是个人与社会联结的中介与关节点，更是个体生活的条件和原则

社会角色是现代社会组织的基本结构要素，个体以社会角色的方式参与社会生活，通过承担社会角色而实现自身的社会化、社会价值，取得、确证自身的社会规定性，这是现代社会高度组织化的社会关系对于个体存在的社会样式的规定。个体存在的社会样式使社会角色成为塑造个体社会本质和实现自身价值的基本力量，这表现在三个方面：（1）每一种社会角色都是某一社会关系网络的纽结，个体通过担任某一个社会角色而进入某个社会关系体系，每一个社会角色在社会关系系统中对应着某一种社会地位或社会阶层，个体通过担任某个社会角色而取得某个社会地位或属于某个社会阶层，因此，个体对于自身社会本质的价值选择，是通过对社会角色的选择和塑造来实现的。（2）任何一种社会角色都是一系列社会权利和一系列社会责任，这种社会角色有权要求角色关系中的他人、组织从事某种活动、表现某种行为，角色关系中的他人、组织也有权要求这种社会角色从事某种活动和表现某种行为，这样，社会角色对于个体长久的规训和约束最终将把个体变成具有某种特殊行为模式和社会特质的人，而个体确证自身的活动也将深深打上社会角色的烙印，也就是说，个体认同是在社会角色的担当和扮演中来进行和完成的。（3）在现代社会，人们为了达到某种目的而建立的社会组织具有自我完善和自我发展的特质，这一特质实现的重要机制之一是社会角色的自致性和开放性。自工业化社会以来，社会上的一些重要角色，如职务、职称、学衔等都要靠人们的后天努力达到社会要求的水平并通过选拔、评定而获得，很多社会组织的社会角色废除了担当者的终身制，引入了竞争机制，好的社会角色永远是为具有更高专业知识、技能和个人品质、更胜任的个体准备的。社会角色这一“向上流动”的特点，为个体把握自身命运、实现自我创造了社会条件。

4. 以高科技为基础的中介化的社会交往完全依赖由专业技术人员及其成就所组成的专家系统

专家系统以专业知识和技术以及持续提升的专业性和权力“渗透到社会生活的所有方面”，“扩展至社会关系和自我的亲密关系上”①。专家系统进入到社会交往体系，个体在交往活动中对于社会的信任转向对专家系统的信任。这种社会信任原则的转变使专家系统对个体的社会交往产生了极其重要的影响。(1) 专家系统形成了社会交往中的新型主体间关系，影响了社会交往中个体权利实现的状况。借助于高科技手段进行的社会交往总是要涉及专业技术人员和非专业技术人员，这就形成了社会交往中主体间关系的不对等状况，专业技术人员在这种不对等关系中占据绝对优势。在这种情况下，非专业技术人员只能将自己的权利转让给专业技术人员，专业技术人员由此承担了对于非专业技术人员的绝对责任。现代社会的分工劳动以及由此决定的专业化生产，使得每个劳动者都是专业技术人员，他们以其专业知识和技能满足别人的需要，这就确立了个体社会交往中以间接方式为自己负责的逻辑：我为他人负责，他人为我负责，最终实现我对我负责。(2) 专家系统使个体的社会交往行为受技术理性的支配。波兹曼揭示了这一事实。他说，“每一项技术周围都环绕着各种各样的机构，其组织构架及生存意义无不反映了这项技术的世界观”；“技术一旦被接受，就会按照发明者所设计的方式，发挥自身的力量”；“新技术重新定义了‘自由’、‘真相’、‘智力’、‘事实’、‘智慧’、‘记忆’、‘历史’这些与我们生活休戚相关的词汇”，“改变了根植于文化之中的思维习惯”②。高科技化的社会交往中介是专家系统的物化形式，这些中介由专业技术人员根据他们的成就设计、制造出来，但它们不仅是物质装置，还有与这些物质装置发生关系的人们的交往形式、规则和特点。在本质上，这些物质装置充当人们交往的中介，就与人们建立了价值关系，但是它们为人服务的同时也要求人服从它们

---

① ［英］安东尼·吉登斯：《现代性与自我认同：现代晚期的自我与社会》，赵旭东等译，第 20 页。

② ［美］波兹曼（Postman N.）：《技术垄断：文明向技术投降》，蔡金栋等译，机械工业出版社 2013 年版，第 15、6—7、10 页。

的规律、接受它们对于人的规定，也就是说，个体是物质装置发挥中介作用不可缺少的要素，作为这些物质装置的一个有机组成部分，个体的交往行为必然受技术规则、机理的支配。（3）专家系统参与构建了个体的交往世界。社会交往是个体的一种自主活动，但个体绝大多数的社会交往活动，尤其是消费活动，并非由个体独立地做决定，而是受由专家系统创造的现代媒介所提供的各种信息的支配；个体交往的形式不是个体自己随心所欲的形式，而是专家系统创造的物质中介设置的程序；决定个体社会交往界限的不是他身体的界限，而是专家系统创造的通讯工具和交通工具的界限，个体社会交往的自由不再是传统意义上的自由，而是由专家系统的新技术重新定义了的自由。（4）专家系统参与形成了个体的社会分化。专业技术人员设计和制造社会交往中介、手段，也在有意识地制造社会分化，因为他们知道他们的产品对于使用者的知识、技术、财力、身体等条件的要求，什么人能够使用这些交往中介和手段、什么人不能使用这些交往工具和手段，他们的技术产品对哪些人的社会交往有好处、对哪些人的社会交往毫无益处。他们就是在这个条件、前提甚至目标下制造出各种中介系统的。专家系统对于个体社会分化的作用还有可能表现为掌握某种技术的人的权势与未能掌握这种技术的人形成社会对立关系。曼纽尔·卡斯特就指出："我们生活在第一世界，而对门邻居可能就身陷第四世界。不是在上演贫与富的《双城记》，而变成出局和入局。现在世界大多数人都与全球体系的逻辑毫无干系。这比被剥削更糟。"① 波兹曼提出"技术垄断"的结果是"文明向技术投降"的观点与曼纽尔·卡斯特的看法同出一辙。

（三）现代性作为社会秩序是为个体权利提供基础的神圣权利

现代性作为社会生活或组织模式，是社会成员特定的存在方式，即按照规范存在的社会交往关系，因而是社会秩序。社会秩序是社会生产和生活所必需的，与社会生产和生活内在地联系在一起，是社会结构体现在社会成员思想和行为中的规范，因而是社会核心价值体系，体现社

---

① ［美］曼纽尔·卡斯特：《千年终结》，夏铸九等译，社会科学文献出版社 2006 年版，第 345 页。

会主导价值观念，在这个意义上，“社会秩序乃是为其他一切权利提供基础的一项神圣权利。”① 现代性是现代社会的社会秩序，个体化是现代社会的结构性特征，现代性的核心价值包含了对个体的本体意义上的“承诺”，因而是为个体权利提供基础的一项神圣权利。

现代社会经济货币化，货币的价值尺度、流通手段和信用经济关系的本质使它成为支配个体生活的一般性力量。货币的社会属性和功能中体现着对于个体的几个本体性承诺。一是货币以其国家信用担保对个体做出的承诺。从最一般的意义上看，现代社会中的货币是依据国家主体信誉发行，以国家信用为基础，体现国家公信力、国家与货币持有者之间信用关系的特殊经济契约，国家作为货币契约法律关系的一方主体，承诺和担保这一法律关系的另一方主体货币持有者的购买力、币值稳定。二是货币依其抽象本质对于货币持有者的承诺。货币具有“无动于衷的、客观的本质”，“有助于从人际关系中去除个人的因素”和“最有利于产生内在的不依赖性”，使人“更多地倚赖社会的整体”，“却特别地不依靠社会的任何一个确定的成员”②，使个人人格有可能达到更大的独立和自由。三是货币以其契约性质对于货币持有者的承诺。货币的通行在于货币获得了社会绝对认可的同质性。人们对货币的绝对认可也就是对货币体现、代表的他人权利的承认，对他人权利的承认实际上对应的是对自己权利的承认和保护，即“货币承载和凝结着人们相互信任的集体意向性，表达了人们对其所能代表的一定商品与劳务价值而被使用的意见约同性，这在事实上就宣告了某特定物成为货币的同时，已经达成了一致认可该货币的社会契约”③。货币本质上是一种自由的契约关系，如马克思指出的：“平等和自由不仅在以交换价值为基础的交换中受到尊重，而且交换价值的交换是一切平等和自由的生产的、现实的基础。”④

在现代社会，法律是以国家力量保障的强制性，以法律这一抽象的普遍性规范所有的社会成员，对于个体而言，意味着个体在确定的界限

① ［法］卢梭：《社会契约论》，何兆武译，商务印书馆2003年版，第4页。
② ［德］西美尔：《货币哲学》，陈戎女等译，华夏出版社2002年版，第224、225页。
③ 单飞跃、何自强：《币值稳定的货币宪法分析》，《上海财经大学学报》2011年第6期。
④ 《马克思恩格斯全集》第30卷，第199页。

内享有自治、自主的权利。法律作为一个社会基本规范的根本任务是维护和保障这个社会的基本结构、基本价值体系。现代社会的法律就是要确保现代社会的基本社会关系的存在和发展。个体化是现代社会的结构特征，个体是现代社会的结构性要素，现代社会的法律必然要保证个人成为个体，保障个人成为个体而需要的各项权益，比如，接受正规学校教育的权益，发展劳动技能的权益，消费者权益，等等；保证个体在社会关系中作为主体的权利，比如，工作的权利，休息的权利，劳动权益不受侵害的权利，与他人交往的权利，独立地选择生活方式的权利，自我发展和自我实现的权利，个人的财产权利，被社会和他人尊重的权利，在商品生产和商品交换关系中平等和自由的权利以及其他各种公民权利。一个现代社会的国家，无论它的政治制度如何，它的法律制度都不同程度上具有确立个体地位、保障其权益、使其享有社会自由的作用，因为这是维持现代社会存在和发展必不可少的条件。个体权利是个人成为个体的制度保证，倘若法律不能保证个体权利的基本实现，现代性将在根本上失去它的结构性基础，现代社会将无法存在。因此，维护、保障和发展个体权利是现代社会的根本需要，是现代法律不言而喻、不容置疑的内容和职能。在这个意义上说，现代社会的法律制度在本质上就内在地包含对个体权利及其实现的承诺，个体作为一种现实力量，也会不断地把自己存在和发展的客观需要转化为法律制度中的内容，推动法律对于个体权利承诺的不断拓展及实现。

社会角色的契约性使个体在角色扮演中把自己与他人、社会统一起来定位自我、实现自我。在现代社会，个人长大成人、作为个体而存在之后，为了满足自己的生存和发展需要而不得不进入各种社会组织中担任各种社会角色。所有的社会组织，为了实现其目标而设置各种社会角色。个体所担任的社会角色绝大部分是后致角色，各种后致的社会角色实质上是社会组织与个体之间、个体与个体之间基于共识、认同而订立的某种社会契约，契约双方因享有某种权利而对对方承担一定的责任，或者因为对方承担某种责任而享有一定的权利。因此，尽管社会角色期待是群体、社会的价值标准，但其中包含着个体需要、利益的满足以及自我的实现。因为社会组织和个体同属于社会结构的构成要素、社会关系的现实载体，社会组织与个体之间、社会组织内个体与个体之间的关系受国家法律的制约，契约关系的订立要符合国家的法律规范，契约关系中双方的合法权益受到法律的保护。除了各种社会组织中的后致社会角色，个人还是民族—国家意义上这个最大社会组织中的社会角色——公民，即拥有一国国籍，并根据该国法律规定享有权利和承担义务的人。个体作为某个组织的社会角色的承担者，他可以预期因服从组织制度而满足自己的某些需要和实现某些利益；个体作为公民，他可以确信因遵守法律国家对其公民权利的保障与保护。因此，社会角色向个体承诺的是与其义务相一致的权利、与社会秩序及其主导价值体系相一致的社会自由，个体在各种社会角色的担当和扮演中确立自我和体现、实现自我，他获得的是“社会的自由以及对于他所享有的一切东西的所有权”和“道德上的自由”，而后者更是使他“真正成为自己的主人”①。

现代科学技术对于现代社会的支撑以及现代社会对于现代科学技术的依赖和推动，将使专家系统持续地跨越性发展。承载着科学精神和无穷意向性的专家系统创造的高科技化的中介系统向个体的承诺包括：现代科学技术的巨大成就及其社会应用能使社会交往“没有最‘能’，只有更‘能’”，互联网、物联网、大数据、人工智能主导下的交往技术手段进入每个人的日常生活，个体与他者相互联系、相互作用的能力和效率不断提升，个体更加了解、把握社会、他人，其社会视野更加开阔，社会交往的空间、内容和形式不断拓展；个体依据现代高科技将社会上有价值的对象为其所用，更多地享用社会公共资源，更便捷、及时地表达自己对社会、对社会事件的意见和态度，提升其社会活动能力，从而更自由地建立广泛而全面的社会联系和过更开放、更丰富的社会生活；个体使用高科技交往工具广而告之自己的信息，同时更及时、更广泛地获知社会、市场以及商品信息，更合理地做出生活决策和规划，更好地满足自己多方面的需求，以较少的资源获得更多的利益和服务，实现利益最大化；现代科学技术也将为个体的市场环境提供更加智能的手段，有助于社会建立更加公平的市场公共秩序；现代科学技术成果支持下产生的现代侦查技术、预防技术和控制技术，用于公共安全领域建立完善的

① ［法］卢梭：《社会契约论》，何兆武译，第26页。

公共安全秩序和精准的监督、控制机制，可以有效解决社会交往中的公共道德难题，改善公共领域社会秩序的供给状况，提升社会公共安全系数，满足个体生活对于公共安全的需要。正是因为这些承诺，专家系统成为个体认同的机制中一个极为重要的要素，个体总是在专家系统所提供的知识背景和所生产的商品中，确定自己的生活策略，吉登斯就指出："反思式组织起来的生活规划，其通常被假定是与专家知识相接触之后所具有的对风险的考虑，成了自我认同的结构化的核心特征。"①

这四个方面的"承诺"在社会关系整体框架的统摄下，以密切的共谋关系构成了现代性对于个体的承诺。

（四）现代性的核心要素对于个体认同的根本意义

现代性对于个体的"承诺"兑现为个体的本体性安全，确定了个体存在的合理性和现实性，同时摒除了个人以"非个体"方式存在的一般可能性。只要个人有成为个体的意向性并具备将这一意向性对象化的基质，现代性就依照其现实逻辑使个体处在自我塑造、自我实现的过程中。现代社会是个体化社会，现代性在个体化这一前提下构建自己的内容和形式，个体与现代性就有了内在的契合。这意味着现代性提供给个体的本体安全是价值关系定势，其中包括行为方式、生活观念和可能生活的样式。这一价值关系定势给个体认同带来了根本意义。

1. 现代性的四个核心要素被确立为个体认同的本位价值

人们在生活世界进行价值选择，被确定为最重要的、不能舍弃的价值就是本位价值。本位价值指的是客体之于主体的价值对主体的存在和发展具有本体意义，这一价值主导着主体对其他价值和价值关系的选择。现代性的四个核心要素是现代社会关系的承载者、体现者和实现者，每一个要素都凝聚着由现代社会的生产方式决定的社会关系的实质性内容，它们联合起来形成现代社会作用于个人的强制性力量，以其各自具有的社会内容和功能，按照现代社会生产的需要，将个人组织为各个群体，将个人、群体整合成为一个民族—国家意义上的社会，使整个社会运转

---

① ［英］安东尼·吉登斯：《现代性与自我认同：现代晚期的自我与社会》，赵旭东等译，第6页。

起来。它们是现代社会造就出来实现其自身的手段，同时也是现代社会塑造个人的手段；它们确定了现代社会的个体化原则，在它们的作用下，社会成为个体化社会，个人以个体的方式存在着。因此，它们是个体及个体生活的本位价值。现代性的四个核心要素对个体有本体意义上的承诺，这些承诺是个人成为个体、确证自己是个体不可缺少的基本条件。只要观察人们生活的现实逻辑，就会发现个体对于现代性的四个核心要素的依赖，个体只要进入到现实的生活过程，就会意识到这四个核心要素是自己生活的本位价值。现代性的四个核心要素对于个体生活的极其重要性反映到个体的社会价值观念中，就会成为个体现实生活活动特别追求的价值或特别重视的价值，就会被确立为个体认同的本位价值，这也意味着它们得到了个体的特别信任。无数的生活经验一再向个体证明了现代性的四个核心要素作为本位价值对于个体、个体生活的重要意义，以至于个体确定无疑地相信它们确实是个体、个体生活的本位价值。现代性的四个核心要素成为个体的社会信任对象，它们便塑造了现代社会的信任机制，个体对于自己的信任、对于他人和社会的信任都将体现为对于它们的信任。个体将在这种社会信任中学会依赖它们过生活、与社会和物质环境建立现实的联系以及对自己持有信心，而这正是稳定而持续的个体认同所最需要的。

2. 现代性的四个核心要素是个体认同的社会维度

什么价值成为本位价值，人们就会以其为根本。现代性的四个核心要素被确立为个体认同的本位价值后，就会作为“实在”被个体认同。“实在”的哲学意义是“世界的最终本性”，“对于实在进行思考的全部目的就是，以某种方式区分出世界上哪些东西是最基本的和最无可置疑的，哪些东西不是”①。现实中的人们总是去思考他们生活中的“实在”——那些真正决定他们生活的最根本的东西，找到现实生活的因果必然联系的基础和根据即本位价值，以便确定他们自己生活的出发点和现实逻辑，弄清楚怎样活着和如何才能活得更好这样的根本问题。现代性的四个核心要素被确立为本位价值、成为个体最信任的对象之后，它们所承载、蕴含的社会价值体系就会转化为个体的社会价值观念。“发展

---

① ［美］罗伯特·所罗门：《大问题：简明哲学导论》，张卜天译，第132、136页。

着自己的物质生产和物质交往的人们，在改变自己的这个现实的同时也改变着自己的思维和思维的产物”①，个体在生活中不可避免地、必然地受货币、法律、社会角色和专家系统这些社会力量支配，个体的社会价值被这些社会力量所代表的社会主流价值标准评价时，就会产生关于它们的本位价值观念，并且在这种价值观念的引导下形成特有的价值偏好，这些价值偏好在货币意识、法律意识、角色意识、对科学技术的信念和对专家系统的认同中体现出来。因为货币、法律、社会角色和专家系统是社会关系的体现，在社会关系中起本位作用，所以个体关于它们的本位价值观念是个体的社会本位价值观念，由此而形成的各种价值意识是社会价值意识。由于个体社会生活在个体生活中处于支配地位，个体生活在本质上是社会生活，这些社会本位价值观念、社会价值意识必然在个体价值观念体系中处于核心地位，主导着个体价值观念体系的形成和发展。个体的社会价值观念，是个体建立社会价值关系、价值追求和价值选择、建立生活结构的评价标准，对个体塑造人格、形成自我具有十分重要的意义。当现代性的四个核心要素承载的价值体系内化为个体的社会价值观念，成为个体价值体系的核心时，它们就作为个体的主体性要素成为个体认同的最重要的社会尺度，参与构建个体的本体性安全感和思想行为模式。

3. 现代性的四个核心要素塑造了个体的主体意识

主体意识是主体的精神性表征和标志，是主体关于其社会角色、地位和使命等的自我意识。主体意识意味着主体意识到自己是主体，而且知道自己是怎样的主体、应该成为什么样的主体，并把这种意识贯彻到所有有目的的对象性活动中，确证自己是对象性关系的主体。主体意识中的全部价值观念的核心和灵魂是主体的自我定位意识——我是谁？我从哪里来、到哪里去？我的权利、责任和归宿是什么？主体定位决定了主体的价值观念结构，因此，主体意识也包含着由主体定位所决定的这些价值观念。因为现代性的四个核心价值要素是个体认同的本位价值，它们所承载的社会价值观念内化为个体的社会价值观念，从根本上塑造

① 马克思、恩格斯：《德意志意识形态》（节选本），中共中央马克思恩格斯列宁斯大林著作编译局编译，第 17 页。

了个体的主体意识。货币、法律、社会角色、专家系统对于个体生活的规制，使个体在建构主体性时不得不经常在自我与它们之间进行权衡，这不仅深刻地影响了个体对“我是谁”“我与他人、社会是什么关系”以及“如何生活”等问题的思考，更是制约了个体对于“成功”“尊严”“幸福”“人生意义”的理解，从而影响个体生活方式的选择、社会关系的构建和人生规划。这四者是个体及其生活的本位价值，它们使个体的主体意识中具有金钱意识、权利意识、责任意识、公民意识和关于知识、能力、工作等对于自身的价值的意识以及民主与法治意识等内容，但是，这些主体意识的真正形成和发展，取决于这四者与个体的契合状况，尤其是它们在整体上所体现的人文性质。

4. 现代性的反思性与自反性带给个体认同的确定性和非确定性

反思性是个体化的特性。吉登斯指出，反思性“是对所有人类活动特征的界定”——“人类总是与他们所做事情的基础惯常地‘保持着联系’，这本身就构成了他们所做事情的一种内在要素”，“社会实践总是不断地受到关于这些实践本身的新认识的检验和改造，从而在结构上不断改变着自己的特征”，“所有的社会生活形式，部分地正是由它的行为者们对社会生活的知识构成的”，“随着现代性的出现，反思具有了不同的特征。它被引入系统的再生产的每一基础之内，致使思想和行动总是处在连续不断地彼此相互反映的过程之中。如果不是‘以前如此’正好与（人们根据新获知识发现的）‘本当如此’在原则上相吻合，则日常生活的周而复始与过去就不会有什么内在的联系”①。可见，反思性的前提是因果关系这一必然性、确定性的存在，因此，斯科特·拉什说：“反思就是通过某种方式把客体纳入知识主体。反思假定存在着必然性知识和确定性。”② 现代性的反思性反射到作为现代性内容和以现代性为条件的个体化中，个体化也必定是反思性的，比如个体化要受到现代社会制度、国家的反思性监控，而个体化“把人的‘身份’从‘既定的东西’转变成一项‘责任’，要求行动者承担执行这项任务的责任，并对其行为的后

① ［英］安东尼·吉登斯：《现代性的后果》，田禾译，第32、34、33页。

② ［英］斯科特·拉什：《非线性模型中的个体化》，［德］乌尔里希·贝克、伊丽莎白·贝克-格恩斯海姆：《个体化》，李荣山等译，“序一”，第15页。

果（包括副作用）负责”，即“确立合法（de jure）的自主性”[①]，这意味着个体化受社会制度、国家的支配，存在着因果必然性和确定性，它要把这些因果必然性和确定性应用到自身的存在发展中，应用到个人生活的情景中去，作为个体化和个体自我、个体生活建构的一个要素。“在某种意义上，每个个体都意识到现代社会活动的反思性建构及它对于个人生活所蕴藏的意义”[②]，也就是说，现代性条件下的个体化是反思地建构起来的。除了反思性，个体化还具有自反性。乌尔里希·贝克研究了自反性现代化，他认为现代化会出现“社会、政治、经济和个人的风险往往会越来越多地避开工业社会中的监督制度和保护制度”的情况，从一开始“系统性地产生了影响和自我威胁”，直至发展到“工业社会的危险开始支配公众、政治和私人的争论和冲突”，“工业社会的制度成为其自身所不能控制的威胁的生产者和授权者，此时工业社会的某些特征成为社会问题和政治问题”，这种“自主的、不受欢迎的、看不见的从工业社会向风险社会转化的过程”即是自反性；而“现代化的基础与现代化的后果之间”形成“冲突”，其后果“是工业社会体系根据其制度化的标准所不能处理和消化的”，这就是现代化的自反性[③]。乌尔里希·贝克指出：“‘风险社会’、‘个体化’、‘普世化’代表着现代化动力的极端形态。由于现代化动力的自我作用，现代化在21世纪初取代了第一现代性时代。在第一现代性下，秩序和行动逻辑的标志在于有鲜明的边界和区分，即在人、群体、活动、行动领域和生活形态方面有鲜明的边界和区分，这就使得管辖权、资格和责任有了明确的制度归属。这种明确逻辑……正渐渐被……一种海森堡式的社会和政治现实不确定原则所取代。因此可以说，现代性的凯旋进行曲正在动摇其自身的核心原则。现代性本身正在激化，成为对现代化过程带来的无数风险和始料未及的副作用

---

① ［英］齐格蒙特·鲍曼：《个体地结合起来》，［德］乌尔里希·贝克、伊丽莎白·贝克－格恩斯海姆：《个体化》，李荣山等译，“序二”，第22页。

② ［英］安东尼·吉登斯：《现代性与自我认同：现代晚期的自我与社会》，赵旭东等译，第15页。

③ ［德］乌尔里希·贝克：《再造政治：自反性现代化理论初探》，［德］乌尔里希·贝克、［英］安东尼·吉登斯、［英］斯科特·拉什：《自反性现代化：现代社会秩序中的政治、传统与美学》，赵文书译，商务印书馆2014年版，第8—9、10页。

的自觉回应。”①

自反性现代化同时产生“个体化的自反性”。个体化需要个体自己解决各种矛盾、规避各种风险，但是，解决矛盾、规避风险的条件却掌握在社会、他人的手上。“任何个体，想要自谋生计，还必须保持高度的社会敏感性”②，这样，在“自反性现代化”时代，主体“从反思状态转向了自反状态。这种主体始终处于运动状态，所以主体地位这种提法也就没有什么意义了”③，“透过就业市场、福利国家和制度，人民被纠结在一个由规则、条件和条款组成的网络中。从退休金权利到保险保障，从教育津贴到税率：所有这些都是制度性的参照点，它们划定了现代思维、计划和行动的界限。……现代主体行使其选择权的空间绝不是非社会的领域”④。个体化本来是现代化的产物，现代化按照自身的逻辑发展形成了现代性，作为“在人们反思性地运用知识的过程中（并通过这一过程）被建构起来的”现代性⑤，推动着全球化、知识经济、信息化的发展，它们反过来又促使现代性自身发生变化，这样就会出现对个体的主体性、主体地位的对抗性，而已经确定的个体权利以及日益增长的个体意识、知识也将对现代性产生新的要求，并会推动其发生变化以保障和促进个体存在和发展的需要，这也将形成个体化的对抗性。

三 现代性的核心要素何以成为个体认同最为信任的对象?

个体认同是个人满足社会个体化需要，对社会所尽的义务，个人尽

---

① ［德］乌尔里希·贝克、伊丽莎白·贝克－格恩斯海姆：《个体化再探：一种普世主义视角》，［德］乌尔里希·贝克、伊丽莎白·贝克－格恩斯海姆：《个体化》，李荣山等译，“中文版序”，第5页。

② ［德］乌尔里希·贝克、伊丽莎白·贝克－格恩斯海姆：《个体化》，李荣山等译，“作者自序”，第32页。

③ ［英］斯科特·拉什：《非线性模型中的个体化》，［德］乌尔里希·贝克、伊丽莎白·贝克－格恩斯海姆：《个体化》，李荣山等译，“序一”，第16页。

④ ［德］乌尔里希·贝克、伊丽莎白·贝克－格恩斯海姆：《个体化》，李荣山等译，第3页。

⑤ ［英］安东尼·吉登斯：《现代性的后果》，田禾译，第34页。

这个义务可以向社会提出什么要求？或者说社会应该为个体承担什么责任？当个体依赖现代性的四个核心要素去生活时，其实它们并不是那么绝对可靠的，因为把握它们的力量并不在个体手上。因此，个体认同对现代性提出的根本问题是，现代性的核心要素是否可能成为个体认同最为信任的对象？谁来保证现代性的核心要素成为个体认同最为信任的对象？怎样才能使现代性的核心要素成为个体认同最为信任的对象？

（一）现代性的核心要素成为个体认同最为信任的对象是否可能？

这一问题是说，现代性的核心要素是否具备根据个体认同的需要而变化和发展的性质？这首先要看是什么决定了现代性。现代性作为社会生活或组织模式在本质上属于社会关系，它只是由于现代生产力发展的迫切需要才产生。人们必须生产自己的生命，而且必须以一定的方式来进行这种生产，现代性就是现代社会人们生产自己生命的社会形式，最终由现代生产力所决定。既然现代性是现代社会为了满足现代生产力的发展需要而建立起来的，它就是现代社会按照“自己的尺度”构建的。因此，现代性应该而且也应该能够根据现代社会的需要而发生变化。现代性中的内容在开始建立的时候应该是适合社会生产力发展要求的，个体也应该是现代性的一个维度。但是，社会生产力在不断进步，尤其是在现代科学技术的作用下这种进步会非常快速，个体的生存和发展的需要也在不断发展变化，如果现代性不随着上述变化而变化，它势必最终成为否定现代社会自身、否定个体存在方式的社会力量。在这种情况下，大多数个体就会产生要求现代性变化和发展以适合个体存在和发展需要的意识。变革现代性的意识发展到一定程度，形成改造社会的强大精神力量，这种力量将进一步转变为变革现代性的巨大的物质力量。由这一力量推动发展的现代性必然包含保障个体权益、促进个体存在发展、满足个体需要的内容，其中最重要的势必就是使现代性的四个要素成为个体认同的最信任的对象。

（二）确保现代性的核心要素成为个体认同最为信任对象的力量

现代性是现代社会的生活或组织模式，其实是现代社会这一主体的结构形式，因此它的主体是现代社会，即“民族—国家”意义上的社会共同体，是确保现代性的核心要素成为个体认同最为信任的对象的力量。现代社会是一种社会组织，其主体意志只能通过能够代表它的意志的个人、共同体来表达。回答谁是确保现代性的核心要素成为个体认同最为信任的对象的力量这个问题，就是弄清楚谁能代表社会表达社会意志。谁能代表社会表达社会意志？社会中的一个普通的个人以及一般意义上的某个社会组织并不能表达他人、群体的意志，亦不对整个社会的存在和发展产生实质性的影响，因此，他们不能代表社会主体表达其意志。能够代表社会表达其主体意志的是社会的权威机构——国家以及创造了社会历史而成为社会历史主体的广大民众，因而，他们是确保现代性的核心要素成为个体认同最为信任的对象的主体力量。

1. 现代国家是确保现代性的核心要素成为个体认同最为信任的对象的最重要主体力量

国家处于社会权力系统的核心，是社会主体现实地行使其主体权力的最高权威机构，总能直接地以自觉或不自觉的形式感受到社会的整体需要，形成关于社会整体利益的意识；而利益与意志相联系，因而就能自觉或不自觉地体现社会主体的意志，从而成为社会主体的现实主体①。现代国家作为现代社会的最高权威机构，其特有的社会治理权力使之成为社会主体最重要的现实主体。吉登斯指出，“现代性产生明显不同的社会形式，其中最为显著的就是民族—国家”，即现代国家，“它具有特定形式的领土性（territoriality）和监控能力，并对暴力手段的有效控制实行垄断”，“是反思性的监控体系”，即使“不是在‘行动’的严格意义上去行动”，“也会在地缘政治的范围上遵循协调的政治和计划”，与此同时，“现代组织的特征不在于其规模或其科层制的品质，而在于受其认可和必须承担的集中式的反思性监控（reflexive monitoring）”，所以，现代国家是“组织兴起的主要例证”②。现代国家“拥有至上权力并且合法使用暴力、拥有垄断权”，“它命令何时、何地以及多大的物力可以被合法使用”，因此“已成为城市 - 工业时期强大的刺激和组织力量”，“对于以

① 参见陈新汉《自我评价论》，第347页。

② ［英］安东尼·吉登斯：《现代性与自我认同：现代晚期的自我与社会》，赵旭东等译，第16、17页。

技术为取向的复杂社会的成长以及在同时冲突的重大事件中都起着关键作用”，“对其公民的生活发挥着重要的控制作用”①。现代国家在现代社会结构中的绝对地位，对于所有社会成员的权威作用以及对于现代性中的社会关系、核心要素的绝对掌控权，使之具备了作用于现代性，在现代性的核心要素中贯彻和落实社会主体意志的强大能力。因为国家机器奖惩分明的超强强制力以及国家意识形态的思想渗透作用，现代国家总能使社会成员在一定程度上认同、服从现代性的价值秩序、价值观念。因此要使现代性的核心要素成为个体认同最为信任的对象，必须依靠国家力量，而国家只要意识到现代性的核心要素成为个体认同最为信任对象的重要意义，它就应该而且能够为实现这个目标有所作为。

2. 广大民众是确保现代性的核心要素成为个体认同最为信任的对象的基本力量

要使现代性的核心要素成为个体认同最为信任的对象，只有国家的作用是不行的，还需要广大民众统一意志，充分发挥其主体作用。主体的意志体现在主体的思想和行为中，社会由每个个人组成，因而社会主体的意志体现在社会成员的社会思想和社会行为中。一种社会价值为大多数社会成员所认同，体现为大多数社会成员的共同的社会评价和社会行为，这就是社会主体意志的表达。社会主体意志的存在没有这样的可能性，即：它存在着，但是在大多数社会成员相关的思想和行为中没有任何体现，这一点决定了广大民众对于社会主体的基础作用。现代性的核心要素如果不在广大民众的思想和行为中起作用，现代性就不存在。因此，广大民众对于现代性的核心要素成为个体认同最为信任的对象具有基础作用。一是广大民众的共同意志是促使现代性朝着满足个体需要的方向发展变化的驱动力。绝大多数社会成员对于自己社会需要的自觉意识是其改造社会活动的动机，如果大多数个体没有变革现代性的要求，根本就不会产生变革现代性的活动，即使国家有意愿对现代性中的某些方面进行改革，由于不具备民众的主观条件，国家的这种意愿也无法变成现实。即使现代性使大多数个体身处困境之中，社会由此陷入巨大困难，但是，众多个体没有形成对于这种境况的真正意识，没有在自觉意

---

① ［美］戴维·波普诺：《社会学》，李强等译，第484、485页。

识的基础上形成“统一的意志”或“共同行动”，仍然不能促使国家采取有效措施变革现代性来满足个体存在和发展的需要。二是国家为满足个体存在和发展的需要而变革现代性所实施的任何措施，都要通过个体的理解、认同、支持而转化为社会公德、职业道德才能取得成效。现代性是一种公共性，本质上是一整套社会秩序，因此，现代性总是要求个体遵守它所确定的社会规则。只有这些规则成为社会公德、职业道德，现代性才成其为自身。社会公德、职业道德是社会成员内化于心的社会秩序，因而是个体对于现代性的承诺。只有确立了这种承诺，现代性才具有现实意义。国家要把现代性的四个核心要素变成个体认同最为信任的对象，就要把它的这一价值诉求确立为各种制度，向所有个体告示一系列规则。这些规则必须成为每个个体社会生活的自觉行为规范即公共道德、职业道德，才能使现代性的四个要素成为个体最为信任的对象，以此为基础，才能推动个体认同的实现。

3. 国家与民众相互作用形成统一的社会主体意志才是现代性的核心要素成为个体认同最为信任的对象的最可靠保证

国家与民众是社会主体表达意志的两种不同方式，单方面推行某种社会意志，都无法达到目标。国家和民众共同构成社会主体，但是两者又是两个独立的社会群体主体，各自有自己的利益和需要、现实性、能力、发展规律、社会角色和社会价值，在社会意志形成过程中的社会评价标准不同，致使它们代表社会主体所表达的意志不同甚至根本对立。如果国家只是单方面表达某种社会意志，而大多数民众对此茫然无知，或者这种意志不利于甚至损害大多数民众的利益，或者大多数民众被眼前的利益所左右而不顾及根本的、未来的利益，或者被“别有用心”的人或组织所蛊惑、利用，不能真正理解国家所表达的符合广大民众根本利益的社会意志，就会遭到大多数民众的消极对待、反对、排斥甚至激烈对抗而无法推行、落实。如果只是民众就某个社会问题或社会事件形成了统一意志，国家对此并无体察或无动于衷、漠然处之，民众所表达的社会意志将无法向现实转化，或者这种意志违背了国家的意志或国家所代表的社会意志，危害了国家的根本利益，国家就会动用强大的国家机器压制民众表达社会意志的行为，有时还存在着国家失去了现实的合法性、不能代表广大民众根本利益表达社会主体意志的状况，那么无论民众所表达的社会主体的意志多么合理、多么急迫，都无法在国家那里得到支持。既然国家和广大的民众分别是表达社会主体意志的两种形式，实际上就是作用于社会的两种主体力量。这两种力量如果方向一致，不仅互相促进，而且将形成最大"合力"，推动社会发展。在确保现代性的四个核心要素成为个体认同最信任的对象的问题上，亦是同样道理。如果国家急民众之所急、想民众之所想，站在广大民众的立场上，从他们的切身利益出发构建现代性，切实解决民生问题，而广大的民众能正确认识现代社会的发展规律，从社会实际出发，实事求是地认识、表达自己的价值诉求，充分发挥创造历史的主体作用，在社会生活中积极认同、支持有利于个体认同的现代性，那么两者就会形成最大"合力"，推动现代性向"为个体而在"的方向发展，使现代性的核心要素成为个体认同最为信任的对象。

（三）现代性的核心要素成为个体认同最为信任的对象的三个条件

现代国家、广大民众以及社会主体的意志——国家和民众的合力是作用于现代性核心要素的三个基本力量，但是要使这三种力量确定无疑地为个体认同服务需要条件。这些条件就是赋予货币、法律、社会角色和专家系统以价值导向和约束力的机制、手段。这样，如何确保现代性的核心要素成为个体认同最为信任的对象的问题就转化为另一个问题：什么使货币、法律、社会角色和专家系统一定能够为个体认同服务？要回答这个问题，需要考察货币、法律、社会角色和专家系统的本质属性。

不难发现，无论货币、法律、社会角色和专家系统有何种具体特性，它们都具有三个共性亦即它们共同的本质属性。首先，它们都是社会主体创造出来使现代社会整合、运作起来，具有社会普遍性的工具；其次，它们都是现代社会核心价值的基本载体，表达或体现社会基本秩序，联系着每一个社会成员，因而具有社会公共性；最后，它们是现代社会意义系统的有机组成部分和核心内容。从货币、法律、社会角色和专家系统的上述三个本质属性可以看出，它们要成为个体认同最为信任的对象，需要三个条件。

（1）以人民为主体。既然货币、法律、社会角色和专家系统是被社会主体创造出来为社会存在和发展服务的，那么，在它们身上必然体现社会主体的内在尺度和社会自身的客观状况的共同作用，其中社会主体的内在尺度对于它们自身的内容和价值起着主导作用。如果要它们成为个体认同最信任的对象，就要在社会主体的内在尺度中包含个体尺度。个体是现代社会中的每个“现实的个人”的社会共性，个体的总和可以被理解为一个社会集合体。因为个体以自己的劳动独立自主、自立更生，个体的集合即居民中的大多数，因此，个体的总和即人民。如果在社会主体的内在尺度中包含个体尺度，那么，社会应以人民为主体。以人民为主体就是尊重人民创造历史的权利，以人民的利益为社会主体的根本利益，在社会发展的价值选择中体现人民的意志。以人民为主体，政治才能民主化。民主的本意是人民当家做主，即人们平等地产生社会关系，在社会生活中享有共同的权利和义务，在关乎社会成员共同利益的问题上有表达、体现自己意志以及管理国家的权利和责任。以人民为主体的原则在现实中体现为公民权利的充分发展和全面保障。因此，只有社会主体坚持以人民为主体，才能使货币、法律、社会角色和专家系统为实现每个公民即个体的根本利益服务，由此才成为个体认同最为信任的对象。

（2）高水平的公共性道德。既然货币、法律、社会角色和专家系统具有社会公共性，那么它们作为具有社会普遍价值的工具，把每个人变成个体，同时也向每个个体传递一系列规则。这些规则必须体现主体间性和共同主体性，主张、追求公共性道德，才会形成每个人为自己负责也同时为他人负责的共赢关系，才会有个体认同的实现。这一逻辑正是哈贝马斯“交往行为理论”的现实基础。哈贝马斯所提出的“交往理性”实质上就是充分发展的公共性道德，提倡“交往理性”的目的是要通过建立公共领域的行为规范，通过在公共领域中的沟通进而取得共识，达成一种意见与意志的公共性，以实现个体化、个人自由。因此，只有公共性道德的充分发展，才能使货币、法律、社会角色和专家系统成为个体认同最为信任的对象。

（3）高度发展的社会总体品质。货币、法律、社会角色和专家系统作为现代社会意义系统的有机组成部分和核心内容，是现代社会文化的灵魂，一方面由现代社会的总体品质所决定，另一方面反映现代社会的总体品质。个体是历史上迄今为止最为进步的个人存在形式，成为个体以及实现个体认同是人类历史发展的需要，也是人类历史进步的表征。货币、法律、社会角色和专家系统要成为个体认同最为信任的对象，最终取决于社会总体品质的高度发展，即社会物质财富的丰盛、社会公平、民主法治和以人为本的四位一体。没有高度发展的社会总体品质，货币、法律、社会角色和专家系统将不能确定无疑地成为个体认同最为信任的对象。

下　编

当代中国社会个体认同的反思

第七章

自我的觉醒：当代中国社会个体认同的启蒙及其任务

中国社会正处于由传统社会向现代社会转型的伟大变革时代，中国人的生活世界正发生着一场深刻的个体化革命，个体的崛起是不争的事实。中国人的精神世界正经历着黑格尔所说的历史性变迁："我们这个时代是一个新时期的降生和过渡的时代。人的精神已经跟他旧日的生活与观念世界决裂，正使旧日的一切葬入于过去而着手进行他的自我改造。……犹如在母亲长期怀胎之后，第一次呼吸才把过去仅仅是逐渐增长的那种渐变性打断——一个质的飞跃——从而生出一个小孩来那样，成长着的精神也是慢慢地静悄悄地向着它新的形态发展，一块一块地拆除了它旧有的世界结构。"① 中国社会的个体化运动正在改造着每个人的精神结构，个人自我随着新生活的展开而日益觉醒，个体认同正成为个人新的自我意识的迫切需要。但是，中国社会的现代转型是复杂和艰难的，个体化是一个极其艰巨的历史任务，人们与现代社会的时代精神相匹配的精神世界不是自然而然形成的，个体认同作为一项重要的自我构建，也要通过自觉的意识才能实现。除了现代化的根本作用，社会启蒙运动——"就是人类脱离自己所加之于自己的不成熟状态"，"要有勇气运用你自己的理智"② 对于个体认同有着特别重要的意义，它不仅为个体

① ［德］黑格尔：《精神现象学》（上卷），贺麟等译，上海人民出版社 2013 年版，第 57 页。

② ［德］康德：《历史理性批判文集》，何兆武译，天津人民出版社 2014 年版，第 22 页。

认同提供精神支持，而且“以人为本”，体现社会进步价值取向的社会启蒙运动将推动个体认同朝着“有益于个人全面发展”的方向发展。西方社会经由18世纪的启蒙运动才开启了现代化的历史进程，这场启蒙运动创造了个体认同所需要的权利意识、独立自主精神、民主法治思想。中国现代化的特殊背景和历程决定了个体认同的实现更需要一场深刻的社会启蒙运动。本章基于对当代中国社会个体化的考察，分析中国社会个体的崛起历程，反思个体认同的发生、发展以及面对的挑战，提出社会启蒙在新时代的历史任务——自我的觉醒。

一 当代中国社会的个体化

现代化是人类社会历史发展的基本趋势。随着人类世界历史的全面展开，越来越多的民族国家进入到现代化的行列。它们依据不同的社会条件、文化背景，以自己的方式开启和展开其现代化的历史进程，进入到“个体化社会”、个体化时代。

（一）个体化的多元化和多样性

个体化是现代社会的基本标志之一，也是现代化运动的历史成果。个体化是民族—国家正在实现现代化或现代化进程中的价值目标，因此是民族—国家以自己为尺度的价值选择，必然具有多元化和多样化的特征。

1. 不同的民族—国家有不同的个体化类型

“个体化就其本质而言是对新的社会生活之道和社会生活形式敞开的”，因而“会出现各种不同的个体化”，这主要涉及“历史和现实”，“无论在欧洲还是中国，个体化与国家原则上都有紧密联系”，“这种联系可能会呈现出完全不同的状态，甚至出现截然相反的走向”①。第一波发生现代化的西欧国家的个体化，明显与20世纪新兴现代化国家的个体化

① ［德］乌尔里希·贝克、伊丽莎白·贝克－格恩斯海姆：《个体化再探：一种普世主义视角》，［德］乌尔里希·贝克、伊丽莎白·贝克－格恩斯海姆：《个体化》，李荣山等译，“中文版序”，第6、7、8页。

不同，而20世纪各个新兴现代化国家的个体化情况亦不相同。比如，西欧国家的个体化强调个体“依靠福利社会提供的安全和财富来维持其‘本体论意义上安全感’”；而在美国，“由社会代替国家为个体提供安全和道德支持”①，“国家保留着基本的、有限的普救主义制度，而由市场去主导社会日益增长的、更高层次的福利需求”②；中国、日本、韩国等国家或地区的个体化也各不相同。

2. 同一个民族—国家一般经历两种性质的个体化

个体化是现代化的要素和产物，而任何国家的现代化都是一个发展过程，要经历从之前社会向现代社会转型的阶段以及现代社会自我完善和自我发展的时期，因此，现代民族—国家一般要经过两种性质的个体化。第一种性质的个体化是从传统社会向现代社会转型期过程中的个体化。这种个体化的特征是个人从对“人的依赖关系”中摆脱出来进入到对“物的依赖关系”中，获得个体的政治权利并将这一权利现实化，其主要特征是“个人从紧密编织的共同依赖、监视、强制之网中‘解放’出来”③。这个阶段的个体化的完成，以确保个体化的核心制度的基本建立为标志，表现为个体取得政治的合法性和社会现实性。第二种性质的个体化是第一种性质的个体化在业已形成的制度框架下的全面展开和纵深发展达到它的极限之后发生的个体化，一般源于现代化国家在发展过程中内部状况和外部环境的巨大变化对于之前个体化的冲击。这种个体化出现于20世纪70年代的西欧发达国家，起源于全球化。阎云翔对这个阶段的个体化的根源、特点做了描述：“在当时的欧洲，个人权利和自由已经得到政治民主的有力保障，财富的稳定增长结束了日常生活中物质短缺的威胁，此外，福利国家也遏制了社会不平等的蔓延。从而个体的实现相当依赖福利国家所提供的支持与安全感。然而，经济全球化使得追逐利润的竞争更为激烈，对个人效率的要求亦是大幅提高。为了应对来自美国、日本，以及后起的中国、印度等国的挑战，西欧的社会民主

① 阎云翔：《中国社会的个体化》，陆洋等译，上海译文出版社2016年版，第301页。

② 李友梅、肖瑛、黄晓春：《社会认同：一种结构视野的分析——以美、德、日三国为例》，第40页。

③ ［英］齐格蒙特·鲍曼：《个体地结合起来》，［德］乌尔里希·贝克、伊丽莎白·贝克-格恩斯海姆：《个体化》，李荣山等译，“序二”，第21页。

国家不得不提倡个人选择、能动性、责任心以及'自己创业的生涯'，以此来减少福利国家对个人的支持。"① 因此，这一个体化在本质上是个体化的自我完善和自我发展，即个体化新的发展阶段。西欧最早进入现代化的资本主义国家，已经完成了第一种性质的个体化，现当代正经历第二种性质的个体化②。

3. 同一个国家在一个性质的个体化阶段也会有不同形式的个体化

任何一个民族国家因社会主要矛盾的变化或者某个领域主要矛盾的改变，对包括社会保障制度在内的各种制度、体制、政策等进行调整，个体化自身的发展引起的社会变化，都将对其个体化产生深刻影响。鲍曼指出："现代社会既存在于自身的个体化活动中，也存在于个体的活动（个体日复一日对其相互关系进行反复重塑和磋商形成的所谓'社会'）中。社会和个体双方都不会长时间保持不变。因此'个体化'的含义始终在变，不断呈现出新的形态，因为它过去累加的后果不断设定新规则，不断增加新的游戏筹码。"③ 比如美国，尽管"市场导向的补缺型福利渗透方式总体上没有变化，但是在不同的历史时期，政府和市场在福利渗透结构上的关系也处于反复变化之中。二战后的经济繁荣确立了美国福利国家的总原则，即政府必须承担起为所有公民提供过得去的最低生活水准的责任"，如"维持较高而稳定的就业水平"，"由公共部门提供一系列普遍的社会服务，以满足公民在充满普遍的经济不安全感的社会中的基本要求"以及"建立在收入或财产调查基础之上的援助措施的'安全网'，以满足特殊需要和减少贫困"等④，这意味着，美国在战后一段时间里增强了个体对于国家的依赖程度以及在个体化中的国家担当。

（二）当代中国社会个体化历史进程中的不同阶段

当代中国社会确实出现了日益深化的个体化趋势，走进了个体化时

① 阎云翔：《中国社会的个体化》，陆洋等译，第339页。

② 参见［德］乌尔里希·贝克、伊丽莎白·贝克－格恩斯海姆《个体化》，李荣山等译，"作者自序"，第31页。

③ ［英］齐格蒙特·鲍曼：《个体地结合起来》，［德］乌尔里希·贝克、伊丽莎白·贝克－格恩斯海姆：《个体化》，李荣山等译，"序二"，第21页。

④ 李友梅、肖瑛、黄晓春：《社会认同：一种结构视野的分析——以美、德、日三国为例》，第41页。

代。这是中国社会具有划时代意义的历史变迁，标志着中国的现代化进入到了世界历史进程中。如前所述，个体化出现在人类社会的现代发展阶段，与市场经济内在地联系在一起。中国社会真正意义上的个体化始于20世纪70年代末中国现代化发展模式、路径的根本转型，即全面推行社会主义市场经济。中国社会自19世纪80年代开始现代化历史进程，经历了晚清、中华民国发展时期，在1949年中华人民共和国成立之后进入到社会主义现代化建设阶段。因特殊的国际环境和国内社会历史条件，以及受苏联社会主义模式的影响，1978年之前的社会主义现代化采取了计划经济的发展模式，形成了以社会整体为本位的社会治理方式。尽管新中国成立的30年间，中国的现代化取得了整体上的巨大进步，但是，仍处于向现代社会转型的初级阶段；虽然“在工业建设中取得重大成就，逐步建立了独立的比较完整的工业体系和国民经济体系”①，但是生产力发展水平不高，产业结构不合理，城市化水平和社会流动性很低，农村和城市现代化差别大，仍是一个农业大国；尽管确立了人民当家做主的社会制度，确立了公民权利，但是，在实行计划经济时期，国家通过计划经济以及集体在分配体系掌握经济权力，排除了市场经济的可能性，通过“成份制度”“户籍制度”“公社制度”和“单位制度”以及“政治档案制度”等机制，将个人“固定在几乎不变的位置上”；尽管社会主义制度“在更深的层面，个人也被从家庭、亲属和社区所构成的传统网络中抽离出来，并摆脱了以儒家和父权为主的传统价值与行为规范的束缚”，但是，每个人根据国家革命和建设的需要参与到由国家发动或推动的各种政治的、经济的和社会的运动中，并在各种运动中将自己塑造成为国家所需要的人才，“所有人经历着标准化的生涯模式”②。因此，计划经济时代的现代化并没有产生现代意义上的个体化。

由于中国计划经济的发展模式与社会主义初级阶段的国情严重不适应，再加上“以阶级斗争为纲”和极“左”路线，社会主义现代化事业

---

① 《中共中央关于建国以来党的若干历史问题的决议》（一九八一年六月二十七日中国共产党第十一届中央委员会第六次全体会议一致通过），中共中央文献研究室编：《三中全会以来重要文献选编》（下），中央文献出版社2011年版，第130页。

② 阎云翔：《中国社会的个体化》，陆洋等译，第323、324、323页。

在20世纪70年代陷入极大困难之中，物质生产和生活资料严重匮乏，再加上快速增长的人口数量，人民日益增长的物质文化需要与落后的生产力之间的矛盾不仅仍然是社会的主要矛盾而且更加尖锐，这意味着中国的现代化走什么道路的问题仍需解决，中国要实现现代化，就要在方法上做出重大改变。在这种社会态势下，党的十一届三中全会召开并决定为了解放和发展生产力而进行经济体制改革，以市场经济、多种生产资料所有制形式发展社会主义现代化，中国社会随即开始了市场化、城市化、工业化的新型现代化历史进程，由此也开始了向个体化社会的历史转型。“在中国，个人已经成为一个基本社会范畴的事实”，个体化在中国已经成为“一种发展趋势，并渗透到社会生活的各个方面，这种发展不仅决定了私人领域、家庭结构和两性关系，也决定了经济的组织方式和灵活的就业”，以及“个人与威权国家（authoritarian state）之间的关系”①，由此中国历史上个人首次成为社会关系中的独立个体。中国社会的个体化随着改革开放、现代化的推进取得了实质性进展。中国社会改革开放、现代化、市场经济大约每10年有一个跨越性发展，呈现为阶段性，中国社会的个体化作为改革开放的有机组成部分、市场经济的社会文化后果、以现代化为条件的社会结构变迁，其发展也10年上一个台阶，呈现四个发展阶段②。

第一个阶段为改革开放的第一个十年，即20世纪80年代。这个阶段，国家启动了全国规模的体制性改革。在农村，废除人民公社制度，除土地外的集体财产实现市场化，实行家庭联产承包责任制，将责任与利益相结合并分配至每一个个体劳动者。在城市，进行国有企业改革，采取政企分开，所有权和经营权适当分离的措施，实行承包制、股份制试点；改革工资制度，实行以职务工资为主的结构工资制，打破平均主

---

① ［德］乌尔里希·贝克、伊丽莎白·贝克－格恩斯海姆：《个体化的种类》，［挪威］贺美德、鲁纳编著：《“自我”中国——现代中国社会中个体的崛起》，许烨芳等译，译文出版社2011年版，“前言”，第1页。

② 阎云翔所著《中国社会的个体化》一书，从人类学角度将中国社会个体化分为三个阶段，从1978年到2008年，每十年为一个阶段。本书认同这一观点，同时认为2008年至今十余年，中国社会的现代化进程、市场经济、市民社会有了更高的发展，因此认为这10年是中国社会个体化发展的另一个阶段。

义；改革劳动制度，实行劳动合同制、双向选择和建立社会保险制度，打破长期实行的一次分配定终身的劳动制度。除此之外，国家还进行了包括税制、财政制度、农产品购销制度、蔬菜购销体制、流通体制、物价管理体制等的改革，根本目的是去除高度集权的、僵化的、对外封闭的计划经济模式，建立多种经济成分和多种经济形式，推动商品经济的发展以及向市场经济体制的过渡。这些制度变迁对中国社会结构产生了深刻的影响：传统的地缘共同体、全能型的职缘共同体解体，大量非全能型的共同体形成，个人从集体的束缚中解放出来而成为个体劳动者；形成了社会范围内劳动力的自由流动和庞大的劳动力市场；农村劳动力向城市大数量、大范围转移，停滞了几十年的城镇化开始了新一轮的快速发展；初步形成了物质需要和交换体系即市民社会；中华人民共和国民法通则制定和实施。个体化在这一阶段取得了突破性进展："流动性的提高已经突破了先前个人、社会团体和国家机构之间严格安排的结构关系。个人获得了更多力量，并作为具有政治决策力和文化判断力的重要的、独立的社会范畴而出现，这反过来又导致了认同政治的出现。"①

第二个阶段是改革开放的第二个十年，即20世纪90年代。中国的这10年被认为是最开放的十年，经济改革与发展在体制转轨、结构调整、宏观调控、市场培育、企业改革、农村改革、社会保障等方面都发生了制度性的变化，社会进入制度创新阶段。这个阶段个体化的重要内容是在制度上确立个体的社会结构地位。首先，党和国家确立了发展中国特色社会主义市场经济的基本路线，为解放和发展社会生产力，进行了生产关系的重大改革，以公有制为主体发展多种形式的生产资料所有制以及以按劳分配为主多种分配形式并存的分配方式取得了法律地位；其次，企业改革进入制度创新阶段，国家着手建立适应市场经济和社会化大生产要求的，产权清晰、权责明确、政企分开和管理科学的现代企业制度，股份制开始规范化发展，公司制试点，以市场和产业政策为导向对企业进行战略性重组，鼓励兼并、规范破产、下岗分流、减员增效、实施再就业工程，形成企业优胜劣汰的竞争机制；最后，国家着手社保制度的市场化改革，颁布劳动法，工会法，出台养老保险、医疗保险、住房制

① 阎云翔：《中国社会的个体化》，陆洋等译，第333页。

度、教育等政策。这些举措使得中国社会结构关系进入整体调整、架构阶段，社会关系向着社会主义市场经济方向发生结构性变化。社会主义市场经济体制的构建，把个体化推向社会结构变革的中心。上述各种举措，迫使个人自己通过市场机制在个人生活基本需要的满足上担负起更多责任。更为重要的是，以市场为导向的改革培育和发展了个人独立自主的生活方式，个人的权利意识觉醒，个人定义自我的标准和实现自我的方式向着"个体"方向发生显著变化，个人不再仅仅是传统意义上的集体的一份子。正如阎云翔关于中国社会个体化的研究所描述的那样："90 年代初期，跳槽、兼职，或从国企辞职加入私营部门已经相当普遍"，"中国版的美国梦俘获了个人的心灵，人们相信只要有个人关系网、精心设计事业发展，再加上努力就能成功"；"从 90 年代中期开始，'进取的自我'对于年轻人来说已不再陌生，他们不仅积极地为自我发展开辟道路，也把社会看做一个由自主的、有责任感的个体行动者组成的世界"①。中国社会在这 10 年进行的体制性变革给中国人的"私人生活"带来了实质性的革命，阎云翔将其称为"私人化家庭的兴起和个体私人生活的蓬勃发展"，并指出："这种转型在 20 世纪 90 年代末最终明确成形，其标志包括公共权力对家庭的影响力相对削弱，个人对其生活具有更大的控制力，伴侣式的婚姻和夫妻关系居于核心地位，以及对个人幸福和情感关系的强调。这一转型的本质正在于个体的崛起。"②

第三个阶段是改革开放的第三个十年，即 21 世纪的前十年。在这十年，中国社会改革向纵深发展，触及体制性、机制性、结构性等深层次问题，市场经济、依法治国、民主进程和和谐社会进入全方位建构阶段。在这一总体社会环境和市场经济的推动下，个体化在这一时期的社会空间继续扩大，并走向制度化。为了适应保护私有财产的客观需要，国家进行了新一轮制度上的改革与创新，种种举措扩大了私有财产的保护范围，进一步完善了私有财产保护制度。"公民的合法的私有财产不受侵犯"，"国家尊重和保护人权"等内容写入宪法；物权法颁布，明确在市

① 阎云翔：《中国社会的个体化》，陆洋等译，第 335、336—337 页。

② 阎云翔：《导论：自相矛盾的个体形象，纷争不已的个体化进程》，［挪威］贺美德、鲁纳编著：《"自我"中国——现代中国社会中个体的崛起》，许烨芳等译，第 1—2 页。

场经济体系中，对国家、集体、私人等不同市场主体的物权实行平等保护；医疗体制改革推进基本卫生保健制度、医疗保障体系、国家基本药物制度和公立医院管理制度以及覆盖城乡居民的公共卫生服务体系、医疗服务体系、医疗保障体系、药品供应保障体系的建立和发展；2000 年开始社会保障体系的试点和推广实施，完善城镇企业职工的基本养老保险，实施城镇居民最低生活保障，建立独立于企、事业单位之外，资金来源多元化、保障制度规范化、管理服务社会化的社会保障体系；继续积极稳妥地推进政治体制改革，建设社会主义民主政治和法治国家，颁布公务员法、政府公开信息条例；颁布劳动合同法，劳动合同在明确劳动合同双方当事人的权利和义务的前提下，重在对劳动者合法权益的保护，成为我国劳动保障法制建设进程中的一个重要里程碑；为了保护合同当事人的合法权益，维护社会经济秩序，促进社会主义现代化建设，制定和实施合同法；为促进就业，促进经济发展与扩大就业相协调，促进社会和谐稳定，制定了就业促进法。上述制度上的一系列变迁进一步确立和保障了个体的权益，为个体的存在和发展提供了“本体性安全”，这表明：“一旦个体化和私营化变得必要，党和国家就会毫不犹豫地动用其权力开启体制改革，……在很大程度上，个体化变成了党和国家采取的发展策略。”[①] 国家在制度设计上已经把个体化中个人成为个体、作为个体而存在所需要的社会基本条件作为着重发展的内容加以考虑，在建构中国现代核心制度的过程中，把个人基本的公民权利、政治权利和社会权利以及维持这些权利所需要的各种社会保障考虑纳入其中。上述制度上的建构说明，中国社会在这十年初步实现了个体化社会结构的整体构架，个体这一个人存在方式所需要的社会基础已初步确立，个体化走向精致化。

第四个发展阶段是 2009 年至今。这个阶段的个体化所需要的社会条件进一步发展，基本上完成了十二五规划中发展基本公共服务体系的目标，完善、建构了就业、收入分配、社会保障、医疗卫生、住房等保障和改善民生的制度安排，推进了基本公共服务均等化，使发展成果惠及全体人民；个体权益继续在制度上得到保障，2017 年颁布和开始实施中

---

① 阎云翔：《中国社会的个体化》，陆洋等译，第 331 页。

华人民共和国民法总则，对民法通则中明显不适合社会主义市场经济和社会发展要求的规定作了修改，规定民事主体的人身权利、财产权利以及其他合法权益受法律保护，任何组织或者个人不得侵犯，民事主体在民事活动中的法律地位一律平等，民事主体从事民事活动，应当遵循自愿原则，按照自己的意思设立、变更、终止民事法律关系，遵循公平原则，合理确定各方的权利和义务，应当遵循诚信原则，秉持诚实，恪守承诺；为了规范社会保险关系，维护公民参加社会保险和享受社会保险待遇的合法权益，使公民共享发展成果，促进社会和谐稳定，颁布和实施了社会保险法；为了预防和制止家庭暴力，保护家庭成员的合法权益，维护平等、和睦、文明的家庭关系，促进家庭和谐、社会稳定，制定了反家庭暴力法；修改了消费者权益保护法，规定经营者与消费者进行交易，应当遵循自愿、平等、公平、诚实信用的原则。此间，《国务院关于加强法治政府建设的意见》发布，刑事诉讼法修正案获得通过，写入尊重和保障人权等内容，同时完善了询问犯罪嫌疑人、被告人的规定，强化对侦查活动的监督。2020 年 5 月 28 日，被称为“社会生活百科全书”、民事权利宣言书和保障书的《中华人民共和国民法典》颁布，标志着中国社会个人自由而全面发展进入法治化阶段，以及中国社会个体化时代新纪元的到来。在这十年里，中国社会发展的成就与个人权益保障制度的完善与建构表明，个体化由于改革开放的深度发展、民主法治社会建设以及社会综合发展水平的大幅提升，已经深入到社会的实质性关系中，经济领域、社会交往领域的个体化得到了较高程度的发展，政治领域的个体化也取得了长足的成就，个体化明显地表现为社会的结构性特征。

（三）中国社会个体化的基本特点

个体化是表征现代社会关系结构性特征的范畴，反映了个体化的共性、一般性。有学者就认为，“个体化命题强调个体化进程的四个特征”：“去传统化或‘传统的丧失’”，“制度性的抽离与再嵌入”，“因为被迫追寻‘自己的生活’而导致缺乏真正的个体性”，“个人面临的不可靠的自由与不确定性导致的风险内化或心理化”①。阎云翔指出，“中国社会正经

---

① 阎云翔：《中国社会的个体化》，陆洋等译，第 339 页。

历一次个体化转型。去传统化、脱嵌、通过书写自己的人生来创造属于自己的生活，以及无法抗拒的更加独立和个人主义的压力，所有这些西欧个体化的特征也同样发生在中国的个体身上。身份政治和制度变迁在促进个体化的进程上发挥了关键作用”，“全球化对个体化的影响，尽管在西欧和中国有所不同，但都同样重要”①。但是，任何一个国家的个体化都与其现实的社会物质生活条件、文化传统、社会发展的价值取向和现代化的水平以及所处时代的人类历史发展的总体状况紧密联系在一起，这就注定了不同国家个体化的独特性，各种不同的个体化模式就是其表征。当代中国社会的个体化同中国特色的社会主义一样，也是反映中国社会和中国人自己本质力量、社会价值理想与追求、具有中国特色的个体化，其独特性在三个方面表现出来：

1. 当代中国社会的个体化是后发型个体化，与改革开放形成一体化

中国社会的个体化是中国社会“向现代而化”的历史进程中，由计划经济向市场经济转化而引起的整体性社会结构变迁的产物，与现代社会转型并不是同期开始的。新中国的社会主义现代化采取了“计划经济”的模式和路径，社会结构总体上排除了个体化的可能性，只是这种现代化模式使中国社会陷入发展困境之后，国家选择市场经济模式发展现代化，才开始了中国历史上的第一次真正的个体化，因此中国社会的个体化是后发型个体化，并不得不面对两个历史的前提：非现代的历史传统和以社会主义计划经济体制为模式形成的现代性，即要在继续完成从农业社会向工业社会转化中、从计划经济体制为主导形成的社会结构关系的“脱嵌”中展开它的历史征程，在新的社会体制中确立和发展。中国社会的这种个体化并不改变国家体制和国家政权的组织形式，而是为了发展社会生产力、实现现代化、解决社会主要矛盾而改变个人劳动与社会总劳动之间的社会联结方式，以及国家与个人、与社会组织的关系形式，使个人成为个体，其核心内容是，通过工业化和市场化的双重力量把个人从农业文明以及对于集体合作社、单位组织的“人的依赖关系”中解放出来，使其在工业化的社会分工劳动体系中进入到商品生产和商品交换的制度，受普遍的“物的依赖关系”的支配，与国家形成直接而

① 阎云翔：《中国社会的个体化》，陆洋等译，第312页。

全面的新型社会组织关系，从而成为具有自己特殊利益、在公民地位上拥有市民身份、在政治上享有权利的、为自己生活承担责任的独立个人。中国社会个体化的关键是在经济体制、政治体制和社会体制的改革中确立个体的合法地位，拓展个体权利和构建个体的社会空间以及社会性内容，实现个人生活的社会解放和自我发展。

2. 中国社会的个体化是在世界现代化更高发展阶段实现的个体化，具有综合现代化特征所决定的特点

"世界现代化是18世纪以来的一种客观现象"，是"人类文明的一种前沿变化和国际竞争，它包括现代文明的形成、发展、转型和国际互动，文化要素的创新、选择、传播和退出，以及追赶、达到和保持世界先进水平的国际竞争和国际分化"①。一个国家的现代化在人类现代化历史进程中所依赖的条件不同，或是原发型现代化，或是后发型现代化。原发型现代化是世界现代化过程中具有"原初"意义的现代化，即人类历史上最早出现的现代化。后发型现代化是落后国家迅速赶上先进工业国家水平的现代化。世界上大多数国家的现代化发生在20世纪，深受世界现代化的影响，属于后发型现代化。但是，原发型现代化国家，在世界现代化普遍发展阶段，如果被其他现代化国家赶超，在新的再现代化阶段也将成为后发型现代化国家。个体化与现代化紧密联系在一起，没有现代化，就不可能有个体化。在全球化时代，世界现代化对一个国家的现代化产生影响，从而也对这个国家的个体化产生作用。因此，考察一个国家个体化的特点，既要有这个国家本身的视角，也要有世界现代化的视野。与此同时，世界现代化作为一个历史进程，经历了第一次现代化和第二次现代化两个发展阶段：第一次现代化"是从农业经济向工业经济、从农业社会向工业社会的转变，主要特点包括工业化、城市化、民主化、理性化、普及义务教育、社会福利和重视经济增长；第二次现代化始于20世纪70年代持续发展至今，是第一次现代化基础上以第四次产业革命为依托、以信息化为核心内容的新型现代化，主要特点包括知识化、信息化、绿色化、智能化、全球化、普及高等教育、创新驱动和提

① 何传启：《科技革命与世界现代化——第六次科技革命的方向和影响》，中国科学院中国现代化研究中心编《21世纪现代化的特征与前途》，科学出版社2012年版，第4页。

高生活质量等。一个国家如果在世界现代化处于第二次现代化发展阶段实现第一次现代化，有可能走一条“综合现代化”之路，即“推动两次现代化的协调发展，集聚两次现代化的精华”，“迎头赶上第二次现代化的未来世界前沿”①。当代中国社会的现代化就是综合现代化。党的十八大报告指出：“坚持走中国特色新型工业化、信息化、城镇化、农业现代化道路，推动信息化和工业化深度融合、工业化和城镇化良性互动、城镇化和农业现代化相互协调，促进工业化、信息化、城镇化、农业现代化同步发展。”② 党的十九大报告进一步强调：“推动新型工业化、信息化、城镇化、农业现代化同步发展，主动参与和推动经济全球化进程，发展更高层次的开放型经济，不断壮大我国经济实力和综合国力。”③ 中国现代化的综合性使中国社会的个体化体现了综合性的特征。阎云翔指出了这一点：“虽然中国仍在现代化的进程中，但与此同时中国社会却展现出第二现代性时代的许多个体化特征以及在西方应当属于现代时期甚至前现代时期的其他特点。”“中国的个体化进程依然停留在第一次现代性的解放政治的阶段。然而，中国的个人同样生活在由市场经济的全球化和消费主义的意识形态所打造的高度流动的劳动力市场、灵活的职业选择、上升的风险、亲密和自我表达的文化，以及强调个人责任和自我依赖的世界中。中国的个案同时展现了前现代、现代和晚期现代的情形，中国的个人必须同时应对所有这些情形。”④

3. 中国社会的个体化具有现实的社会合理性特征

中国社会的个体化意味着什么？这涉及两个关键问题：作为率先在西方社会发展和实现的社会结构方式，个体化是否就是西方现代文明中的个体化？它与中华民族的文明、与中国特色的社会主义是否能够统一？中国社会自20世纪70年代以来的个体化历程表明，中国很好地回答了这

① 参见何传启主编《如何成为一个现代化国家：中国现代化报告概要（2001～2016）》，北京大学出版社2017年版，第7页。

② 胡锦涛：《坚定不移沿着中国特色社会主义道路前进，为全面建成小康社会而奋斗》（2012年11月8日），《胡锦涛文集》第3卷，人民出版社2016年版，第628页。

③ 习近平：《决胜全面建成小康社会 夺取新时代中国特色社会主义伟大胜利——在中国共产党第十九次全国代表大会上的报告》（2017年10月18日），人民出版社2017年版，第21—22页。

④ 阎云翔：《中国社会的个体化》，陆洋等译，第3、343页。

两个问题，走出了一条独具中国特色的个体化发展道路。一是它以中国社会的具体现实为基础，发展出了具有现实合理性的内容和形式。中国社会的个体化与改革开放的内在逻辑相一致，在经济领域获得了优先发展，“与欧洲相比，中国的个体化路径是以一种独特的逆序方式展开的。在中国，新自由主义对经济、劳动力市场、日常文化和消费的解除管制（deregulation），先于且不涉及个体化与宪法的牵连。”① 个体化是社会全方位的个体化，包括经济个体化、政治个体化、意识个体化等，但中国社会的经济个体化、政治个体化和意识个体化并非同时、同等程度发展的。中国社会为了发展社会生产力而进行经济体制改革推行市场经济，而市场经济以个体化为基础和条件并形成个体化存在和发展的社会基础、条件和原则，因而中国社会首先发展了以解放和发展现实生产力为目的的经济领域的个体化，市场经济所要求的个人所有制、物质利益关系、平等而自由的交换原则和意识得到了支持和发展。由于中国的政治体制改革后于经济体制改革，中国社会在政治领域的个体化以满足经济发展为准，因而相对后于经济领域的个体化发展。二是中国社会的个体化体现了民族文化的特点。民族文化是一个国家的生存方式，社会结构的变革是一个国家存在方式的变革，因此亦是民族文化的转型。中国社会的个体化是民族文化现代转型的有机内容，只能是民族文化的“自我完善”“自我发展”和新的文明成果。也就是说，中国社会的个体化尽管是中国历史发展的全新内容，但是它仍然是在民族文化的土壤中生长出来的社会和文化成果。从发展的动力和机制上看，中国社会的个体化原则受现实原则的支配和制约，在个体化的价值选择上，由中华民族的现实利益关系所决定。民族文化基础和核心是民族现实的利益关系，个体化依据现实的利益关系展开，就是在民族文化的基础上建立和发展。一方面，各个价值主体接受了国家实行的新制度中符合个人利益的，关于个人合法权利和义务的个体化内容，并将其内化为思想和行动的原则；另一方面，原有的体制、制度、观念、习俗中仍能带给个人利益的内容依然在

---

① ［德］乌尔里希·贝克、伊丽莎白·贝克－格恩斯海姆：《个体化再探：一种普世主义视角》，［德］乌尔里希·贝克、伊丽莎白·贝克－格恩斯海姆：《个体化》，李荣山等译，“中文版序”，第8页。

人们的思想和行为中发挥作用。三是中国社会个体化与中国特色的社会主义相统一。社会主义是我国的政治理想和原则，邓小平指出："社会主义的本质，是解放生产力，发展生产力，消灭剥削，消除两极分化，最终达到共同富裕。"① 从社会主义的这一本质可以看出，现代化与社会主义并不冲突，社会主义应该把现代化作为自己的发展目标和任务。建设有中国特色的社会主义现代化，就体现了社会主义与现代化的统一性。作为现代化有机组成部分的个体化，在本质上与社会主义并非势不两立，而且在社会主义现代化条件下，将更进一步促进个人的幸福生活和个性的全面发展。坚持党的领导是中国社会主义的根本原则，中国社会个体化与社会主义的统一体现为国家在个体化中的领导地位和主导作用的确立。中国社会的个体化可以称为国家管理下的个体化，国家不仅在个体的发展方面发挥了重要作用，而且通过划定界限和规范来管理个体化进程。阎云翔指出："在西方个体的崛起以及私人领域转向更加私密的领域背后，是作为基本推动力的市场在发挥着作用；而与西方不同的是，通过大量组织管理严密的旨在塑造社会主义新人和新社会的制度性转变，中国的国家创造了这些变化。……个体通过应对这些制度变迁而崛起，而不是通过自下而上的方法追求不可剥夺的个体权利。结果，当个体利用总体上符合年轻人和女性利益的新法律、国家政策和制度变迁时，他们已经接受了国家所施加的种种限制，并且内化了国家设定的社会主义框架下的个体发展方向。"② 事实上，国家所有有关个体化的法律、政策和制度，只要符合个体的利益，它们所蕴含的价值取向就会内化为个体的发展方向。通过这种机制，社会主义的原则就贯彻到了个体化中，个体化由此体现社会主义的本质。

党的十九大的召开标志着中国社会主义现代化建设进入了新时代，也标志着中国社会的个体化进入到更高的发展阶段。党的十九大报告指出，"中国特色社会主义进入新时代，我国社会主要矛盾已经转化为人民日益增长的美好生活需要和不平衡不充分的发展之间的矛盾"，"人民美好生活需要日益广泛，不仅对物质文化生活提出了更高要求，而且在民

① 《邓小平文选》第3卷，人民出版社1993年版，第373页。

② 阎云翔：《中国社会的个体化》，陆洋等译，第16—17页。

主、法治、公平、正义、安全、环境等方面的要求日益增长”①。为了解决这个社会主要矛盾，党的十九大报告提出：“必须坚持以人民为中心的发展思想，不断促进人的全面发展、全体人民共同富裕”；“明确全面推进依法治国总目标是建设中国特色社会主义法治体系、建设社会主义法治国家”；“坚持人民当家作主”；“坚持全面依法治国”；“坚持在发展中保障和改善民生”；“完善公共服务体系，保障群众基本生活，不断满足人民日益增长的美好生活需要，不断促进社会公平正义”；“优先发展教育事业”；“提高就业质量和人民收入水平”；“加强社会保障体系建设”；“实施健康中国战略”；“打造共建共治共享的社会治理格局”；“保护人民人身权、财产权、人格权”；等等②。可以预见，党的十九大报告提出我国社会主要矛盾的转变以及未来社会发展的新的战略目标，中国社会的个体化将朝着有利于个人解放和自由而全面发展的方向快速而高质量地发展，最终形成有中国特色的、体现社会主义优越性的个体化发展模式。

二 当代中国社会“个体的崛起”

中国社会的个体化是把个人塑造成为个体的运动，其重要表征是个体的崛起，这标志着中国社会“个人生涯模式”的整体性变迁。个体的崛起是中国社会历史进程中的划时代事件，意味着新的社会文明形态的到来和以个体为要素的新型社会组织形式的形成，以及个人发展的新阶段的开始。

（一）单位体制的解体与个人的“解放”

个人在社会中的地位是怎样的，在社会中如何存在和怎样发展，直接受制于社会的组织方式。中华人民共和国成立后相当长的时间内，为

---

① 习近平：《决胜全面建成小康社会 夺取新时代中国特色社会主义伟大胜利——在中国共产党第十九次全国代表大会上的报告》（2017 年 10 月 18 日），第 11 页。

② 习近平：《决胜全面建成小康社会 夺取新时代中国特色社会主义伟大胜利——在中国共产党第十九次全国代表大会上的报告》（2017 年 10 月 18 日），第 19、22、23、45、46、47、48、49 页。

了建设社会主义强国，尽快改善人民的物质生活和提高人民的文化生活水平，实行了具有高度社会整合能力，能够高效调动社会资源、集中力量干大事的社会组织方式——单位体制，“一切微观社会组织都是单位，控制和调节整个社会运转的中枢系统由与党的组织系统密切结合的行政组织构成”①。单位“是改革开放前在城镇地区，基于中国社会主义政治制度和计划经济体制所形成的一种特殊组织，是国家进行社会控制、资源分配和社会整合的组织化形式，承担着包括政治控制、专业分工和生活保障等多种功能”②。路风认为，改革开放之前中国社会单位组织具有三个基本特性：“任何单位都同时具有经济的、社会的以及自身专业分工的多种功能”；“生产要素主体之间的非契约关系”；“资源的不可流动性”。单位组织对于我国就业公民具有异乎寻常的重要意义。“作为单位的社会组织都具有行政血缘关系和行政级别，并按照这种关系分别隶属于政府的行政机构”，“党组织系统沿着这种行政组织系统延伸到一切社会基层组织，构成事实上的最终权力系统”，“党和国家的政策规定、计划指标以及行政命令按照行政隶属关系下达到各个单位，再通过各单位的具体执行而贯彻于全社会”。因此，“单位作为其成员的社会生活场所的意义，日益超过了它作为劳动组织或工作组织的意义”；“单位为其成员提供福利的意义，日益超出了它为社会提供产品和服务的意义”；“单位为国家政治生活提供秩序和为社会承担义务的意义，也日益超出了它的社会专业分工的意义”③。国家实行单位体制，社会组织普遍行政化，由此“形成了一个国家—单位—个人之间强制性的依附关系结构”，“因为国家控制着绝大部分的资源和机会，所以单位组织必须依附于国家；由于国家是通过单位组织将资源分配到个人，所以个人必须依附于单位”④。在这种依附关系的社会结构中，“自上而下的国家行政权力控制着每一个单位，又通过单位控制着每一个个人”⑤，也就是说，单位体制下，单位规定个人的社会地位和身份，决定个人的生活方式和人生命运，个

① 路风：《单位：一种特殊的社会组织形式》，《中国社会科学》1989 年第 1 期。

② 李路路：《“单位制”的变迁与研究》，《吉林大学社会科学学报》2013 年第 1 期。

③ 参见路风《单位：一种特殊的社会组织形式》，《中国社会科学》1989 年第 1 期。

④ 李路路：《“单位制”的变迁与研究》，《吉林大学社会科学学报》2013 年第 1 期。

⑤ 参见路风《单位：一种特殊的社会组织形式》，《中国社会科学》1989 年第 1 期。

人无独立人格和自主生活。

单位体制作为传统政治、经济体制的组织基础，是中国社会体制改革的重点。单位体制改革是社会主义现代化和市场经济发展的需要，其内容必定是变革单位体制的内在逻辑，将个人、社会从单位以及任何具有“人的依赖关系”和封闭性特征的组织结构中解放出来，创造出新的社会组织形式和体系。随着市场经济体制的建立，社会资源配置手段和社会结构的变革，单位体制的解体和个体化的发展成为必然趋势。1978年安徽省凤阳县小岗村18位农民与村集体签署了一份包干到户、包产到户的合同书，这份合同书是个体农民与其村集体之间签署的一份权利与义务契约，个体农民与村集体在这份契约中互为权利的主体和客体，这标志着个体农民从对村集体的依附关系中脱离，成为一个直接为自己的物质利益而劳动的人。家庭联产责任制被定性为社会主义集体经济的生产责任制，并被确定为“我国乡村集体经济组织的一项基本制度”在全国农村推广实施。随着人民公社制的撤销，广大农民与农村单位组织之间建立了一种新型关系。这种新型关系确立了个体农民在其生产和生活中的自主地位和权利。随之而来的是城乡隔绝的体制开始松动，国家允许农民进城开店、办企业、提供劳务，农民可以自理口粮到城镇落户。80年代中后期，以沿海乡镇企业为主体的工业化浪潮、城市改革以及第三产业的发展对劳动力的大量需求，形成了气势浩大的民工潮。国务院颁布新法规，同时废除旧的收容遣送制度，农民获得了自主流动的权利，实现了自主择业。在农村经济体制改革深入发展的同时，中央启动了以城市改革为中心的社会体制改革。市场经济制度的建立和政治体制改革的展开，社会组织向功能单一化、异质化、多元化方向发展，国有单位组织与其成员之间的关系开始转变为契约关系，国有单位组织对于自己实际控制的资源有了相当大程度的自主权，市场化的环境也推动资源在市场中的大规模流动，由此，“由国家统一集中管理、占有和分配各种资源的体制格局已经打破、并逐步松动和瓦解，单位对国家和上级单位的依赖性在不断地弱化；与此同时，随着社会化服务的发展以及人们需求满足和利益实现方式和途径的日益多样化，也使得个人及单位成员对单位组织的依赖性在逐步地弱化。”①

单位体制的解体带来了个人的解放：国家从私人领域开始撤出，个人的选择不断增多，有了更多的人身自由，不受权力干涉、自己做主的私人生活开始显现；尽管个人失去了社会组织对于他们的直接责任，但获得了对自己劳动力的所有权、支配权；尽管人们为了生存不得不成为劳动者，但是在将劳动力出卖给谁、在什么地方工作、做什么工作等问题上享有选择的权利；劳动力成为商品，人与人之间的相互依赖关系体现为普遍的商品交换关系，任何人都不特别地依赖哪个人、哪些人或哪个群体而依赖整个社会关系。因此，个人需要对自己的生活承担责任，并因此享有权利。“80 年代中期，追求个人自己的生活已经成为一种强劲趋势，生活方式的政治亦开始在中国人的社会生活中发挥作用”，“中国人决定把追求个人幸福列为首要目标”②；单位性质和功能的变化，同时也改变了单位在个人心中的地位和作用，个人作为“单位成员不再把单位看作为一种朝夕相处的‘生活共同体’，而更多的把自己的那份工作看作为职位与工作场所”，其“参与行为已经不再以对这种组织的全面依赖作为基础，而是更多地把参与作为一种利益驱动的行为，并以此为基础构造自己对组织的认同”③。

（二）当代中国社会个体法律人格的确立

中国社会的个体化也是确立、完善、提升个体法律地位的过程。在中国社会个体化的每个发展阶段，都有保障、促进个体化以及个体存在、发展的法律陆续颁布、实施。个体化和个体是内在于市场经济关系的要素，因此与个体化、个体相关的法律主要归属于民法体系。“民法是私法的基本法，它以对人的保护为核心，以权利为本位，系统全面地规定了自然人、法人、非法人组织在民事活动中享有的各种人身、财产权益”④。

---

① 李汉林：《转型社会中的整合与控制——关于中国单位制度变迁的思考》，《吉林大学社会科学学报》2007 年第 4 期。

② 阎云翔：《中国社会的个体化》，陆洋等译，第 335 页。

③ 李汉林：《转型社会中的整合与控制——关于中国单位制度变迁的思考》，《吉林大学社会科学学报》2007 年第 4 期。

④ 梁慧星：《民法总则的时代意义》，《海南人大》2017 年第 5 期。

“民法是涉及普通民众个人利益的法律”，“在市场经济国家和法治国家里，民法不只是宪法属下的部门法，而是规范社会财产关系和人身关系的法律”，“是社会的基本法之一，其地位只有宪法才能比”①。个人成为个体、确证自己是个体，时刻离不开人身方面的权利和财产权利，而这些权利是由民法保障的，因而，民法对于个体的存在和发展是至关重要的。改革开放四十多年，中国已经初步形成了民法体系，《中华人民共和国民法典》的颁布标志着中国社会中的个人作为个体法律地位的确立，即获得了个体法律人格。法律人格是法律主体的资格，个体法律人格意味着个体权益的法律认可和支持。因此，个体法律人格是个体法律地位的体现，是个体的合法性依据。

1. 民法是个体合法性的来源

个体的合法性由民法确定和体现出来，民法对于个人权利和义务的规定确定了个体的本质和社会内容。

（1）民法是关于民事主体平等、自由之法

法是为了调整人的社会行为和社会成员之间的相互关系，维护社会秩序，由国家立法机构制定并由国家强力保证其实施的行为规范的总和。由于社会生活和社会关系的复杂性，法分为不同的类别，每一个独立的法律类别，都是为调整特定的社会关系服务的。民法是调整平等主体之间的财产关系和人身关系的法律总和，因而是关于人与人之间最基本社会关系的法律，从根本上反映社会生产关系的状况、人们的经济生活条件，尤其体现人的现实社会本质、社会交往中的人权状况、民权水平。在这个意义上，民法在本质上是人法，其首要的和根本问题是人的问题。

现代民法作为人法，是关于民事主体之平等、自由之法。从历史沿革来看，民法始终与商品交换、市场经济的发展紧密联系在一起，是人与人之间以商品体现的社会关系在法律上的反映。商品交换的前提和基础是商品交换者具有独立的人格权、财产自主权和与这两种权利相适应的合同自由权。商品交换者的这些社会本质、规定性体现为近现代民法的四大原则：“个人主义以及平等原则”，即民法以单一的个人作为民法主体制度的基本原则，一切民事主体在民法上的地位平等；“私权神圣原

① 孙宪忠主编：《民法总论》，社会科学文献出版社 2010 年版，第 1 页。

则”，即民事主体所拥有的权利神圣不可侵犯；“意思自治原则”，即民事主体只是依据自己的内心真实意愿参与民事法律关系并承担其后果，此外既不受他人包括国家的强制，也不受自己的身份限制；“自己责任原则”，即民事主体只能因为自己行为的过错而承担法律责任①。民法这四个基本原则的核心价值是平等和自由。平等原则强调民事主体均享有同等的民事权利，每个民事主体的权利都平等地受到民法的承认和保障；私权神圣原则要求每个民事主体平等地对待其他民事主体，并要求其他民事主体平等地对待自己；意思自治原则是由平等原则决定的，民事主体双方因法律地位的平等而不能将自己的意志强加于其他主体，才有了意思自治；自己责任原则则是民事主体法律地位平等在经济利益上的体现，是权利与责任的平等关系。由于民法调整的是民事主体间的财产关系和人身关系，民法赋予民事主体的权利即是“服务于民事主体特定利益的实现或维持，由法律上之力保证实现的自由”，“强调的是具有独立地位的主体间的自主平等关系”②，从性质上看，权利主体在法律的限度内，可以依自己的意志享有或实现某种利益，由此体现权利的意志因素以及权利人发挥其积极性、主动性的行为自由③。

（2）法律人格制度决定了“谁”是民事主体

民法如何看待人体现在民法的主体制度设计中，法律人格制度构成民法人法的核心内容。法律人格即法律上的人格，法学界对这个概念主要有三种理解：①指具有法律地位的权利主体；②指作为权利主体法律资格的民事权利能力；③指受与人自身不可分离的、法律保护的利益④。但是，就其根本意义而言，法律人格既不指权利主体本身，也不指权利能力，更不指人格利益，而是“用来描述人的一般法律地位、一般意义上的法律主体资格”⑤。有学者指出：“民法中的人以何种资格存在？民法对人的哪些内容予以关注？民法对人的这些内容又以何种方式予以保护？

① 参见孙宪忠主编《民法总论》，第40—44页。

② 王利明主编：《民法》，中国人民大学出版社2018年版，第85页。

③ 参见王利明主编《民法》，中国人民大学出版社2000年版，第43页。

④ 参见王利明主编《民法》，中国人民大学出版社2018年版，第169、170页。

⑤ 张作华：《法律人格的伦理变革——来自罗马法又回到罗马法》，《西南政法大学学报》2007年第6期。

从民法演进的过程来看，人与民法的连接点就是法律人格。”[①] 把法律人格作为民事法律制度设计中的环节或内容，形成了民法上的法律人格制度。法律人格制度设置的意图是民事主体须经法律认可，即哪些人是或不是民事法律上的人，哪些人享有国家承认、保障的民事权利，哪些人没有民事权利需要法律的认定。因此，法律人格制度是法律对于民事主体资格的评价、认可制度，其核心是对民事主体的资质进行法律规定，以此为标准对民事主体实行“筛选”“准入”。法律人格制度的最重要作用是使民法体现立法者的意志程序化，从而具有现实的可操作性，使立法者通过和依靠法律人格制度实现国家对于基本社会关系的肯定和对于现实利益关系的价值选择。因此，法律人格制度是表达和实现统治阶级意志的技术手段，具有把社会资源和社会权力归属、分配法律化的作用，反映一个国家的本位价值观。法律人格制度表明，民事权利主体不仅是历史范畴，也是现实的法律范畴，法律人格制度的演变直接反映了整个民法观念和价值的发展、变化。不同国家的民法规定的民事主体不同，同一个国家在不同时期民法规定的民事主体也不相同。罗马法创制了法律人格制度，它的思想前提是一个人只有具有一定身份时才成为人，它只规定具有特殊身份的人、家庭具有法律人格，是民事主体。在罗马法中，民事主体要同时具备自然人、自由民和市民等三重身份，否定单纯自然人具有法律人格，罗马社会中的个人“不是被视为一个个人而是始终被视为一个特定团体的成员”[②]。从罗马法的法律人格制度可以看出，罗马社会是实行奴隶主阶级统治和以群体为本位、等级森严的身份社会。进入现代社会，各个国家适应市场经济发展对民事活动立法，制定和颁布民法，民法的思想基础和前提发生了根本变化。现代国家的人格法律制度反映市场经济社会“物的依赖关系”下个体化的社会组织特征，把社会结构中的基本要素——个人、各种群体纳入到民事主体体系，依他们在现实社会关系中的主体地位，赋予他们以法律主体资格。因此，与

① 马骏驹、刘卉：《论法律人格内涵的变迁和人格权的发展——从民法中的人出发》，《法学评论》2002 年第 1 期。

② ［英］梅因：《古代法》，沈景一译，商务印书馆 1996 年版，第 105 页。

罗马法中把人格与法律人格截然分开的身份制度不同，现代民法[①]实行现实人格与法律人格相统一的制度，其民事主体的范围扩大、类型增加、权利扩展。比如，1794 年的《普鲁士普通邦法》第 1 章第 1 款第 1 条规定，现实中的人无等级地成为民法中的人格人即民事主体，享有市民社会中的既定权；《奥地利民法典》第 16 条规定所有人具有民事主体资格；《法国民法典》第 8 条规定所有法国人具有法律人格；《德国民法典》则把自然人和法人列为民事主体，而且自然人不分国籍；我国《民法总则》规定的民事主体则包括自然人、法人、非法人组织和国家。现代民法实行的法律人格制度的特点是，赋予本国所有公民以法律人格，“自然人成为民事主体不需要任何的额外条件”[②]，群体组织依照法律规定和程序成为法人，也享有民事主体权利。因此，总体上，“在现代民法中，主体制度经历了从抽象的人向具体的人的发展过程”，更强调“保障社会的公平正义、维护交易安全和秩序”，“开始注入越来越多的实质平等的因素”，“形成民法人文关怀的核心内容”[③]。

（3）个体法律人格在现代民法中的确立

现代民法是“市场经济的基本法”[④]，它的法律人格制度将自然人、群体组织确认为民事主体，体现多元主体原则，个人作为个体的法律人格地位得到了确立。

首先，民事主体是民事法律关系的主体，在法律规定的社会关系中具有主体地位和主体性的人。现代民法以自然人和法人等为民事主体，是在法律上确定他们的人身关系和财产关系，即“市民社会”[⑤] 中个人与他人、群体之间的主体间关系和主体间性。因为，现代社会中的自然人，不是抽象的人，尽管法律上把自然人解释为生物学意义上的人，但是这种解释只是在说明，在一个国家，人之为人便具有法律人格，这是在普遍的社会意义上对现实的个人作为个体的存在方式、社会本质的法律规定。自然人、法人同为民事主体，亦同为平等主体，平等主体的自由特

① 这里所说的现代民法指的是进入到现代社会的国家的民法。

② 王利明主编：《民法》，中国人民大学出版社 2018 年版，第 43 页。

③ 王利明主编：《民法》，第 10 页。

④ 王利明主编：《民法》，第 9 页。

⑤ 参见梁慧星《民法总则讲义》，法律出版社 2018 年版，第 10 页。

性，以及平等主体之间关系的平等原则以法律的方式规定了人与人之间、个人与群体、社会之间的主体间关系，这正是现代社会组织结构、社会运行机制的现实基础和实质性内容，个人由此摆脱了对于群体的依赖关系而成为具有独立人格和利益的个体存在。而法人作为具有民事权利能力和民事行为能力，依法独立享有民事权利和民事责任的组织，与其成员之间的关系是物质利益关系，即法人“是自然人实现自身特定目标的手段”，“法律确认法人为民事主体，意在为自然人充分实现自我提供有效的法律工具”①。因此，赋予自然人、法人以法律人格，就是国家承认和保障个人在社会关系中的独立人格、平等与自由，也是对“物的依赖关系”中个人个体本质的规定。

其次，现代民法是个体物质生产和生活的基本法律保障。现代民法把法律人格赋予自然人、法人，使之作为民事主体而存在，在它们现实的经济、社会关系中形成彼此间的民事权利与民事责任关系，因而民法是国家调整社会成员之间“物的依赖关系”，建立现代社会结构的基本法。现代民法涵盖了个体物质生产和生活（包括全部经济生活和家庭生活）的绝大部分内容，是个体经济生活、社会交往关系的基本准则，是为了保障公民权利不受侵害而产生的，因而是私法。“私法关系的参与主体都是平等主体，国家介入也是作为特殊的民事主体来参与的”，“私法领域奉行私法自治的理念，‘法无禁止即可为’”，“由于民法是私法，因而要贯彻私法自治原则，赋予民事主体以广泛的行为自由，并使当事人之间的合法约定能够具有优先于任意法适用的效力”②。现代民法的根本任务之一是调整平等民事主体之间的财产关系，承认和保护民事主体的财产权。现代民法中的财产权是与人的人格、身份相分离并具有经济价值的民事权利，这些权利以货币形态出现，可以换算为一定的货币，其中最重要的是物权。权利人依法对特定的物享有直接支配和排他的权利，包括所有权、用益物权和担保物权。物权不仅是人对物的关系，也是人对人的关系，权利人享有物权，无须借助于他人的行为就能够行使自己的权利，而其他人对物权人的权利负有不得侵害和妨害的义务，因此，

① 王利明主编：《民法》，第60页。

② 王利明主编：《民法》，第9页。

民法保障的个人权利是个人作为个体而存在和发展的物质基础。

最后，现代民法是确立、保护个体人格尊严的法律。个体的人格尊严，是指个体的需要、权益、意志为他人和社会所尊重。现代民法设人格权，包括一般人格权和具体（特别）人格权。前者“是指法律采用高度概括的方式赋予公民和法人享有的具有权利集合性特点的人格权，是关于人的存在价值及尊严的权利”，其“价值内涵”包括“人格平等”“人格尊严”和“人身自由”；后者是指为民事主体所固有而由法律直接赋予民事主体的各种人身权利，包括在生命、身体、健康、姓名、肖像、名誉、隐私等方面享有的权利。人格权是个体人格尊严的法律认可和保障，它是“以主体固有的人格利益为客体，以维护和实现人格平等、人格尊严、人身自由等人格利益为目标的权利”；它“无须民事主体积极的作为”，直接由法律赋予，为民事主体专属、固有，旨在维护主体作为人的存在，并且为其从事财产活动提供前提条件；它“在很大程度上皆体现于精神范畴，都是行为与精神活动的自由和完整的利益，且以人的精神活动为核心而构成”，所维护的人格利益是人的最高的和根本的利益；它是“人权的具体化和制度化的体现”，“人权理念和思想在民事法律领域的延伸和具体表现”①。

从现代民法的本质、内容、作用的范围以及个体的实质意义可以得出结论：没有现代民法体系，就没有个体的现实存在和发展。在现实生活中，现代民法为个体提供法律根据，个体则依靠现代民法的支撑确证自身。

2. 当代中国社会个体的“合法化”

在当代中国社会的个体化以及个体崛起的过程中，以新宪法为根据的民法体系的发展，尤其是《民法通则》和《民法总则》的颁布、实施对于个体的“合法性”起了根本的作用。

在社会主义中国，国家的根本制度和根本任务、公民的基本权利和义务、国家机构的组织原则和职权由国家的根本大法——宪法规定，基本社会关系受宪法之下的各种法律的调节和约束。这些法律一般分为公法和私法。公法主要调整国家与普通公民、组织之间的关系以及国家机

① 参见王利明主编《民法》，第176、177、169、170、173页。

关及其组成人员之间关系。私法主要调整普通公民之间、组织之间以及公民与组织之间的关系。一般而言，公法是关于国家的法律，私法是关于私人利益的法律。个人作为社会性存在，既是公民、各种组织中的成员，也是一个现实地从事着生命活动的存在。个人是怎样生活的，依据于宪法，取决于公法和私法在整个法律体系中的地位以及它们之间的关系，而这则要在作为私法的民法中具体体现出来。中国社会确立个体法律地位的是1982年制定的第四部宪法即现行宪法，之后的5次宪法修正，则在新的水平上巩固和发展了个体的合法权益。

1982年以前的我国宪法（包括54宪法、75宪法和78宪法），确立计划经济为国家基本经济体制，对我国基本经济关系和国计民生的基本活动实行国家统一计划管理。宪法的这一根本内容和原则决定了公法负责调整绝大部分社会关系，掌控着整个社会空间，私法则处于公法的统摄之下，所辖社会空间狭小、调控的对象极为有限。作为私法的民法，受整个法律体系之逻辑结构的限制，其主张和保护的民事权利主要来源于公共权力，其权力以规范公民个人事务为主，仅在调整个人财产关系和人身关系时发挥作用，涉及公民社会经济活动的事务均不介入。由于实行高度集权的社会治理方式，我国民法按照“国家、集体、个人”的主体制度来制定，民事主体的权责不清，而政治分级意识突出。与民法的这一法律地位、特点相一致，我国社会在改革开放前的个人生活主要受公法规范，尤其受文化大革命的影响，具有强制性和非意思自治的性质，如75宪法保留了极为简单的公民权利条款，删除了公民在法律面前一律平等的规定，因此，个体不具有法律地位。1982年，中国社会改革开放实行以计划经济为主、商品经济为补充的经济体制，吸取社会主义实践的经验和教训，依据对社会主义本质的新认识，适应新时期经济建设和改革开放的实践需要，国家在54宪法的基础上制定了新的宪法即82宪法。82宪法肯定了商品经济的地位，其中的许多内容是确立和保障或有利于个体社会权利和自由的。其“总纲”规定：中华人民共和国是人民民主专政的社会主义国家，一切权力属于人民，人民依照法律规定，通过各种途径和形式，管理国家事务，管理经济和文化事业，管理社会事务，国家机构实行民主集中制原则；国家维护社会主义法制的统一和尊严，任何组织都不得有超越宪法和法律的特权；国家保护公民的合法的收入、储蓄、房屋和其他合法财产的所有权；等等。其“公民的基本权利和义务”规定：中华人民共和国公民在法律面前一律平等，任何公民享有宪法和法律规定的权利；年满 18 周岁的公民享有选举权和被选举权；公民有言论、出版、结社、集会、游行、示威的自由；宗教信仰自由；公民的人身自由、人格尊严、住宅不受侵犯；公民的通讯自由和通信秘密受法律的保护；公民有劳动、受教育的权利和义务；公民在行使自由和权利的时候，不得损害国家、社会的、集体的利益和其他公民的合法的自由和权利；公民必须遵守宪法和法律，遵守公共秩序，尊重社会公德；等等。此后我国先后进行了五次修宪，每一次修宪，在确立个体地位和权益方面都有新的进展。1988 年，宪法修正案允许私营经济出现，并准许土地使用权转让。1993 年，修改宪法总纲大部分条款和序言部分，正式确立了“社会主义市场经济”体制。1999 年，宪法修正案将宪法部分条文再度修改，修改后的宪法进一步提高了私有经济地位，废止反革命罪，增加了“实行依法治国，建设社会主义法治国家”等重要内容。2004 年，宪法修正案增加了“公民的合法的私有财产不受侵犯”“国家建立健全同经济发展水平相适应的社会保障制度”“国家尊重和保障人权”等内容。2018 年，宪法修正案提出发展社会主义市场经济、发展社会主义民主、健全社会主义法治。可见，我国宪法的修正过程，体现了对旧体制、旧制度的逐步突破，每一次突破都包含着个体法律地位的实质性提升。

82 宪法使公法和私法地位、角色以及作用的范围发生巨大变化。公法从一些民事活动中撤离，让位于私法；私法则在法律体系中的地位大大提高，私法体系快速拓展，其社会空间空前扩大。82 宪法大大推动了公法与私法的分离以及民事立法的科学性。1984 年《最高人民法院关于贯彻执行民事政策法律问题的若干意见》颁布，第一次对民事私法所涉及的领域进行了集中统一的界定，内容涉及婚姻、收养、扶养、赡养、继承等婚姻家庭和继承问题，以及房屋、宅基地等物权问题以及债务、损害赔偿等债法问题。1986 年《民法通则》颁布，这是具有划时代的开创性意义的历史性事件，标志着中国社会个体化时代的到来。《民法通则》第 2、3、4、5 条规定：中华人民共和国民法调整平等主体的公民之间、法人之间、公民和法人之间的财产关系和人身关系；当事人在民事活动中的地位平等；民事活动应当遵循自愿、公平、等价有偿、诚实信用的原则；公民、法人的合法的民事权益受法律保护，任何组织和个人不得侵犯。这些规定确立了个人、社会组织、国家在民事活动和民事关系中的平等主体地位。《民法通则》第26、27、28条规定：公民在法律允许的范围内，依法经核准登记，从事工商业经营的，为个体工商户；农村集体经济组织的成员，在法律允许的范围内，按照承包合同规定从事商品经营的，为农村承包经营户；个体工商户、农村承包经营户的合法权益，受法律保护。依照这些规定，脱离了单位组织或不需要进入单位组织的大量人员可自谋职业、自谋生路。这意味着个人以个体的身份进入到社会生产关系体系，在社会物质需要体系中获得合法身份，享有财产所有权、支配权与获益权，从而获得独立生活的物质基础和条件。《民法通则》恢复实行法人制度，使民法成为保障民事活动、民事关系中个人权益的权威力量。个人依据民法，在与法人的关系中，从法人那里取得合法权益，而且，"除法律另有规定外，法人的成员或创立人个人对法人的债务不承担责任"，这"从根本上减轻了自然人在社会交往中的负担"①。《民法通则》恢复实行法人制度对于个体的巨大意义还在于，国家能够通过法人的民事义务、责任来发展为个体安身立命提供基础、保障的文化教育事业、公共事业和福利事业。《民法通则》除了保护公民的个人财产，还特设了人身权，规定公民享有生命健康权、姓名权、肖像权、名誉权、人格尊严、荣誉权、婚姻自主权等权利，明确保障个人的各种人身权利。《民法通则》实施之后，民法体系进入新的历史发展阶段，一大批依据市场经济原则要求制定的民商立法相继出台，大体建立了一个以市场经济为价值取向、有中国特色的民事法律体系框架，初步形成了"以《民法通则》统帅各民事单行法的立法体系"②。至2010年，《收养法》（1991年）、《担保法》（1995年）、《合同法》（1999年）、《物权法》（2007年）、《侵权责任法》（2009年）、《涉外民事关系适用法》（2010年）等一系列民事单行法分别制定出台，它们同《民法通则》一起，作用于民众的社会生活，使个体在民事生活领域的权利以及个体自

---

① 王利明主编：《民法》，第61、60页。

② 梁慧星：《民法总则讲义》，第2页。

己决定自己生活的机会越来越多，个体生活的自主空间越来越广阔。

2017 年颁布和实施的《民法总则》，相当于我国民法典总纲，被称为“民事权利的宣言书”①。《民法总则》超越《民法通则》的地方在于，它形成了完整的民事权利体系，强化了私权保障，更注重对于个体的人文关怀，因而对于个体的存在和发展意义更为重大。首先，《民法总则》把人身关系的民法调整放在了更为优先的序位，突出了个人本位价值。“人身关系”中基于人格以及基于一定身份产生的人身关系所指涉的内容为“自然人”所独有，在民法上表现的权利，如生命权、身体权、健康权、婚姻自主权、人身自由等等，为个人“专享”，这些权利是个人在精神上和道德上的权益，关系到人之为人之尊严的本质，因而是“人道权利”。《民法通则》第 2 条为“中华人民共和国民法调整平等主体的公民之间、法人之间、公民与法人之间的财产关系和人身关系”，第 5 条为“公民、法人的合法的民事权益受法律保护，任何组织和个人不得侵犯”，而第五章有关民事权利的规定按照“财产所有权与财产所有权有关的财产权”“债务权”“知识产权”“人身权利”依次排序。与之不同，《民法总则》第 2 条为“民法调整平等主体的自然人、法人、非法人组织之间的人身关系和财产关系”，第 3 条为“民事主体的人身权利、财产权利以及其他合法权益受法律保护，任何组织或者个人不得侵犯”，第五章关于民事权利的前四个条文都是关于自然人人身权益的规则，对各类财产权益进行确定和保障的规则位于其后。民法中，人身关系和财产关系的序位变更，人身关系优先于财产关系，“其基本理念就是关爱人、尊重人，维护个人的人身自由和人格尊严”②，这标志着个体权益在国家法律体系、民事立法中价值位次的实质性跃升。其次，《民法总则》用“民事主体”取代了《民法通则》中的“当事人”或“公民（自然人)”、法人等术语，在民事法律关系中贯彻主体性思维，这在本质上加强了对个体权益的保护。个人因其生存的有限性而以社会的形式存在着、存在于各种群体之中。相对于群体，个人处于绝对的弱势地位，只有法律赋予个人权利、对个人权利给予保

① 王利明主编:《民法》，第 21 页。

② 王利明主编:《民法》，第 7 页。

障，个人才能与群体形成平等关系。群体中个人与个人的关系亦如此。社会关系中的平等关系是主体间关系，这种关系在主体性思维这一前提下才具有社会现实性。主体性思维是以主体为尺度的“权利和责任相统一”的价值思维，其本质特征是承认“人是一切价值的主体，是一切价值产生的根据、标准和归宿，是价值的创造者、实现者和享有者”①，因而总是从主体的角度思考价值问题，以主体分析的方法来把握价值和价值关系，这就意味着：“在价值领域要平等地对待各种不同的主体，‘把人的权利和责任还给人’”，“更多地关注人，理解人的尊严，倡导人作为主体的自觉担当，促进人与人之间的理性互动与和谐”②。因而，主体性思维是把人当作主体的思维方式。民法关系是社会生活中最重要的价值关系之一，运用主体性思维，才会在民事活动和民事关系中使用“民事主体”这一术语。《民法总则》以“民事主体”这一术语表达法律关系中各种形式的人享有何种权利与承担何种义务，是自觉运用主体性思维思考民事法律关系中人与人之间关系的表现。民事主体与民事客体相对应，在民事关系中享有民事权利并由此承担民事责任、对其民事活动的后果负责，从而在民事主体身上形成民事权利和民事责任的对等关系，以及在不同民事主体之间形成权利与义务间的平等关系。因此，“民法总则”使用“民事主体”这一术语，规定“民事主体行使权利时，应当履行法律规定的和当事人约定的义务”，表明了它的主体原则，意在强调民事主体的权利与责任的统一、民事主体间的平等关系，其实质意义是把群体对于个体的责任以法律的形式加以确定，从而在个人与群体的关系中，在个人与个人的关系中更加充分地体现民法的各项基本原则，使个体按照自己的意愿依法行使民事权利，体现个体在民事社会关系中的独立主体地位。最后，《民法总则》在使用了“民事主体”这一术语之后，使用“自然人”这一概念，不仅是民法总则自身逻辑的需要，也是民法体系科学性的要求，但其根本意义在于民法对于个体的人身权益和社会自由的关注以及对于个体生存权的人道主义关怀。《民法总则》赋予自然人以民事主体资格，肯定了民事主

① 李德顺：《价值论》，第 80 页。

② 李德顺：《价值观教育的哲学理路》，《中国德育》2015 年第 9 期。

体资格和权利的来源、基础在于个人的“自然性”而非社会性，从而把自然人与民事权利直接联系起来，所有人因其是自然人而具有平等的民事权利资格。《民法总则》第13条规定：“自然人从出生时到死亡时止，具有民事权利能力，依法享有民事权利，承担民事义务”；第14条规定：“自然人的民事权利能力一律平等”，这标志着民事主体资格和民事权利最大限度地涵盖了每个个人，从而最大限度地扩展了个人自由的社会空间，而这正是个体获得社会地位的法律保障。

对中国社会个体化进程和个体地位具有里程碑意义的事件应是《中华人民共和国民法典》的颁布。《民法典》适应时代要求，对我国现行的、制定于不同时期的民法通则、物权法、合同法、担保法、婚姻法、收养法、继承法、侵权责任法和人格权方面的民事法律规范进行系统的编订修纂，形成了一部具有中国特色、体现时代特点的、反映人民意愿的民事法律体系。《民法典》健全和充实了民事权利种类，建构了更加完备的民事权利体系，完善了权利保护和救济规则，形成了规范有效的权利保护机制，对于更好地维护全体个体即人民的权益，促进个体的自由而全面的发展具有划时代的意义。

（三）当代中国社会个体的特性

个体化以及个体的崛起必将引起个人生活价值体系的历史性变迁，使其基本价值关系、重要价值和生活意识等带有个体的性质和特征。当代中国社会的个体化以及个体的崛起是在特殊的历史背景和社会条件下开始和展开的，个人生活价值体系的个体表征具有当代中国特色。这种特色反映了当代中国社会独有的个体“特性”。

1. 个体以“我”为核心构建的个人自我价值意识成为个体意识的基本内容

个人自我价值意识是个人对于自己的需要以及如何满足这些需要的意识，即个人自我和自我实现的意识。当代中国社会的个体化在个体精神上体现为个人自我价值意识的发展。这是因为它使个人生活发生了巨大变化：一方面，“去传统化、脱嵌、通过书写自己的人生来创造属于自己的生活，以及无法抗拒的更加独立和个人主义的压力，所有这些西欧个体化的特征也同样发生在中国的个体身上”；另一方面，由国家发起的社会体制改革“迫使个人担负起更多责任、更积极地投入市场竞争，在承担更多风险的同时也变得更加具有自反性”①。这种生活现实使人们越来越意识到生活的一种强劲趋势：他们已经失去了家庭、单位等各种集体的庇护和保障，不得不思考“如何活”“怎样活得有意义”这样的人生问题，不得不独自为自己的生计做打算，不得不独立解决各种生活问题。独立而自主的生活是个人的责任也是个人的义务，随之而来的是个人自我价值意识的产生和发展。这不仅表现为个人日益增长的权利意识、维权意识、争取权利的意识，以及对于个人幸福和美好生活的强烈追求，更是体现为个人具有主观性特质的自我——“欲望的自我”和“进取的自我”的构建。阎云翔指出，“过去30年，中国人既体验了生活境况和生涯模式的激烈变化，也经历了个体化进程在主观方面同等激烈的变化，也就是自我的重构与对个人身份的追寻”，“劳动力市场、教育、职业发展等领域的体制改革带来了……‘进取的自我（enterprising self）’”，以及“‘欲望的自我’（desiring）之兴起”：表现之一是，在中国人身上尤其是年轻一代的中国人身上，越来越凸显“精明的、积极主动的、律己的”“自我”特质，“他们不仅积极地为自我发展开辟道路，也把社会看做一个由自主的、有责任感的个体行动者组成的世界”；表现之二是，现代化和市场经济推动形成了全社会的大众消费潮流并产生了消费主义的新社会意识形态——“这种消费主义使个体欲望的及时满足变成一种个体权利，变成像独立、自由和自我实现等个体主义的其他关键概念一样重要”；表现之三是，“初尝选择与物质的禁果之后，中国人决定把追求个人幸福列为首要目标”，“情感与欲望的重要性”上升，“亲密关系，爱情、美好生活，轻松的工作，乃至恣意痛快”等过去“从来不曾在公共生活中得到过公开欣赏”的情感和欲望在公共生活和社会互动中得到了表达，“借助于这些公共表达，一种新的内在自我被建构了出来”②。

2. 个人在成为个体的过程中信守“现实主义”的原则

现实主义强调从客观实际出发，注重根据事实或现实而不是抽象的原则、理性来决定价值选择或者凭感情去决定思想和行动。中国社会几

---

① 阎云翔：《中国社会的个体化》，上海译文出版社2016年版，第312、332页。

② 参见阎云翔《中国社会的个体化》，第336、337、20、335、337页。

千年的农业文明造就的中华文化传统以及新中国成立以来以计划经济体制为基础的社会价值观念将整体、群体视为本位价值，强调整体、群体利益对于个人利益的优先地位，抑制个人的独立人格和个人自治。这意味着，个人只有得到社会、群体的肯定，才能获得生存和发展的条件，个人只有为社会而活，才有自我价值，个人不能在社会的价值标准之外为自己选择生活的意义和存在方式。这样，个人如何活着、怎样活、为什么活在现实中就变成个人如何服从社会、如何为社会认同。人是社会性存在，社会现实是怎样规定个人的，个人就依据这种规定过怎样的生活。在整体、群体本位的原则下，个人生活的好坏主要取决于他的社会价值的状况。当代中国社会的个体化发生在实现国家强盛、民族兴旺、共同富裕等目标的现代化进程中，是受国家统一掌控的社会转型中的个体化，这一点决定了个人成为个体的现实主义原则。一方面，个人基于社会的必然性而不得不成为个体，他的个体意识一般不先于他的个体而存在；另一方面，个体存在和发展的社会空间是在国家体制改革中不断释放出来的，个体的权利并非先于个体而存在着，而是国家根据个体存在和发展的需要、强烈愿望并依据现有的条件而不断赋予的。在这种情况下，中国社会的个体，不仅不能仅从自己的理性、愿望出发发展个体主体性、个体能力、个体的现实性，甚至也不能仅仅依靠法律赋予的权利就能够成为个体。市场的竞争、生存的压力还会迫使个体利用一切可以利用的社会条件来满足生存和发展的需要，在社会条件仍然不足的情况下还需要为争取更多的个体权利的法律保障而抗争。在这种情况下，当代中国社会中个体自我确证的原则必然是现实主义的，其结果是中国人的个体意识、个体尺度往往在消费领域、私人生活领域以及其他国家支持的领域、方面发展起来，而在一些公共领域、“应然”方面陷入困境，以致于传统中明显不适合现代性、个体化的原则仍能“大行其道”。

3. 个体主体性追求中的“关系主义”倾向

“关系主义”，即个人或群体特别注重建立和发展与其具有或能够形成某种重要价值关系的个人或群体之间的密切关系，从而将他人或群体纳入其自我结构中，期待在未来关系中便于获取利益的人生哲学。关系主义产生和存在的基础是人与人之间相互依存、相互作用的社会性本质，其根据是现实的社会关系能够使人超越其自身有限性（举他人之利做自己难以做到的事情）。关系主义作为一种人生哲学表现为一种社会交往价值观，即人们一旦意识到某种社会关系的重要价值，就会不余遗力甚至不计代价地去追求建立、发展和维护这种社会关系，以“走后门”为目的的各种“拉关系”便是表现之一。个体是反映个人现代社会性本质的关系范畴，表明个人是与他人、群体建立和推进对象性社会关系的主动行为者，从而是享有生活权利同时为自己生活承担责任的主体存在。决定个体主体性的是个体力量，但个体力量并不就意味着是个体自己的力量，还包括为个体利用的他人、群体的力量。个体利用他人、群体的力量实现自己的目的，具有社会的合理性，事实上，每个个体都是依赖他人存在和发展的，但是个体的这一社会性在不同的社会文化背景下具有不同的实现方式。而是否产生关系主义的人生哲学，在于社会关系是否具有平等、公平的社会规定性，是否由“事在人为”所决定。

中国传统社会是关系主义盛行的关系社会，因为个人不是社会关系中的独立主体，个人之间的社会关系不具有平等、公平的性质，个人如何，不取决于他自身而取决于他的社会关系可资利用的状况。新中国在计划经济时代不是法治社会，社会关系不具有契约性质，公共生活和私人生活界限不清，个人在社会关系中没有人格，而受各种群体关系的摆布，关系主义的人生哲学仍有深刻而广泛的社会基础。改革开放之后，国家对个人松绑，个人从“人的依赖关系”中解放出来，进入到“物的依赖关系”中。“物的依赖关系”形成了个人以自己为目的以他人为手段的社会需要体系，即“市民社会”。在法治社会尚在确立之中、社会道德“新旧更替”的社会发展阶段，出现了不在社会秩序管辖之内的真空地带。在这个真空地带，个体可以不受法律约束而利用交换原则拓展和发展社会关系，在构建具体的主客体关系时加强个体的主体地位和作用，使个体获得“超额”利益。这种社会关系一般根据自愿原则而建立，因而一般带有互利、共赢的性质，这使人们不仅主动寻求与人建立这种社会关系，而且也愿意接受他人与之建立这种关系的意愿。这种社会现实必将进一步强化和发展个体的关系主义的生存哲学，以至于“关系”成为个体主体性发展的本位价值。

三　当代中国个体认同迫切需要社会启蒙

在现实世界中，个人有许多需要，因而就有了各种职责和任务。但是，只有人们意识到了自己的某种需要，他们才会在观念中把满足这种需要当作自己的职责和任务。除此之外，为了满足这种需要，他们还需要意识到如何满足自己的需要，具有现实地行动起来的信心、勇气以产生自由自觉的活动，对于复杂的社会性需要、精神性需要的满足尤其如此。因此，理性的启蒙是不可缺少的。个体是现代社会个人的存在方式，成为个体意味着一个人需要具备其独立生活所不能缺少的精神品质、现实能力、知识素养，个体认同则使个人形成与个体直接同一的个体意识、个体性自我和个体人格。一个人通过生活体验，意识到个体的存在方式、生存本质，从而意识到个体认同的需要，以及懂得如何成为个体，才会把个体认同的需要在观念中转变为他人生的职责和任务，而这是一个人以充分的理性自觉对于自身生存本质的准确把握才能达到的目标。对于转型期的中国社会的现实而言，理性的启蒙对于个体认同具有非同寻常的意义。

（一）当代中国社会影响个体认同的三种理性

当代中国社会的现代化始源于计划经济条件下的人民日益增长的物质文化需要与落后的生产力之间的突出矛盾，其发展理路是以国家力量对计划经济体制进行全面改革实现社会的市场化建制，以此带动、推进政治、文化、社会体制的全面变革，构建现代社会制度。中国社会迄今为止的个体化，主要是市场经济体制构建的联动产物，而非现代化的顶层制度安排，也就是说，中国社会个体的崛起是国家实行市场化、社会关系的结构性变迁的客观需要，个体的政治权利和社会权利的获得在相当长的时间里主要依托以市场为导向的个体化的发展状况，受经济领域个体化的影响，这决定了中国社会的个体认同主要受三种理性的影响。

一是“新个人主义”的影响。中国社会改革开放 40 多年，“以市场为导向的经济改革，颠覆了先前‘集体主义方式的个体化’”，“国家卸下了其曾经承担的很多责任，迫使个人自我依赖、积极竞争”，并从之前的

“再分配体系中脱离出来”，“其结果是，国家从私人生活中撤出，公开承认个人欲望和利益的合法性，并将实现个人幸福或至少是可能性纳入其垄断性的政治事业中”[①]。崛起的个体有了更加自觉的个人权利意识和更加主动、积极的个人利益追求，大多数人的思想中发展出了一种新的个人主义，即新个人主义。之所以称之为新个人主义，是因为这种个人主义与当代中国社会个体化的独特方式以及个体生活的现实主义原则紧密联系在一起，不仅与其他国家的个人主义不同，而且在中国社会历史上也未曾出现过——“今天的中国文化正孕育着一种新的个体主义”，“这种个体主义在过去是不可言说的、发展不成熟的、甚至政治上不被接受的，而如今却公开地发挥着影响力”[②]。这种新个人主义表现为个人不再选择为集体目标而努力，而是选择为个人利益、过幸福生活而奋斗，如果说，个人为集体目标而努力，大多是因为集体目标的实现是达到个人利益、过幸福生活这一目的的手段。由于社会基本保障制度处于低水平的发展阶段，个人需要为自己承担更多的生活责任，在市场的激烈竞争中，只能以“我”为本位，把绝大多数人际关系变成实现功利目的的手段。在这种情况下，新个人主义具有过度功利的特征。新个人主义的出现还有一个重要社会原因，即“由于国家在集体主义时期对人们日常生活的干预性影响，它在改革时代的大幅度撤退反而对个体村民的私人生活产生了同样严重、也许是更负面的影响：在传统文化、社会主义影响和全球资本主义互相竞争的特殊背景下，过度功利的个人主义在中国得以发展。”[③] 在当今中国社会，这种新个人主义是大多数个体的生活准则和自我塑造的精神力量。

二是“实用理性”的影响。当代中国社会中个体自我建构和自我确证的现实主义原则，必然转化个体生活的“实用理性”。实用理性是一种“肯定现实生活的世界观”[④]，不仅以理论形态呈现在中国传统哲学的各主要学派之中，而且也是中国人的日常生活态度。李泽厚指出：“所谓‘实

① 阎云翔：《中国社会的个体化》，陆洋等译，第342、343页。

② 这里的个体指的是个人，个体主义实际上是个人主义。阎云翔：《中国社会的个体化》，陆洋等译，“序言”，第2页。

③ 阎云翔：《中国社会的个体化》，陆洋等译，第205页。

④ 李泽厚：《李泽厚哲学文存》（下编），第731页。

用理性’就是它关注于现实社会生活，不做纯粹抽象的思辨，也不让非理性的情欲横行，事事强调‘实用’、‘实际’和‘实行’，满足于解决问题的经验论的思维水平，主张以理节情的行为模式，对人生世事采取一种既乐观进取又清醒冷静的生活态度。”① 李泽厚认为，实用理性是“历史建立起来的、与经验相关联的”合理性，它既不是“先验的理性”也不是“反理性”，而是“非理性的生活中的实用合理性”；它否定“先验思辨理性”，强调“相对性、不确定性、非客观性，但又不是相对主义”，因为它“建立在‘人活着’——吃饭哲学这一绝对准则的基础之上”；它认为“由相对性、不确定性、非客观性，经由积累，却建立了人类共同适用从而被一致遵守的‘客观社会性’，即所谓‘普遍必然性’”②，这一点又与实用主义相区别，“因为它承认、尊重、相信甚至强调去符合一个客观的原则、规则或秩序”③。实用理性作为“经权相辅”“灵活变通”的践行方式，基于经验而上升到一般性的社会规则，因而是以人的生存为目的的现实逻辑。“这个理性依附于人类历史（亦即人类群体的现实生存、生活、生命的时间过程）而产生，而成长，而演变推演，具有足够灵活的‘度’”④，这决定了它可以跨越时空而成为中华民族文化的最具生命活力的基本内核。实用理性可以“毫无扞格”地接受和容纳任何有益于现实生活的新事物、新原则⑤的实用品格，使之仍然是影响当代个体认同的最重要精神因素。基于实用理性，当代中国社会中的个人很快接受了个体化的事实，同样根据实用理性，个体认同了现代性在现实层面上最有益于个人利益的方面，但又在关乎社会根本利益、个人的普遍性权利的制度建构方面缺少远见卓识；既固守着对个人和集团利益具有效用的非现代性的东西，但也在尽力改变着妨碍个人权利的传统，为争取个体权益而努力着。

三是“互倚型自我”的影响。一般认为，东方亚洲文化培育了“互倚型自我”，而西方文化培育了“独立型自我”。张世英认为：“中华传统

① 李泽厚：《中国现代思想史论》，天津社会科学院出版社 2003 年版，第 317 页。

② 李泽厚：《历史本体论》，生活·读书·新知三联书店 2002 年版，第 39、38、39 页。

③ 李泽厚：《李泽厚哲学文存》（下编），第 731 页。

④ 李泽厚：《历史本体论》，第 39 页。

⑤ 参见李泽厚《历史本体论》，第 39 页。

文化特别是占主导地位的儒家传统，其重要特点是以个人所属社会群体之‘我们’占优先地位，此中之‘自我’是‘互倚型’自我，故每个个人所着重于其自身的，是其所处社会群体中的地位，亦即平常所说的社会‘身份’：个人所言、所行，就其主导方面来说，是其所属群体的‘我们’之所言、所行，也就是说，按‘身份’言行。于是，中华传统文化中‘我’（‘自我’）的观念被湮没无闻。……中华传统文化是一种缺乏独立自我观念的文化。”张世英又进一步指出，“在中华思想文化史上，个体性自我为争取独立自主而奋力自拔的进程至今尚未界说，启蒙维艰”，“朱滢做了大量心理实验和社会调查得出结论：当今的中国人，甚至年轻人的自我观，还属于‘互倚型的自我’，缺乏个体自我的独立性和创造性”①。互倚型自我观念是一种以他人或社会尺度为标准确立自我、人生意义以及以他人或社会的力量来实现自我的观念，强调自我与他人的相互依赖以及他人、社会与“我”的相互意义，把“我”理解为“关系之我”。朱滢概括了“互倚型自我”的基本特点：“本质上强调人与社会环境，甚至山川自然环境的一致性，强调人们相互之间的依赖关系（interpersonal），是一种与他人相联系的自我（connected self），自家人（in-group members）是自我的一部分，自我与非我的界限就是自家人与外人（out-group members）的区分。”② 只要个人的利益的获得由他人、组织决定，或者受个人与他人、组织关系状况制约，只要具体的社会关系不受制于它之外的、“先验的”绝对原则或力量而取决于“事在人为”，个人自我的尺度就倾向于“互倚型自我”而非“独立型自我”。中国传统社会“大一统”的社会结构、高度集权的社会体制所特有的人与人之间直接的依赖、依存关系，使中国人塑造自我的标准、尺度大多具有“外向性”的特点，从而“互倚型自我”相比“独立型自我”更有社会基础，更易于存在和发展。中国文化传统中的“互倚型自我”仍然是当代中国社会个人精神气质中挥之不去的色彩。阎云翔通过人类学实地考察也得出结论：“理解中国人的自我之关键在于，中国文化是从‘小我’和

---

① 张世英：《觉醒的历程：中华精神现象学大纲》，中华书局2013年版，“自序”，第3、1页。

② 朱滢：《文化与自我》，第49页。

'大我'的二重性出发界定个体的。"[①] 当代中国社会正处于转型期，个人对于他人、群体的直接依赖关系仍是社会关系中的重要特质，社会、群体在塑造个体自我方面的力量仍然是十分强大的，这意味着在个人与社会的关系方面更强调两者的融合，个人选择独立自存的成本更高。这既有中华传统文化的强大惯性，更有市民社会、民主法治国家尚在形成过程中这一根本原因，因而即使个体成为个人的基本存在方式，个体有权利选择自我，在现实主义的文化背景下，他也仍然更愿意"依靠内在社会架构和个人继承或获得的社会地位来建构自我"[②]，选择"互倚型自我"而非"独立型自我"。

"新个人主义""实用理性"以及"互倚型自我"使个体认同面临两个方面的张力："新个人主义"对于个人权益的追求、"实用理性"中"实事求是"的态度以及"互倚型自我"中对于社会关系的高度重视是个体认同的动力，而"新个人主义"的"唯我"倾向、"实用理性"中的经验主义和实用主义成分以及"互倚型自我"的"主体缺位"是个体认同的主要妨碍。

（二）中国社会个体认同的三个挑战

中国社会的当代转型是"自上而下"的社会转型，起因是"无路可走"而不是"水到渠成"。广大民众为这一社会转型所做的社会心理准备非常不足，社会为这一转型所做的文化准备十分不足，国家为这一转型所做的制度准备严重不足。尤其是改革开放之前整个社会的精神状态与市场经济社会所要求的思想气质极其不符：群体化的个人生活占据主导地位而不强调个人的权利和责任；主张"群策群力"而否定个人独立自主；提倡"万物一体""天人合一"而不分"我"与"非我"；重视"群体主体性"而漠视"个人主体性"和"主体间性"；注重实用理性而缺乏规则意识。这使得当代中国社会个体认同遭遇了三个方面的困境。

---

① 阎云翔：《中国社会的个体化》，陆洋等译，第338页。

② 魏安娜在辨识个体中国人的特点时提及两种个人类型，其中之一是"依靠内在的社会构架和个人继承或获得的社会地位来建构自我"。［挪威］贺美德等编著：《"自觉"中国——现代中国社会中个体的崛起》，许烨芳等译，第23页。

一是本体性安全困境。本体性安全即个人的生存和发展得到保证或保障的状态。本体性安全困境源于个人劳动向社会劳动转化过程中必须依靠但个人本身无法掌控的诸多不确定性。埃利亚斯谈到个体生活的时代特征时指出："一旦单个个人在日益分化的国家社会这个环境中，作为个体从那些较小的、联系密切的前国家的血缘和庇护集体中脱离出来，他们就把自己置于数量激增的不确定性面前。"① 以"物的依赖关系"为基础建立生活体系，每个人的生活需要都要通过市场经由他人来满足，注定了个人本体性安全的不确定性。个人无法把握总的社会生产状况和市场状况，个人劳动能否转化为社会劳动不是个人能确定的，每个人在市场中的行为都具有反思性，交换价值能否实现不是个人能确定的；一人可以把握自己的能力，但是他的能力能否对象化不是他能确定的；即使一个人能把自己的能力对象化，但是他不能确定自己的劳动产品所换取的交换价值是否能满足生活的需要；即使一个人现在的生活衣食无忧，但是他无法确定未来的生活是否有着落。现代社会一般通过社会保障制度和社会信任制度来对抗不确定性带给人们的风险，但是我国社会转型期的社会保障制度不完善，不仅普及程度不够、差别对待，而且水准比较低，个人在失业、重大疾病、天灾人祸、丧失劳动能力、生活困难时，社会还没有足够的力量帮助每个人渡过难关。社会在个人劳动技能培训、社会就业机制方面还不能为每一个个人就业提供基本保障。同样，转型期我国传统的习俗型信任体系逐渐解体，新的信任制度尚未能完善，各种社会矛盾的凸显，契约精神欠缺，使得社会信任问题格外突出。社会不能对个人承诺，个人对未来生活就无从期待，人与人之间不能建立基本信任关系，个人生活必然险象环生，个人本体性安全就面临困境。

二是社会价值共识困境。社会价值共识是指人们就共同生活领域的行动原则和规范达成一致。在非市场经济社会，个人对共同体的绝对依赖关系下，共同体或权威人物对个人保持着地位上绝对的优势，而且社会价值主体结构单一，社会生活封闭，人际交往不多，因而一般不存在社会价值共识困境。市场经济社会，在"物的依赖关系"下，每个人、各种群体和社会都是独立的利益主体，价值及价值观念多元化，由差别

① ［德］诺贝特·埃利亚斯：《个体的社会》，翟三江等译，第140页。

和对立导致的价值矛盾和冲突急剧增多，社会处于流变之中，人际交往关系复杂多变，与此同时，传统意义上的社会权威已经瓦解，新社会关系不具有产生新权威的社会基础。在这种情况下，社会生活一方面迫切需要达成社会价值共识，另一方面这种共识的达成具有很大难度。我国从计划经济社会转向市场经济社会，社会价值共识面临更为复杂困难的境况。首先，从计划体制下对共同体的依赖关系中走出，个人的主体意识不断增强，从自己的角度看待生活、理解社会的意识和利益意识明显觉醒，但是对如何共同生活仍然缺乏理性反思和有效的社会实践方案；其次，转型期整个社会利益重组，个人确定性较差，共同利益显现模糊，公平正义问题尖锐，达成社会价值共识的社会基础比较薄弱；再次，民主制度不健全，社会表达公共意志的通道并不那么畅通，法治社会的初级水平难以形成健全的法治人格；最后，中国文化传统缺乏自觉的个人主体意识和基于不同主体的民主意识和契约精神，而"自上而下"社会转型的缺欠则没有彻底的思想启蒙为其及时提供全方位的精神支持。

三是自我认同困境。自我认同是个人对"我是谁"的反身设问及肯定性回答，包括个人对自己在社会中的地位、作用、价值、生活的境遇等现实特征以及个体的各种属性、本质力量的认定和评价。在现代社会，个人的自我认同常常会陷入困境，如个人不能形成统一的、连续的、整合起来的自我观念形象，或者失去对自我价值、自我意义的积极感受等情形。马克思所说的"劳动的异化"，韦伯所说的"理性的异化"，弗洛姆所说的"逃避自由"，罗洛·梅所说的"空洞的人"，萨特所说的"他人即地狱"，马尔库塞所说的"单向度的人"，等等，都是对现代社会个人自我认同困境的揭露。对现代社会自我认同困境形成的一般性原因，吉登斯指出，人们的认同"现在则更富于多面性和流动性。城市化和工业化过程以及早期生活形态的崩溃，减弱了继承性的规则和习俗的影响，个体的社会和地理流动性都逐渐增强，这就把人们从过去那种盘根错节、相对同质性的共同体中解放出来"，"由于传统的路标已经不那么重要，社会在没有为我们提供多少如何做出选择的指导的情况下，就让我们面临大量令人眼花缭乱的选择机会，诸如成为什么样的人、如何生活以及做些什么”①。吉登斯进一步分析指出，在晚期的现代社会，“自我，如同自我在其中存在的更为广泛的制度场景一样，必定是反思性地产生出来的。然而这个工作必须在令人困惑的多样性的选择和可能性中才能得以完成”；“由于今天社会生活的‘开放性’，由于行动场景的多元化和‘权威’的多样性，在建构自我认同和日常活动时，生活方式的选择就愈加显得重要”，但是，人们生活在“被分工所撕裂并且以种种形式的新旧压迫为特征的世界中”，“越来越明显的是生活方式的选择，在地方性与全球性的交互关系的情境中，引发一系列的道德难题”，也就是说，“在个体缺乏由更为传统的情境所能提供的心理支持和安全的世界中，他们感到迷失和孤立无援”②。自我认同的困境还与现代社会人们普遍的焦虑联系在一起。罗洛·梅指出，“这种关于我们是谁以及我们应该做什么的混乱——是关于焦虑最为痛苦的事情”，“焦虑会摧毁我们的自我意识”，但是，焦虑“来自于某种比战争威胁和经济动荡更为深刻的东西”——“我们不知道应该追求什么样的角色，应该相信什么样的行为原则”，即“我们该何去何从的混乱和困惑”③。然而，焦虑更多地来自于个人的“无能为力”。本体不安全感是引发自我认同困境的另一个重要原因，因为有本体不安全感的人一般具有三个心理特征：“也许缺乏个人经历连续性的一致的感受”；“在充满变迁的外部环境中，个人难免充满对其存在的可能风险的忧郁，并且依据实际行动而被忧郁所麻痹”；“不能在自我完整（self-integrity）中发展或维持信任”④。中国处于向现代社会的转型阶段，个人自我认同除了遭遇上述各种问题之外，还要面对中国社会转型期特有的国情。当代中国社会现实中的个人，没有终生确定不变的职业和社会角色，甚至没有任何长时间稳定的社会关系。至于其价值观、人生观也是经过自己的选择形成的，在社会价值个体化和多元化的时代，

---

① ［英］安东尼·吉登斯：《社会学》，赵旭东等译，第28页。

② ［英］安东尼·吉登斯：《现代性与自我认同：现代晚期的自我与社会》，赵旭东等译，第3、6、10、36页。

③ ［美］罗洛·梅：《人的自我寻求》，郭本禹等译，中国人民大学出版社2013年版，第27、21页。

④ ［英］安东尼·吉登斯：《现代性与自我认同：现代晚期的自我与社会》，赵旭东等译，第59页。

没有人对其在精神上和思想上强行灌输某些价值观念，可以直接拿过来为己所用的信仰、政治倾向和世界观根本就不存在。生活中的许多变化常常是意想不到的、突然的，每个人都要面临着经常重新定义自我，在从前的自我和现在的自我之间寻找联结点的问题。除此之外，西方文化的冲击，消费主义的影响，城镇化过程中农民身份的转换，各种体制转换中的人员下岗、转岗、失业，劳动作为谋生手段的性质对个人的强制作用，生活缺少社会保障，多种社会角色与自我的矛盾，民主与法治的不健全，金钱在人们生活的基础地位甚至绝对作用，社会规范的不完善，社会信任危机，本体性安全感欠缺，等等，都可能使个人经常处于自我认同的困境。

（三）个体认同的迫切需要：当代中国社会新的启蒙任务

当代中国社会影响个体认同的三种理性以及这三种理性使当代中国社会个体认同面临的三个挑战，意味着当代中国社会要实现个体认同的积极、健康的发展，必须进行一场深刻的社会启蒙运动并完成三个重要任务：

一是公共理性的启蒙。与市场化紧密相关的新个人主义引起的最消极的社会后果是公共理性的困境。罗尔斯指出："公共理性是一个民主国家的基本特征。它是公民的理性，是那些共享平等公民身份的人的理性。他们的理性目标是公共善，此乃政治正义观念对社会之基本制度结构的要求所在，也是这些制度所服务的目标和目的所在。于是，公共理性便在三个方面是公共的：作为自身的理性，它是公共的理性；它的目标是公共的善和根本性正义；它的本性和内容是公共的。"① 它为社会共同体成员提供共享的"公共世界"和公平合作的基本制度框架，使社会共同体的公共性和共同性成为可能。公共理性的启蒙，就是要一个人把自己作为社会成员对自己的思想进行反思，"使理性的私人运用变为公共运用"②。个体的本质是个人与他人互动关系中享有由国家保障、社会支持

① ［美］约翰·罗尔斯：《政治自由主义》，万俊人译，译林出版社2000年版，第226—227页。

② 姚大志：《什么是启蒙：过去和现在》，《社会科学战线》2011年第9期。

的个人自由，因此个体认同的实现需要支撑个人成为个体的公共理性，包括公共责任、公正信念、民主意识、法治信仰等。我国自社会转型以来，因保障个体权益的各种制度仍处于艰难的构建之中，公共理性一直处于困顿状态，而且两者之间形成了恶性因果循环。在这种情况下，公共理性难以在生活过程中自然而然地形成，也就是说，在当代中国，如果没有针对公共理性的社会启蒙运动，就难以有公共理性的发育成熟，个体认同就难以实现。

二是民主法治精神的启蒙。对于个体认同，个体主体性的启蒙任务更为根本、最为重要。个体认同所需要的公共理性本质上是个体权利和责任相统一的社会意识形式，如果没有专制力量的强迫，只能在社会互动中，在每个人根本利益一致以及对此自觉意识和选择的基础上形成，即只有依靠个体主体性才能确立起来。这种公共理性一旦形成，个体就会成为现代社会制度的核心价值，一方面推动保障个体权益的基本社会制度的建构，另一方面具体化为社会规范，对个体的思想和行为发挥评价作用，促进个体主体性的社会合理性。个体认同最终在个体主体性和公共理性的良性互动中获得它得以顺利实现的制度条件和精神条件。

三是个体主体性的启蒙。不利于个体认同实现的实用理性表现为：对个体权益的诉求仅仅表现对日常利益、工具理性、经济收入、技艺技能、物质财富等等的关切，而忽视对个体起决定作用的要素社会政治伦理、体制或制度、价值理性、存在意义的关切；对于现实的反思仅仅停留在感性、情绪化的层次，缺少针对自我的主体性批判以及“釜底抽薪”的行动；现代制度在创造自我实现机制的同时也创造自我压迫，个体在“生存性焦虑”“命运感愈益加重”的社会现实面前，缺乏主体姿态和责任意识，无力对抗各种异化力量。这些现象是个人主体意识缺位的典型表现，其根本原因在于个体主体性的发育不良。现实的问题在于，人们并没能普遍认识到这一点，从而找不到根本解决问题的基本方向和有效方法，以至于个体认同在现实中陷入困境。更为严重的是，人们甚至没有意识到这种困境对于中国现代化的严重阻碍。为此，中国社会迫切需要以个体主体性的觉醒和自觉为目标的社会启蒙。

主要参考文献

经典著作

《马克思恩格斯文集》第1、2、9、10卷，人民出版社2009年版。

《马克思恩格斯全集》第30卷，人民出版社1995年版。

《马克思恩格斯全集》第31卷，人民出版社1998年版。

《马克思恩格斯全集》第44卷，人民出版社2001年版。

马克思、恩格斯：《德意志意识形态》（节选本），人民出版社2003年版。

马克思：《1844年经济学哲学手稿》，人民出版社2000年版。

《列宁选集》第1卷，人民出版社2012年版。

《列宁全集》第55卷，人民出版社1990年版。

《邓小平文选》第3卷，人民出版社1993年版。

习近平：《决胜全面建成小康社会 夺取新时代中国特色社会主义伟大胜利——在中国共产党第十九次全国代表大会上的报告》，人民出版社2017年版。

《胡锦涛文选》第3卷，人民出版社2016年版。

中文著作

曹日昌主编：《普通心理学》（下册），人民教育出版社1980年版。

陈嘉明：《现代性与后现代性十五讲》，北京大学出版社2006年版。

陈新汉：《评价论导论——认识论的一个新领域》，上海社会科学院出版社1995年版。

陈新汉：《权威评价论》，上海人民出版社2006年版。

陈新汉:《自我评价论》，上海人民出版社 2011 年版。

冯平:《评价论》，东方出版社 1995 年版。

郭湛:《主体性哲学——人的存在及其意义》，云南人民出版社 2002 年版。

郭湛主编:《社会公共性研究》，人民出版社 2009 年版。

何传启主编:《如何成为一个现代化国家——中国现代化报告概要（2001～2016）》，北京大学出版社 2017 年版。

贺来:《“主体性”的当代哲学视域》，北京师范大学出版社 2013 年版。

胡百精:《说服与认同》，中国传媒大学出版社 2014 年版。

李德顺、孙伟平、孙美堂:《家园——文化建设论纲》，黑龙江教育出版社 2000 年版。

李德顺、马俊峰:《价值论原理》，陕西人民出版社 2002 年版。

李德顺:《价值论》，中国人民大学出版社 2007 年版。

李德顺:《走向民主法治：当代中国政治文明的价值体系初探》，法律出版社 2011 年版。

李友梅、肖瑛、黄晓春:《社会认同：一种结构视野的分析——以美、德、日三国为例》，上海人民出版社、格致出版社 2007 年版。

李泽厚:《李泽厚哲学文存》（下编），安徽文艺出版社 1999 年版。

李泽厚:《历史本体论》，生活・读书・新知三联书店 2002 年版。

李泽厚:《中国现代思想史论》，天津社会科学院出版社 2003 年版。

李泽厚:《实用理性与乐感文化》，生活・读书・新知三联书店 2008 年版。

梁慧星:《民法总则讲义》，法律出版社 2018 年版。

刘小枫:《现代性社会理论绪论》，上海三联书店 1998 年版。

马俊峰等:《当代中国社会信任问题研究》，北京师范大学出版社 2012 年版。

蒙培元:《中国哲学主体思维》，人民出版社 1993 年版。

苗东升:《系统科学精要》，中国人民大学出版社 2016 年版。

钱学森:《论系统工程》，湖南科学技术出版社 1982 年版。

沙莲香主编:《社会心理学》，中国人民大学出版社 2006 年版。

孙宪忠主编：《民法总论》，社会科学文献出版社 2010 年版。

孙正聿：《哲学修养十五讲》，北京大学出版社 2004 年版。

童庆炳主编：《现代心理美学》，中国社会科学出版社 1993 年版。

汪民安：《身体的文化政治学》，河南大学出版社 2004 年版。

汪民安、陈永国：《后身体——文化、权力和生命政治学》，吉林人民出版社 2011 年版。

王江松：《劳动哲学》，人民出版社 2012 年版。

王利明：《人格权法新论》，吉林人民出版社 1994 年版。

王利明：《民法》，中国人民大学出版社 2018 年版。

王南湜：《从领域合一到领域分离》，山西教育出版社 1998 年版。

王宁：《消费社会学》，社会科学文献出版社 2011 年版。

王志红：《差异性社会共识理论研究》，社会科学文献出版社 2016 年版。

王智：《价值与体验》，广西师范大学出版社 2008 年版。

杨国荣：《成己与成物：意义世界的生成》，人民出版社 2010 年版。

杨利川：《纵横之变：中西文明碰撞中的历史哲学》，上海三联书店 2015 年版。

衣俊卿：《现代性的维度》，黑龙江大学出版社、中央编译出版社 2011 年版。

于显洋：《组织社会学》，中国人民大学出版社 2001 年版。

袁方、姚裕群主编：《劳动社会学》，中国劳动社会保障出版社 2003 年版。

张春兴：《青年的认同与迷失》，东华书局 1993 年版。

张世英：《中西文化与自我》，人民出版社 2011 年版。

张世英：《新哲学讲演录》，广西师范大学出版社 2004 年版。

张世英：《觉醒的历程：中华精神现象学大纲》，中华书局 2013 年版。

郑杭生主编：《中国人民大学中国社会发展研究报告 2009：走向更有共识的社会：社会认同的挑战及其应对》，中国人民大学出版社 2009 年版。

郑也夫：《信任论》，中信出版社 2015 年版。

郑也夫、彭泗清等：《中国社会中的信任》，中国城市出版社 2003 年版。

朱滢：《文化与自我》，北京师范大学出版社 2007 年版。

中文译著

［德］阿克塞尔·霍耐特：《为承认而斗争》，胡继华译，上海人民出版社 2005 年版。

［德］阿克塞尔·霍耐特：《自由的权利》，王旭译，社会科学文献出版社 2013 年版。

［德］阿克塞尔·霍耐特：《物化：承认理论探析》，罗名珍译，华东师范大学出版社 2018 年版。

［英］阿兰·德波顿：《身份的焦虑》，陈广兴等译，上海译文出版社 2009 年版。

［法］阿兰·图海纳：《我们能否共同生存?：既彼此平等又互有差异》，狄玉明等译，商务印书馆 2003 年版。

［德］埃德蒙德·胡塞尔：《逻辑研究》（第二卷　第一部分），倪梁康译，商务印书馆 2015 年版。

［美］埃里克·尤斯拉纳：《信任的道德基础》，张敦敏译，中国社会科学出版社 2006 年版。

［美］艾里希·弗洛姆：《逃避自由》，刘林海译，上海译文出版社 2015 年版。

［法］埃米尔·涂尔干：《社会分工论》，渠东译，生活·读书·新知三联书店 2013 年版。

［英］安东尼·吉登斯：《现代性与自我认同：现代晚期的自我与社会》，赵旭东等译，生活·读书·新知三联书店 1998 年版。

［英］安东尼·吉登斯、克里斯多弗·皮尔森：《现代性——吉登斯访谈录》，尹宏毅译，新华出版社 2001 年版。

［英］安东尼·吉登斯：《社会学》，赵旭东等译，北京大学出版社 2003 年版。

［英］安东尼·吉登斯：《资本主义与现代社会理论：对马克思、涂尔干和韦伯著作的分析》，郭忠华等译，上海译文出版社 2013 年版。

［英］巴特·范·斯廷博根编：《公民身份的条件》，郭台辉译，吉林出版集团有限责任公司 2007 年版。

［南非］保罗·西利亚斯：《复杂性与后现代主义：理解复杂系统》，曾国屏译，上海科技教育出版社 2006 年版。

［德］彼得·毕尔格：《主体的退隐》，陈良梅等译，南京大学出版社 2004 年版。

［美］彼得·M. 布劳：《社会生活中的交换与权利》，李国武译，商务印书馆 2012 年版。

［波兰］彼得·什托姆普卡：《信任——一种社会学理论》，程胜利译，中华书局 2005 年版。

［加］查尔斯·泰勒：《本真性的伦理》，程炼译，上海三联书店 2012 年版。

［美］戴维·E. 阿普特：《现代化的政治》，陈尧译，上海人民出版社 2016 年版。

［法］笛卡尔：《第一哲学沉思集：反驳和答辩》，庞景仁译，商务印书馆 1986 年版。

［美］菲利普·津巴多、迈克尔·利佩：《态度改变与社会影响》，邓羽等译，人民邮电出版社 2007 年版。

［德］斐迪南·滕尼斯：《共同体与社会：纯粹社会学的基本概念》，林荣远译，商务印书馆 1999 年版。

［美］弗莱德·R. 多迈尔：《主体性的黄昏》，万俊人译，广西师范大学出版社 2013 年版。

［美］弗朗西斯·福山：《信任：社会美德与创造经济繁荣》，郭华译，广西师范大学出版社 2016 年版。

［美］弗莱蒙特·E. 卡斯特、詹姆斯·E. 罗森茨韦克：《组织与管理：系统方法与权变方法》，傅严等译，中国社会科学出版社 2000 年版。

［美］格特鲁德·希梅尔法布：《现代性之路：英法美启蒙运动之比较》，齐安儒译，复旦大学出版社 2011 年版。

［美］戈登·塔洛克：《公共选择——戈登·塔洛克论文集》，柏克等译，商务印书馆 2015 年版。

［法］古斯塔夫·勒庞：《乌合之众：大众心理研究》，冯克利译，中

央编译出版社 2017 年版。

［德］哈贝马斯：《作为“意识形态”的技术与科学》，李黎等译，学林出版社 1999 年版。

［德］哈贝马斯：《现代性的哲学话语》，曹卫东译，译林出版社 2011 年版。

［德］哈贝马斯：《后形而上学思想》，曹卫东等译，译林出版社 2012 年版。

［美］汉娜·阿伦特：《人的境况》，王寅丽译，上海人民出版社 2009 年版。

［美］汉娜·阿伦特：《过去与未来之间》，王寅丽等译，译林出版社 2011 年版。

［德］汉斯－格奥尔格·加达默尔：《真理与方法：哲学诠释学的基本特征》（上卷），洪汉鼎译，上海译文出版社 2004 年版。

［美］赫伯特·马尔库塞：《单向度的人：发达工业社会意识形态研究》，刘继译，上海译文出版社 2008 年版。

［德］赫尔曼·海因里希·戈森：《人类交换规律与人类行为准则的发展》，陈秀山译，商务印书馆 1997 年版。

［德］黑格尔：《逻辑学》（下卷），杨一之译，商务印书馆 1976 年版。

［德］黑格尔：《精神现象学》（上、下卷），贺麟等译，上海人民出版社 2013 年版。

［德］黑格尔：《法哲学原理》，邓安庆译，人民出版社 2016 年版。

［美］吉尔伯特·罗兹曼主编：《中国的现代化》，国家社科基金“比较现代化”课题组译，江苏人民出版社 2010 年版。

［德］康德：《道德形而上学原理》，苗力田译，商务印书馆 2012 年版。

［德］康德：《纯粹理性批判》，邓晓芒译，人民出版社 2004 年版。

［德］康德：《判断力批判》，邓晓芒译，人民出版社 2002 年版。

［德］康德：《实践理性批判》，邓晓芒译，人民出版社 2003 年版。

［德］康德：《历史理性批判文集》，何兆武译，天津人民出版社 2014 年版。

［美］科恩：《论民主》，聂崇信等译，商务印书馆 1988 年版。

［苏］依·谢·科恩：《自我论：个人与个人自我意识》，佟景韩等译，生活·读书·新知三联书店 1986 年版。

［美］克莱德·克鲁克洪等：《文化与个人》，高佳等译，浙江人民出版社 1986 年版。

［英］克里斯·希林：《身体与社会理论》，李康译，北京大学出版社 2010 年版。

［美］夸梅·安东尼·阿皮亚：《认同伦理学》，张容南译，译林出版社 2013 年版。

［美］兰迪·拉森、戴维·巴斯：《人格心理学——人性的科学探索》，郭永玉译，人民邮电出版社 2011 年版。

［法］卢梭：《社会契约论》，何兆武译，商务印书馆 1963 年版。

［美］罗洛·梅：《人的自我寻求》，郭本禹等译，中国人民大学出版社 2013 年版。

［英］罗素：《宗教与科学》，徐奕春等译，商务印书馆 1982 年版。

［英］洛克：《人类理解论》（上册），关文运译，商务印书馆 1959 年版。

［德］马丁·海德格尔：《存在与时间》，陈嘉映等译，生活·读书·新知三联书店 2014 年版。

［德］马丁·海德格尔：《路标》，孙周兴译，商务印书馆 2014 年版。

［德］马克思·舍勒：《道德意识中的怨恨与羞感》，罗悌伦等译，北京师范大学出版社 2017 年版。

［德］马克斯·韦伯：《新教伦理与资本主义精神》，于晓等译，生活·读书·新知三联书店 1987 年版。

［英］马立克·科尔钦斯基、［美］兰迪·霍德森、［英］保罗·爱德华兹主编：《工作社会学》，姚伟等译，中国人民大学出版社 2012 年版。

［美］马修·德夫林：《哈贝马斯、现代性与法》，高鸿钧译，清华大学出版社 2008 年版。

［澳］迈克尔·A. 豪格、［英］多米尼克·阿布拉姆斯：《社会认同过程》，高明华译，中国人民大学出版社 2011 年版。

［美］曼纽尔·卡斯特：《千年终结》，夏铸九等译，社会科学文献出版社 2006 年版。

［美］曼纽尔·卡斯特：《认同的力量》，夏铸九等译，社会科学文献出版社 2003 年版。

［英］梅因：《古代法》，沈景一译，商务印书馆 1996 年版。

［法］米歇尔·福柯：《什么是启蒙?》，汪晖等主编：《文化与公共性》，生活·读书·新知三联书店 1998 年版。

［德］尼采：《善恶的彼岸》，赵千帆译，商务印书馆 2015 年版。

［美］波兹曼（Postman N.）：《技术垄断：文明向技术投降》，蔡金栋等译，机械工业出版社 2013 年版。

［美］尼古拉斯·雷舍尔：《复杂性：一种哲学概观》，吴彤译，上海科技教育出版社 2007 年版。

［德］尼古拉斯·卢曼：《信任——一个社会复杂性的简化机制》，瞿铁鹏等译，上海人民出版社 2005 年版。

［英］尼克·史蒂文森编：《文化与公民身份》，陈志杰译，吉林出版集团有限责任公司 2007 年版。

［德］诺贝特·埃利亚斯：《个体的社会》，翟三江等译，译林出版社 2003 年版。

［美］帕森斯：《社会行动的结构》，张明德等译，译林出版社 2012 年版。

［英］齐格蒙特·鲍曼：《个体化社会》，范祥涛译，上海三联书店 2002 年版。

［英］齐格蒙特·鲍曼：《流动的恐惧》，谷蕾等译，江苏人民出版社 2012 年版。

［英］齐格蒙特·鲍曼：《流动的生活》，徐朝友译，江苏人民出版社 2012 年版。

［美］乔纳森·布朗：《自我》，陈浩莺等译，人民邮电出版社 2004 年版。

［法］萨特：《存在主义是一种人道主义》，周煦良等译，上海译文出版社 1988 年版。

［法］萨特：《词语》，潘培庆译，生活·读书·新知三联书店 1988

年版。

［法］让·鲍德里亚：《消费社会》，刘成富等译，南京大学出版社2008年版。

［美］塞缪尔·亨廷顿：《谁是美国人?：美国国民特性面临的挑战》，程克雄译，新华出版社2010年版。

［美］威廉·巴雷特：《非理性的人：存在主义哲学研究》，段德智译，上海译文出版社2007年版。

［德］乌尔里希·贝克、伊丽莎白·贝克－格恩斯海姆：《个体化》，李荣山等译，北京大学出版社2011年版。

［德］乌尔里希·贝克、［英］安东尼·吉登斯、［英］斯科特·拉什：《自反性现代化：现代社会秩序中的政治、传统与美学》，赵文书译，商务印书馆2014年版。

［德］乌尔里希·贝克、［德］约翰内斯·威尔姆斯：《自由与资本主义——与著名社会学家乌尔里希·贝克对话》，路国林译，浙江人民出版社2001年版。

［德］西美尔：《货币哲学》，陈戎女等译，华夏出版社2002年版。

［美］亚伯拉罕·马斯洛：《动机与人格》，许金声等译，中国人民大学出版社2013年版。

［美］阎云翔：《中国社会的个体化》，陆洋等译，上海译文出版社2016年版。

［英］伊恩·伯基特：《社会性自我：自我与社会面面观》，李康译，北京大学出版社2012年版。

［美］约翰·杜威：《确定性的寻求：关于知行关系的研究》，傅统先译，中国传媒大学出版社2005年版。

［英］约瑟夫·拉兹：《价值、尊重和依系》，蔡蓁译，商务印书馆2016年版。

［苏］Φ. E. 瓦西留克：《体验心理学》，黄明等译，中国人民大学出版社1989年版。

中文论文

［加］查尔斯·泰勒：《现代认同：在自我中寻找人的本性》，陶庆

译，《求是学刊》2005 年第 5 期。

陈新汉：《认同、共识及其相互转化——关于社会价值观念与国民结合的哲学思考》，《江西社会科学》2014 年第 7 期。

陈新汉：《哲学视域中的认同意蕴新思考》，《湖南师范大学社会科学学报》2014 年第 3 期。

陈新汉：《论价值形态世界》，《江汉论坛》2015 年第 11 期。

单飞跃、何自强：《币值稳定的货币宪法分析》，《上海财经大学学报》2011 年第 6 期。

丰子义：《马克思现代性思想的当代解读》，《中国社会科学》2005 年第 4 期。

何玉兴：《价值差异与价值共识》，《河北师范大学学报（哲学社会科学版）》2000 年第 2 期。

黄枬森：《促进人的素质全面发展——兼评〈素质教育基本理论研究〉》，《教育研究》2012 年第 10 期。

李德顺：《邓小平的人民主体价值观思想》，《前线》2004 年第 8 期。

李德顺：《价值观教育的哲学理路》，《中国德育》2015 年第 9 期。

李汉林：《转型社会中的整合与控制——关于中国单位制度变迁的思考》，《吉林大学社会科学学报》2007 年第 4 期。

李路路：《“单位制”的变迁与研究》，《吉林大学社会科学学报》2013 年第 1 期。

梁慧星：《民法总则的时代意义》，《海南人大》2017 年第 5 期。

刘少杰：《发展的社会意识前提——社会共识初探》，《天津社会科学》1991 年第 6 期。

刘佑成：《马克思主义分工理论》，《哲学研究》1981 年第 5 期。

路风：《单位：一种特殊的社会组织形式》，《中国社会科学》1989 年第 1 期。

马骏驹、刘卉：《论法律人格内涵的变迁和人格权的发展——从民法中的人出发》，《法学评论》2002 年第 1 期。

孙利天：《21 世纪哲学：体验的时代?》，《长白学刊》2001 年第 2 期。

王锁明：《凝聚社会共识的重要性及路径思考》，《人民论坛》2014

年第 11 期。

韦森:《货币的本质再反思》,《财经问题研究》2016 年第 10 期。

吴晓明:《论马克思对现代性的双重批判》,《学术月刊》2006 年第 2 期。

姚大志:《什么是启蒙:过去和现在》,《社会科学战线》2011 年第 9 期。

张康之:《论“公共性”及其在公共行政中的实现》,《东南学术》2005 年第 1 期。

张作华:《法律人格的伦理变革——来自罗马法又回到罗马法》,《西南政法大学学报》2007 年第 6 期。

外文著作

Anthony Giddens, Modernity and SelfIdentity, Cambridge: Polity Press, 1995.

Erik H. Erikson, Identity: Youth and Crisis, W. W. Norton & Company, 1995.

Habermas, Moral Consciousness and Communication Action, Cambridge, MIT Press, 1993.

Harold W. Noonan, Personal Identity, Routledge, 2003.

John Perry, Identity, Personal Identity, and the Self, Hackett Publishing Company, Inc. 2002.

Marya Schechtman, The Constitution of Selves, Cornell University Press, 2007.

Richard Ned Lebow, The Politics and Ethics of Identity: In Search of Ourselves, Cambridge University Press, 2012.

后　记

本书是我承担的国家社会科学基金项目《个体认同的一般机制研究》（15BZX104）的结项成果。结项成果结项时被专家评定为“良好”。

“个体认同”是我近些年来哲学研究的主题。提出“个体认同”这一概念并专注于这个问题的研究，源于一直以来我对改革开放后中国社会中个人存在发展状况的关切与思考。博士学位论文选题为“现代社会个体生活主体性批判”，首次确立了我对“个体”哲学问题的研究方向，初步形成了关于“个体”的哲学思想。2009 年，在博士论文的基础上完成了《现代社会个体生活主体性批判》一书的写作，并由上海人民出版社出版。在对“现代社会个体生活主体性”的研究过程中，“个体认同”引起了我极大的学术兴趣。近些年来，哲学以及其他人文社会科学特别关注现代社会的认同问题，自我认同、社会认同等分别成为各个学科研究的热点，这说明认同问题在这个时代的极其重要性。但是一个重要的认同并未清晰地表达出来，这就是个人对现代社会使个人成为具有独立人格、自主自立的人的认同。尽管有自我认同、社会认同这样的概念表达个人的自我认识、自我归类和体认，但是，它们并不是反映与现代社会的本质规定性具有内在一致性的“具有独立人格、自主自立”的个人存在特性的专门范畴。为了研究个人对于“具有独立人格、自主自立”的个人认同，根据许多中外重要学者把现代社会称为“个体的社会”“个体化社会”以及“个体”通常的语词意义，我把这种认同称为“个体认同”。近 10 年来，我对个体认同问题进行了多方面的研究，发表了《当代中国社会个人生活价值体系的历史性变迁》《论个体自我认同主体性危机》《对于现代社会中消费认同的哲学思考》《现代社会以身体进行个体认同的哲学反思》《信任社会：个体认同实现的社会基础、机制和启示》

《个体认同论纲》《论工作在个体认同中的地位、作用及其挑战》等文章，对个体认同问题的思考日趋成熟。2015 年，以《个体认同的一般机制研究》申报国家社会基金项目一般项目，顺利获得立项，关于个体认同的研究进入更系统的阶段。经过三年多的努力，完成了《个体认同论》的结项报告。

本书所关注的问题是：在“个体的社会”和“个体化社会”的背景下谈论个体认同，将对理解个人与社会的关系产生怎样的影响？在现代性的背景下如何以一种合乎人的本性的方式实现“共存”这一目标？在当代中国社会个体化的过程中，个人如何发展出一种新的自我意识以适应社会历史的时代进步？在我看来，确立“个体”这一范畴及其存在论意义是关键。“个体”这个区别于个人、个人主体、原子个人的存在，是一个在社会关系中具有“独立人格”和“合法的自主性”的价值主体，个体认同意味着个人生存活动中“权利”与“责任”相统一的“主体意识”和“主体性”的形成和发展，以及社会关系中普遍的主体间关系的存在，其核心是体现个人尊严的社会价值体系的确立。随着对个体认同研究的不断深入，越来越认识到这一问题在中国社会现代化建设过程中的极端重要性，它几乎关联着当代中国社会精神文化、制度建制和美好生活的所有重大问题，中国现代化进程中取得的成就和面对的困境都与它联系在一起。因此，对个体认同进行更深入、更系统的总体性研究，是哲学应当承担的社会责任。

本书的写作和顺利出版得到了上海大学哲学系陈新汉教授的悉心关怀、无私的帮助和热情鼓励，也得到了上海大学社会科学学部（筹）主任、马克思主义学院院长孙伟平教授的大力支持。本书的责任编辑喻苗以其高度的责任心和专业水平保证了本书的出版质量。在此，一并向他们表示崇高的敬意和深深的谢意！同时也特别感谢中国社会科学出版社。

值此新书出版之际，谨向多年来陪伴我学术成长的良师益友一并表示由衷的感谢！

尹　岩

2020 年 5 月